열반에서 세속으로

서경수 사랑 모임

김재희 · 문홍식 · 이동준 · 박 춘 · 우상덕
박성이 · 홍명자 · 기세찬 · 한기선 · 방묘숙 등

서경수 저작집 간행위원회

위원장 이민용(영남대 국제교류원 교수, 전 한국불교연구원 원장)
위 원 박성배(뉴욕주립대 교수)
　　　이영자(동국대 불교학과 명예교수, 전 한국불교연구원 원장)
　　　김인수(전 『불교신문』 편집장, 동국대 인도철학과 졸업)
　　　김종화(한국불교연구원 이사장)
　　　김춘송(대불련4대 회장, 동국대 인도철학과 졸업)
　　　김상현(전 동국대학교 교수, 2013년 작고)
　　　김규칠(전 외교부 외교관, 대한불교진흥원 이사장)
　　　이용부(전 문화부 종무관, 활불교문화단 대표)
　　　신대현(능인대학원대학교 교수)

열반에서 세속으로
-서경수 저작집 3-

초 판　1쇄 펴낸날　2016년 10월 10일

지은이　서경수
펴낸이　김연지
펴낸곳　효림출판사

등록일　1992년 1월 13일 (제2-1305호)
주 소　서울시 서초구 반포대로14길 30, 907호 (서초동, 센츄리 I)
전 화　(02) 582~6612 · 587~6612
팩 스　(02) 586~9078
이메일　hyorim@nate.com

값 35,000 원

열반에서 세속으로

서경수 저작집 3

活불교문화단

효림

혜안 서경수 (1925~1986)

통도사 극락암에서 경봉 스님을 모시고 한국불교연구원 연수과정 회향 후

1966년 한국대학생불교연합회 구도부 대학생수도원생들이 용맹정진했던 김룡사에서.
사진 왼쪽부터 서경수 교수, 성철스님, 숭산(행원)스님, 이한상, 박성배 교수

1966년 한국대학생불교연합회 구도부 대학생수도원생, 김룡사 스님들과 함께

1966년 문경 김룡사에서 용맹정진하던 대학생수도원생들과 함께.
서경수 교수, 이철교, 김금태, 박성배 교수. 앞줄 왼쪽부터 김선근, 김기중, 황귀철, 전창렬.

1963년 법주사 한국대학생불교연합회 제1회 수련대회 대중공양 중인 서경수 교수와 덕산 이한상 『불교신문』 사장

1960년대 도선사 참배 후 북한산 백운대 등반 모습

한국대학생불교연합회 제2차 수련대회(1964년 월정사)
사진 왼쪽에 서 있는 사람이 서경수 교수, 가운데가 이한상, 오른쪽은 박성배 교수.
앉아 있는 두 사람 중 왼쪽은 강언식(충북지부)

1965년 범어사 대불련수련법회에서 수행 중인 서경수 교수.
왼쪽부터 이무웅, 서경수 교수, 김금태 구도부장

한국대학생불교연합회 구도부 법회 후 도선사 석불전 앞에서

한국대학생불교연합회 제5차 전국 대의원대회(1968년 봉은사). 사진 두번째 줄 왼쪽에서 일곱번째 사람이 서경수 교수

『열반에서 세속으로』를 펴내며

혜안 서경수 선생 열반 30주기를 맞이해 『서경수 저작집』 전3권을 완결하였다. 저작집을 출판하는 데는 여러 사람들의 도움이 있었다. 그 중에서도 '서경수 사랑 모임' 여러분들의 관심과 애정이 큰 버팀이 되었다. 『서경수 저작집』을 시작하고 완성하는 과정에서 '서경수 사랑 모임'은 출발점과 원동력이 되었고 특히 III권을 출판하는 데 재정적 뒷받침을 해주었다. 또 저작집 I·II권 출판에는 대한불교진흥원의 지원도 있었다. 한국불교연구원 구도회, 한국대학생불교연합회 구도부 수도원생들의 조언과 협조에도 감사한다. 저작집의 자료 취합과 정리, 편집의 총책임은 신대현 박사가 맡아 수고하였다.

피안에 계시는 서경수 선생이 예의 그 밝은 두 눈을 번뜩이며 이 책을 보고 파안대소하다가 세속으로 다시 내려와 우리와 함께 해주시기를 바라는 마음을 담아 이 『열반에서 세속으로』를 펴낸다.

나무 서경수 보살 마하살.

일러두기

1. 『서경수 저작집』은 서경수 선생이 생전에 남긴 글 중에서 미출판 원고 중심으로 선별 수록하여 전 3권으로 구성하였다.
2. 저작집 III권에는 서경수 교수의 학술논문, 잡지기고문, 각종 세미나 및 회의에서 가졌던 대담·좌담 등을 수록하였고, 서경수 교수에 대한 평전 및 추도의 글들을 함께 실었다.
3. 저작집 III권에는 기간된 『법구경-히말라야의 지혜』(1966년), 『인도불교사』(한국불교연구원, 1978년)를 각각 1부와 2부에 전재 하였다. 또 I·II권에 수록된 이기영 교수, 박성배 교수의 글을 재수록 하였다.
4. 발표 당시의 원고는 모두 현재의 맞춤법표기에 맞추어 수정하였다. 많은 사람들이 쉽게 볼 수 있도록 원문에 있는 한자는 한글로 바꾸었고, 주요 한자어는 한글을 병기(併記)하였다.

발간사

정병조

향원익청(香遠益淸), 향기는 멀리 가도 그윽함을 더해간다는 뜻이다. 혜안 서경수 선생님은 나에게 잊히지 못할 향기 같은 분이다. 불교를 향한 지적(知的) 추구에 일가를 이루었고 부처님을 향한 애정 또한 남달랐다. 나는 불교집안에 이런 분이 있다는 점에 늘 긍지를 갖고 있었다.

서경수 교수는 서울대 종교학과를 나와서 동국대학교 인도철학과에서 교수로 재직한 분이다. 6·25 때 통역장교로 근무했었기 때문에 만학(晩學)이었고 동기생들 보다는 네댓 살 위였다. 그분을 회상하는 사람들은 그 특이한 풍모를 연상하기 마련이다. 머리는 대머리였는데 수염은 관우(關羽)처럼 길게 늘어뜨려 거의 배꼽에 닿을 정도였다. 연세 들어가면서 긴 수염이 서서히 희어져가서 단연 도인의 풍모가 역력하였다. 그러나 검은 뿔테 안경 속의 안광이 너무 눈부셔서 제대로 얼굴을 쳐다보기 어려울 정도였다. 지독한 함경도 사투리에 발음도 어눌하였지만 촌철살인(寸鐵殺人)의 재치가 있었다. 불교계 안에서도 손꼽히는 독설가였는데 너무 직설적으로 교계 현실을 비판했기 때문에 불교계에 별로 벗이 없었다. 그러나 법정 스님, 지관 스님 등과는 교분이 두터웠고 이기영 교수와는 둘도 없는 도반(道伴)이었다.

1960년대 당시 이기영 교수는 불교대학의 스타였다. 우선 학벌이 압권이다. 경성제국대학 출신인데다 1950년대에 프랑스 유학생이었다. 그분은 영어, 불어, 일본어에 능통하였을 뿐 아니라 산스크리트어, 티베트어는 물론 라틴어도 구사할 수 있었다. 그분의 강의는 화려하다 못해 신들린 듯 했다, 동서고금을 자유자재로 오가면서 마지막은 언제나 불교정신으로 회향하는 독보적 존재였다.

내가 불교공부를 결심하게 된 것은 이 두 분 은사 때문이었다. 서경수 교수의 학문적 업적은 인도철학연구, 조선 근현대 불교연구 등으로 압축할 수 있다. 그분은 인도 네루(Nehru)대학에 한국학과를 개설하고 3년을 그곳에서 재직하였다. 나는 그분의 후임으로 인도에서 교수생활을 하였는데 부임하기 전에 인수인계를 받는다는 명목으로 한 달 가까이 인도여행을 함께 다닌 적이 있다. 산치, 아잔타, 에롤라, 나가르쥬나콘다 등 남부 인도를 답사하였는데, 엄청난 지식뿐 아니라 인도에 대한 폭넓은 애정에 큰 감명을 받곤 했다. 뛰어난 유머감각과 기행(奇行) 때문에 가는 곳마다 지인들이 다투어 마중하였고 덕분에 나도 많은 분들을 소개받았다. 네루대학의 강의는 여섯 시간이 책임시간이었기 때문에 월, 화 오전 세 시간씩만 하면 나머지는 온전히 내 시간이었다. 나는 그분의 충고대로 화요일 오후 길을 떠나서 일요일 저녁에 다시 델리로 돌아오는 일을 반복하였다. 나는 인도를 가장 잘 이해하고 사랑했던 사람은 오직 서경수 교수 한 분 뿐이었다고 생각한다.

서경수 교수는 1970~80년대를 풍미하였는데 드물게 꼽히는 문장가였다. 문장은 짧지만 정곡을 찔렀고, 말은 쉬웠지만 핵심을 비껴가는 일이 없었다. 나는 그분을 통해서 논문도 아름다워야 한다는 것을 깨달았다. 실로 그분이 없었다면 나 또한 없었으리라.

나는 두 분의 은사를 통해서 '공부하는 방법'을 터득했다. 원전에 충실해야 하지만 한편으론 해석학의 방법론도 익혔다. 특히 불교연구가 불교학 자체에만 국

12

한되어서는 안 된다는 점을 배웠다. 인문학의 특성상 융복합은 피할 수 없는 경향이지만 특히 불교학의 경우에는 철학, 신화학, 역사학, 미술사학 등에 대한 폭넓은 지식이 뒷받침되어야 한다. 불교학의 연구 지평이 넓어질수록 학문적 깊이 또한 심오해지는 법이다. 또 외국어 능력은 거의 절대적이다. 산스크리트어, 한문, 영어는 필수의 언어임을 명심하게 되었다.

나는 1967년에 처음 선생님을 뵈었다. 삼보장학금을 전달하라는 심부름을 했는데 당시 그분은 『불교신문』의 주필이었다. 명동의 자그마한 사무실에 앉아서 부지런히 원고를 쓰던 모습은 한 평생 내 가슴속에 가장 멋진 장면으로 남아 있다. 내가 그분의 사랑을 한 몸에 받을 수 있었던 계기는 우연찮게 찾아왔다. 당시 서 교수님은 법정 스님과 함께 『우리말 불교성전』을 편찬하기 위해 골몰하고 있었다. 사무실은 이한상 회장의 배려로 중구청 옆의 풍전호텔에서 작업을 하였다. 거의 매일 두 분은 편집방향과 원고내용을 가지고 싸우곤 했는데, 당시 학생이었던 나로서는 신기하기도 했고, 재미도 있어서 매일 그분 곁에 붙어있었다.

그런데 법정 스님, 서경수 교수 두 분은 지독한 악필(惡筆)이었다. 당시 주로 200자 원고지에 세로로 써 내려갔는데 한글은 토씨 정도만 보였기 때문에 그 해독은 거의 암호 수준이었다. 인쇄소를 오가며 교정지를 나르고, 그분들 바쁠 때면 교정은 내 차지였다. 그런데 신통하게도 학교와 인쇄소 직원들 중에 서경수 선생님의 글을 해독할 수 있는 이는 나뿐이었다. 서 선생님은 그때부터 나를 엄청나게 예뻐하고 아끼셨다.

그 분이 떠나신 빈자리에 이제 내가 원로 행세를 하는 현실이 부끄럽다. 학문의 영역은 말할 것도 없고 인격적인 면에서도 나는 그분의 발밑에도 미치지 못한다. 서 교수가 사시던 시대는 불교학 연구의 제2세대에 해당하는 시기였다. 권상로, 김동화, 조명기 등의 연구 1세대는 냉정하게 말하면 훈고학적 단계를 크게 벗어나지 못하였다. 이기영, 서경수, 박성배, 고익진 등의 2세대에 이르러 비로소 불교학의 연구 지평은 본궤도에 올랐다. 지금의 3, 4세대는 이를 밑거름으로 하여 응용불교학, 불교해석학 등의 새로운 지평으로 도약해야 할 시점이다.

서 교수의 학문적 연찬은 주로 동국대학교 중심으로 펼쳐졌지만 그 분의 불교적 실천은 불교연구원, 특히 아끼던 구도회(求道會)를 중심으로 펼쳐졌다. 늘 "구도부, 구도부"라고 말씀하셔서 나에게 핀잔을 듣기도 하셨는데, 돌아가실 때까지 그분에게는 구도회가 아니라 구도부(求道部)였다. 두 분 은사를 내 인생의 한복판에 모시고 살았다는 것은 크나큰 행운이었다. 나는 두 분에 비해 보잘것없는 존재이지만 그나마 위안이 되는 점이 있기는 하다. 불교계에 인재가 없음을 한탄하던 두 분은 "그래도 우리 둘이 합작해서 정(鄭) 군을 만들었잖아!" 하면서 파안대소했다는 이야기를 지하 스님으로부터 전해 들었다. 그날 이후로 내 벗들은 나를 '이부지자(二父之子)'라고 부른다. 두 분 아버지가 새록새록 그리워진다.

서 교수님은 자유분방한 분이었다. 도무지 형식이나 틀에 얽매이지 않았지만, 타인에 대한 배려도 남달랐다. 곡차를 좋아해서 두주불사하셨는데 주정을 부린 적은 없었다. 한번은 익산 미륵사지를 거쳐서 구례 화엄사를 둘러오는 3박4일 여행을 떠났는데 기차 떠나면서부터 술을 마시기 시작하였다. 밥과 안주는 거들떠보지도 않고 하얀 소금을 가끔 털어놓곤 하였다. 떠나시기 전에 원고 독촉이 심해서 이번 여행 중에 쓰겠노라고 다짐하신 분이 허구한 날 술만 퍼마시니 은근히 걱정이 되었다. 물어보면 거의 다 돼간다는 답변뿐이었다. 술 냄새 풍기고 절에서 자기 민망하시다면서 구례의 작은 여관에 들었는데, 나는 참지 못하고 선생님 가방을 열어보았다. 원고지가 한 뭉치 있었는데 겉에는 제목과 서경수라고만 쓰여 있었다. 하긴 그것만으로도 원고는 끝난 것인지도 모르지만, 나는 40년이 지난 지금도 그 분의 호기와 유머를 잊지 못한다.

　이번 서경수 교수님의 저작집 완간에 많은 노력을 기울인 여러분들께 두 손 모아 존경과 감사의 뜻을 드린다. 특히 이민용, 이용부, 신대현 세 분께 갚지 못할 폐를 끼쳤다. 앞으로 살날이 많지는 않지만, 꼭 보은하도록 하겠다. 또 Ⅲ권을 흔쾌히 출판해 준 불교신행연구원 김현준 원장에게도 깊은 감사의 마음을 드린다.

2016년 8월 8일
정병조(鄭柄朝) 합장

기상의 질문과 천외의 답변

이민용

1. 근시안적 허상

혜안(慧眼) 서경수(徐景洙, 1925-1986)교수(이하 존칭 생략)에 대한 평전을 마련해야 하는 나는 필자로서의 자격에 대한 회의감을 느낀다. 이 분과의 거리감 때문이다. 고인에 대한 평전은 그 분의 면모를 샅샅이 살필 수 있는 밀착된 안목 못지않게 대상 인물과의 거리감이 필요하다. 사물이 너무 가까이 있으면 제대로 보이지 않기 때문이다. 서경수 선생과 필자와는 너무 가까운 거리에 있었다. 소위 이 분의 후배이자 제자였기 때문이다. 따라서 객관화시키고 객체화시킬 수 있는 공간과 거리감이 결여되어있는 것이다. 이런 가까운 관계는 자칫 대상인물을 우상화시키거나 아니면 그 반대로 신상공개 식의 신변잡담으로 떨어지기 일쑤이다. 내가 처한 위치가 이런 함정을 지니고 있기에 이 분에 대한 평전을 쓰는 일이 망설여지는 것이다. 또 평전 집필자가 처한 지근거리는 학계에서 흔히 학문적 계보에 넣어지거나 집필자 자신의 위상을 제고시키는 역할을 해왔음을 목도하기 때문이다. 고인들의 학문계보를 전승한다는 과시이거나 거꾸로 그 분들이 얼마나 한계에 갇혀 있었는지를 드러냄으로써 집필자들은 "똑똑한" 후배 학자가 되는 것이다.

평전서술에 따른 이런 함정들을 어떻게 극복할 수 있는가는 나의 문제일 수밖에 없다. 그리고 이 분이 활동했던 시간적 간격이나 그가 다룬 학술적 이슈를 가늠해 보더라도 이 분은 우리와 너무 가까이 위치하고 있다. 그가 처했던 정황과 학문적 소재는 지금의 우리가 그대로 공유하고 있다. 실제로 한국불교의 현장을 학문적이건 신행활동에서건 언급하는 모임이 있으면 그의 이름은 언제나 손쉽게 떠오른다. 놀라운 일은 그를 추모하는 모임이 아직도 우리 주변에서 활발하게 작동하고 있다는 사실이다.

"서(徐) 사모회(속칭 毛 사모회)"란 이름으로 월례 모임을 갖고 이 분이 즐겨했던 산행과 산사 찾기를 계속하며 가끔 두주불사의 주(酒)회도 지속한다. 학자이었으니 모이는 사람들이 이 분의 제자들이거나 연관된 학계에 종사하는 분들이겠거니 생각하겠지만, 의외로 다양한 계층의 사람들이 모인다. 이미 반백이 넘은 여성분들은 물론 불교와는 거리가 먼 인사들도 적지 않다. 그리고 그가 불의의 교통사고로 작고하기(1986년 10월 14일) 전까지 정성으로 참여했던 한국불교연구원(韓國佛敎硏究院, 1974년 고 이기영 교수 설립)은 매해 그의 주기에 추모 제사를 지낸다. 입적한지 이미 30년이 지났고 이 분의 학술활동이 당대 학계에 큰 영향을 끼친 것도 아닌 한 평범한 불교학자가 이렇게 기억되고 추모된다는 사실은 이 분이 지닌 또 다른 측면을 드러내는 것은 아닐까? 달리 말해 우리가 고식적(姑息的)으로 서술한 평전의 범주들, 곧 학술논문이나 저술이나 강좌 또는 일정한 교육기관에서의 활동이나 파급력 있는 교육방안을 우선시하며 그 영향아래 이룩된 학적 전통을 언급하곤 한다. 그런 것들이 학자로서 평가되는 척도일 수 있다. 그러나 그 이외의 다른 영역도 고려되어야하지 않을까? 서경수를 추고(追考)할 때 평전의 범주는 확대되어야 한다는 생각이 절실해진다. 소위 우리의 통념을 뛰어 넘는 그리고 우리의 기존의 생각의 틀을 바꿀 필요성이 제기된다. 이 분의 말대로 "상식의 부연(敷衍)은 학문의 내용일 수 없다."는 말이 그대로 적중 되는 것이 그의 삶이었고 그런 파급력은 아직도 작동되고 있다.

2. 기상(奇想)의 질문

나는 서경수에 대한 글을 이미 몇 편 썼다. 앞에서 언급했지만 너무 가까이 있었기 때문에 이 분에 관한 자료집을 모을 때(서경수 저작집 I. II권)[1] 그의 학문적 업적 이외에 그의 행위 자체를 주목해 달라는 요청이 깃든 서문을 썼었고, 다른 두 편은 지극히 맥락적 상황에서 썼다. 곧 한 편은 재가 불자들에 대한 활동을 부각시키는 강연 원고로서 이 분을 재가불자들이 본받아야 할 하나의 표본으로 삼아 썼고, 또 다른 한 편은 "불교유신론 심포지엄"에서 오늘의 유신론을 선도적으로 이끈 근현대 불교학자들로서 이기영과 서경수를 묶어 발표했었다. 따라서 일정한 주제 아래에서 서경수의 재가불교론과 불교유신론의 관점을 부각시키려는 작업이었다. 그러나 이번의 글은 말 그대로 전기적(傳記的) 특색을 지녀야한다는 부담감이 따른다. 그러나 전기도 하나의 텍스트이다. 완결된 하나의 삶은 그 자체가 텍스트일 수밖에 없다. 이 분의 삶이 기존의 틀을 벗어났다면 그 만큼 "생애 텍스트"에 대한 독

---

1) 이곳에 인용된 모든 자료는 서경수 저작집I, 『불교를 젊게 하는 길 』, II 『기상의 질문과 천외의 답변』 그리고 2016년 10월 간행된 이 III권 자료에서 자유롭게 활용했다. 저작집에 없는 부분은 필자의 직접 증언이나 면담한 사람들의 증언을 " "속에 인용했다.

법(讀法)은 다양해 질 수 있고 나만의 독법을 시용할 수도 있다. 평전의 서술에서 객관성을 유지해야한다는 요청은 이 시점에서 나의 독법과의 긴장관계를 유지할 수 있는 좋은 사례가 될듯하다. 어떻건 이 글을 쓰며 동학(同學) 황용식 교수의 서경수 교수의 학문에 관한 논문과 도표화한 연대기에 크게 힘입고 있음을 밝힌다.[2] 그가 남긴 유고나 학적 활동은 외형상 무척 간결하다. 그분을 기리는 주변 사람들이 모아 편찬한 3권의 저작집(3번째 저작집이 바로 이 책이다)이 전부이다. 그리고 이 글들은 묵직한 학술 논문이 아니다. 오히려 쉽게 읽힐 수 있는 에세이적 글들이 대부분이다. 그러나 그의 삶은 단순치 않다. 그가 살았던 세대의 특징 때문만은 아니다. 한국의 혼란스런 현대기를 고스란히 겪으며 살았다. 그리고 그 사건 하나하나에 그는 참여되어 있었고 거기에 자신의 몸을 투사(投射)시켰다. 그대로 넘어갈 일도 그는 항시 중지시키고 따졌다. 그리고 자신의 삶을 고집했고 나름의 학문과 인생 역정을 자신의 방식대로 이끌었다.

"강의실로 들어선 그는 몇 번 강단을 왔다 갔다 하고는 오늘 강의 제목이 무엇인가고 묻는다. 그리고 준비해온 것 중에 질문이 없는가 하고 학생들에게 다시 묻는다. 질문이 없으면 계속 책을 읽고 질문을 하라고 지시하고 자신은 책상에 걸터앉아 창밖을 내다본다."

---

2) 황용식 교수는 「서경수 교수의 업적과 현대 인도철학에의 한 전망」이라는 논문을 통해 서경수 교수에 대한 학문적 평가와 함께 그의 학적 평전을 썼다. 『한국 인도철학의 회고와 전망』, 인도철학회/인도철학불교학연구소 공동 학술대회 2014년 12월 발표문.

이런 강의를 좋아 할 학생은 없다. 학생들이 오히려 교수의 태도에 불만을 표시하는 것은 당연하다. 그러나 그는 기존의 설(說)은 교과서에 있고 자네들은 이미 책을 읽었으니 응당 질문이 있을 터이다. 질문이 없으면 의문이 있을 때까지 읽는 것은 자네들의 몫이지 나의 책임은 아니라고 말한다. 그의 이런 파격의 강의 자세는 그의 학문을 일관하는 태도이었다. 서울대학교의 종교학에서 동국대학교의 불교학 연구로 전향한 이후 그의 이런 기상천외한 태도는 몰이해한 주변에 의해 구타당하는 사건까지 일으키고 만다. 그는 기존의 불교학 연구와 담당교수들을 무시했다. 그리고 일본 불교학을 그대로 답습한 것에 대해 가차 없이 비판했다. 늦은 나이로(34세) 동국대 대학원 불교학과에 입학한 그는 이미 일본어와 영어를 거의 자유자재로 구사할 수 있는 수준이어서 관계 서적을 누구 못잖게 독파한 상태이었다.

그리고 그의 인생역정은 일제치하의 신산을 겪은 이후이었다. 이 세대의 학자들이 대부분 겪은 과정이었겠지만 그에게는 더 유별난 체험을 가져다주었다. 함경북도 경성에서 기독교 집안에서 태어난(1925년) 그는 중학교 때 이미 불령선인(不逞鮮人)으로 지목당할 정도로 깨어난 의식을 지니고 있었다. 금서로 된 이광수의 『흙』을 읽는 독서회에 연루되어 일본군에게 체포되어 물고문을 받고 결국 폐 한쪽을 도려내는 건강의 약점을 지니게 된다. 그는 자신의 신변이야기를 거의 공개하지 않는 편이지만 이때의 일을 유일하게 기록해 놓았다. 혹 주변에서 사회 명사들이 자신의 신변이야기나 후일담을 발설하면 그는 "타락의 시초이며 가까이 하지 못할 사람"으로 평가했다. 따라서 이 분의 신변에 대한 이야기는 극히 드물고 혹 그런 이야기가 떠돌더라도 전해들은 간접적인 전언(傳言)의 사건이 대부분이다. 말하자면 신비 속에 가려진 면모를 드러낼 뿐이다. 어떻건 그는 자신의 최초의 수필집인 『세속의 길 열반의 길』의 서문에서 처음이자 마지막으로 자전적 고백을 기록하고 있다.

"북녘 날씨가 몹시 싸늘하던 초겨울 해질 무렵 난데없이 일본인 정복 경관 세 명이 학교에 나타났다……내 손목에 쇠고랑을 채웠다. 순간 하늘이 캄캄하여 앞길이 보이지 않았다. 끝이 보이지 않는 것이 아니고 길이 끊어졌다. 그 시간부터 18세 소년은 끊어진 길목에 서서 한 아름 절망을 안은 채 태양 없는 세월을 살아야 했다……해방은 일시적으로 흥분과 도취에 몰아넣는 독주(毒酒)와 같은 것이었다. 흥분과 도취 속에서 끊어진 길을 잇는 지혜는 나오지 않는다. 그리고 6 · 25 비극이 터지던 날 그때까지 디디고 섰던 모든 질서가 모두 무너질 때 나는 다시 앞이 캄캄하여 길을 잃었다……그럭저럭 한세상 살아오는 동안 길은 끊어진 것도 아니고 그렇다고 막혀버린 것도 아님을 깨달았다. 도리어 길은 한 길 뿐이 아니고 여러 갈래로 갈라져 있음을 알았다. 그래서 선택해야하는 무거운 불안을 인간은 짊어지게 되는지 모른다……"

이미 18세에 투옥당하고 해방을 맞고 6 · 25 전쟁을 겪은 신산의 세월을 18세의 약관의 소년으로 3자화시켜 서술하고 있다. 훗날 결혼도 포기할 수밖에 없는 건강상태를 운명처럼 지니고 살았던 그에게는 그것이 오히려 평생 건강과 심신안정을 위해 산사를 찾는 계기가 되었다. 어떤 면으로 보면 불교와의 접점은 이 산사의 휴양에서 맺어진 것이니 기연일 수밖에 없다. 그리고 선친이 목사이었기에 서울대학교 종교학과에서 더욱 기독교와 근접하려는 의도가 있었겠지만 오히려 기독교와는 멀어지고 불교에로 급속히 빠져드는 또 다른 계기가 있었다. 당시 서울대 종교학과에는 미국 드류(Drew) 신학대에서 정통적 기독교신학을 전공하고 돌아온 고 신사훈 교수의 편향된 신학 일변도와 타종교 배척의 태도가 있어 선생은 이에 반발하였다. 일종의 저항의식이 그에게 배어있었다. 서울대 문리대에서 누구 못지않은 기독교 활동이며 리더십은 주변 사람들에게 호감을 주었지만 내용 없는 권위, 진리를 표방한 일방적 주장은 극도로 싫어했다. 결국 두 가지 계기, 곧 산사에서의 휴양과 독학, 기독교 제일주의에 대한 식상이 그를 불교에로 이끌었고 때늦은 불교대학원 진학이란 계기를 주었다. 이때의 그의 모습을 여실히 보여주는 한 장면이 미국 뉴욕 스토니부룩(Stonybrook) 대학의 박성배 교수에 의해 증언되고 있다. "1958년 봄에 저는 동국대학교에서 불교학과 대학원 입학시험을 보고 있었습니다. 그런데 옆에……머리는 홀랑 벗어지고 수염이 많이 난 할아버지였습니다……체구는 작은데 눈빛은 날카롭게 빛나고 있었습니다……대학원시험을 보러 올 리는 없고, 저분은 왜 저기에 앉아 계실까 궁금해졌습니다. 드디어 쉬는 시간이 되었습니다……다가가서 정중하게 인사드리며 '선생님은 누구십니까?'하고 여쭈어 보았습니다. '나도 당신처럼 대학원 입학시험 보러 왔소.' 내 뱉는 듯한 짧막한 대꾸였습니다……시험이 끝난 다음 우리는 어느 대폿집으로 들어가 서로의 이야기를 풀어 놓았습니다. 선생님은 이북출신으로 기독교 집안에서 자랐으며 서울대학교 종교학과를 졸업했고 기독교일색의 종교학과가 싫어서 동국대학교로 왔다고 말씀하셨습니다. 그 뒤로 우리는 대학원 생활 만 2년을 항상 붙어 다녔습니다." 그는 이미 온갖 세파를 겪은 개성 있는 독립된 개체이었다. 서울대에 적을 둔 시기에 그는 국민당 정권 초청의 유학생으로 중국에 들어갔으나 국민당의 패주와 함께 귀국했고 6·25전쟁 때는 미군 통역장교로 복무했다. 어느 연회 좌석에서 정부비판의 목소리를 내자 다시 체포되고 독일계 미국장교의 주선으로 풀려나는 사건도 겪는다. 그의 비판 정신과 현실 참여는 철저했다. 그런 고통의 세월을 겪은 후 그는 동국대학원 불교학을 전공으로 입시를 치르며 박성배 교수에 의해 착목된 것이었다.

이렇게 시작된 불교학공부는 주로 산사에서 독학으로 이루어졌다. 그에게 동국대 교수진들은 아무것도 가르칠 것이 없었다. 그리고 기존의 불교학연구에 대한 신랄한 비판이 평생 그를 추적하며 괴롭힐 멍에가 될 줄은 아무도 몰랐다. 그는 자신이 좋아 하던 헤르만 헤세의 "황야의 이리"처럼 살았고 주변과의 알음알이도 피했다. 오늘날 불교학연구의 기본 상식으로 되어 있는 산스크리트어의 필요성과 그 공부도 그는 아무런 가이드 없이 홀로 산사에서 연마했다. 물론 그는 이 세대가 지닌 특징인 일본의 불교학 연구의 선도적인 지식을 그대로 접할 수 있었고 덧붙여 미군 통역장교로 복무한 만큼 서양학문에 대한 지식도 그 누구도 따를 수 없을 정도였다. 그의 이런 학문적 수련은 훗날 평생의 지기로 삼는 고 이기영 교수와 대조를 이룬다. 서로 존경하며 끝 날까지 긴장관계를 유지했던 사실은 이기영의 회고를 통해 적나라하게 드러난다. "서경수, 그는 목사의 아들로 태어났다……스승도 없고 친구도 없는 적막 속에서 적막과 공(空)의 묘미를 체험하며 살아왔다. 아마 그 기간이 내가 유럽에서 같은 길을 가고 있을 무렵이었다. 그는 국내에서 나는 국외에서 서로 만난 일은 없지만 같은 생각을 하며, 같은 책들을 읽고 있었던 것이다. 강인하면서도 자상하고 이지적이면서도 퍽이나 다정다감했던 그를 맞이한 것은 1960년 6년간의 유럽유학을 마치고 동국대학교에 들어온 이후부터이다. 그에게는 수준 높은 현대적 교양이 갖추어져 있었다……모아놓은 글들이 보여주는 주제의 다양성, 사고의 깊이와 날카로움, 특유한 위트 등이 그의 인품을 잘 말해주고 있다." 평생을 지기로 지낸 고 이기영 교수와 박성배 교수의 거의 가감 없는 실토이니 이 시기의 서경수의 면모를 추찰하기에는 부족함이 없다. 그는 비판적 학문의 세계인 아카데미즘을 추구했으나 한국의 불교학계는 그를 용납하지 못했다. 학위 논문이 통과되지 못해 그는 학위 없는 신분으로 오랫동안 이곳저곳의 대학 강사로 떠돌았다. 그는 당시로서는 우리 학계의 실상과는 전혀 다른 논문을 썼다. 논제는 「존재(Bhava)와 비존재(Abhava)에 대한 연구」이었다. 지금 우리 학계의 수준으로 보면 창의적이라고 할 수는 없다. 그만큼 지금의 우리 학계의 수준이 높아진 것을 반영하겠지만 당시로서는 거의 파격적인 제목이고 문제의 핵심을 접근한 참신한 연구로 서구의 연구실적을 충분히 참조하고 있었다. 주로 용수(龍樹, Nagarjuna)의 중관론(中觀論)을 근거로 산스크리트어와 한문 원전의 문헌학적 비교연구이었다. 이런 접근은 일본 학계에서 한창 진행 중이었고 서구 학계는 이미 주류로 삼는 연구 방법이었다. 그러나 그의 참신한 학위논문은 통과 되지 못했고 그 이유는 오히려 학문 외적인 데 있었다. 그의 불교학계에 대한 비판과 주변 교수들에 대한 평가가 불러온 부메랑이었다.

이 후유증은 나이 거의 50에 가까워서야 때늦게 동국대에서 전임교수직을 얻게 만들었다. 따라서 그의 한참 때의 학술적 관심과 지적인 활동, 곧 이 분만이 지닌 재기 발랄함은 아카데미즘의 성채(城砦)인 대학 캠퍼스에서 수용되지 않았다. 제자들이나 동료 학자들과의 공동체인 대학 캠퍼스가 아닌 엉뚱한 장소에서 이루어지는 것이었다. 앞서 말한 "서(毛)사모회"의 형성도 이미 이때 태동이 되는 것이다. 곧 그를 인지하고 그를 따르는 사람들이 그와의 소통을 희구하게 됐고 그를 만나는 사람, 하나하나에게 "개별적 강의"를 하는 것이었다. 대개는 산사를 찾는 산행길이거나 청년수련회(후에 대학생 불교연합회를 성립시키고 책임 지도법사의 역할을 한다)가 아니면 그가 즐겨하는 노래(그의 음악적 재질은 피아노

연주는 물론 고전음악에 대한 해박한 지식을 갖추고 있었다)의 호연지기이거나 두주불사의 주석(酒席)이었다. 나 역시 이 분과의 만남은 이런 기회를 통해서였다. 지금 나는 이 분의 제자이고 후배를 자처하지만 학교 강의나 연구실을 통해 받은 학문적 전수의 기회는 거의 없었다. 그 옛날의 스승과 제자와의 관계, 요즘 말하는 구루(Guru)밑에 모이는 수행제자들과 같은 전인적 관계이었다. 일거수일투족의 교육 내용이었고 요즘 흔히 말하는 "몸을 통한(embodyment)" 교수법이었다. 그것을 담을 그릇이 없었던 한 불교학자의 처지였다. 훗날 나 자신이 이런 입장이 되어 오랫동안 사회 속을 전전하며 학문에 대한 집착을 버리지 못한 경험을 겪고 나니 그때 그의 처지가 오히려 지금 절감된다. 그러나 이런 입지는 의외로 그의 활동의 폭을 넓혀 주었다. 이곳저곳의 시간 강사(주로 전북대, 동국대, 서울대)를 제외하고 그는 불교계 언론과 문화계 일반과 청년 재가신행 활동의 리더로서의 역할을 자임했다.

3. 울타리 벗기기 – 불교의 확대

캠퍼스에서는 일탈되었지만 『불교신문』 주간과 "삼보학회" 간사를 역임하며 40대의 그는 문화계 전반에서 활동한다. 한국의 불교학계가 지극히 좁은 의미의 종교로 불교를 국한시켜 문화, 사회, 정치계와 차단시켜 자신들만의 불교영역에 울타리 치는 일을 과감히 벗겨 내려했다. 『불교신문』에 대담의 장을 마련하여 황산덕, 오종식, 김기석, 한상범과 같은 사회과학이나 시민 영역에서 활동하는 분들이나 조명기 전 동국대 총장, 김대은 스님, 김어수 시인, 안덕암 전 태고종 원장스님들과 같이 전혀 다른 불교의 시각을 지닌 분들과의 대담을 시도하며 불교와 현실문제를 다뤘다. 특히 법정 스님을 대담인사로 초청하며 교우관계를 나눴다. 서로 전혀 다른 승과 속의 입지이지만 불교계의 개혁과 불교의 문화적 영역에서의 접근을 두고 서로 평생 함께 교감을 나눈다. 법정 스님의 불교개혁을 위한 글인 "부처님 전 상서(上書)"를 한용운의 불교유신론 이후의 최대의 글로 평가했다. 또 서울대 사학과 김철준 교수와의 한국불교사에 대한 대론(對論)이나, 잠시 귀국한 『해동고승전』을 영역(英譯)한 하와이대학 이학수 교수와의 세계 불교학의 동향에 대한 대담은 우리 불교의 학문적 위상을 짚는 중요한 사건이었다. 그때 그는 주로 이학수 교수의 입을 빌어 당시 세계불교학계의 동향이며 추이를 말하게 한다. 자신이 간혹 세계불교에 대한 정황을 과감하게 발언을 하면 항시 불교학계에서 차단되는 것을 그렇게 표출시켰다. "미국이나 유럽의 불교학연구 활동내지 동향을 좀 말씀해 주실까요?"라고 질문하며 "그게 큰 문제입니다. 해외로 뻗을 수 있는 발판도 마련해야 하고 또 그들(서구학자)의 요구가 있을 때 받아들일 만한 자세도 갖추어야 한다."고 오히려 우리의 실상을 실토한다. 이학수 교수는 당시의 서구에서의 불교학 연구뿐만 아니라 아시아학회 전반에 대한 활발한 서구학계의 정황을 소개하고 있다. 또 당시 서양 기독교계를 뒤흔든 "God Dead Theology(死神神學)"의 알

타이저(Thomas J.J Altizer) 교수의 방한을 맞아 그와 대론을 한다. 서경수는 이미 종교학적 방법론이며 기독교신학을 거쳤기 때문에 불교와 기독교의 대화와 비교 종교학적인 담론에 대한 소신을 흔쾌하게 교환을 한다.

"당신은 신의 죽음의 신학을 말할 때 특히 종말론에서 불교의 열반을 인용하고 있습니다. 불교의 열반에 대한 당신의 견해는 어떠합니까?"(서경수)

"동서양을 막론하고 열반이란 심오한 뜻을 가진 용어입니다. 열반을 서양적 의미의 하늘나라도, 최고의 목적지도 아니고 바로 '즉각적'으로 또 '내향적'으로 이해해야 된다고 생각합니다. 나는 또 열반의 길은 신의 죽음으로도 열린다고도 봅니다. 그래서 공(空)의 이치나 열반의 의미는 신이 죽을 때 또는 신이 죽은 동안에만 서양인들에게 이해된다고 생각합니다. 곧 신이 죽었다는 선언은 기독교가 불교에로 접근하는 문호를 개방하였다는 것입니다."(알타이저)

그는 이렇게 핵심적 질문을 제기하며 알타이저와는 학문적 친구가 됐다. 이때가 1974년의 일이었다. 이 모든 활동은 따라서 불교를 오늘의 현장에 위치시키며 문화적 맥락과 사회적 연관 속에서 우리 불교의 위상을 진단하는 작업이었다. 특히나 여러 면에서 현실과 차단된 스님들의 입지이거나 은폐된 불교를 우리의 현장에 부각시키고자 했다. "과거의 현재화"라는 그의 의도는 오늘날 하나의 흐름이 된 현대 고승전(高僧傳) 편찬 작업으로 이어진다. 그는 기회 있을 때마다 잊혀진 선승들을 우리 근현대 불교사에 위치 지우려 시도했다. 수월 스님, 혜월 스님에 대한 행장과 경허 스님에 대해 쓴 글이 그것들이다. 산사의 스님들의 입에서 입으로 전해지는 "이야기(僧傳)"들은 그저 이야기로 그쳐 소멸될 수밖에 없었다. 이 고승들의 행장의 중요성을 일찍이 간파한 것이다. 지금은 "구술사(口述史)"가 우리 근현대 역사기술의 중요한 영역으로 떠올랐지만 1960년대의 이 구술과 전승의 중요성을 인식한 것은 불교학계에서는 그가 처음이었다. 물론 조계종 승단의 큰스님들의 고승들에 대한 법통의 시원에 대한 욕구와 발원이 선결적인 것이었다. 그는 드물게 재가 불자로서 효봉 스님의 비문과 석두 스님과 같은 큰 스님들의 비문까지 쓴다(1968년). 불교 문중에서 그를 얼마나 가까이 받아들였는가는 곧 그의 위상에 관한 증표이었다. 그리고 "큰스님의 자취를 따라"라는 표제로 고승 평전에 대한 서설(序說)도 작성한다. 불교학자 가운데 우리와 호흡을 함께 한 고승들을 이렇게 현장화(現場化) 시키고 문제의 중심으로 떠오르게 한 작업을 펼친 것이다. 결국 이런 시도는 아직도 유효한 "한국불교 근대 백년사" 편찬 작업으로 이어지고 그는 편찬부장의 역할을 한다. 이때 정광호 교수와 박경훈 편집국장, 안진오 교수의 역할이 큰 몫을 차지하는 것은 물론이다. 그러나 오늘날 학계에서 근현대 불교를 다루는 소장학자들의 전거(典據) 인용에서는 이 분들의 선도적 노력에 대해서 언급하는 일에 무척 인색한 것 같다. 어떻건 한국근세불교 100년사에 대한 관심과 현대 고승전은 그의 산사 탐방의 결실임에 틀림이 없다. 100년사 편찬을 끝마치고 쓴 후기의 감회에 찬 글은 그가 불교 근대화론에 얼마나 몰두하였고 그 필요성을 절감하는지를 여실히 드러낸다.

"옛날 것은 그렇게 억세게 보존하기를 애쓰는 사람들이 어찌하여 오늘에 가까운 100년 동안의 문서자료에는 그렇게 무관심하지 모르겠다. 100년사의 자료는 그럭저럭 미비한대로 모아 보았다. 이제 분석과 정리 작업이 남았다. 이 방면에 뜻을 둔 동학이나 후학들이 많이 나와 주기를 바란다."

언론매체를 통한 글들과 불교 근대성론에 관한 그의 관점들이 오늘날 남아 있는 그의 저작집의 대부분을 차지한다. 본격적인 논문은 적고 오히려 단문의 평론이 그가 남긴 유고의 특징이다. 따라서 에세이적 글들이 많다. 평가하기에 따라서 그의 글은 에세이적 논문과 논문적 에세이의 성격을 지녔다. 실제로 그의 글들에서는 전문용어나 학술용어를 극도로 자제한다. 거의 독학으로 불교를 공부한 그는 상식인이 이해 할 수 있는 불교서술을 바랬다. 따라서 우리들에게 원고를 쓰라고 하는 경우 "너희들만 아는 암호 같은 글"은 쓰지 말라고 경고한다. 학술 전문인들의 병폐인 특정집단의 전문용어(jargon)의 남용을 자제하는 것이다. 곧 산스크리트어나 한문으로 된 경전용어를 모두 풀어쓰며 또 가급적 논문에 따르는 주해(注

解)도 달지 않았다. 현학적으로 보이거나 남의 논문에서 이끌어 인용하는 일마저 자제했다. "인용에서 시작해서 인용으로 끝나는 논문"은 자신의 논문이 아니라고 평가하며 근자의 학문적인 전문화를 비판했다. 곧 이 분의 글들은 논문과 에세이의 경계에 서 있어 규격화된 논문의 영역을 허물고 있다. 나는 오히려 이런 형태의 글에서 이 분만의 번뜩이는 직관과 창의성을 감지하고 진정한 논문의 무게를 느낀다. 조선조 불교의 억압과 탄압의 역사를 "순교자 없는 박해사"라 하거나 "호국과 호법의 동일률(同一律)이 한국불교의 특이성"이라는 지적은 이미 논문 몇 편을 능가하는 탁월한 관점을 피력하고 있다.

그는 불교가 젊기를 원했다. 흔히 말하는 오랜 역사와 전통을 자랑하는 한국의 불교이지만 우리 불교는 전통의 활력은커녕 현대인들 특히 젊은 계층을 과거 속으로 함몰시키는 낡고 늙은 전통이라고 비판했다. 뒤에 다시 논의하겠지만 그의 한국불교를 평가하는 커다란 프로젝트의 하나는 불교를 젊게 하는 작업이었다. 그래서 그가 참여한 일은 "한국대학생 불교연합"을 활성화시키는 작업에 가담하였다. 이때쯤 각 대학교 중심으로 "대학생불교연합"이 형성되어 있었다. 이 기구의 한 부분으로 신행을 보다 강조하며 직접 불교신행에 참여하는 운동이 발주되었다. 한국대학생 불교연합회 구도부 산하에 봉은사 대학생 수도원이 창설되고 바로 평생의 도반인 박성배 교수가 이 구도회에 앞장섰다. 서경수는 그 옆에서 삼보학회를 기반으로 이 운동에 적극동조하며 동참했다. 그리고 이 구도회 소속의 수련 대학생들은 일종의 엘리트의식을 지니고 불교수련과 학문연마를 겸행하는 것을 모토로 했다. 훗날 박성배 교수와 일단의 수련생들은 그대로 출가하는 적극적 참여의 길로 들어서기까지 한다. 이때쯤 되어 성철스님은 이 운동의 승려 지도자로서 막중한 영향을 미친다. 또 다른 대학생 불교운동으로서 화랑대회를 결성하여 옛 신라의 화랑정신을 구현하며 민족정신과 불교를 일치화 시킨 운동을 전개하였다. 지도교수는 역시 서경수와 반려이었던 이기영이 주도하였다. 이 두 가지 운동에 서경수는 직접 간접으로 참여하며 동료학자로서 혹은 불교 도반으로 함께하는 것이었다. 지금 회고 해보면 이 세 분의 불교에로의 현실 참여는 오늘날 지성불교의 참여의식의 표본이 되고 있으며 불교 재가성(在家性)의 구체적 표출이 된 셈이다. 그는 결정적인 발언을 한다.

"현실을 떠난 교설은 가공의 다리일 뿐 그 가상의 무지개를 따른다면 현장을 상실한 허상의 종교로서 역사적 시간에서 소외된 토우적(土偶的) 존재로 남을 수밖에 없다."

곧 그는 "불교는 항상 현장에서만 존재해 왔고 그것이 불교의 본질이며 종교로서의 기능"이라고 강조한다. 따라서 "현장의식이야 말로 종교존재의 이유이고 그것의 결여는 불교이기를 거부한다."는 논리로 귀결된다. 이러한 그의 발언은 오늘의 불교현실에 대한 적확한 지적이 되기도 한다. 동시에 불교를 일정한 변하지 않는 형태를 상정하는 본질론적 실체론을 극복한 불교해석의 새로운 시도를 하고 있어 주목을 끈다.

"(오늘의 한국불교는)자기가 설 자리조차 상실하고 역사의 미아가 되고 만다. 역사의 미아가 된 종교는 자기 자신 조차 구제할 힘이 없는 무력한 종교다. 대(對)사회적 기능을 상실한 불구의 종교이다."

따라서 과거에로의 복귀의 면모만 보이는 오늘의 한국불교는 "오늘의 문제보다는 어제의 문제에 더 깊은 관심을 쏟고 있다. 그 종교는 오늘의 시간에 사는 유물적 존재에 지나지 않는다."고 질타하는 것이다. 그의 이러한 현실참여는 막연한 이론적인 자기 논리의 전개이거나 현장의 행동 논리를 추종한 것이 아니었다. 뚜렷한 자기의식과 현실 참여의식의 조합이었다.

4. 인생은 나그네 길

불교 언론이나 삼보학회, 혹은 대학생 불교활동을 통한 현실 참여적 활동 이외에 캠퍼스를 주거처로 삼을 수 없었던 그의 여정은 산사와 사찰로만 향하는 것은 아니었다. 그는 여행을 즐겼다. 여행을 마다 할 사람은 없다. 그러나 그의 여행은 끝 간곳을 모를 천방지축의 긴 여정이었다. 젊은 시절 중국으로부터 시작된 여행은 가까운 이웃 일본을 자주 찾았고 독일 등지를 여건이 허락되는 대로 돌아다녔다. 결혼도 않고 홀로 사는 그에게 여행은 무엇보다도 삶의 활력이었다. 여행 때마다 "좀 쉬러 갔다 온다"는 것이 우리에게 내뱉는 말이었다. 우리는 휴식하러 집으로 돌아가지만 그는 휴식을 위해 밖으로 나갔다. 결국 잦은 출타는 목사님이셨던 아버님의 임종도 지키지 못하는 불효를 저지른다.

　무엇보다 인도를 고향처럼 찾았다. 당시의 그의 인도 기행은 하나의 트레이드마크처럼 되었다. 요즘처럼 인도를 불탄(佛誕)의 성지이거나 정신적 휴식과 영성(靈性)을 위해 찾은 것은 아니었다. 당시로서는 좀처럼 접근하기 힘든 막연한 미지의 세계이었고 정치적으로도 우리가 꺼려야 하는 지역이었다. 북한과는 대사관급의 관계이었으나 우리와는 총영사관의 관계를 맺고 있을 뿐이고 일종의 공산 블록(Block)에 속했다. 북한주재 인도 대사는 인도고대사를 저술하며 영국의 인도 식민 지사를 혹독하게 비판한 K. 코삼비(Kosambi) 교수이었다. 그의 책인 "서구의 인도 지배(Western Dominance and India)"란 저술은 국내에서 금서이었다. 소위 제국주의와 민족주의에 대한 오리엔탈리즘적 시각의 훌륭한 저술이었음에도 말이다. 이런 정치적인 상관관계를 그는 무시했다. 그리고 무엇보다 그는 인도를 사랑했다. 그러기에 인도는 그에게 많은 함의(含意)를 지닌 정신적 보고(寶庫)이었다. 미국이 한때 인도와의 이념대결을 종식시키고자 하버드 대학의 학자인 갈브레이드(Galbraith) 교수를 인도대사로 파견하였고 그는 인도에 대해 의미심장한 말을 남겼다. "짧은 시간에 인도를 파악한다는 것은 불가능하다. 그렇다고 오래 머문다고 인도가 파악되는 것도 아니다."라고.

　서경수에게 있어서도 인도는 끊임없는 천착이 요구되는 지역이었고 무궁한 정신적 고향이었다. 그에게 인도는 세계를 향하는 관문의 역할을 했다. 그리고 세상을 보는 시각이기도 했다. 그가 인도를 보는 시각은 우리와는 달랐고 또 자신에 대한 성찰이기도 했다.

"(인도)교수와 학생들을 통하여 인도의 현대와 대화할 수 있는 시간을 가졌습니다……길고 오랜 과거를 짊어진 인도는 오늘 거대한 빈곤을 안고 심한 진통 중에 있습니다……그 가난의 문제를 인도사람들은 어떻게 받아들이고 생각하며 일상을 살아가는가하는 점에서 우리와 차이가 있었습니다. 가난하다는 것을 부끄러워하지 않습니다……(우리에게) 부모에 대한 효가 자신의 입신출세에 대한 '부(富)와 귀(貴)'와 직결될 때 자식의 가난은 불효로까지 번져갑니다. 인도인들은 가난에 대하여 무관심을 넘어 초연합니다. 그들은 물질적 빈곤보다는 정신적 빈곤을 더욱 우려합니다……물질적 풍요가 반드시 정신적 풍요와 비례한다는 환상을 빨리 버리는 것이 지혜롭습니다. 도리어 물질적 풍요와 정신적 풍요는 반비례하는 선례가 많기 때문입니다." (1978, 『한국불교연구원회보』)

그가 평생 몸담아 왔던 불교재가자들의 모임인 한국불교연구원 구도회 멤버들에게 보낸 인도에서의 최초의 편지의 내용이었다. 그에게 인도는 하나의 지역이거나 국가는 아니었다. 인도라는 명칭, 인도라는 국가는 전적으로 제국주의의 산

물이고 근대 민족주의가 창안한 명칭일 뿐임을 지적했다. 그는 부처님의 탄생지
와 설법처와 교화의 지역을 샅샅이 찾았고 인도 대륙이 맞닿는 모든 지역을 훑었
다. 그의 발길이 닿는 인도의 각각의 지방들의 특색을 드러내려 했고 그 지역성을
음미했다. 각 지역마다의 고유한 문화와 생활을 인정 할 뿐 인도를 정치적 단위로
삼기를 거부했다. 일찍이 불란서의 마쏭 우루쎌(Masson Oursell)이란 학자는 인
도를 이렇게 정의했다. "항해사에게 있어 인도란 카라치에서 시작되어 인도 대륙
해안을 경유하여 말라야 반도와 인도네시아 전역을 접하는 모든 지역이다." 라고.

  곧 지리적인 인도가 아닌 인도문화가 접하는 모든 지역이며 그의 의도대로라면
결국 불교문화가 깊이 배어있는 한국을 비롯하여 중국과 일본이 포함되는 것은
물론이다. 서경수의 인도 역시 이러한 문화영역, 생활영역 전반의 인도이었지 국
가단위 정치적 분할의 인도는 아니었다. 이런 역사의식과 현장의식은 그의 인문
학적 학자의 관심에서 나온 것이 사실이지만 자신이 겪은 일제 식민지 지배의 희
생물이라는 자기의식의 반영일 수도 있다.

  그의 인도 장기체류를 가능하게 한 것은 1972년의 인도 정부 초청으로 첫 방문
을 한 것이 계기가 됐다. 나 자신도 조교의 신분으로 이 분을 모시고 첫 해외여행
을 했다. 우리 일행, 곧 동국대 사학과의 안계현 교수, 전남대 철학과의 정종구 교
수와 필자는 인도 외무부 산하의 "인도해외교류위원회(Indian Council for
Cultural Relations)"의 초청으로 2개월에 걸친 인도 문화탐방을 할 수 있었다. 이
위원회(ICCR)는 해외 인사 초청 기관으로 교육, 문화차원에서 인도를 공식으로

탐방하기를 원하는 전문인들에게는 최적의 기구이어서 지금도 천거해도 좋은 정부기관이다.

어떻건 서경수는 이 기구를 통해 한국과 인도와의 관계를 보다 긴밀히 하는데 공헌을 한 것이 사실이었다. 당시 만났던 외무성 아시아 담당 차관보인 파란지페(Paranjipe)는 그 이후 한국 초대 인도대사로 부임했다. 서경수가 이후 네루대학 한국어과 초대 교환 교수로 부임한 것(1977-1978)은 이때의 그의 활동에 기인된다. 이기영의 이 시기에 대한 서술은 나의 앞에서의 증언이 사실임을 확인시키고 있다.

"그를 알아주는 사람이 있었다. 당시의 주(駐) 인도 한국대사 이범석 씨의 외교 활동에서 서 교수는 없어서는 안 되는 존재이었다. 그 시기는 우리나라의 대 인도 관계 개선의 결정적 시기였다. 네루대학이 한국어과를 만들고 인도사람들이 한국을 알고 한국을 좋아하는 사람이 배출되게 한 것도 바로 서 교수의 공로다. 그 소식은 국내의 박 대통령에게 까지 알려졌었다. 뉴델리 아시안 게임 때 역시 서 교수는 타이틀 없는 한국의 문화대사의 역할을 한 것은 유명한 사실이다."

5. 인도는 지도(地圖)가 아니다

그는 1980년에 교환교수로 다시 인도를 찾으며 그의 여행벽과 함께 사상적 깊이를 더욱 확대 시킨다. 평시 그가 생각하던 인도 사상가들에 대한 자신이 몸소 관여한 참여적인 추적이기도 했다 서경수는 누구보다 마하트마 간디를 존경하고 그의 사상에 심취했었다. 그래서 간디 사상을 인도철학과를 위시하여 자신이 강의를 담당했던 대학들에서 빼놓지 않고 소개했다. 간디의 전기와 "진리파지(眞理把持, Satyagraha)"에 대한 부분 번역은 그 이전에도 있었지만 본격적 번역은 그에 의해 한국에서 처음 시도되었다. 간디의 진리파지에 대한 서경수의 이해와 그 현양은 남달랐다. 따라서 그의 인도 사상은 단지 불교의 시원처이거나 부처님의 탄생지이어서가 아니라 영원을 추구하며 현실을 "영원의 상(像)" 아래에서 이룩되기를 기원한 염원이었다. 곧 "영원"의 역사적 현장화로서 인도를 사랑하고 그 정신성에 매료된 것이다. 또 그의 인도 사랑은 자연스럽게 아힝사(Ahimsa)에 대해 그만이 지닌 독특한 해석으로 이끌고 있다. 곧 비폭력(Non-Violence)이란 서구어의 좁은 뜻에서 벗겨내어 해석하는 것이다. 아힝사는 불교의 불살생계에도 해당되겠지만 그는 이 서구적 해석과 불교의 교리적 해석의 틀을 벗어나 인도의 정신성(精神性)으로서의 아힝사를 생각했다. "목숨을 걸고 결의하는 윤리적 엄연한 자세"가 아힝사임을 강조한다. 아힝사는 남에게 해를 끼치는 일을 자제하는 소극적 의미에서 출발되지만 적극적 의미에 다다를 때 "그것은 사랑, 모든 것을 향한 사랑이고 각오(覺悟)를 수반하는 사랑이어야 된다."고 말한다. 곧 "각오란 모습을 걸고 결의하는 윤리적 엄연한 자세"의 결단을 요구하는 말이라는 것이다. 그리고 아힝사를 사랑의 메시지로까지 승화시키는 것이다.

"따라서 아힝사는 십자가에 못지않은 고난을 겪을 각오가 있어야 하고 이와 같은 각오가 꺾일 때 그는 비굴해진다. 그러나 어떠한 고난도 이겨낼 각오가 되어 있을 때 그에게 두려움은 일어 날 수 없다. 두려움은 각오의 윤리적 근거가 흔들릴 때 생긴다……그 길이 지금은 어둡더라도 그는 털끝만큼도 두려워하지 않는다....아힝사는 사랑의 종교이면서 또한 소망의 종교이기도 하다."

영원의 상 아래 전개되는 인도는 그에게 정신적 고향이었고 학문의 원천이었고 세상을 보는 눈이었다. 따라서 인도에로의 여행은 그에게 영원으로의 여행이었고 자기 자신으로의 여행이었다. 1985년도에 동국대 인도학술조사단장으로 참여하고 귀국한 것이 그의 마지막 인도 여행이다. 그것이 그의 인생 여정의 마지막이기도 했다. 이 시기의 그에 대한 기록은 이기영에 의해 감명 깊게 기술되고 있다.

"머리와 수염이 하얗게 쉰 것이 눈에 띤 것은 인도에서 돌아온 때이었다. 환갑의 나이었으니 그럴 만도 했지만 갑자기 그도 시간을 의식하게 되었던 것일까? 그의 Mysticism이 현실에 부딪히며 나타난 형상이었을 것이다. 같이 살던 어머니의 병환이 아주 심해지고 나이 먹은 총각 아들은 직접 어머니의 수발을 드려야만했다……그때 서 교수를 도우려 나타난 보살이 있었다. 그가 바로 김미영 선생이다. 나는 두 사람을 불교연구원 법당에서 부부로 맺어 주면서 진정한 보살 부부가 되어주기를 바랬다. 얼마 안 있어 노모는 세상을 뜨셨고 결혼생활도 1년이 지났다.

딸 은주가 태어 난지 21일 만에 서 교수는 교통사고로 불귀의 객이 되고 말았다. 바로 그날 점심약속을 해 놓고 학교로 출근하던 길이었다. 아, 서 경수!……외로운 기러기, 언제나 저 먼 곳을 물끄러미 쳐다보던 기러기, 날아갈 때면 신나던 그 기러기가 이 세상이 역겨워 가셨나? 열반과 세속이 다른 길이 아니라고 믿고 있던 기러기의 깊은 체념이 여운처럼 남아 있다.”

6. 삶의 양태(樣態)로서의 불교학

한 학자의 행적을 어떻게 학문이란 국한된 범위로 축약시키고 환원시켜야 하는지 의문이 든다. 이 시대의 학문이 지닌 한계일 수밖에 없다. 서경수의 행적을 좇다보면 이런 느낌은 더 절실해 진다. 그리고 불교학이란 일반 학문분야와 달리 다루어져야 되는 것은 아닌가하는 생각이 든다. 불교학은 학문적 추구의 행위만으로 구성되는 것이 아닐 수도 있다. 오히려 오늘의 학문의 범주에 대한 성찰이 요구된다. 불교를 공부하는 행위와 불교적 수행, 그리고 현실참여의 행위는 거의 삼위 일체적으로 서로 긴밀히 연관된 총체적 행위라는 것을 알게 된다. 그리고 불교적 행위가 뒷받침된 학문의 내용이 불교학이고 불교를 공부한다는 일은 “삶의 하나의 양식(樣式)”임을 깨닫게 된다. 서경수의 학문을 생각할 때 이런 불교학적 삶의 모습이 그대로 현시된다.

그에게서 학문과 삶의 양식, 곧 그가 살아가는 구체적 모습을 분리시키기 어렵다. 일견 그는 다면불과 같은 생애를 살았다. 연구실에 있는가하면 선방에 앉아 있었고 우리와 산사를 찾는 등반길에 있는가하면 또 술집에서 파안대소하며 두주를 불사했다. 그런가 하면 훌쩍 우리를 떠나 몇 달 몇 년을 인도의 타지를 떠돈 것이다. 그러나 그는 집요하게 학문을 추구했고, 그의 연구방법은 오히려 서구 문헌학적 접근이었다. 근대 불교학, 특히 서구불교학이 빠진 모순은 불교학을 박물관적 대상물로 떨어뜨렸다. 불교를 문헌 속으로 환원시킬 때 불교의 살아 움직이는 현장은 배제된다. 불교를 문헌 속에서 색출함으로써 불교를 책상위의 상상력으로만 작동시키는 것이다. 그리고 불교의 원형은 원전의 문헌 속에만 존재하게 된다. 불교의 현주소는 동양이기에 동양에서는 살아 움직이는 현행의 종교이지만 서구에서는 학자들의 수집, 번역, 출판이라는 문헌적 과거로부터 출발하여 이 문헌들을 소장하고 연구하는 도서관과 연구소에 존재하게 만드는 것이다. 곧 불교를 '골동품 애호적인 지식'이나 '유물관리적 지식'으로 만드는 것이다. 서경수의 학문적 오리엔테이션도 이런 근대 불교학 연구의 성격을 지닌 것이 사실이다. 근대 문헌학적 불교연구방법이 그런 경향을 띤 것이었기 때문이다. 그러나 그는 이 문헌 위주의 방법이 지닌 모순에 떨어지지 않았다.

　이런 현상은 신기하게도 평생의 학문과 수행과 불교운동의 반려였던 이기영과도 상통하는 '서구극복'의 훌륭한 사례가 되고 있다. 이기영은 서구 불교학계에서 "대체가 불가능하다(Irreplaceable)"는 문헌학적 연구의 대가인 E. 라모뜨(Etienne

Lamotte) 밑에서 연구를 했다.[3] 그러나 그는 불교수행과 연구를 병행시키는 한국 불교연구원을 설립하고 중요한 기능으로서 구도회(求道會)를 부속시켰다. 불교 수행과 객관적 학문의 결합이었다. 서경수가 이 연구원의 설립에 참여한 것은 물론 생애의 마지막까지 함께 동행을 했다. 그들은 근대 서구불교학의 방법론의 모순을 극복한 하나의 확고한 틀을 제시한 셈이고 더 나아가 서경수의 근대 불교 담론에서 그의 불교의 현장성에 대한 해석과 실존적 참여의 주장은 주목할 만하다. 그리고 그것은 문헌에 매달려 있는 학자적 입장을 극복한 참여적인 자세였다.

그래서인지 그는 만해 한용운에 대해 남다른 애정과 집착을 보였다. 살아계신 소박한 선승들에 대한 집착과는 또 다른 종류이었고 전혀 다른 의미를 띠고 있다. 한용운의 현실 참여적 행위와 한용운에게서 "말과 행동"이 일치됨을 전율처럼 받아들였다. 그는 만해 한용운을 한국불교 근대성 담론의 표준으로 삼았다. 따라서 그는 만해가 주장한 "파괴란 새로운 창조의 어머니"이란 명제를 자신의 불교 현실에 대한 비판의 근거로 삼았다. 그의 기질적인 성격이 투영되어 있었기도 했지만 그의 현실비판은 철저했다. 그는 당시 불교의 파괴되고 일그러진 현장에서 "불교가 무엇 때문에 존재해야 하는가?"라는 근본적인 질문을 제기한다. "구태의연

---

3) E. Lamotte는 오늘날 불교학계에서 서구 불교학의 발주자인 프랑스의 E. Burnouf를 위시한 Sylvain Levi, L. de la Valle Poussin의 학통을 잇는 가장 뛰어난 불교 문헌학자로 추앙되고 있다. 이기영은 Lamotte 밑에서 역사학에서 불교학으로 전공을 옮기고 학위논문으로 "Aux Origines du 'Tch'an Houi'; Aspects Bouddhiques de la Pratique Pénitentielle(懺悔사상의 起源과 展開)"를 1960년에 벨기에 루뱅 (Louvain)대학교에 제출했다. (필자의 한글 번역 근간 예정).

한 불교가 왜 아직도 잔존해 있는가?"라고 묻는 것이다. 전통에 대한 철저한 부정과 거부, 그리고 한국불교의 과거지향성에 대해 과감하게 발언한다. 그러나 그 이면은 바로 '창조=새로운 출발'을 위한 전제조건이었다.

그의 언표(言表)는 부정적 비판을 즐기는 듯 보이지만 만해를 따른 그의 한국불교 현장에 대한 논리구성은 오히려 창조와 새로움에 대한 기대가 컸고 그것을 지양했다. 곧 "부처님을 대신하여 부처님의 사상과 교리를 오늘의 사회에서 구현"되기를 희구하는 것이다. 그는 "탈(脫)현장적"이고 "탈현실적이고 초(超)시간적 유토피아"에 있는 것이 불교의 이념이 아니고 '이루어질 수 없는 꿈속의 나라'인 가상의 세계가 불교의 교설이거나 불국토의 실현이 아니라고 주장한다. 곧 불교가 현실에 위치하기를 요구한다. 부처님을 과거에서 찾는 원형으로의 복귀가 아니라 부처님을 이 현실에서 재현시켜야 한다고 갈파한다. 오늘의 한국불교는 "자기가 설 자리조차 상실하고 역사의 미아가 되고 만다. 역사의 미아가 된 종교는 자기 자신조차 구제할 힘이 없는 무력한 종교다. 대(對)사회적 기능을 상실한 불구의 종교"이라고 단정한다.

"불교는 과거의 유산을 자랑만하는 것이 아니라 '현대의 문제'를 무어라고 한마디 변증할 줄을 알아야 한다. 불교가 '현대의 문제'를 변증한다는 말은 불타의 말씀이 현대에 와서 다시 정확히 발음된다는 뜻이다. 불타의 말씀이 현대에 다시 정확히 발음되게 하는 것이 현대불교의 사명이다."

7. 현장 거부와 현장 의식의 재현

서경수의 과거 지향성에 대한 비판은 그 반대급부로 현장 의식에 대한 문제를 제기시킨다. 그는 만해의 『님의 침묵』 가운데 '중생은 석가의 님'인 것을 다시 강조하고 부각시킨다. 석가가 중생의 님으로 생각되는 것이 아니고 중생이 오히려 석가의 님이라는 것이다. 따라서 석가가 님을 찾아서 중생의 편으로 와야 한다. 다시 말해 불교는 사회를 위해 존재하는 것이어서 불교는 사회와 중생에게 직접 다가와야 하는 것이다. 서경수의 불교는 왜 존재하는가의 역설적 질문과 항변은 이런 현장의식에서 제기된 것이다.

마치 릴케가 전통적인 기독교의 신관(神觀)을 거부하며 인간이 신을 위해 존재하는 것이 아니라 신이 인간을 위해 무엇을 해야 한다고 말한 점을 환기시킨다. 곧 신은 하나님의 현존을 요구하는 인간에 의해 존재하게 된다는 것이다. "오 하나님, 제가 없으면 당신은 어떻게 하시겠습니까?"라고 릴케는 시를 통해 항변했다. 릴케는 만해나 서경수와 같이 중생의 입장을 강력히 주장하는 것이다. 그것은 바로 서경수의 현장 의식이나 요청적(要請的) 불교의 현존과도 일맥상통한다. 이 현장성은 한걸음 더 나아가 서경수에게 이르러 철저한 자기 정체성에 대한 확인으로까지 발전된다.

대개는 불교 현장의 파행적 행태에 대해 비판을 시도할 때 자신이 불교 신자이거나 불교 학자인 정체성을 밝히면 불교 비판과 개혁에 대한 발언의 입지는 확보

되는 것이다. 따라서 불교에 대한 어떤 형태의 비판이거나 부정적 담론도 서슴지 않는다. 그러나 서경수는 자신에게 허용된 이런 불교 비판의 입지마저 비판한다. 소위 비판이란 이름아래 행해지는 상식화된 비판 매너리즘을 질타하는 것이다. 그에게 청탁된 글의 제목인 "불교계에 바란다"는 말의 허구성을 지적하며 비판에 대해 비판자가 얼마나 참여되어 있는가를 따지는 것이다. 그는 "내가 내 가정에 바란다"거나 "내가 나에게 바란다"라는 말은 논리적 모순이기도 하고 아무런 의미 전달도 못하는 허사(虛辭)에 지나지 않는다고 지적한다. 나는 나의 뜻과 의지에 따라 직접 행동하고 참여할 뿐이지 그것을 남에게 "내가 나에게 바란다"는 말로 발설하지는 않는다는 것이다. 불교의 현장이 객체화되고 타자화되어 비판과 담론의 대상이 되기도 하지만 나의 참여 없이 언급되는 비판이나 담론은 마치 내가 나에게 바란다는 허구적인 위선으로 떨어지고 "말"만의 참여일 뿐이라는 것이다.

서경수는 철저하게 자기 허위성을 배제 시키고 있다. 나의 실존적 변화, 나의 참여가 결여된 어떠한 이상론도 불교 현실에 대한 온당한 비판이나 유신론이 될 수 없음을 항변한다. 따라서 서경수의 이런 발언은 이미 자신이 '참여된 현장'에 있음을 반증하는 것이다. 그는 계속해서 말한다.

"지금 이 시각에 살고 있는 현장이 나에게 주어진 삶의 전부라고 하면 나는 이 현장에서 나의 전부를 던져 전력투구할 수밖에 없다……오늘 이 현장에서 내가 '어찌' 있는가 하는 것이 나의 인생 전부를 말해 준다. 내일이 없다는 시간의 단점은 이 현장과 대결하는 각오를 요청한다. 언제 어디서 죽음이 오더라도 선뜻 죽어 줄 수 있는 각오이다."

이렇게 철저한 현장 의식과 참여 의식에 이르면 그가 사용한 불교 교설에서의 이상적 경지를 기술하는 관행어들인 "보살", "자비"와 같은 말은 전혀 다른 색깔을 띠게 된다. 소위 대승불교에서 고착화된 상투적인 의미를 극복하는 것이다. 내가 참여되어 있는 보살행과 내가 함께 가고 있는 현장에서의 자비행은 이상적 관념어이거나 이상향의 무지개는 아니다. 그것이 서경수의 현장 의식이었다.

우리 불교학과 불교의 현실과 현장을 바라보는 그는 외기러기와 같은 몸짓을 할 수밖에 없었다. 외롭게 멀리 막연하게 쳐다보는 기러기, 그러나 비상할 때는 모든 활력을 다 한 그의 보살 같은 전력 질주의 행동, 그것이 서경수였다. 그는 치열하게 참여된 재가 불교학자였다.

2016년 7월 26일 Canada Nova Scotia, Mosquodovit에서

차 례

5. 서경수 선생을 그리며

히말라야의 지혜

모든 것은 우리의 마음으로부터 나왔고, 마음은 모든 것에 앞선다. 그리고 마음으로부터 모든 것은 이루어진다. 나쁜 마음을 가지고 말하거나 행동하면 그 뒤에는 슬픔이 따라오기 마련. 수레바퀴가 마부의 뒤를 따르듯이.

법구경—히말라야의 지혜

법구경*
-히말라야의 지혜

서

칠흑같이 새까만 밤하늘이 아닐지라도 이따금씩 반짝이는 별이 있다. 우리는 그 별빛이 주는 의미를 때때로 되새기곤 한다.

그런데 여기 내 인생의 길을 비쳐주는 별이 있다. 태풍이 휘몰아치는 밤에도 이 별만이 여전히 내 곁을 떠나지 않고 있다. 이 마음의 별이 바로 『법구경』이다.

내 나이 아직 젊었을 적에 인생이 아주 무너지는 듯한 절망에 부딪친 일이 있었다. 그때 나를 절망에서 구제해 준 빛이 바로 『법구경』에서 나왔다. 그후 이 책은 내 육체의 일부처럼 항상 나와 함께 살아왔다. 이른 아침 눈을 뜨면 내 머리맡에서 제일 먼저 나를 기다리는 것은 바로 이 책이었다.

이 책에서는 언제나 마르지 않는 샘처럼 신선한 지혜가 솟아나온다. 일에 지쳐 마음과 몸이 고달플 때 이 책을 펼쳐 보면 갑자기 새로운 힘이 솟아나옴을 느낀다. 내 곁에 언제나 『법구경』이 있다는 사실은 내 생명이 아직 죽지 않고 살아있음을 새삼스럽게 깨우쳐 준다.

원래 『법구경』은 여러 가지 원시불교 경전 가운데서 가장 귀하고 아름다운 구절을 뽑아서 다시 구슬같이 한데 꿰어 놓은 명구선집이다. 교묘한 비유를 섞어가며 엮어진 아름다운 시 423수를 26장

---

* 이 글은 기출판되었던 『법구경-히말라야의 지혜』(홍법원, 1966년)를 전재한 것이다.

으로 분류한 『법구경』은 경전성립의 초기에 부처님의 말씀을 가장 순수하게 수록한 경전으로 알려져 있다.

부처님의 말씀을 수록한 여러 경전에서 가장 아름답고 교훈적인 어구만 뽑아서 별도로 한 권 엮어 놓은 '선집'이라고 말하는 학자도 있다. 너무나 멋진 비유와 아름답고도 거룩한 종교적 기품을 간직하고 있으므로 선집이라 할만도 하다.

이 『법구경』은 옛날부터 널리 애송되어 왔을 뿐 아니라, 일찍부터 영어나 독일어로 번역되어 서양 사람들 사이에서도 널리 읽혀진 불교성전이다. 불교신자건 아니건 항상 머리맡에 두고 틈이 있는 대로 한 구절씩 읽노라면, 혼탁한 세파에서 맑은 샘물을 마시는 신선함을 얻을 것이다.

잠깐 『법구경』의 파알리어인 담마파다Dhammapada를 풀어 보고자 한다.

'담마Dhamma'는 범어梵語 다르마Dharma와 같은 뜻으로, 매우 여러 가지로 해석되는 종교 술어이다. 그러나 담마파다의 '담마'는 모든 일을 규정짓는 규범, 곧 어떠한 윤리적 규범을 의미한다. 그리고 세속적인 의미에서는 모든 질서를 바로잡는 규율이라는 뜻도 가진다. 한역漢譯에서 담마를 '법法'으로 번역한 것은 바로 이 때문이다.

이 같은 담마가 종교적 세계로 옮겨오면 모든 사물과 현상을 규제하는 궁극적 도리나 이치라는 뜻으로 승화된다. 따라서 담마는 자연히 종교적 교리를 나타내는 고상한 술어였다가, 나중에는 '교리를 존재하게 하는 진리'라는 뜻까지 가지게 되었다.

담마파다의 '파다Pada'는 사람이 걸어가는 길이라는 뜻으로, 사람이라면 마땅히 걸어야 하는 길이라는 윤리적 당위성을 띠게 되었다. 또 파다에는 사람이 의지해서 살아가는 방편이라는 뜻도 있다. 목적지로 이르게 하는 지리적 방편이 '길'이라면, 궁극적 이치에 이르게 하는 교리적 방편은 '말'이다. 그래서 파다는 말[句語]이라는 뜻도 가지게 되었다.

그러므로 담마파다는 '궁극적 교리에 이르는 길을 교리적 방편에 의하여 교시教示한 말'이라는 뜻이라고 풀이할 수 있고, 이치인 담마[法]를 교시한 말이라고 할 수도 있다. 그러므로 오吳나라 유지나維祇難라는 중국학자는 담마파다를 법구경法句經이라고 번역한 것이다.

지금 국역國譯하여 책으로 내는 담마파다는 파알리어판을 직접 번역한 영어판을 근거 삼아 번역한 것이며, 한역판은 참고로만 삼았다. 영역판은 아래와 같이 여러 종류가 있다.

The Dhammapada by Max Müller. S.B.E.Vol. X, 1881.
The Dhammapada by James Gray, 1881.
The Buddha's way of Virtue by W.D.C. Wagiswara and K.J.
    Saunders, 1912.
The Dhammapada by P.L. Vaidya, 1934.
The Dhammapada by I. Babbitt, 1936.

이 책에서는 1950년 영국에서 출판된 The Dhammapadaby S. Radha Krishnan을 대본으로 삼았는데, 파알리어 원문도 실려 있기 때문에 담마파다의 연구서로서는 가장 잘된 영역판이라고 볼 수 있다. 필자 라드하 크리슈난은 인도 대통령을 지낸 유명한 분이기 때문에 그의 소개는 생략한다.

부디 독자들의 삶과 정진에 도움이 되었으면 하는 마음이다.

서경수 합장

제1 대구對句의 장
THE TWIN-VERSES

1

The mental natures[1] are the result of what we have thought, are chieftained by our thoughts, are made up of our thoughts. If a man speaks or acts with an evil thoughts, sorrow follows him (as a consequence) even as the wheel follows the foot of the drawer (i.e. the ox which draws the cart).

心爲法本　心尊心使　中心念惡　卽言卽行　罪苦自追　車轢於轍

모든 것은 우리의 마음으로부터 나왔고, 마음은 모든 것에 앞선다. 그리고 마음으로부터 모든 것은 이루어진다. 나쁜 마음을 가지고 말하거나 행동하면 그 뒤에는 슬픔이 따라오기 마련. 수레바퀴가 마부의 뒤를 따르듯이.

2

(The mental) natures are the result of what we have thought, are chieftained by our thoughts, are made up of our thoughts. If a man speaks or acts with a pure thought, hapiness follows

---

1) Mental natures는 dharma(梵) dhamma(色)의 번역이다. dharma와 같은 다의어도 드물다. 한역은 마음.

him (in consequence) like a shadow that never leaves him.

心爲法本　心尊心使　中心念善　卽言卽行　福樂自追　如影隨形

모든 것은 우리의 마음으로부터 나왔고 마음은 모든 것에 앞선다. 그리고 마음으로부터 모든 것은 이루어진다. 청정한 마음을 가지고 말하거나 행동하면 행복이 그를 떠나지 않으리라. 마치 그림자가 몸을 떠나지 않는 것처럼.

3

'He abused me, he struck me, he overcame me, he robbed me'—in those who harbour such thoughts hatred will never cease.

人若罵我　勝我不勝　快意從者　怨終不息

그는 나를 헐뜯었다, 그는 나를 때렸다, 그는 나를 이겼다, 그는 내것을 훔쳤다. 이 같은 생각이 남아 있는 자에게서 미움은 가라앉지 않으리라.

4

'He abused me, he struck me, he overcame me, he robbed me'—in those who do not harbour such thoughts hatred will cease.

人若致毀罵　役勝我不勝　快樂從意者　怨終得休息

그는 나를 헐뜯었다, 그는 나를 때렸다, 그는 나를 이겼다,

그는 내 것을 훔쳤다 이 같은 생각이 남아 있지 않은 이에게서
미움은 가라앉으리라.

5

Not at any time are enmities appeased here through enmity
but they are appeased through non-enmity. This is the
eternal law.

不可怨以怨　終以得休息　行忍得息怨　此名如來法

미움은 미움에 의해서 풀어지지 않는다. 미움은 미움이 없
을 때에만 풀어진다. 이것은 영원한 진리.

6

Some (who are not learned) do not know that we must all come
to an end here[2]; but those who know this, their dissensions
cease at once by their knowledge.

不好責彼　務自省身　如有知此　永滅無患

사람들은 우리가 여기(이 세상)서 견디어 나아가야 한다는
것을 모르고 있다. 이것을 아는 사람들에게 모든 다툼은 곧 사
라지리라.

7

---

2) We must all come to an end here 는 원문대로 영역하면 We must go into the
presence of Yama. (우리는 염라대왕 앞으로 가야 한다.)

As the wind throuws down a tree of little strength so indeed does Māra (the tempter) overthrow him who lives looking for pleasures uncontrolled in his senses, immoderate in eating, indolent and of low vitality.

行見身淨　不攝諸根　飮食不節　漫墮怯弱　爲邪所制　如風靡草

쾌락만을 쫓아다니면서 오관의 욕구를 막지 못하고 게으르며, 음식을 절제하지 못하고 저속한 생활을 하는 사람을 악마는 쉽게 넘어뜨린다. 마치 연약한 나무를 바람이 넘어뜨리듯이.

8

As the wind does not throw down a rocky mountain, so Māra indeed does not overthrow him who lives unmindful of pleasures, well controlled in his senses, moderate in eating, full of faith (in the Buddha, the law, and the Saṁgha or community), and of high vitality.

觀身不淨　能攝諸根　食知節度　常樂精進　不爲邪動　如風大山

쾌락에는 한눈도 팔지 않고 오관의 욕구를 잘 막으면서 음식을 절제하고, 굳은 신앙을 지닌 사람은 악마도 어찌할 수 없다. 마치 바위산을 바람이 어찌할 수 없듯이.

9

He who will wear the yellow robe without having cleansed

himself from impurity, who is devoid of truth and self-control, is not deserving of the yellow robe[3].

不吐毒態　慾心馳騁　未能自調　不應法衣

진리에서 멀어지고, 자기를 이기지 못하고, 또 깨끗지 못한 것을 여의지 못하는 사람은 가사(황색 옷) 입을 자격이 없는 자이다.

10

But he who puts away depravity, is well grounded in all virtues, and is possessed of self-restraint and truth is indeed worthy of the yellow robe.

能吐毒態　戒意安靜　降心已調　此應法衣

그러나 깨끗지 못한 것을 버리고 온갖 덕행을 쌓고 극기와 진리를 담고 있는 사람은 가사 입을 자격이 있다.

11

They who imagine truth in untruth and see untruth in truth, never arrive at truth follow vain imaginings (desires).

以眞爲僞　以僞爲眞　是爲邪計　不得眞利

진실 아닌 것을 진실이라 생각하고, 진실을 진실 아닌 것으로 보는 사람은, 진실을 모르고 부질없이 망상만을 따르고 있다.

---

3) Yellow robe의 언어는 Kāsāva. Kāsāva의 원의는 impurity. 한역은 누더기 같은 것.

12

But they who know truth as truth and untruth as untruth arrive at truth and follow right desires.

知眞爲眞　見僞知僞　是爲正計　必得眞利

그러나 진실을 진실인 줄 알고, 진실 아닌 것을 진실 아닌 줄 아는 사람은, 진리에 도달하고 바른 생각을 따르리라.

13

As rain breaks through an ill-thatched house, so passion makes its way into an unreflecting mind.

蓋屋不密　天雨則漏　意不惟行　淫泆爲穿

허술하게 지붕을 이은 집에 비가 새듯이, 굳게 수련되지 않은 마음에 탐욕은 스며든다.

14

As rain does not break through a well-thatched house, so passion does not make its way into a reflecting mind.

蓋屋善密　雨則不漏　攝意惟行　淫泆不生

지붕이 잘 덮인 집에 비가 새지 않듯이 굳게 수련된 마음에는 탐욕이 스며들지 못한다.

15

The evil-doer grieves in this world, he grieves in the next; he grieves in both. He grieves, he is afflicted, seeing the evil of his own actions.

造憂後憂　行惡兩憂　彼憂惟懼　見罪心懅

죄인은 이 세상에서 근심하고 내생에서도 근심한다. 그는 두 생에서 근심하고 괴로워한다. 자신의 구질구질한 행위를 보면서—.

16

The righteous man rejoices in this world, he rejoices in the next; he rejoices in both. He rejoices and becomes delighted seeing the purity of his own actions.

造喜後喜　行善兩喜　彼喜惟歡　見福心安

선한 사람은 이 세상에서 기뻐하고 내생에서도 기뻐한다. 그는 두 생에서 기뻐한다. 자신의 청정한 행위를 보고 즐거워한다.

17

The evil-doer suffers in this world, he suffers in the next; he suffers in both. He suffers (thinking) 'evil has been done by me'. He suffers even more when he has gone to the evil place.

今悔後悔　爲惡兩悔　厥爲自殃　受罪熱惱

죄인은 이 세상에서 괴로워하고 내생에도 괴로워하고 두 생에서 다 괴로워한다. 그는 '죄가 나로 인해 이루어졌다'고 괴로워한다. 그는 지옥으로 떨어진 다음 더욱더 괴로워한다.

18

The righteous man rejoices in this world, he rejoices in the next; he rejoices in both. He rejoices (thinking) 'good has been done by me'. He rejoices still more when he has gone to the good place.

今歡後歡　爲善兩歡　厥爲自祐　受福悅豫

선한 사람은 이 세상에서 기뻐하고 내생에도 기뻐하고 두 생에서 다 기뻐한다. 그는 '선이 나로 인해 이루어졌다'고 기뻐한다. 그는 좋은 곳으로 간 다음 더욱더 기뻐한다.

19

Even if he recites a large number of scriptural texts but, being slothful, does not act accordingly, he is like a cowherd counting the cows of others, he has no share in religious life.

雖誦習多義　放逸不從正　如牧數他牛　難獲沙門果

많은 경전을 외우고 있으면서도 그대로 실천하지 않는 게으른 자는, 남은 소만 세고 있는 목자牧者일 뿐 종교인은 못된다.

20

Even if he recites only a small number, if he is one who acts rightly, in accordance with the law, he, having forsaken passion, hatred and folly, being possessed of true knowledge and serenity of mind, being free from worldly desires both in this world and the next, has a share in the religious life.

時言少求 行道如法 除狀怒痴 覺正意解 見對不起 是佛弟子

비록 경전을 조금 외웠더라도 진리에 살고 진리를 위해서 있고, 탐욕과 미움과 무지를 버리고 옳은 지식과 마음의 평안을 얻고, 금생에도 내생에도 얽매이지 않은 사람은 종교인이다.[4]

---

4) The Buddha's teaching is a way of life, not a wat of talking.

제1 대구의 장 해제

Dhamma-pada에서 첫째 장은 twin-verses(대구의 장)의 이름으로 되어 있다. 인간의 행동규범을 열 개 열거하고 첫 번째는 '…하면'의 긍정문으로 시작하고. 두 번째는 '…하지 않으면'의 부정문장으로 시작한다. 전형적 예문을 들어보면,

"He abused me, he struck me, he overcame me, he robbed me— in those who harbour such thoughts hatred will never cease." (3)의 긍정표현에 대하여 전반부 문장은 꼭 같고 후반부에서 "…in those who do not harbour such thoughts hatred will cease."(4)로 대구한다.

'그는 나를 헐뜯었다, 그는 나를 이겼다, 그는 내 것을 훔쳤다'. 이 같은 생각이 남아 있는 자에게서 미움은 가라앉지 않으리라.

그러나 대구에서는 '이 같은 생각이 남아 있지 않은 이에게서 미움은 가라앉으리라.'라고 했다.

Dhamma-pada는 '마음-manas-mind(thought)'을 도덕의 근원으로 삼는 불교윤리에 따라서 manas-thought의 문제로부터 시작한다.

"If a man speaks or acts with an evil thought, sorrow follows him even as the wheel follows the foot of the drawer."(1)

'나쁜 마음을 가지고 말하거나 행동하면 그 뒤에는 슬픔이 따라오기 마련. 마치 수레바퀴가 마부의 뒤를 따르듯이'

두 번째 구절은 물론,

"If a man speaks or acts with a pure thought, happiness follows him like a shadow that never leaves him."(2)

'청정한 마음을 가지고 말하거나 행동하면 행복이 그를 떠나지 않으리라. 마치 그림자가 몸을 떠나지 않는 것처럼' 이라는 대립對立 문장으로 끝난다.

　두 대립문장 사이에는 긍정과 부정의 부호符號 이외에 비유가 약간 다를 뿐이다.

　다음에 Dhamma-pada 첫 장 가운데서 내가 항상 좋아하던 구절을 영역문英譯文과 함께 소개하여 보겠다.

"They who imagine truth in untruth and see untruth in truth, never arrive at truth but follow vain imaginings."(11)

　'진실을 진실 아닌 것으로 보고, 진실 아닌 것을 진실이라 생각하는 사람은 진실을 모르고 부질없이 망상만을 따르고 있다.'

　따라서 다음 구절은.

"But they who know truth as truth and untruth as untruth arrive at truth and follow right desires."(12)

　'그러나 진실을 진실인 줄 알고, 진실 아닌 것을 진실 아닌 줄 아는 사람은 진리에 도달하고 바른 생각을 따르리라.'라는 너무나 당연한 말이다. 학자인 체 하면서 진실한 것에 대한 확고한 신념조차 한번 가져본 적이 없는 위인爲人들에게 한번 좀 들려주고 싶다.

　이 구절에서 truth—진실한 것에 해당하는 원어原語 sāra는 원래 '堅固하다. 確立되어 있다.'는 말에서부터 '至高善, 實體'라는 의미까지 포함하게 되었다. 그래서 이 sāra를 Radhakrishnan은 "the highest reality metaphysically and truth in a moral sense."라고 주석하였다. 형이상학에서 지고至高의 실재實在가 도덕적 의미에서 진실한 것을 나타낸다함은 인도인적 사유 경향을 나타내고 있다.

　이제 한 구절만 더 소개하면,

"Even if he recites a large number of scriptural texts but, being slothful, does not act accordingly, he is like a cowherd counting the cows of others, he has no shore in religious life."(19)

'많은 경전을 외우고 있으면서도 그대로 실천하지 않는 게으른 자는, 남은 소만 세고 있는 목자 일 뿐 종교인은 못된다.'

폐부를 날카롭게 찌르는 구절이다. 경전을 많이 독송하는 것도 중요하겠지만 그저 독송만 하고 그대로 행위에 옮기지 못한다면 공덕은 없는 것과 마찬가지라는 뜻이다.

다른 사람의 소를 아무리 여러 번 센다고 하여도 그의 소는 되지 않는다는 아주 멋있는 비유처럼. 여기에 대한 대구는 생략하겠다.

제2 근면勤勉의 장
VIGILANCE

21

Vigilance[5] is the abode of eternal life,[6] thoughtlessness is the abode of death. Those who are vigilant (who are given to reflection) do not die. The thoughtless are as if dead already.

戒爲甘露道　放逸爲死徑　不貪則不死　失道爲自喪

게으르지 않음은 영원한 삶의 집이요, 게으름은 죽음의 집이다. 게으름을 모르는 사람은 죽음도 모를 것이고, 게으른 사람은 이미 죽음에 이른 거나 마찬가지다.

22

The wise who have clearly understood this reflectiveness delight in reflectiveness and rejoice in the knowledge of the Aryas.[7]

慧知守道勝 從不爲放逸　不貪致歡喜　從是得道樂

---

5) Vigilance의 원어는 appamāda. It is thoughtfulness, reflective attitude which is the root of all other virtues.
6) Eternal life의 원어는 amatam: skt. amrtam, deathless. This gives the negative side of nirvāṇ which positively is the highest spiritual freedom.
7) Āryas : the noble, the elect.

이 같은 생각을 분명히 이해한 현자賢者는 이 생각을 기뻐하고 성인된 지혜를 즐기리라.

23

These wise ones, meditative,[8] persevering, always putting forth strenuous effort attain to nirvāṇ, the highest freedom and happiness.

常當惟念道　自强守正行　健者得道世　吉祥無有上

생각이 깊고 참을성이 있고 항상 힘써 애쓰는 사람은, 가장 높은 자유와 행복이 있는 열반에 이른다.

24

If a person in reflective, if he rouses himself, if he is evermindful, if his deeds are pure, if he acts with consideration, if he is self-restrained and lives according to law, his glory will increase.

正念常興起　行淨惡易滅　自制以法壽　不犯善名增

반성할 줄 알고, 조심하여 활동하면서, 그 행위가 맑고 진리대로 살아가는 사람에게 영광은 더욱 빛나는 것.

---

8) Meditative: 원어 jhānam: skt. dhyānam. intense concerntration leading to serenity of mind which is an anticipation of nirvāṇ.

25

The wise man, by rousing himself, by vigilance, by restraint, by control, may make for himself an island which the flood cannot overwhelm.

發行不放逸　約以自調心　慧能作錠明　不返冥淵中

부지런하고 활동하면서, 깊은 생각과 자제自制로써, 현자는 홍수에도 밀려나지 않는 섬을 쌓는다.

26

Fools, men of inferior intelligence, fall into sloth; the wise man guards his vigilance as his best treasure.

愚人意難解　貪亂好爭訟　上智常重愼　護斯爲寶尊

지혜가 부족한 어리석은 자는 게으름에 빠진다. (그러나) 현자는 부지런함을 귀중한 재산처럼 지켜 나간다.

27

Give not yourselves over to sloth or to the intimacy with lust and sensual pleasures. He who meditates with earnestness attains great joy.

莫貪莫好諍　亦莫嗜欲樂　思心不放逸　可以獲大安

게으름과 쾌락과 정욕에 몸을 가까이 해서는 안 된다. 진지하고 사려 깊은 사람은 보다 큰 기쁨에 도달한다.

28

When the wise man drives away sloth by strenuous effort, climbing the high tower of wisdom, he gazes sorrowless on the sorrowing crowd below. The wise person gazes on the fools even as one on the mountain peak gazes upon the dwellers on the plain (below).

放逸如自禁　能却之爲賢　己昇智慧閣

去危爲卽安　明智觀於愚　譬如山與地

현자가 힘써 정진하여 게으름을 내쫓고 지혜의 높은 탑에 올라갔을 때, 그는 아무런 슬픔도 없이 슬퍼하는 무리들을 내려다본다. 산봉우리에 있는 사람이 땅 위에 사는 사람들을 내려다보듯 현자는 어리석은 무리들을 그렇게 내려다본다.

29

Earnest among the slothful, awake among the sleepy, the wise man advances even as a racehorse does, leaving behind the hack.

不自放逸　從是多寤　羸馬比良　棄惡爲賢

게으른 무리 가운데서 부지런하고 잠자는 무리 가운데서 깨어 있는 현자는, 경주하는 말이 다른 말들을 앞질러 달리듯이 앞으로 나아간다.

30

By vigilance did Indra[9] rise to the lordship of the gods. People praise vigilance; thoughtlessness is always deprecated.

不殺而得稱　放逸致毀謗　不逸摩竭人　緣諍得生天

부지런함으로써 '인드라' 신은 모든 신 가운데서 우두머리가 되었다. 사람들은 게으르지 않음을 찬미하고 게으름을 언제나 비난한다.

31

A mendicant who delights in vigilance, who looks with fear on thoughtlessness (who sees danger in it), moves about like a fire consuming every bond, small or large.

比丘謹愼樂　放逸多憂愆　結使所纏裹　爲火燒已盡

부지런함을 즐기고 게으름을 두려워하는 수행인은 크고 작은 모든 번뇌를 태워버린다. 불이 모든 것을 태워버리듯이.

32

A mendicant who delights in vigilance, who looks with fear on thoughtlessness, cannot fall away (from his perfect state) (but) is close to nirvāṇ.

守戒福致喜　犯戒有懼心　能斷三界漏　此乃近泥洹

---

9) Indra : becomes in Buddhism an archangel.

부지런함을 즐기고 게으름을 두려워하는 수행인은 물러남이 없이 열반에 다가선다.

제2 근면의 장 해제

"Vigilance is the abode of eternal life, thoughtlessness is the abode of death."(21)

'게으르지 않음은 영원한 삶의 집이요, 게으름은 죽음의 집이다.'

여기서 경계警戒는 appamada의 번역이다. appamada는 pamada에 부정 접두사가 붙어서 이루어진 낱말이다.

이 pamada(skt. pramatta)는 모든 행위에 있어서 자율적 제재制裁나 내성적內省的 회오悔悟를 거부하고 육체적 욕락欲樂이 충동하는 대로 아무런 사려思慮없이 자기 자신을 맡겨버리는 것을 의미한다. 영역에서 thoughtlessness라고 한 것은 아마도 欲望에 눈이 어두워서 사려없이 하는 행위를 나타내고 있다고 본다.

그러므로 pamada의 부정 appamada는 자율적 제재, 내성적 회오가 되풀이 되는 행위를 말한다. 따라서 언제나 자기 행위에 대하여 후회가 없도록 제재를 게을리 하지 않음을 계속하고 있다는 말이다. 영역 vigilance는 밤잠도 자지 않고 언제나 경계한다는 뜻을 가지고 있다. 미국에서는 야경원夜警員을 vigilance-man이라 한다.

종교생활은 항상 放逸에 흐르지 말도록 스스로의 마음가짐을 긴장한 상태에서 경계해야 한다. 放逸에 기울려는 '나'를 끊는 것이 戒다. 그래서 종교생활에는 계라고 하는 윤리적 한계가 명시明示된다. 한역漢譯 '戒爲甘露道 放逸爲死徑'에서도 appamada는 계라고 나타나고 있다. 한역 '甘露道'에서 甘露는 amatam(skt, amrtam)의 번역이다. amatam는 원래 "죽지 않는다, 永生한다"는 뜻에서 "永生한 삶"(eternal life)을 나타내는 말로 발전되었다. 중국인의 감로甘露는 아마 죽음을 잊게 하는 신비스런 이슬인가 보다.

「제2근면의 장」은 처음부터 끝까지 appamada(계율적 생활)와 pama-
da(방일한 생활)를 대조시켜가면서 appamada는 영원한 길을 지향하
는 생활이고, pamada는 멸망의 길로 떨어지는 생활임을 대구문장
으로 엮어가고 있다.

'The wise man, by rousing himself, by vigilance, by restraint, by
control, may make for himself an island which the flood cannot
overwhelm.'(25)

'부지런하게戒 활동하면서, 깊은 생각과 자제로써, 현자는 홍수
에도 밀려나지 않는 섬을 쌓는다.'

'Fools, men of inferior intelligence, fall into sloth; the wise man
guards his vigilance as his best treasure.'(26)

'지혜가 부족한 자는 게으름에 빠진다. (그러나) 현자는 부지런함
을 귀중한 재산처럼 지켜 나간다.'

이제 appamada의 생활을 쉬지 않고 계속하는 사람의 비유를 들
어보면.

'Earnest among the slothful, awake among the sleepy, the
wise man advances even as a racehorse does, leaving behind the
hack.'(29)

'게으른 무리 가운데서 부지런하고, 잠자는 무리 가운데서 깨어
있는 현자는, 경주하는 말이 다른 말들을 앞질러 달리듯이 앞으로
나아간다.'

그리고 'appamada의 생활'에 대한 환상적 찬가가 시작된다.

'By vigilance did Indra rise to the lordship of the gods. People
praise vigilance, thoughtlessness is always deprecated.'(30)

'(戒를 지키는 일에) 부지런함으로서 인드라신은 모든 신 가운데

서 우두머리가 되었다. 사람들은 게으르지 않음을 찬미하고 게으름을 언제나 비난한다.'

    Indra신이 천상에서 제신諸神의 주재자主宰者가 된 것도 appama-da에 의하였다고 하니, 여기서도 인도인다운 환상적幻想的 과장성이 엿보인다.

제3 마음의 장
THOUGHT

33

Just as a fletcher makes straight his arrow, the wise man makes straight his trembling, unsteady thought which is difficult to guard and difficult to hold back (restrain).

心多爲輕躁 難持難調護　智者能自正　如匠搦箭直

마음은 흔들리고 불안하여 억제하기 어렵다. 그러나 현자는 마음을 곧게 갖는다. 마치 활 만드는 사람이 화살을 곧게 만들 듯이.[10]

34

Even as a fish taken from his watery home and thrown on the dry ground (moves about restlessly), this thought quivers all over in order to escape the dominion of Māra(the tempter or Death).

如魚在旱地　以離於深淵　心識極惶懼　魔衆而奔馳

(그물에 걸려) 물밖에 던져진 물고기처럼, 이 마음은 악마의

---

10) Mind in Indian thought, Hindu and Buddhist, is said to be fickle and difficult to control, but by training it can become stable and obedient.

꿈에서 벗어나려고 파닥거린다.

35

The control of thought, which is difficult to restrain, fickle, which wanders at will, is good; a tamed mind is the bearer of happiness.

輕躁難持　惟欲是從　制意爲善　自調則寧

자제하기 어렵고 가벼워서 마음대로 헤매는 마음을 억제하는 일은 훌륭하다. 억제된 마음은 행복의 보금자리.

36

Let the wise man guard his thought, which is difficult to perceive, which is extremely subtle, which wanders at will. Thought which is well guarded is the bearer of happiness.

意微難見　隨辱而行　慧常自護　能守則安

눈으로 보기 어렵고 또 아주 섬세하고, 마음대로 헤매는 마음을 현자는 지켜라. 잘 지켜진 마음은 행복의 보금자리.

37

They who will restrain their thought, which travels far, alone, incorporeal, seated in the cave (of the heart), will be freed from the fetters of death.

獨行遠逝　覆藏無形　損意近道　魔繫乃解

먼 길을 홀로 가며, 모양도 없는 마음을 억제하는 사람은 죽음의 굴레에서 벗어나리라.

38

If a man's thought is unsteady, if it does not know the true law, if the serenity of mind is troubled, (in him) wisdom is not perfected.

心無在息　亦不知法　迷於世事　無有正智

마음이 안정되어 있지 않고, 진리를 알지 못하고, 마음의 고요가 깨진 사람에게 지혜는 완성되지 않는다.

39

There is no fear for him whose thought is untroubled (by faults), whose thought is unagitated, who has ceased to think of good and evil, who is awake (watchful, vigilant).

念無適止　不絶無邊　福能遏惡　覺者爲賢

마음에 걱정이 없고, 마음이 흔들리지 않고, 또 선악이라는 생각을 버리고 깨어 있는 사람에게 두려움은 없다.

40

Knowing that this body is (fragile) like a jar, making this

thought firm like a fortress let him attack Māra (the tempter) with the weapon of wisdom, protect what he has conquered and remain attached to it.

觀身如空瓶　安心如丘城　以慧與魔戰　守勝勿復失

이 몸은 물병처럼 깨지기 쉬운 줄 알고 이 마음을 성곽처럼 굳건히 하고서, 지혜의 무기를 가지고 악마를 공격하라. 그리고 정복한 것은 지키고 있으라.

41

Before long, alas, will this body lie on the earth, despised, bereft of consciousness, useless like a burnt faggot.

是身不久　還歸於地　神識已離　骨幹獨存

아아, 이 몸은 곧 땅 위에 눕는다. 의식이 없는 시체는 내버려진다. 타버린 나무토막처럼 쓸모도 없이.

42

Whatever an enemy may do to an enemy, whatever a hater may do to a hater, a wrongly directed mind will do us greater harm.

心豫造處　往來無端　念無邪僻　自爲招惡

적이 적을 향하여 주는 해보다도, 또 원수가 원수에게 주는 해보다도, 잘못 인도된 마음이 우리에게 주는 해가 더욱 크니라.

43

Not a mother, not a father, nor any other relative will do so much; a well-directed mind will do us greater service.

是意自造　非父母爲　可勉向正　爲福勿回

어머니나 아버지나 어느 친척이 주는 이익보다도 잘 인도된 마음이 우리에게 주는 이익이 더욱 크니라.

제3 마음의 장 해제

'如魚在旱地 以離於深淵 心識極惶懼 魔衆而奔馳'

'고기가 물에서 잡혀 나와 마른 땅위에 버려진 것처럼 악마의 무리가 날뛰는 속에서 마음은 몹시 두려움에 떨고 있다.'

우리의 마음은 악마Māra가 지배하는 땅에서 항상 두려움에서 떨고 있다고 하였다.

그런데 떨고 있는 비유가 아주 혹독하다.

메마른 땅위에 던져진 물고기와 같다고 하였으니. 물기 하나 없는 물에 버려진 물고기의 운명은 단말마斷末魔에서 신음하는 비참한 꼴이다. 이 대목을 영역에서는,

'Even as a fish taken from his watery home and thrown on the dry ground (moves about restlessly), this thought quivers all over in order to escape the dominion of Māra(the tempter or Death.'(34)

라고 표현했다. 한역과 영역 사이에는 후반부에서 약간 차이가 있음을 알 수 있다.

인간은 반드시 한번은 죽기 마련이건만 그래도 그 죽음을 피하려고 애써본다. 아무래도 죽어야 할 막다른 골목에 직면하고서도 '설마'의 기적을 기다려 본다.

그러나 Dhamma-pada는,

'Before long, alas, will this body lie on the earth, despised, bereft of consciousness, useless like a burnt faggot.' (41)

'아아! 이 몸은 곧 땅 위에 눕는다. 의식이 없는 시체는 내버려진다. 타버린 나무토막처럼 쓸모도 없이.'

그러므로,

'Knowing that this body is (fragile) like a jar, making this thought firm like a fortress let him attack Māra with the weapon of wisdom, protect what he has conquered and remain attached to it.'(40)

'이 몸은 물병처럼 깨지기 쉬운 줄 알고 이 마음을 성곽처럼 굳건히 하고서, 지혜의 무기를 가지고 악마를 공격하라. 그리고 정복한 것은 지키고 있으라.'

라고 말한다. 역시 마음이 언제나 문제가 된다. 그런데 이 마음은 trembling and unsteady (33)하고. 또 wander at wil (35)한 것이라고 Dhamma-pada는 말하고 있다. 그래서,

'They who will restrain their thought, which travels far, alone, incorporeal, seated in the cave, will be freed from the fetters of death.'(37)

'먼 길을 홀로 가며, 모양도 없는 마음을 억제하는 사람은 죽음의 굴레에서 벗어나리라.'

아무래도 죽어야 할 인간임으로 죽음이 찾아왔을 때 태연히 죽을 수 있는 사람에게 죽음은 아무런 공포도 주지 못한다. 이것을 'freed from the fetters of death'라고 표현하였다.

그것으로 마음이 언제나 올바른 길을 가도록 억제하는 수도가 종교인의 생활에는 있어야 한다.

올바른 길을 걷는 마음과 올바르지 못한 길을 걷는 마음 사이에 벌어지는 거리의 차이를 마음의 장의 마지막 두절은 다음과 같이 말하였다.

'Whatever an enemy may do to an enemy, whatever a hater may

do to a hater, a wrongly directed mind will do us greater harm.' (42)

'敵이 敵에게 주는 해보다도, 또 원수가 원수에게 주는 해보다도, 잘못 인도된 마음이 우리에게 주는 해가 더 크다.'

'Not a father, not a mother, nor any other relative will do so much; a well-directed mind will do us greater service.' (43)

'어머니나 아버지나, 어느 친척이 주는 이익보다도 잘 인도된 마음이 우리에게 주는 이익이 더욱 크니라.'

제4 꽃의 장
FLOWERS

44

Who shall conquer this world and this world of Yama (the lord of the departed) with its gods? Who shall find out the well-taught path of virtue even as a skilled person finds out the (right) flower?

孰能擇地　捨鑑取天　誰設法句　如擇善華

누가 이 세상과 염라대왕의 세계를 정복할 것인가? 누가 훌륭하게 설법된 진리를 찾아낼 것인가? 솜씨 좋은 사람이 예쁜 꽃을 찾아내듯이.

45

The disciple will conquer this world and this world of Yama with its gods. The disciple will find out the well-taught path of virtue even as a skilled person finds out the (right) flower.

學者擇地　捨鑑取天　善說法句　能採德華

부처님의 제자는 이 세상과 염라대왕의 세계를 정복할 수 있다. 그 제자는 훌륭하게 설법된 진리를 찾아낼 수 있다. 솜씨 좋은 사람이 예쁜 꽃을 찾아내듯이.

46

Knowing that this body is like froth, knowing that it is of the nature of a mirage, breaking the flowery shafts of Māra, he will go where the king of death will not see him.

觀身如沫　幻法野馬　斷魔華敷　不覩死生

이 몸은 물거품 같고, 아지랑이 같은 것임을 알고 악마의 꽃 화살을 꺾으면, 죽음의 왕이 못 보는 곳으로 가게 되리라.

47

Death carries off a man who is gathering (life's) flowers, whose mind is distracted, even as a flood carries off a sleeping village.

如有採華　專意不散　村睡水漂　爲死所牽

(인생의) 꽃을 꺾는 일에만 마음이 쏠린 자를 죽음은 앗아간다. 마치 홍수가 잠자는 마을을 앗아가듯이.

48

Death overpowers a man even while he is gathering (life's) flowers and whose mind is distracted even before he is satiated in his pleasures.

如有採華　專意不散　欲意無厭　爲窮所困

(인생의) 꽃을 꺾는 일에만 마음이 쏠린 사람을 죽음은 앗아 간다. 아직 그의 쾌락이 채워지기 전에.

49

Even as a bee gathers honey from a flower and departs without injuring the flower or its colour or scent, so let a sage dwell in his village.

如蜂集華　不嬉色香　但取味去　仁入聚然

벌이 꽃 냄새와 빛깔을 다치지 않고 꿀만을 따가듯이, 성자는 마을에서 (그와 같이) 탁발托鉢을 해야 한다.

50

Not the unworthy actions of others, not their (sinful) deeds of commission or omission, but one's own deeds of commission and omission should one regard.

不務觀彼　作與不作　常自省身　知正不正

남이 저지른 잘못이나 그릇된 행실을 보지 말고, 내가 저지른 잘못이나 그릇된 행실을 눈여겨보라.

51

Like a beautiful flower, full of colour but without scent, are the well-spoken but fruitless words of him who does not act (as he professes to).

如可意華　色好無香　工語如是　不行無得

보기에는 아름다우나 향기가 없는 꽃처럼, 훌륭한 말에 실천이 따르지 않으면 열매를 맺지 못하리.

52

But like a beautiful flower full of colour and full of scent are the well-spoken and fruitful words of him who acts (as he professes to).

如可意華　色美且香　工語有行　必得其福

아름다운 꽃에 향기가 있듯 훌륭한 말에 실천이 따르면 열매를 맺는다.

53

As many kinds of garlands can be made from a heap of flowers, so many good works should be achieved by a mortal when once he is born.

多集衆妙華　結鬘爲步瑤　有情積善根　後世轉殊勝

꽃무더기에서 꽃다발이 만들어지는 것처럼, 한번 사람으로 태어났으면 살아 있는 동안 선한 일을 많이 하라.

54

The scent of flowers does not travel against the wind, nor that of sandalwood, nor of tagara[11] and mallikā flowers, but the fragrance of good people travels even against the wind. A good man pervades every quarter.

花香不逆風　芙蓉栴檀香　德香逆風薰　德人徧聞香

꽃향기는 바람을 거슬러 흐르지 못한다. 찬다나 향, 타가라 향, 말리카 향도 마찬가지다. 그러나 선한 사람의 향기는 바람을 거슬러 흘러가도 어느 곳에나 퍼진다.

55

Sandalwood or tagara, a lotus flower or a vassiki[12] among these kinds of perfumes the perfume of virtue is unsurpassed.

栴檀多香　靑蓮芳花　雖曰是眞　不如戒香

찬다나 향, 타가라 향, 면화 향, 밧시키이 향 같은 향일지라도 계향戒香만한 것은 없다.

56

Little is the scent that comes from tagara or sandalwood,

---

11) tagara : a plant fro which scented powder is made.
mallikā: jasmine.
12) Vassiki : a variety of jasmine flower.

the perfume of those who possess virtue rises up to the gods as the highest.

華香氣微　不可謂眞　持戒之香　到天殊勝

타가라 향이나 찬다나 향은 아무것도 아니다. 계戒를 지키는 사람의 향기는 최상의 것으로서 신에게까지 번진다.

57

Of those who possess these virtues, who live without thoughtlessness, who are freed by perfect knowledge, Mārathe tempter never finds their way.

戒具成就　行無放逸　定意度脫　長離魔道

계를 지키고, 부지런하고, 참 지혜에 의하여 해방된 사람은 악마도 어찌할 수 없다.

58

Just as on a heap of rubbish thrown upon the highway grows the lotus[13] sweetly fragrant and delighting the heart.

如作田溝　近于大道　中生蓮花　香潔可意

큰길가에 버려진 쓰레기 무더기에서도 연꽃 향기는 생겨서 마음을 기쁘게 하듯이.

---

13) lotus : pāli, padumam. The lotus symbolizes the divine possibilities of human nature.

59

Even so aong those blinded mortals who are like rubbish the disciple of the truly enlightened Buddha shines with exceeding glory by his wisdom.

有生死然　凡夫處邊　慧者樂出　爲佛弟子

이와 같이 쓰레기처럼 눈먼 중생 가운데서 바로 깨친 이의 제자는 지혜에 의하여 찬란하게 빛난다.

제4 꽃의 장 해제

예로부터 꽃은 문학작품에서 여러 가지로 비유되어 등장한다. Dhamma-pada도 꽃의 비유를 들어가지고 격조 높은 종교적 교훈을 펴간다.

'Death carries off a man who is gathering flowers, whose mind is distracted, even as a flood carries off a sleeping village.'(47)

'(욕락欲樂의) 꽃을 꺾는 일에만 마음이 쏠린 자를 죽음은 앗아간다. 마치 홍수가 잠자는 마을을 앗아가듯이.'

주지酒池와 육림肉林의 감미로운 화원에서 원색적 요화妖花의 육감적 자태에 현혹된 플레이보이들의 귀에 대고 외쳐주고 싶은 구절이다. 기독교 교리가 '죄로부터의 구원'을 강조하고 있을 때, 불교는 '죽음의 고苦로부터의 해탈'을 강조한다. 그래서 죽음이라는 말이 불교교설이나 강화講話에서는 자주 사용된다.

불교에서 제행무상諸行無常이라고 할 때 그 무상의 의미도 죽음의 극한의식에서 얻어진 체험으로부터 설명되어져야 한다.

Dhamma-pada는 다시 꽃의 빛깔과 향기에 대하여 독특한 비유를 전개한다.

'Like a beautiful flower, full of colour but without scent, are the well-spoken but fruitless words of him who does not act (as he professes to).'(51)

'보기에는 아름다우나 향기가 없는 꽃처럼, 훌륭한 말에 실천이 따르지 않으면 열매를 맺지 못하리라.'

입만 있고 팔다리가 없는 동물이 있다고 하면 사람들은 괴이하다고 할 것이다. 그런데 이 같은 동물이 요새는 너무 많다. 머리는 거인처럼 큰가 하면 다리는 어린 아이보다도 가느다란 인간들이 너무 흔하다. 이 같은 기형인간군을 일컬어서 '창백한 인텔리'라고.

그들의 말은 어찌나 높고 빠른지 그들의 발이 도저히 못 따라간다고 한다. 반야般若, prajñā의 눈은 가지고 있으나 바라밀波羅密, pāramitā의 다리가 없는 녹음기들이다.

말보다 발이 앞섰더라면 이 세상은 한결 조용했을 것이다.

'But like a beautiful flower, a full of colour and full of scent are the well-spoken and fruitful words of him who acts (as he professes to).'(52)

'그러나'로 시작하면서 윗 구절과는 반대되는 경우를 말해주고 있다. 꽃의 장의 마지막 세 구절은 서로 떨어질 수 없는 상관관계에 있다.

'Of those who possess these virtues, who live without thoughtlessness, who are freed by perfect knowledge, Māra the tempter never finds their way.'(57)

'계를 지키고, 부지런하고, 참 지혜에 의하여 해방된 사람은 악마도 어찌할 수 없다.'

'Just as on a heap of rubbish thrown upon the highway grows the lotus sweetly fragrant and delighting the heart.'(58)

'큰길가에 버려진 쓰레기 무더기에서도 연꽃 향기는 생겨서 마음을 기쁘게 하듯이.'

이 비유는 곧 아래 구절로 연결된다.

'Even so among those blinded mortals who are like rubbish the disciple of the truly enlightened Buddha shines with exceeding glory by his wisdom.'(59)

'(이와 같이) 쓰레기처럼 눈먼 중생 가운데서 바로 깨친 불타의 제자는 지혜에 의하여 찬란하게 빛난다.'

쓰레기통에서 장미는 피어나지 않을는지 모르지만 연꽃은 도리어 쓰레기통이기 때문에 더욱 아름답게 피어난다.

청정을 상징하는 연꽃은 가장 더러운 쓰레기통에서 피어남으로써 그 청정의 불교적 의미를 암시하여 주고 있다.

제5 바보의 장
THE FOOL

60

Long is the night to him who is awake, long is the yojana
(a space of nine or twelve miles) to him who is weary; long is
the chain of existence[14] to the foolish who do not know the
true law.

不寐夜長　疲倦道長　愚生死長　莫知正法

깨어 있는 이에게 밤은 길고, 지쳐 있는 자에겐 지척도 천리다.
바른 진리를 알지 못하는 어리석은 사람에게 윤회輪廻는 길다.

6 1

If on a journey (a traveller) does not meet his better or
equal let him firmly pursue his jorney by himself; there is no
companionship with a fool.

學無朋類　不得善友　寧獨守善　不與愚偕　自受大罪

자기보다 훌륭하거나 비슷한 사람을 만나서 여행할 수 없
거든, 차라리 혼자서 길을 가라. 어리석은 자와는 길벗이 되

---

14) the chain of existence : saṁsāra. chain of births and deaths which, goes on until
we are freed from it by the knowledge of true law which leads to nirvāṇ.

지 말라.

62

The fool is tormented thinking 'these sons belong to me', 'this wealth belongs to me'. He himself does not belong to himself. How then can sons be his? How can wealth be his?

行爲不善　退見悔恪　致涕流面　報由宿習　有子有財　愚唯汲汲
我且非我　何有子財　行爲德善　進覩歡喜　應來受福　喜笑悅習

어리석은 사람은 '이 아이는 내 아들이다' 또는 '이것은 내 재산이다'라고 생각하면서 걱정한다. 그 자신조차 그의 것이 못되는데, 어찌 아들이나 재산이 그의 것이 되랴.

63

The fool who knows his foolishness is wise at least to that extent; but a fool who thinks himself wise is called a fool indeed.

愚者自稱愚　常知善黠慧　愚人自稱智　是謂愚中甚

자신의 어리석음을 알고 있는 자는 적어도 그만큼은 현명하다. 그러나 자신을 현명하다고 생각하는 자는 정말 어리석은 사람이다.

64

If a fool be associated with as wise man even all his life, he does not perceive the truth even as a spoon (does not perceive) the taste of soup.

過罪未熟　愚以恬淡　至其熟時　愚人盡形壽　承事明知人
亦不知眞法　如杓斟酌食

어리석은 자는 한평생 현명한 이와 사귀더라도 진리를 모른다. 마치 숟가락이 국 맛을 모르듯이.

65

But if a thoughtful man be associated with a wise man even for a minute, he will soon perceive the truth even as the tongue (perceive) the taste of soup.

智者須臾間　承事賢聖人　一一知眞法　如舌了衆味

그러나 지혜 있는 사람은 잠깐동안 현자와 사귀더라도 그는 곧 진리를 안다. 마치 혀가 국 맛을 알듯이.

66

Fools of little understanding being, enemies to themselves, wander about doing evil deeds which bear bitter fruits.

愚人施行　爲身招患　快心作惡　自致重殃

아무것도 모르는 어리석은 사람은 자기를 자신의 원수로 만들고 나쁜 짓을 마음대로 한다. 그리고 두고두고 쓰디쓴 맛을 본다.

67

That deed is not well done, which, having been done, brings remorse, whose reward one reveives weeping and with a tearful countenance.

行爲不善　退見悔悋　致涕流面　報由熟習

행동한 뒤에 뉘우치거나, 눈물의 대가를 받게 되는 행위는 훌륭하게 이루어졌다고 할 수 없다.

68

But that deed is well done, which, having been done, does not bring remorse, whose reward one reveives delighted and happy.

行爲德善　進覩歡喜　應來受福　喜笑悅習

그러나 행위한 뒤에 뉘우치지도 않고 즐거움과 만족의 대가를 받게 되는 행위는 훌륭하게 이루어졌다고 할 수 있다.

69

So long as an evil deed does not bear fruit, the fool thinks that it is like honey, but when it bears fruit, then the fool suffers grief.

過罪未熟　愚以怡淡　至其熟時　自受大罪

악이 열매를 맺지 않고 있을 때 어리석은 자는 그것이 꿀같이 달콤한 것이라고 생각한다. 그러나 열매가 맺어졌을 때 그는 불행을 맛본다.

70

Let a fool month after month eat his food with the tip (of a blade) of kusa grass; nevertheless he is not worth the sixteenth part of those who have well understood the law.

從月至於月　愚者用飲食　彼不信於佛　十六不獲一

어리석은 사람은 (苦行의 儀式에 따라서) '쿠사'풀로서 달마다 음식을 해 먹더라도 진리를 깨달은 사람의 16분의 1만큼도 못된다.

71

An evil deed, like newly drawn milk, does not turn (at once); smouldering, like fire covered by ashes, it follows the fool.

惡不即時　如穀牛乳　罪在陰伺　如灰覆火

나쁜 행실은 새로 짠 우유처럼 곧 변하지 않는다. 재로 덮인 불씨처럼 (속으로) 타면서 어리석은 자를 따른다.

72

The knowledge that a fool acquires, far from being to his advantage, destroys his bright share of merit and cleaves his head.

愚生念慮　至終無利　自招刀杖　報有印章

어리석은 사람이 얻은 지식은 그에게 이익을 주기는커녕 도리어 그의 행운을 좀먹고 그의 머리를 자른다.

73

Let the fool wish for false reputation, for precedence among the mendicants, for lordship in convents, and worship among other groups.

愚人貪利養　求望名譽稱　在家自興嫉　常求他供養

어리석은 사람은 헛된 명성을 바라고, 수행인들 가운데서는 선배됨을, 승단(僧團) 안에서는 권력을, 그리고 다른 단체 가운데서는 존경을 바란다.

74

'Let both the householders and the monks think that this is done by me. Let them follow my pleasure in what should be done and what should not be done.' Such is the wish of the fool and so his desire and pride increase.

勿猗此養　爲家捨罪　此非至意　用用何益　愚爲愚計想　欲慢日用
增

'집에 있는 이나 출가한 사람이나 이것은 나로 인해 이루어
졌다 생각하고, 해야 할 일이든 하지 말아야 할 일이든 (모두)
내 마음대로라'고 하는 것은, 어리석은 사람의 욕심이다. 그의
욕심과 교만은 점점 커지기만 한다.

75

One is the road that leads to gain; another is the road
that leads to nirvāṇa. Let the mendicant, the disciple of the
Buddha, having learnt this, not seek the respect of men but
strive after wisdom.

異哉夫利養　泥洹趣不同　能第是知者　比丘眞佛子　不樂着利養
閑居却亂意

한 길은 (세간적) 이익으로 인도하고, 다른 길은 열반으로
인도한다. 불타의 제자인 수행인은 이것을 알고 남의 존경을
바라지 말고 지혜를 찾으라.

제5 바보의 장 해제

반야지般若智가 그늘을 모르는 태양 같은 밝음이라고 하면, 바보는 태양을 모르는 그늘 같은 어둠이다. 난파선에 항로를 비춰주는 등대는 반야지이고, 난파선을 둘러싼 어두운 암초는 바보다.

이 '痴'를 바보의 장에서 신묘한 비유를 들어가면서 교훈하고 있다.

'Long is the night to him who is awake, long is the yojana to him who is weary; long is the chain of existence to the foolish who doesnot know the true law.' (60)

'깨어 있는 이에게 밤은 길고, 지쳐 있는 자에겐 지척도 천리다. 바른 진리를 알지 못하는 어리석은 사람에게 윤회는 길기도 하다.'

밤night과 먼 길yojana과 윤회chain of existence를 대응구對應句로 놓았다. 이 구절에서 yojana는 고대 인도의 거리단위로서 대개 40리부터 50리 사이를 말하고 있다(그러나 다른 여러 가지 설도 있다).

chain of existence는 samsāra의 영역이다. 이 samsāra를 Radha Krishnan은 다시 chain of births and deaths which goes on until we are freed from it by the knowledge of the true law which leads to nirvāṇa (열반에 이르는 정법을 아는 지혜에 의하여 탈해하기까지 계속 되는 삶과 죽음의 연쇄連鎖)라고 주석註釋한다. 한역에서 윤회라고 한 표의문자는 신통하리만큼 잘 된 번역이라고 생각한다.

바보의 장에서는 어리석은 사람에 대하여 가차 없는 비판을 퍼붓는다.

'If on a journey (a traveller) does not meet his better or equal let him firmly pursue his jorney by himself; there is no companionship with a fool.' (61)

'자기보다 훌륭하거나 비슷한 사람을 만나서 여행할 수 없거든, 차라리 혼자서 길을 가라. 어리석은 자와는 길벗이 되지 말라.'

정법을 깨닫고 나를 인도할 만한 선지식善知識을 찾아서 도반道伴, 길벗으로 삼지 못하겠거든 차라리 '홀로' 그 길을 걸어가라고 한다. 어리석은 무리와는 어울리지 말라는 것이다.

여기서 pursue by himself 는 ekacariyam의 영역이다. ekacari-yam은 eka '홀로'라는 낱말과 cariya(행한다, 간다)의 낱말이 한데 묶여져서 이루어진 합성어다. 최초의 경전이라고 하는 숫다니파다에서는 수행하는 사문沙門들에게 '홀로 가거라, 일각수一角獸처럼'이라고 설유說諭하였다. 원래 세속을 여읜 수행사문修行沙門의 길은 고독과 적막이 길이다. 고독과 적막을 되씹어 본적이 없는 사람은 사문의 길을 그만두는 것이 좋으리라.

'The fool who knows his foolishness is wise at least to that extent; but a fool who thinks himself wise is called a fool indeed.' (63)

'자신의 어리석음을 알고 있는 자는 적어도 그만큼은 현명하다. 그러나 자신을 현명하다고 생각하는 자는 정말 어리석은 자이다.'

소크라테스의 '너 자신을 알라!' 는 격언이 연상된다.

어리석은 사람은 자신이 어리석음을 모르고 있기 때문에 더욱 어리석다. 바보의 장에서는 바보에 대하여 더 한층 혹심酷甚한 비유를 든다.

'If a fool be associated with as wise man even all his life, he does not perceive the truth even as a spoon (does not perceive) the taste of soup.' (64)

'어리석은 자는 한평생 현명한 이와 사귀더라도 진리를 모른다.

마치 숟가락이 국 맛을 모르듯이-.'

우리 주변에는 너무나 '치痴'가 많다. 어떤 때는 치가 지배하는 지대地帶에 살고 있지 않은가 의심할 만큼. 치가 지배할 때 그 결과는 뻔하다. 그러나 결과가 즉각 나타나지 않고 있기 때문에 痴는 여전히 지배하고 있다. 그 결과가 나타나는 날 그 쓴 열매는 누가 먹어야 하는지. 이것을 바보의 장은,

'So long as an evil deed does not bear fruit, the fool thinks that it is like honey; but when it bears fruit, then the fool suffers grief.' (69)

'악이 열매를 맺지 않고 있을 때 어리석은 자는 그것이 꿀같이 달콤한 것이라고 생각한다. 그러나 열매가 맺어졌을 때 그는 불행을 맛본다.' 라고 말했다.

제6 현자賢者의 장
THE WISE MAN

76

If a person sees a wise man who reproaches him(for his faults), who shows what is to be avoided, he should follow such a wise man as he would a revealer of hidden treasures. It fares well and not ill with one who follows such a man.

深觀善惡　心知畏忌　畏而不犯　終吉無憂　故世有福　念思紹行
善致其願　福祿轉勝

자기가 피해야 할 일을 가르쳐 주고 꾸지람해주는 현자를 만났으면 그를 따르라. 그는 감춰진 보배를 내게 가리켜주는 사람과 같다. 그를 따르면 이익이 있을 뿐 손해는 없으리.

77

Let him admonish, let him instruct, let him restrain from the impure. He becomes beloved of the good and hated by the evil.

晝夜當精勤　牢持於禁戒　爲善友所敬　惡友所不念

계戒를 지키고 가르쳐라. 그리고 부정不淨한 것을 피하도록 하라. 그러면 선한 이는 그를 기뻐하고 악한 이는 그를 미워하리라.

78

One should not associate with friends who are evil-doers nor with persons who are despicable; associate with friends who are virtuous, associate with the best of men.

常避無義　不親愚人　思從賢人　狎附上士

나쁜 친구와 어울리지 말며, 저속한 사람과도 어울리지 마라. 좋은 친구와 사귀고, 가장 훌륭한 사람과 벗이 되라.

79

He who drinks in the law lives happily with a serene mind. The wise man ever rejoices in the law made known by the elect (or the Āryas).

喜法臥安　心悅意淸　聖人演法　慧常樂行

진리를 좋아하는 사람은 안정된 마음으로 행복하게 산다. 현자는 성인들이 말씀한 진리를 언제나 즐거워한다.

80

Engineers (who build canals and aqueducts) lead the water (wherever they like), fletchers make the arrow straight, carpenters carve the wood; wise people fashion (discipline) themselves.

弓工調角　水人調船　材匠調木　智者調身

운하運河의 기사技師는 물을 이끌어 들이고, 활 만드는 사람은 화살을 곧게 만든다. 그리고 복수는 나무를 깎아서 다듬는다. 이같이 현자는 자신을 다듬는다.

81

As a solid rock is not shaken by the wind, so wise men are not moved amidst blame and praise.

譬如厚石　風不能移　智者意重　毁譽不傾

바위가 바람에 흔들리지 않는 것처럼, 현자는 비방과 칭찬의 소리에도 움쩍하지 않는다.

82

Even as a deep lake is clear and calm so also wise men become tranquil after they have listened to the laws.

譬如深淵　澄靜淸明　慧人聞道　心爭歡然

깊은 호수가 맑고 고요하듯 현자는 진리를 듣고 고요해진다.

83

Good people walk on whatever happens to them. Good

people do not prattle, yearning for pleasures. The wise do not show variation(elation or depression), whether touched by happiness or else by sorrow.

大人體無欲　在所昭然明　雖或遭苦樂　不高現其智

착한 사람들은 무슨 일이 일어나도 그대로 걸어간다. 그리고 쾌락을 구해서 말하지 않는다. 현자는 행복이 오건 불행이 오건 흔들리지 않는다.

84

He who, for his own sake or for the sake of another, does not wish for a son or wealth or a kingdom, if he does not wish for his own prosperity by unfair means he certainly is virtuous, wise, and religious.

大賢無世事　不願子財國　常守戒慧道　不貪邪富貴

나를 위하거나 남을 위해서 아들이나 재산이나 토지를 원하지 마라. 부정한 방법으로 자기의 영달을 탐하지 않으면 그는 정말로 바르고 현명한 종교인이 될 것이다.

85

Few amongst men are those who reach the farther shore[15]: the other people here run along (this) shore.

---

15) The other shore (father shore) stands for life eternal, nirvāṇ this shore for earthly life, saṁsāra.

世皆沒淵　鮮克度岸　如或有人　欲度必奔

사람들 가운데서 피안彼岸에 이른 이는 아주 적다. 나머지는
이편 강가에서 서성거리고 있다.

86

But those who, when the law has been well preached to
them, follow the law, will pass to the other shore, [beyond]
the dominion of death which is difficult to overcome.

誠貪道者　攬受正教　此近彼岸　脫死爲上

그러나 진리가 바로 전해졌을 때 그것을 따라간 사람들은
피안에 이른다. 죽음도 그 피안에는 이르지 못하리.

87

Let the wise man leave the way of darkness and follow the
way of light. After going from his home to a homeless state,
that retirement so hard to love.

斷五陰法　靜思智慧　不反入淵　棄猗其明

어둠의 길을 버리고 밝은 길을 따라가라. 재가在家에서 그 어
려운 출가出家의 길에 오른 이는.

88

Let him there look for enjoyment. Putting away all

pleasures, calling nothing his own, let the wise man cleanse himself from all the impurities of the heart.

抑制情欲　絶樂無爲　能自拯濟　使意爲慧

거기서 즐거움을 구하도록 하라. 모든 쾌락을 멀리하고 가진 것은 아무것도 없고, 마음으로부터 온갖 부정한 것을 씻어 버리도록.

89

Those whose minds are well grounded in the (seven) elements of enlightenment, who without clinging to anything rejoice in freedom from attachment, whose appetites have been conquered, who are full of light, attain nirvāṇa in this world.

學取正智　意惟正道　一心受諦　不起爲樂　漏盡習除　是得度世

마음이 다 깨친 자리에 이르고 모든 집착을 끊은 다음, 아무런 욕망도 일어나지 않고 지견知見을 얻은 사람은 이 세상에서 열반에 이른다.

제6 현자의 장 해제

'Let the wise man leave the way of darkness and follow the way of light.' (87)

'어둠의 길을 버리고 밝은 반야般若의 길을 따라가라'

이 현자의 장은 앞의 바보의 장과 대조를 이루고 있다.

어둠으로 비유되는 치우痴愚에 대하여 밝음으로 상징되는 반야지般若智가 있다. 아침 없는 밤의 어두운 역사밖에 모르던 치자痴者들에게 태양이 지혜를 교훈해 주는 것이 현자의 장이다.

우선 현명한 사람은,

'Engineers (who build canals) lead the water (wherever they like), fletchers make the arrow straight, carpenters carve the wood; wise people fashion (discipline) themselves.' (80)

'운하의 기사는 물을 이끌어 들이고, 활 만드는 사람은 화살을 곧게 만든다. 그리고 복수는 나무를 깎아서 다듬는다. 이같이 현자는 자신을 다듬는다.'

자기 자신을 이기는 것, 자기의 맹목적 욕락慾樂을 잘 조어調御하는 일, 내가 나를 알고이기는 일, 이와 같은 일들이 종교인의 생활에서는 무엇보다도 앞서야 한다. 그저 육욕이 언제나 이기고 내가 나를 알지 못하고 지고 있기 때문에 신앙생활에는 끊임없는 참회의 쓰라린 고백이 되풀이 된다.

참회를 모르는 종교인은 무전신호를 알지 못하는 부전無電 수신사受信士와 같다. 그는 무전 수신사의 자격이 없다.

자기 자신을 알고 조절할 수 있을 때 반야지는 수정같이 순결하고 반석같이 흔들리지 않는다.

'As a solid rock is not shaken by the wind, so wise men are not moved amidst blame and praise.' (81)

'바위가 바람에 흔들리지 않는 것처럼, 현자는 비방과 칭찬의 소리에도 움찍하지 않는다.'

그다음 현명한 사람은,

'Even as a deep lake is clear and calm so also wise men become tranquil after they have listened to the laws.' (82)

'깊은 호수가 맑고 고요하듯 현자는 진리를 듣고 고요해진다.'

여기서 '법의 이치, law' 는 dharma의 번역이다. 단적으로 말해서 진리라고 하여도 좋다. 한역은 '도'라고 하였다. '朝聞道 夕死可矣(아침에 진리가 무엇임을 알면 저녁에 죽어도 좋다.)' 라고 할 때 '도' 의 의미와 같다. 공자孔子의 진리탐구에 대한 정열도 대단하였던 모양이다.

이제 반야지에 의하여 피안彼岸으로 이르는 과정을 현자의 장에서 살펴보자.

'Few amongst men are those who reach the farther shore : the other people here run along (this) shore.' (85)

'사람들 가운데서 피안에 이른 이는 아주 적다. 나머지는 이편 강가에서 서성댄다.'

대부분의 사람들은 윤회의 차안此岸에서 허덕이고 있지만 Dharma의 이치를 아는 현명한 사람은,

'But those who follow the law, well pass to the other shore, beyond the dominion of death which is difficult to overcome.' (86)

'그러나 진리가 바로 전해졌을 때 그것을 따라간 사람들은 피안에 이른다. 죽음도 그 피안에는 이르지 못하리.'

그리고 여기서 피안의 의미는 그저 저쪽이라는 뜻과는 다르다.

현자의 장 끝에서는,

'Those whose…full of light, attain nirvāṇa in this world.' (89)

'이 세상에서 그들은 열반에 이른다.'

라고 했다. 여기서 nirvāṇ in this world 는 loke parinibhutā의 번역이다. 흔히 오해하는 것처럼 nirvāṇ는 'nhhil'이 아니다. 때때로 nirvāṇa는 bliss祝福라는 말로 번역되기도 한다.

Nirvāṇa는 'be free from all worldly fetters though one lives in this world.' 라고 함이 불교적 주석에는 가장 가깝다고 생각한다. 어디까지나 '피안 속에 있는 차안'을, 말하자면 'the Infinite in the Finite' (유한 속에 있는 무한)가 문제가 된다.

제7 성인聖人의 장
THE ARHAT(THE SAINT)

90

There is no suffering for him who has completed his journey, who is from sorrow, who has freed himself on all sides, who has shaken off all fetters.

去離憂患　脫於一切　縛結已解　冷而無暖

(생사의) 여로旅路가 끝나 슬픔과 온갖 속박에서 벗어난 사람에게 고통이란 없다.[16]

91

The thoughtful exert themselves; they do not delight in an abode; like swans who have left their lake their house and home.

心淨得念　無所貪樂　己度癡淵　如雁棄池

깊이 생각하는 사람은 집을 떠나고 쉴 곳도 탐하지 않는다. 백조가 호수를 떠나듯 그는 집을 떠난다.

---

16) Arhat is the perfected who has reached the highest degree of the four orders of the Āryas, from which nirvāṇ is perceived.

92

Those who have no accumulation (of property), who eat according to knowledge, who have perceived (the nature of) release and unconditioned freedom, their path is difficult to understand like that (the flight) of birds through the sky.

若人無所依　知彼所貴食　空及無相願　思惟以爲行　鳥飛虛空
而無足跡　如彼行人　言說無趣

저축도 없고, 알맞게 먹고, 아무데도 걸리지 않는 자유를 얻은 사람들의 걸음은, 자취를 남기지 않는다. 마치 하늘을 나는 새에게 자취가 없듯이.

93

He whose passions are destroyed, who is indifferent to food, who has perceived (the nature of) release and unconditioned freedom, his path is difficult to understand like that of birds through the sky.

如鳥飛虛空　而無有所礙　彼人獲無漏　空無相願定

모든 번뇌가 끊어지고, 먹을 것에 무관심하고, 아무데도 매이지 않는 자유를 얻은 사람들의 걸음은 자취를 찾을수 없다. 하늘을 나는 새처럼.

94

Even the gods envy him whose senses are subdued like

horses well tamed by the charioteer, who is free from pride and free from taints.

制根從正　如馬調御　捨憍慢習　爲天所敬

잘 길들인 말처럼, 모든 감각이 잔잔하고, 교만이나 고민이 끊어진 사람은 신神들도 부러워한다.

95

Such a man who is tolerant like the earth, like a threshold; who does his duty, who is like a lake free from mud: to a man like that there is no cycle of births and deaths.

不怒如地　不動如山　眞人無垢　生死世絶

대지처럼 관대하고, 문지방처럼 의무를 다하고, 흙탕이 없는 호수처럼 맑은 사람에게 죽음과 삶의 윤회는 없다.

96

His thought is calm, calm is his word as well as his deed when he has obtained freedom through true knowledge and has become tranquil.

心已休息　言行亦止　從正解脫　寂然歸滅

바른 지견으로 자유를 얻고 고요함을 얻은 사람은, 행위는 물론 생각이나 말도 고요해진다.

97

The man who is free from credulity, who knows the uncreated, who has served all ties, who has put an end to all occasions (for the performance of good or bad actions), who has renounced all desires, he, indeed, is exalted among men.

棄欲無着　缺三界障　望意已絶　是謂上人

쉽게 믿어버리는 성질도 없고, 애써 꾸미려는 마음 일으키지 않는 사람, 모든 속박은 끊고, (선행이건 악행이건) 여러 가지 경우를 버리고, 온갖 욕망마저 내던진 사람은 가장 훌륭한 사람이다.

98

That place is delightful where saints dwell, whether in the village or in the forest, in deep water or on dry land.

在聚在野　平野高岸　應眞所遇　莫不蒙祐

마을이건 숲속이건, 깊은 물속이건 메마른 땅이건, 성인이 사는 곳은 어디나 즐거운 곳.

99

Forests are delightful (to saints); where (ordinary) people find no delight there the passionless will find delight, for they do not seek for the pleasures of sense.

彼樂空閑　衆人不能　快哉無望　無所欲求

숲속은 (성인에게) 즐거운 곳. 탐욕이 없는 사람은 남들이 즐거움을 찾지 못하는 곳에서도 능히 찾는다. 그들은 감각적 쾌락을 구하지 않기 때문에.

제7 성인의 장 해제

오백나한이니 나한전이니 할 때 그 나한羅漢은 arhat의 음역이다 (arhat의 주격主格은 arhān)이다. arh는 '자격이 있다', '가치가 있다', '가可하다'의 뜻을 가지고 있다. 따라서 arh의 분사형分詞形인 arhat는 '자격이 있는 것', 또는 '자격이 있는 사람', '가치 있는 사람'에서 발전하여 '경배 받을 만한 자격이 있는 사람' 또는 '숭배 받을 만한 가치가 있는 사람'의 의미까지 포함하게 되었다. 그래서 한역은 arhat의 뜻을 '응공應供, 마땅히 공양 받을 자격이 있는 것'이라고 옮겼다.

여기 성인의 장은 이 arhat의 찬미로 시작하여 꼭 같이 arhat의 찬미로 끝나고 있다. 그런데 소승불교Theravāda 교리에서는 성인의 계위를 네 가지로 구분하고 있다. 이 네 가지 계위 중에서 최고위에 있는 것이 arhat이다. 이것을 Radha Krishnan은 아래와 같이 주를 달고 있다.

'The Arhat is he who reached the highest degree of the four orders of āryas. Sotāpanna, Sakridāgāmin, Anāgāmin and Arhat.'

이 영문 가운데서 srotapānna는 한역 수타함須陀숨으로, sakridāgāmin은 사다함斯陀숨으로, anāgāmin은 아나함阿那숨으로 번역되고 있다. 이 네 계위 중에서 'Arhat is the perfected who has reached the highest state from which nirvāṇa is perceived(나한은 열반을 보는 최고의 계위에 도달한 완전자이다)'. 그래서,

'There is no suffering for him who has completed his journey, who is freed from sorrow, who has freed himself on all sides, who has shaken off all fetters.' (90)

'(생사의) 여로가 끝나 슬픔과 온갖 속박에서 벗어난 사람에게 고

통이란 없다.'

그렇다고 그는 지금의 상태에서 방일에 빠지는 것이 아니다. 그는 일순간이나마 한곳에 머물러서 주착住著함을 경계한다.

'The thoughtful exert themselves, they do not delight in an abode; like swans who have left their lake their house and home.'(91)

'깊이 생각하는 사람은 집을 떠나고 쉴 곳도 탐하지 않는다. 백조가 호수를 떠나듯 그는 집을 떠난다.' 그들의 세계에는 언제나 이별뿐이다. 만났음은 곧 리별이 다가옴을 알려준다. 언제나 선뜻 깨끗이 이별할 줄 아는 마음의 자세가 아쉽다. 떠날 때 그들은 또 언제 어디서 어느 곳으로 날아갔는지도 모르게 가버린다. 그야말로 '운수雲水의 행각行脚'처럼, 자취도 없이 바람과 함께 가버린다.

'His path is difficult to understand like that of birds through the sky.'(93)

'그의 자취는 하늘을 나는 새같이 알기 어렵다.'

여기를 다시 주역하면,

'As the path of the birds in the air or of fishes in the water is invisible, even so is the path of possessors of wisdom.'

'하늘의 새와 물속의 고기의 자취는 보이지 않는다. 지혜 있는 사람의 걸음도 이와 같다.'

언제라도 이별할 수 있는 사람들에게 이곳은 맘에 들고 저곳은 맘에 들지 않는다는 생각이 떠오를 수 없다. 언제라도 떠나야 하는 사람이기 때문에 있는 곳이 그대로 좋다. 그 곳이 메마른 땅이건 물기 있는 습지이건.

'That place is delightful where saints dwell, whether in the village or in the forest, in deep water or on dry land.'(98)

'arhat가 사는 곳이라면 그곳이 마을이건 숲속이건, 또는 물속이건 메마른 땅이건 즐겁다.'

세속의 사슬에 얽매인 중생들의 눈으로 볼 때, 거기에는 아무런 기쁨도 없을 것같은 황무지에도 세속을 여읜 arhat의 눈에는 즐거움이 있다.

'Forests are delightful to saints where people find no delight there.'(99)

'범인凡人들은 기쁨을 찾지 못하는 숲속에서도 arhat는 기쁨을 찾는다.'

제8 천千 가지 장
THE THOUSANDS

100

Better than a thousand utterances composed of meaningless words is one sensible word on hearing which one becomes peaceful.

雖誦千言　句義不正　不如一要　聞可滅意

의미 없는 천 마디 말보다, 들으면 마음이 가라앉는 단 한 마디의 의미 있는 말이.

101

Better than a thousand verses composed of meaningless words is one word of a verse on hearing which one becomes peaceful.

雖誦千章　不義何益　不如一義　聞行可度

의미 없는 천 구절의 시보다, 들으면 마음이 가라앉는 한 구절의 시가.

102

Better than reciting a hundred verses composed of meaningless words is one text on hearing which one becomes peaceful.

雖多誦經　不解何益　解一法句　行可得道

의미 없는 백 편의 시를 독송하기보다, 들으면 마음이 고요해지는 성인의 말씀 한마디가.

103

If a man were to conquer in battle a thousand times a thousand men, and another conquer one, himself, he indeed is the greatest of conquerors.

千千爲敵　一夫勝之　未若自勝　爲戰中上

싸움터에서 백만 인을 이기기보다, 자기 하나를 이긴 자가 정말 가장 위대한 승리자이다.

104

Conquest of self is indeed better than the conquest of other persons; of one who has disciplined himself, who always practises self-control.

自勝最賢　故曰人王　護意調身　自損至終

자기를 이기는 일은 남을 이기는 일보다 낫다. 항상 자기 자신을 억제하고 극기하는 사람은—.

105

Not even a god nor a gandharva[17] nor Māra along with Brahmā could turn into defeat the victory of such a one (who has conquered himself).

雖曰尊天　神魔梵釋　皆莫能勝　自勝之人

신神과 건달바와 범천梵天과 함께 있는 악마도 그의 승리만은 꺾을 수가 없다.

106

If a man month after month for a hundred years should sacrifice with a thousand (sacrifices), and if he but for one moment pay homage to a man whose self is grounded in knowledge, better is that homage than what is sacrificed for a hundred years.

月千反祠　終身不輟　不如復臾　一心念法　一念造福　勝彼終身

달마다 천 번씩 백년을 지내는 제사보다는, 단 한순간이라도 자기 자신을 닦은 이를 존경하는 것이 낫다.

107

If a man for a hundred years tend the (sacrificial) fire in the forest, and if he but for one moment pay homage to a man

---

17) gandharvas are fairies.
Brahmā is the creator god according to Hindu tradition.

whose self is grounded in knowledge, better is that homage than what is sacrificed for a hundred years.

雖終百歲　奉事火祠　不如復臾　供養三尊　一供養福　勝彼百年

숲속에서 백 년 동안 화신火神을 제사지내는 것보다 단 한순간이라도 자기 자신을 닦은 한 사람을 존경하는 것이 낫다.

108

Whatever a man sacrifice in this world as an offering or oblation for a year in order to gain merit—the whole of it is not worth a quarter (of the better offering). Homage paid to the righteous is better.

祭神以求福　從後望其報　四分未望一　不如禮賢者

이 세상에서 이익을 얻기 위하여 드리는 한햇동안의 제사는 (자기 자신을 닦은 사람을 공경하는 것)이 4분의 1 보다도 못하다. 그 보다는 정직한 이를 섬기는 일이 낫다.

109

To him who constantly practises reverence and respects the aged, four things will increase, life (length of days), beauty, happiness, strength.

能善行禮節　常敬長老者　四福自然增　色力壽而安

항상 윗사람을 존경하는 사람에게는 나이, 아름다움, 행운,

힘, 이 네가지 복이 더 붙는다.

110

But he who lives a hundred years, wicked and unrestrained, a life of one day is better if a man is virtuous and reflecting.

若人壽百歲　遠正不持戒　不如生一日　守戒正意禪

비록 백년을 살더라도 간사하고 방종하게 사는 것은, 계를 지키고 뉘우치면서 사는 하루보다 못하다.

111

And he who lives a hundred years, ignorant and unrestrained, a life of one day is better for one who is wise and reflecting.

若人壽百歲　邪僞無有智　不如生一日　一心學正智

백년 동안을 무지와 방종 속에 산 사람은, 지혜 있고 뉘우치면서 하루를 사는 사람보다 못하다.

112

And he who lives a hundred years, idle and weak, a life of one day is better if a man strennously makes an effort.

若人壽百歲　懈怠不精進　不如生一日　勉力行精進

게으르고 약하게 사는 백년보다는, 부지런히 노력하면서 사는 하루가 낫다.

113

And he who lives a hundred years, not perceiving beginning and end (birth and death), a life of one day is better if a man perceives beginning and end.

若人壽百歲　不知成敗事　不如生一日　見微知所忌

시작과 끝을 모르고 사는 백년보다는 시작과 끝을 알고 사는 하루가 낫다.

114

And he who lives a hundred years not perceiving the deathless state, a life of one day is better if a man perceives the deathless state.

若人壽百歲　不見甘露道　不如生一日　服行甘露味

죽임이 없는 경지를 모르고 사는 백년보다는 열반의 경지를 알고 사는 하루가 낫다.

115

And he who lives a hundred years not perceiving the highest law, a life of one day is better if a man perceives the highest law.

若人壽百歲　不知大道義　不如生一日　學推佛法要

　가장 높은 이치를 모르고 사는 백년보다는, 가장 높은 이치를 알고 사는 하루가 낫다.

제8 천 가지의 장 해제

'朝聞道 夕死可矣(아침에 진리가 무엇임을 들으면 저녁에 죽더라도 뉘우침이 없겠다).'는 공자의 말씀이다. 이것을 『법구경』에서는,

'And he who lives a hundred years not perceiving the highest law, a life of one day is better if a man perceives the highest law.'(115)

'가장 높은 이치를 모르고 사는 백년보다는, 가장 높은 이치를 알고 사는 하루가 낫다.'라고 얘기한다.

이 장에서는 모든 구절이 sahassam(thousand)이나 satam(hundred)이라는 수자數字로 시작하기 때문에 the thousands(천 가지 장)이라고 하였다. 아마 편집할 때 천이나 백의 수자로 시작되는 구절을 한데 묶었던 모양이다. 그래서 이 구에 실려 있는 구절은 'a thousand utterances, a thousand verses, a thousand times, a hundred years' 같은 수자를 반드시 가지고 있다.

'But he who lives a hundred years, wicked and unrestrained, a life of one day is better if a man is virtuous and reflecting.'(110)

'비록 백년 살더라도 간사하고 방종하게 (계를 어기고) 사는 것은, 계를 지키고 참회하면서 사는 하루보다 못하다.'

오래 사는 것이 문제가 아니다. 어떻게 사는가 하는 것이 문제가 된다. 이것을 한역은,

'若人壽百歲 遠正不持戒 不如生一日 守戒正意禪'이라고 했다.

다음에는 수십 권의 경전을 암송하고 있을 뿐 그 깊은 뜻도 올바르게 이해하지 못할 뿐 아니라 경전이 주는 종교적 감동 한 번도 느껴 보지 못한 사람들에게 대한 날카로운 비판이 있다.

'Better than a thousand utterances coposed of meaningless word in one sensible words on hearing which one becomes peaceful.'(100)

또한,

'Better than reciting a hundred verses composed of meaningless is one text on hearing which one becomes peaceful.'(102)

이에 한역은

'雖誦千言 句義不正 不如一要 聞可滅意'(100)

'雖多誦經 不解何益 解一法句 行可得道'(102)

이라고 되어 있다. 『법구경』은 정말 위대한 정복자를 이렇게 말해주고 있다.

'If a man were to conquer in battle a thousand times a thousand men, and another conquer one, himself, he indeed is the greatest of conquerors.'(103)

'싸움터에서 백만인을 이기기보다, 자기 하나를 이긴 자가 정말 가장 위대한 승리자이다.'

정말 종교인의 생활은 싸움의 연속이다. 그러나 그 싸움은 남과의 싸움이 아니고 자기 자신과의 싸움이다.

그리고 형식적 제사祭祀보다는,

'If a man month after month for a hundred years should sacrifice with a thousand (sacrifices), and if he but for one moment pay homage to a man whose self is grounded in knowledge, better is that homage than what is sacrificed for a hundred years.'(106)

'달마다 천 번씩 백년을 지내는 제사보다는, 단 한순간이라도 자기 자신을 닦은 이를 존경하는 것이 낫다.'라고 했다.

이제 마지막으로,

'And he who lives a hundred years not perceiving beginning and end (birth and death), a life of one day is better if a man perceives beginning and end.'(113)

'삶과 죽음의 의미를 모르고 백년을 사는 사람보다는 삶과 죽음의 의미를 알고 하루를 사는 사람이 보다 낫다.'

삶과 죽음의 문제는 동서나 고금을 통해서 언제 어디서나 가장 심각한 문제로 등장하고 있다.

'To be or not to be is the important matter(사느냐, 죽느냐가 중요한 문제다)'라고 독백하던 햄릿은 아마 이 문제가 해결되는 날까지 자꾸만 나타날 것이다.

제9 악행惡行의 장
EVIL CONDUCT

116

A man should hasten towards the good; he should restrain his thoughts from evil. If a man is slack in doing what is good, his mind (comes to) rejoice in evil.

見善不從　反隨惡心　求福不正　反樂邪婬

선한 일에 대해서는 서둘러야 한다. 그리고 악한 일은 멀리 하라. 선한 일을 하는 데 게으르면 그의 마음은 악한 일을 즐기게 된다.

117

If a man commits sin, let him not do it again and again. Let him not set his heart on it. Sorrowful is the accumulation of evil conduct.

人雖爲惡行　亦不數數作　於彼意不樂　知惡之爲苦

사람이 죄를 지었으면 다시는 짓지 않도록 조심해야 한다. 그 일에 마음을 두지 말라. 슬픔은 악행의 쌓임에서 오는 것이니.

118

If a man does what is good, let him do it again and again. Let him set his heart on it. Happiness is the outcome of good conduct.

人能作其福　亦當數數造　於彼意須樂　善受其福報

사람이 선한 일을 했으면 늘 그렇게 하도록 하라. 그 일에 마음을 두라. 기쁨은 선한 일의 쌓임에서 오는 것이니.

119

Even an evil-doer sees happiness so long as his evil deed does not ripen; but when the evil deed has ripened, then does the evil-doer see evil.

妖孽見福　其惡未熟　至其惡熟　自受罪虐

악의 열매가 맺기까지는 악한 자도 행복을 맛본다. 그러나 악행의 열매가 익었을 때 악한 자는 악업惡業을 받는다.

120

Even a good man sees evil as long as his good deed does not ripen; but when his good deed ripens, then the good man sees the good (in store for him).

禎祥見禍　其善未熟　至其善熟　必受其福

선의 열매가 맺기까지는 선한 자도 악을 맛본다. 그러나 선행의 열매가 익었을 때 선한 자는 선업善業을 받나니.

121

Think not lightly of evil (saying) that 'it will not come near me.' Even a water-potis filled by the falling of drops of water. A fool becomes full of evil even if he gathers it little by little.

莫輕小惡　以爲無殃　水滴雖微　漸盈大器　凡罪充滿　從小積成

'그것은 내게 가까이 오지 않을 것이다'라고 악을 가볍게 여기지 말라. 방울물이 고여서 항아리를 채우나니, 조그만 악이라도 쌓이고 쌓이면 어리석은 자는 악으로 가득 찬다.

122

Think not lightly of good (saying) that 'it will not come near me'. Even a water-pot is filled by the falling of drops of water. A wise man becomes full of goodness even if he gathers it little by little.

莫輕小善　以爲無福　水滴雖微　漸盈大器　凡福充滿　從纖纖積

'그것은 내게 가까이 오지 않을 것이다'라고 선을 가볍게 여기지 말라. 방울물이 고여서 항아리를 채우나니, 현명한 이는 쌓고 쌓아서 선으로 가득 찬다.

123

As a merchant ill-attended and having much wealth shuns

a dangerous road, as a man who loves his life avoids poison, so should (a wise man) avoid evil actions.

伴少而貨多　商人怵惕懼　嗜欲賊害命　故慧不貪欲

동업자 없고 재물이 많은 상인이 위험한 길을 피하듯이. 그리고 생명을 아끼는 사람이 독을 피하듯이, 모든 악행은 피해야 한다.

124

If there be no wound on a person's hand he might touch poison with his hand. Poison does not harm one who has no wound. No evil (befalls) him who does no evil.

有身無瘡疣　不爲毒所害　毒奈無瘡何　無惡所造作

손에 상처가 없으면 독을 만질 수 있다. 독은 상처 없는 자에게 해를 주지 않는다. 악을 행하지 않는 자에게 악은 붙지 않는다.

125

Whoever does wrong to an innocent person or to one who is pure and sinless, evil recoils on that fool even as fine dust thrown against the wind (recoils on the person throwing it).

加惡誣罔人　清白猶不汚　愚殃反自及　如塵逆風坌

순진하고 때 없는 이를 해치려는 어리석은 자는 도리어 갚음을 받는다. 마치 맞바람에 던진 먼지가 되날아오듯이.

126

Some enter the womb[18]; evil-doers go to hell; the good go to heaven; those free from worldly desires attain nirvāṇa.

有識墮胞胎　惡者入地獄　行善上昇天　無爲得泥洹

어떤 자는 모태母胎로 들어가고, 악인은 지옥으로 선인은 극락으로 간다. 모든 지상적 욕망에서 벗어난 이는 열반에 이르고—.

127

Neither in the sky nor in the midst of the sea nor by entering into the clefts of mountains is there known a place on earth where stationing himself, a man can escape from (the consequences of) his evil deed.

非空非海中　非隱山石間　莫能於此處　避免宿怨殃

하늘에도 바다에도 산중 동굴에도, 사람이 악행에서 벗어날 수 있는 곳은 아무데도 없다.

128

Neither in the sky nor in the midst of the sea nor by entering

---

18) Enter the womb : are reborn on earth.

into the clefts of mountains is there known a place on earth where stationing himself, death cannot overcome (him).

非空非海中　非入山石間　無有他方所　脫之不受死

하늘에도 바다에도 산중 동굴에도, 지구 위에 죽음을 벗어 날 수 있는 곳은 아무 데도 없다.

제9 악행의 장 해제

지구에 낮이 있고 또 밤이 따로 있는 동안 악惡, evil은 없어지지 않을 것이다. 슬픈 얘기다. 낮이 반야의 지혜를 말한다면 밤은 어두운 치우痴愚를 가리킨다. 그리고 이 어둠 속에서 악행evil conduct은 이루어지는 법이다. 그런데 불교에서 치우는 언제나 반야혜般若慧의 밝음을 아직 깨닫지 못하고 미로에서 헤매는 혼미와 인접개념을 이루고 있다. 따라서 불교에 있어서 '미迷와 치痴와 악惡'의 세 가지는 언제나 동일계열의 상즉相卽관계에서 다루어진다.

불교는 이 같은 '미와 치와 악'에서 고통을 겪고 있는 중생들에게 태양만큼 밝은 반야가 비쳐주는 광명의 길이 있음을 교시敎示하여 주는 종교이다. 그러므로 지구에 '치와 악'이 그대로 남아 있는 한 불교의 존재리유도 없어지지 않을 것이다.

여기 악행품에서는 선을 행하고 악을 멀리 하라고 극히 교리적 교훈만을 강조하고 있는 듯이 보인다.

'If a man commits sin, let him not do it again and again. Let him not set his heart on it. Sorrowful is the accumulation of evil conduct.'(117)

'사람이 죄를 지었으면 다시는 짓지 않도록 조심해야 한다. 그 일에 마음을 두지 말라. 슬픔은 악행의 쌓임에서 오는 것이니.'

'Even an evil-doer sees happiness so long as his evil deed does not ripen; but when the evil deed has ripened, then does the evil-doer see evil.'(119)

'악의 열매가 맺기까지는 악한 자도 행복을 맛본다. 그러나 악행의 열매가 익었을 때 악한 자는 악업을 받는다.'

권선징악과 인과응보 사상이 농후하게 나타나 있다.

'Think not lightly of evil that 'it will not come near me.' Even a water-pot is filled by the falling of drops of water. A fool becoes full of evil even if he gathers it little by little.'(121)

'그것은 내게 가까이 오지 않을 것이다'라고 악을 가볍게 여기지 말라. 방울물이 고여서 항아리를 채우나니, 조그만 악이라도 쌓이고 쌓이면 어리석은 자는 악으로 가득 찬다.'

우리 속담에 '티끌 모아 태산'이라는 것이 있다. 그리고 어리석은 자가 악에 가득 차 버린다는 생각을 좀 다르게 주석하면, '바늘도둑이 소도둑 된다'는 속담에 연결될 수 있지 않을까 한다. 그래서 현명한 자는,

'As a merchant ill-attended and having much wealth shuns a dangerous road, as a man who loves his life avoids poison, so should (a wise man) avoid evil actions.'(123)

'동업자 없고 재물이 많은 상인이 위험한 길을 피하듯이. 그리고 생명을 아끼는 사람이 독을 피하듯이, 모든 악행은 피해야 한다.'

악행의 장에서 가장 엄숙한 구절은 아마 다음 구절이 아닐까 한다.

'Neither in the sky nor in the midst of the sea nor by entering into the clefts of mountains is there known a place on earth where stationing himself, a man can escape from his evil deed.'(127)

'하늘에도 바다에도 산중 동굴에도, 사람이 악행에서 벗어날 수 있는 곳은 아무데도 없다.'

내가 저지른 악행의 응보는 어디서나 피할 수 없는 숙명적인 것이라고 한다. 차라리 떳떳이 책임을 지는 편이 낫다. 악행의 장도 역

시 죽음의 문제를 가지고 끝맺는다.

'Neither In the sky nor in the midst of the sea nor by entering into the clefts of mountains is there known a place earth where stationing himself death cannot overcome (him).'(128)

'하늘에도 바다에도 산중 동굴에도, 지구 위에 죽음을 벗어날 수 있는 곳은 아무 데도 없다.'

제10 징벌懲罰의 장
PUNISHMENT

129

All men tremble at punishment, all men fear death. Likening others to oneself, one should neither slay nor cause to slay.

一切皆懼死　莫不畏杖痛　恕己可爲譬　勿殺勿行杖

사람마다 벌을 두려워하고 죽음을 두려워한다. 남이 자신에게 할 것을 견주어서 남을 죽여서도 안 되고 남을 죽이게 해도 안 된다.

130

All men tremble at punishment: all men love life. Likening others to oneself one should neither slay nor cause to slay.

遍於諸方求　念心中間察　頗有斯等類　不愛己愛彼　以己喩彼命
是故不害人

사람마다 벌을 두려워하고 삶을 사랑한다. 남이 자신에게 할 것을 견주어서 남을 죽여서도 안 되고 남을 죽이게 해도 안 된다.

131

He who seeking his own happiness inflicts pain (strikes with a stick) on beings who (like himself) are desirous of happiness does not obtain happiness after death.

善樂於愛欲　以杖加群生　於中自求安　後世不得樂

행복을 찾고 있는 중생에게 고통을 줌으로써 행복을 구하는 자는, 죽어서도 행복을 얻지 못하리.

132

He who seeking his own happiness does not inflict pain (strike with a stick) on beings who (like himself) are desirous of happiness obtains happiness after death.

人欲得歡樂　杖不加群生　於中自求樂　後世亦得樂

행복을 찾고 있는 중생에게 아무런 고통도 주지 않고 행복을 구하는 이는 죽어서도 행복을 얻으리.

133

Do not speak anything harsh. Those who are spoken to will answer you (in the same way). Since angry talk is painful, retaliation will touch you.

不當추言　言當畏報　惡往禍來　刀杖歸軀

가는 말이 고와야 오는 말이 곱다. 거치른 말을 하지 말라. 성난 말은 괴롬을 줌으로 갚음이 온다.

134

If you make yourself as still as a broken gong you have attained nirvāṇa, for agitation is not known to you.

出言以善　如卽鐘磬　身無論議　度世卽安

깨진 징처럼 묵묵히 있는 사람은 열반에 이른다. 소리치며 화내는 일이 없기 때문에―.

135

Just as a cowherd with his staff drives the cows into the pasture-ground, so old age and death drive the life of sentient beings (into a new existence).

譬人操杖　行牧食牛　老死猶然　亦養命去

소치는 사람이 마소의 떼를 목장으로 몰고 가는 것처럼 늙음과 죽음은 중생의 목숨을 몰고 간다.

136

But a fool committing evil deeds does not know (what is in store for him). The stupid man burns indeed through his own deeds, like one burnt by fire.

愚憃作惡　不能自解　殃追自焚　罪成熾然

그러나 어리석은 자는 악행을 하면서도 그것을 깨닫지 못한다. 바보 같은 자는 자신의 행실로써 자신을 불태운다.

137

He who inflicts punishment on those who do not deserve punishment and offends against those who are without offence soon comes to one of these ten states.

歐杖良善　妄讒無罪　其殃十倍　災仇無數

죄도 없고 힘도 없는 사람에게 벌을 주는 자는, 다음 열 가지 중에서 한 가지 갚음을 받을 것이다.

138

He may have cruel suffering, infirmity, injury of the body, heavy afflictions (dread diseases), or loss of mind,

生受酷痛　形體毀折　自然惱病　失意恍惚

심한 고통, 노쇠, 육체의 상처, 중병, 정신의 착란,

139

or a misfortune proceeding from the king or a fearful accusation, loss of relations, or destruction of treasures,

人所誣咎　或縣官厄　財産耗盡　親戚別離

왕으로부터의 박해, 지독한 비난, 친척의 멸망, 재산의 상실 등을 입을 것이다.

140

or lightning fire burns his houses and when his body is dissolved the fool goes to hell.

舍宅所有　災火焚燒　死入地獄　如是爲十

또는 불이 그의 집을 태우고 육체가 흩어질 때 어리석은 자는 지옥으로 떨어지리.

141

Not nakedness, not matted hair, not dirt (literally mud), not fasting, not lying on the ground,[19] not rubbing with ashes (literally dust), not sitting motionless purify a mortal who is not free from doubt.

雖裸剪髮　被服草衣　沐浴踞石　奈痴結何

나체, 단식하는 것, 땅위에서 자는 것, 또는 재를 바르는 것, 고요히 앉아 있는 것, 이 같은 (금욕행위)도 의심을 떠나지 못한 중생은 정화할 수 없다.

142

He who though adorned (dressed in fine clothes) fosters the serene mind, is calm, controlled, is established (in the Buddhist way of life), is chaste, and has ceased to injure all

---

19) Not lying on the ground: not sleeping on the bare earth. The Buddha rejects these outward signs of asceticism as they do not calm the passions.

other beings, he indeed is a Brāhmin, an ascetic (samaṇa), a friar (a bhikkhu).

自嚴以修法 減損受淨行 杖不加群生 是沙門道人

화려하게 입었더라도 고요한 마음을 지닌 채, 냉정하고, 자재하고 (불교적 생활방식이) 확립되고, 깨끗하고, 중생을 해치지 않는 이야말로 바라문이며 사문沙門 비구比丘이다.

143

Is there in the world any man so restrained by modesty that he avoids censure as a well-trained horse avoids the whip?

世黨有人 能知慙愧 是名誘進 如策良馬

훌륭한 말이 채찍을 피하듯이, 이 세상에서 어떠한 비난도 마음에 두지 않고, 겸손으로써 자기 자신을 억제하는 자 있겠는가?

144

Like a well-trained horse when touched by a whip, be strenuous and swift and you will, by faith, by virtue, by energy, meditation, by discernment of the law, put aside this great sorrow (of earthlyexistence), endowed with knowledge and (good) behaviour and mindfulness.

如策良馬 進退能遠 人有信戒 定意精進 受道慧成 便滅衆苦

채찍을 받은 훌륭한 말처럼, 부지런하고 빨라야 한다. 그리고 믿음과 계행과 정신과 명상과 진리의 식별과 밝은 지혜와 옳은 행동으로 커다란 고통을 멀리하라.

145

Engineers (who build canals and aqueducts) lead the water (where they like); fletchers make the arrow the straight; carpenters carve the wood, good people fashion (discipline) themselves.

弓工調絃　水人調船　材匠調木　智者調身

운하의 기사는 물을 이끌어 들이고, 활 만드는 사람은 화살을 곧게 만든다. 그리고 목수는 나무를 깎아서 다듬는다. 이같이 현자는 자신을 다듬는다. (80과같음)

제10 징벌의 장 해제

'사람마다 벌을 두려워하고 죽음을 두려워한다.'

'All men tremble at punishment, all men fear death.'(129)

벌punishment이라는 말로 시작하였기 때문에 이 장은 punish-
ment의 이름을 가지고 있다. 한역에서 '도장刀杖'이라고 한 것은 아
마도 옛날에 형벌은 도장을 사용하였기 때문에 이렇게 번역한 것
같다.

'All men tremble at punishment, all men love life.'(130)

'사람마다 벌을 두려워하고 삶을 사랑한다.'

아마도 벌을 두려워하지 않고 목숨을 사랑하지 않는 사람은 없을
것이다. 스스로 목숨을 끊고 자살하는 사람도 오히려 그의 목숨을
너무나 사랑하였기 때문이다.

누구나 모두 자기의 목숨은 사랑하고 있으므로.

'He who seeking his own happiness inflicts pain (strikes with a
stick) on beings who (like himself) are desirous of happiness does
not obtain happiness after death.'(131)

'행복을 찾고 있는 중생에게 고통을 줌으로써 행복을 구하는 자
는, 죽어서도 행복을 얻지 못하리.'

여기서 죽은 후의 행복이란 영원한 행복을 의미한다. 자기의 행
복을 위하여 남의 행복을 짓밟고, 앗아가는 독재자들을 우리는 역
사에서 너무 많이 보았다. '정치'라는 이름으로 강행되는 인권유린
을 우리는 너무나 많이 겪어왔다.

「벌의 장」에서는 남의 인권을 존중하는 여러 가지 방법을 가르치
고 있다. 첫째,

'Do not speak anything harsh. Those who are spoken to will answer you (in the same way). Since angry talk is painful, retaliation will touch you.'(133)

'가는 말이 고와야 오는 말이 곱다. 거친 말을 하지 말라. 성난 말은 괴롬을 줌으로 갚음이 온다.'라고 말했다.

그러므로,

'If you make yourself as still as a broken gong you have attained nirvāṇa, for agitation is not known to you.'(134)

'깨진 징처럼 묵묵히 있는 사람은 열반에 이른다. 소리치며 화내는 일이 없기 때문에—.'

'깨진 징'. 참 멋있는 비유다. 아무도 그 징을 치지 않을 터이므로 징은 '육중한 침묵'을 지킬 수 있다. '영원한 침묵'을 지킬 수 있다. 요란스럽게 울리는 것보다는 정적寂靜을 알리는 침묵이 더 그립다.

'But a fool committing evil deeds does not know (what is in store for him). The stupid man burns indeed through his own deeds, like one burnt by fire.' (136)

'그러나 어리석은 자는 악행을 하면서도 그것을 깨닫지 못한다. 바보 같은 자는 자신의 행실로써 자신을 불태운다.'

악행은 겉으로 나타나지 않더라도 안으로 그 사람의 양심을 좀먹어 들어가는 법이다. 그러나 이와 같은 악행을 멀리하는 방법으로 고행을 권하지 않는다.

'Not nakedness, not matted hair, not dirt, not fasting, not lying on the ground, not rubbing with ashes, not sitting motionless purify a mortal who is not free from doubt.'(141)

여기서 벌거벗은 모양nakedness, 흐트러진 머리matted hair, 몸에 흙칠을 하고dirt, 단식을 하고fasting, 땅 위에서 자고lying on the ground, 재로써 몸을 닦고rubbing with ashes, 고요히 앉아 있고sitting motionless라는 말들은 당시 유행하던 고행승苦行僧들의 모습을 그린 것이다.

제11 늙음의 장
OLD AGE

146

Why is there laughter, why is t there joy while this world is always burning? Why do you not seek a light, you who are shrouded in darkness (ignorance)?

何喜何笑　世常熾然　深蔽幽冥　不如求錠

왜 웃고 있는가, 왜 기뻐하고 있는가? 이 세상은 늘 불타고 있는데, 어두운 무지에 쌓여 있는데, 어찌하여 빛을 구하지 않는가?[20]

147

Behold this painted image, a body full of wounds, put together, diseased, and full of many thoughts in which there is neither permanence nor stability.

見身形範　倚以爲安　多想致病　豈知非眞

이 단장丹粧된 모양을 보라. 영원히 있지도 않고 견고하지도 못한 온갖 생각으로 이루어진 병든 상처투성이의 육신을 보라.

---

20) Fire is used but the Buddhists to represent the empirical process which is full of suffering.

148

This body is worn out, a nest of diseases and very frail. This heap of corruption breaks to pieces, life indeed ends in death.

老則色衰　所病自壞　形敗腐朽　命終自然

이 육신은 늙어 시들고, 병주머니이고, 깨지기 쉬운 그릇이다. 부패된 육체는 조각으로 흩어지고, 인생은 죽음으로 끝난다.

149

What delight is there for him who sees these white bones like gourds cast away in the autumn?

自死神徙　如御棄車　肉消骨散　身何可怙

가을에 버려진 표주박처럼 이 흰 뼈다귀를 보고 무엇을 기뻐하랴!

150

Of the bones a citadel is made, plastered over with flesh and blood, and in it dwell old age and death, pride and deceit.

身爲如城　骨幹肉塗　生至老死　但藏恚慢

뼈로 성곽을 이루고, 살과 피로 칠해진 것을 그 속에 늙음과 죽음과 자만과 거짓이 도사리고 있다.

151

The splendid chariots of kings wear away; the body also comes to old age but the virtue of the good never ages, thus the good teach to each other.

老則形變　喩如故車　法能除苦　宜以力學

찬란한 임금의 수레는 닳아 없어지고, 육신도 또한 낡아간다. 그러나 선한 이의 교법은 시들지 않나니, 선한 이는 서로 교법을 전한다.

152

A man who has learnt but little grows old like an ox; his flesh increases but his knowledge does not grow.

人之無聞　老苦特牛　但長肌肥　無有智慧

적게 배워서 앎이 없는 사람은 황소처럼 늙는다. 고기의 무게는 늘어나지만 지혜는 자라지 않고—.

153

I have run through a course of many births looking for the maker of this dwelling and finding him not; painful is birth again and again.

生死有無量　往來無端緒　求於屋舍者　數數受胞胎

나는 이 집(육체)을 지은 자를 찾으려고 여러 생生을 보냈다.

그러나 찾지 못하고 고통만 자꾸 되풀이하였었다.

154

Now are you seen, O builder of the house,[21] you will not build the house again. All your rafters are broken, your ridge-pole is destroyed, the mind, set on the attainment of nirvāṇ, has attained the extinction of desires.

以觀此屋　更不造舍　梁棧已壞　臺閣摧折　心已離行　中間已滅

집을 지은 자는 이제 알았으리라. 다시 집 지을 것이 못된다는 것을―. 기둥은 부러지고 서까래는 내려앉았다. 열반에 도달한 마음은 욕망의 소멸을 이루었고.

155

Men who have not practised celibacy (proper discipline), who have not acquired wealth in youth, pine away like old cranes in a lake without fish.

不修梵行　又不富財　老如白鷺　守伺空池

청정淸淨한 행위를 하지도 않고 젊었을 때 재산을 모으지 못한 사람은, 고기 없는 늪에 사는 늙은 백로처럼 죽어간다.

156

Men who have not practised celibacy, who have not

---

21) The builder of the house is craving. It is the cause of re-birth. If we shake off craving there is nothing to bind us to the wheel of existence.

acquired wealth[22] in youth, lie like worn out bows, sighing after the past.

既不守戒　又不積財　老羸氣渴　思故何逮

청정한 행위를 하지도 않고 젊었을 때 재산을 모으지 못한 사람은, 지난 일을 뉘우치며 한숨짓는다. 부러진 화살처럼.

---

22) wealth : spiritual wealth, not worldly wealth.

제11 늙음의 장 해제

　무대 뒷방에 있는 거울 앞에서 한 광대가 얼굴에 화장을 하고 있었다. 그 때 난데없이 방에 불이 나면서 순식간에 화염은 전 극장을 휩쓸듯 하였다. 다급해진 광대는 화장하다만 요사한 얼굴을 하고 무대로 뛰어나갔다. 그는 가장 심각한 표정을 짓고, 힘을 다하여 "불이야!" 하고 외쳤다. 그 때 관중 속에서는 그 광대의 연기가 참 훌륭하다고 우레 같은 박수가 터져 나왔다. 그들은 지금 극장이 불타고 있는 줄을 모르고 있었다. 그래서 진실을 알리는 광대를 보고 웃고 있는 것이다.

　'Why is there laughter, why is there joy while this world is always burning? Why do you not seek a light, you who are shrouded in darkness (ignorance)?'(146)

　'왜 웃고 있는가, 왜 기뻐하고 있는가? 이 세상은 늘 불타고 있는데, 어두운 무지에 쌓여 있는데, 어찌하여 빛을 구하지 않는가?'

　불교에서는 이 세상을 그저 괴롭기만 하기 때문에 고해라고도 하고 또 그 괴로움이 불붙은 것처럼 있기 때문에 화택火宅이라고도 한다.

　그러므로 이와 같은 세상에서 기뻐할 일은 아무것도 없을듯한데 인간들은 술을 마시면 기뻐하고 예쁜 여자를 보면 즐거워한다.

　'What delight is there for him who sees these white bones like gourds cast away in the autumn?'(149)

　'가을에 버려진 표주박처럼 이 흰 뼈다귀를 보고 무엇을 기뻐하랴?'

　'Of the bones a citadel is made, plastered over with flesh and blood, and in it dwell old age and death, pride and deceit.'(150)

'뼈로 성곽을 이루고, 살과 피로 칠해진 것—. 그 속에 늙음과 죽음과 자만과 거짓이 도사리고 있다.'

저기 아름답고 순진한 미녀가 걸어가고 있는 것이 아니고 교만과 욕망으로 가득 찬 추악한 해골이 걸어가고 있다고 생각하자.

미국의 롱비치에서는 해마다 육체의 아름다움을 자랑하는 미녀들이 모여서 그녀들의 미끈한 몸뚱이를 보이는 것이 아니라, 썩어가는 냄새가 코를 찌르는 해골들이 추악한 꼴을 전시하고 있다.

좀 지나친 표현이다. 그러나 너무나 인간의 진상眞相을 여실히 파헤친 늙음의 장은 다음 구절에서부터 인간들에게 '올바르게 사는 길'을 가르쳐 준다.

'I have run through a course of many births looking for the maker of this dwelling and finding him not; painful is birth again.'(153)

'나는 이 집(육체)을 지은 자를 찾으려고 여러 생生을 보냈다. 그러나 찾지 못하고 고통만 자꾸 되풀이하였다.'

'Now are you seen, O builder of the house, you will not build the house again. All your rafters are broken, your ridge-pole is destroyed, the mind, set on the attainment of nirvāṇa, has attained the extinction of desires.'(154)

'집을 지은 자는 이제 알았으리라. 다시 집 지을 것이 못 된다는 것을—. 기둥은 부러지고 서까래는 내려앉았다. 열반에 도달한 마음은 욕망의 소멸을 이루었고.'

살아 있는 동안 올바른 삶의 길을 찾지 못하고 헤매면, 'Men who have not practised celibacy (proper discipline), who have not acquired wealth in youth, pine away like old cranes in a lake without fish.'(155)

　'청정한 행위를 하지도 않고 젊었을 때 재산을 모으지 못한 사람은, 고기 없는 늪에 사는 늙은 백로처럼 죽어간다.'

　또 이 같은 사람은,

　'…lie like worn out bows, sighing after the past.'(156)라고 했다.

제12 자신自身의 장
THE SELF

157

If a man holds himself dear, let him diligently watch himself. The wise man should be watchful during one of the three watches.

自愛身者 愼護所守 希望欲解 學正不寢

자신이 귀한 줄 알면 자신을 잘 지키도록 하라. 지혜 있는 사람은 하루 세 때 한번쯤은 자신을 살피나니.[23]

158

Let each man first establish himself in what is proper, then let him teach others. (If he do this) the wise man will not suffer.

學當先求解 觀察別是非 受諦應誨彼 慧然不復惑

먼저 자기 분수를 살펴 남을 가르치라. 그러면 현명한 이는 괴로워하지 않으리.

---

23) One of the three watches : may also mean one of the three periods of life.

159

If a man so shapes his life as he directs others, then, subduing himself well, he might indeed subdue (others), since the self is indeed difficult to subdue.

當自剋修　隨其教訓　己不被訓　爲能訓彼

남을 가르치는 것처럼 행동하면 그 자신을 잘 억제할 수 있고, 또 남도 잘 억제할 수 있게 하리라.

160

The self is the lord of self; who else could be the lord? With self well subdued a man finds a lord who is difficult to obtain.

自己心爲師　不隨他爲師　自己爲師者　獲眞智人法

자기만이 자기의 주인이다. 누가 따로 주인이 될 수 있으랴? 자기만 잘 억제되면 얻기 힘든 주인을 얻으리라.

161

The evil done by oneself, born of oneself, produced by oneself, crushes the fool even as a diamond breaks a precious stone.

本我所造　後我自受　爲惡自更　如剛鑽珠

나로 인해 이루어진 악은 나로부터 생겼고, 내가 만든 것이다. 그것은 금강석이 보석을 부숴버리듯이 어리석은 자를 부쉬버린다.

162

As a creeper overpowers the entwined sāl tree, he whose impiety is great reduces himself to the state which his enemy wishes for him.

人不持戒　滋蔓如藤　逞情極欲　惡行日增

칡넝쿨이 '샤알라'娑羅 나무를 휘어잡듯이, 불신不信이 커 가면 사람들은 원수가 소원하는 구렁텅이로.

163

Evil deeds, deeds which are harmful to oneself, are easy to do. What is beneficial and good, that is very difficult to do.

惡行危身　愚以爲易　善最安身　愚以爲難

모든 나쁜 짓은 자신에게 해를 주고 행하기도 쉽다. 이롭고 선한 일은 행하기 어렵고.

164

The foolish man who scorns the teaching of the saintly, the noble, and the virtuous and follows false doctrine, bears fruit to his own destruction even like the Khaṭṭakareed.

如眞人敎　以道活身　愚者嫉之　見而爲惡　行惡得惡

如種苦種

거룩하고 계행이 청정한 성자聖者의 가르침을 비방하고 거짓
가르침을 따르는 어리석은 자들은, 열매가 여물면 저절로 말
라 죽는 '캇타카' 갈대처럼 자신을 망친다.[24]

165

By oneself, indeed, is evil done; by oneself is one injured.
By oneself is evil left undone; by oneself is one purified.
Purity and impurity belong to oneself. No one purifies
another.

惡自受罪　善自受福　亦各須熟　彼不相代

자신에 의해 악은 행해지고, 자신에 의해 사람은 더러워진
다. 또 자신에 의해 악은 행해지지 않기도 하고 깨끗해지기도
한다. 깨끗함과 더러움은 자기 자신에 달려 있다. 아무도 남을
깨끗하게 할 수는 없다.

166

Let no one neglect his own task for the sake of another's,
however great; let him, after he has discerned his own task,
devote himself to his task.

凡用必豫慮　勿以損所務　如是意日修　事務不失時

---

24) The reed either dies after it has borne fruit or is cut down for the sake of its fruit.

남을 위한다는 일이 아무리 크더라도 자신의 의무를 등한히 하지 말라. 자신의 의무를 알고 그 의무에 충실해야 한다.

제12 자신의 장 해제

옛날 돼지 열 마리가 함께 강을 건넌 일이 있다. 다 건넌 다음 그들은 마리수를 다시 세어 보았다. 그런데 아홉 마리밖에 없다. 열 마리가 서로 몇 번 씩 되풀이하여 세어도 아홉 마리 밖에는 없다. 한 마리가 물에 빠진 것이라고 생각하였다. 그러나 한 마리씩 훑어보면 물에 빠진 돼지는 없다. 그런데 한 마리가 없는 아홉 마리뿐이다. 어리석은 돼지들은 갈 길도 못 가고 그 자리에서 온종일 꿀꿀대며 서로 셈하는 일만 되풀이하고 있었다.

'나'를 빼놓고. 즉 '나'를 세지 않고 세는 돼지 셈이라는 말이 여기서 나왔다. 사람도 나를 빼돌리고 남의 일에만 관심을 쓰는 수가 많다.

제 허물 열 가지 가진 사람이 남의 허물 한 가지 나무란다는 말이 있다. 사람에게 저도 모르는 새 '나'는 없는 것처럼 덮어두고 남의 것만 들춰서 비판하려는 악습이 몸에 배어 있다. 세속적인 출세 영달의 길은 어쩌면 나를 될 수 있는 대로 잘 감추고 남의 허물은 될 수 있는 대로 잘 드러내는 재주가 비상한 인물에게 열릴지도 모르겠다.

여기 '자신의 장'은 이 같은 '나'를 어떻게 다루어야하는가 라는데 대한 불교적 설유說喻로 엮어져 있다.

우선 '나'는 얼마나 다루기 힘든가.

'If a man so shapes his life as he directs others, then subduing himself well, he might indeed subdue (others), since the self is indeed difficult to subdue.'(159)

'남을 가르치는 것처럼 행동하면 그 자신을 잘 억제할 수 있고, 또

남도 잘 억제할 수 있게 하리라.'

원래부터 어거하기 힘든 것은 '나' 스스로이다. 백만 군을 호령하여 한 나라를 정복할 수 있는 무적 장군도 그 자신인 나를 정복하기는 힘들다. 남을 이기기는 쉬우나 나를 이기기는 심히 어렵다. 그래서 항상 나는 나를 이기지 못하고 나의 노예가 된다.

'The self is the lord of self; who else could be the lord? With self well subdued a man finds a lord who is difficult to obtain.'(160)

'자기만이 자기의 주인이다. 누가 따로 주인이 될 수 있으랴? 자기만 잘 억제되면 얻기 힘든 주인을 얻으리라.'

정말 내가 '나'의 주인이 되기는 어렵다. 이 세상에서 내가 '나'의 주인 노릇을 하는 사람은 과연 몇몇이나 될는지. 내가 '나'의 주인이 못되고 질질 끌려 다닐 때 사람은 악의 구렁으로 굴러 떨어진다. 그러므로 이 악행도 결국은 내가 저지른 것이다.

'The evil done by oneself, born of oneself, produced by oneself, crushes the fool even as a diamond breaks a precious stone.'(161)

'나로 인해 이루어진 악은 나로부터 생겼고, 내가 만든 것이다. 그것은 금강석이 보석을 부숴버리듯이 어리석은 자를 부숴버린다.'

그리고 이 악행 때문에 칡넝쿨이 사라나무를 메마르게 하는 것처럼 그 자신을 원수가 소원하는 인경因境에 빠지게 한다.

'As a creeper overpowers the entwined sāl tree, he whose impiety is great reduces himself to the state which his enemy wishes for him.'(162)

'칡넝쿨이 샤알라娑羅 나무를 휘어잡듯이, 불신不信이 커 가면 사람들은 원수가 소원하는 구렁텅으로.'

'Evil deeds, deeds which are harmful to oneself, are easy to do.

What is beneficial and good, that is very difficult to do.' (163)

  '모든 나쁜 짓은 자신에게 해를 주고 행하기도 쉽다. 이롭고 선한 일은 행하기 어렵고.'

제13 세속世俗의 장
THE WORLD

167

Do not follow evil law. Do not live in thoughtlessness. Do not follow false doctrine. Do not be a friend of the world.

不親卑漏法　不與放逸會　不種邪見根　不於世長惡

악덕을 따르지 말고 방종하지 말라. 그릇된 견해에 따르지 말고 세속과 벗하지 말라.

168

Get up (rouse yourself), do not be thoughtless. Follow the law of virtue. He who practises virtue lives happily in this world as well as in the world beyond.

隨時不興慢　快習於善法　善法善安寐　今世亦後世

일어나라. 게으르지 말라. 가르친 계행대로 행하라. 계행을 닦는 자는 금생이나 내생에서 행복하게 살 것이다.

169

Follow the law of virtue, do not follow the law of sin. He

who practises virtue lives happily in this world as well as in the world beyond.

樂法樂學行　愼莫行惡法　能善行法者　今世後世樂

가르친 계행대로 따르라. 나쁜 법은 따르지 말라. 가르침대로 실천하는 자는 금생이나 내생에서 행복하게 살 것이다.

170

Look upon the world as a bubble: look upon it as a mirage. Him who looks thus upon the world the king of death does not see.

當觀水上泡　亦觀幻野馬　如是不觀世　亦不見死王

이 세상은 물거품이고 아지랑이라고 보라. 세상을 이같이 보는 사람을 죽음의 왕은 보지 못하나니.

171

Come, look at this world resembling a painted royal chariot. The foolish are sunk in it; for the wise there is no attachment for it.

如是當觀身　如王雜色車　愚者所染著　智者遠離之

보라, 잘 치장한 임금의 수레를. 어리석은 자는 그 속에 빠지고, 현명한 자는 거기에 집착하지 않는다.

172

He who formerly was thoughtless and afterwards became reflective (sober) lights up this word like the moon when freed from a cloud.

人前爲過　後止不犯　是照時間　如月雲消

이전에는 게을렀으나 나중에는 정신 차려 게으르지 않는 사람은, 구름을 벗어난 달처럼 이 세상을 비쳐 준다.

173

He whose evil conduct is covered by good conduct lights up this world like the moon when freed from a cloud.

人前爲惡　以善滅之　是照世間　如月雲消

악행이 선행으로 소멸되면 구름을 벗어난 달처럼 이 세상을 비쳐 준다.

174

This world is blinded, few only can see here. Like birds escaped from the net a few go to heaven.

痴覆天下　貪令不見　邪疑却道　若愚行是

이 세상은 암흑이고 볼 수 있는 사람은 드물다. 그물에서 벗어나 날으는 새가 드물듯이.

175

The swans go on the path of the sun, they go through the sky by means of their miraculous power. The wise are led out of this world, having conquered Māra(the tempter) and his hosts.

如雁將群 避羅高翔 明人導世 度脫魔衆

백조는 태양의 길을 간다. 그들은 놀라운 힘으로 하늘을 난다. 현명한 이는 악마와 그 무리들을 이기고 이 세상을 벗어난다.

176

He who violates the one law (the Buddha's doctrine), who speaks falsely, scoffs at another world, there is no evil he will not do.

一法脫過 謂妄語人 不免後世 靡惡不更

단 하나인 가르침[佛法]을 어기고, 거짓말을 하고, 내세를 비웃는 사람은 나쁜 짓이라면 무엇이나 한다.

177

Verily, the niggardly do not go to the world of the gods. Fools, indeed, do not praise giving. But the wise man, rejoicing in charity, becomes on that (account) happy in the other world.

愚不修天行　亦不譽布施　信施助善者　從是到彼安

진실로 인색한 자는 신의 세계에 가지 못한다. 어리석은 자는 보시를 찬양하지 않는다. 그러나 현명한 이는 보시를 기뻐함으로 내생에서 행복을 누린다.

178

Better than absolute sovereignty on earth, better than going to heaven, better than lordship over all the worlds is the reward of reaching the stream (the attainment of the first step in sanctification).

夫求爵位財　尊貴升天福　辯慧世間悍　斯聞爲第一

땅 위의 절대적 주권主權보다도, 하늘에 올라가는 것보다도, 온 세상을 통치하는 권력보다도, (성자가 처음으로 들어가는) 길에 들어가는 갚음이 더욱 훌륭하다.

제13 세속의 장 해제

'Get up (rouse yourself), do not be thoughtless. He who practises virtue lives happily in this world as well as in the world beyond.'(168)

'일어나라. 게으르지 말라. 가르친 계행대로 행하라. 계행을 닦는 자는 금생이나 내생에서 행복하게 살 것이다.'

세상 사람들이 모두 술에 취해서 미쳐가지고 뛰놀고 있을 때 그들과 함께 미쳐버리기는 쉽지만 홀로 깨어서 적정寂靜을 지켜가기는 심히 어려운 일이다. 세파世波를 타고 속류俗流에 밀려가면서 살아가기는 쉽지만, 세파를 등지고 속류에 거역하면서 살기는 어렵다는 말이다.

그러나 참된 法悅은 세속의 온갖 영예를 물거품처럼 생각하고 신기루같이 보는 사람에게 찾아온다.

'Look upon the world as a bubble: look upon it as a mirage. Him who looks thus upon the world the king of death does not see.'(170)

'이 세상은 물거품이고 아지랑이라고 보라. 세상을 이같이 보는 사람을 죽음의 왕은 보지 못하나니.'

이 세상에 있는 것은 모두 물거품 같고 신기루 같건만 사람은 그것을 영원한 것처럼 착각하고 거기에 집착한다.

'When we take anything as permanent we become attached to it.'

위 구절의 한역은 '當觀水上泡 亦觀幻野馬 如是不觀世 亦不見死王'이다. 혼탁한 물줄기가 세파를 휩쓸고 있기 때문에,

'This world is blinded, few only can see here. Like birds escaped from the net a few go to heaven.'(174)

'이 세상은 암흑이고 볼 수 있는 사람은 드물다. 그물에서 벗어나 나는 새가 드물듯이.'라고 한다.

그리고 장님의 안계眼界처럼 암우暗愚의 세계에서는

'He who violates the one law (the Buddha's doctrine), who speaks falsely, scoffs at another world, there is no evil he will not do.'(176)

'단 하나인 가르침佛法을 어기고, 거짓말을 하고, 내세를 비웃는 사람은 나쁜 짓이라면 무엇이나 한다.'

종교가 지향하는 바는 '영원의 카테고리'이다. 이 영원의 카테고리는 지상적 세속적인 모든 것을 이기고 넘어선 자리이다.

Better than absolute sovereignty on earth, better than going to heaven, better than lordship overall the worlds is the reward of reaching the stream (the attainment of the first step in sanctification).(178)

'땅위의 절대적 주권主權보다도, 하늘에 올라가는 것보다도, 온 세상을 통치하는 권력보다도, (성자가 처음으로 들어가는) 길에 들어가는 갚음이 더욱 훌륭하다.'

여기서 '성스러운 영원의 흐름'이란 Pāli의 sotāpatti의 뜻이다. sotāpatti는 모든 번뇌의 사슬을 끊고 이지를 얻는 영원한 경지를 말한다.

이의 영역은 'Sotāpatti is entering the stream up which the seeker has to forge his way.'이다.

제14 불타佛陀의 장
THE BUDDHA (THE AWAKENED)

179

He whose conquest is not conquered again, into whose conquest no one in this world enters, by what track can you lead him, the awakened, of infinite perception, the trackless?

己勝不受惡　一切勝世間　叡智廓無彊　開朦令八道

그 승리는 다시 정복되지 않고, 이 세상에서는 아무도 그 같은 정복을 해 본 적이 없고, 한량없는 지견智見을 가지고 있고 (流轉의) 자취도 없이 깨친 사람을 어떻게 인도할 수 있겠는가?[25]

180

He whom no desire net-like or poisonous can lead astray, by what track can you lead him, the awakened, of infinite perception, the trackless?

決網無罣碍　愛盡無所積　佛智深無極　未踐迹令踐

---

25) the awakened : (pāli) buddham, anyone who has arrived at complete knowledge, and confined to Gautama, the Buddha. There aremany Buddas, some lived in the dim past; others may rise in the distant future.
trackless : (pāli) apadam. He has no mark or track by which we can descrive him. He defies all description.

그물처럼 뒤얽힌 애착도 (그것을) 잘못 인도할 수 없다. 무한한 지견智見을 가지고 있고 (流轉의) 자취 없이 깨친 사람을 어떻게 인도할 수 있겠는가?

181

Even the gods emulate those wise men who are given to meditation, who delight in the peace of emancipation (from desire) the enlightened, the thoughtful.

勇健立一心　出家日夜滅　根絶無欲意　學正念清明

명상에 잠기고 (욕망으로부터) 해방되는 평화를 기뻐하고 깨쳐서 지혜 있는 현자는 신조차 부러워한다.

182

Difficult is it to obtain birth as a human being; difficult is the life of mortals; difficult is the hearing of the true law, difficult is the rise of buddhahood (or enlightenment).

得生人道難　生壽亦難得　世間有佛難　佛法難得聞

인간으로서 태어나기도 어렵고, 죽어야 할 자가 살아 있는 것도 어렵고, 진실한 교법을 듣는 것도 어렵다. 그러나 깨치는 일은 더욱 어렵다.

183

The eschewing of all evil, the perfecting of good deeds, the purifying of one's mind, this is the teaching of the Buddhas (the awakened).

諸惡莫作　諸善奉行　自淨其意　是諸佛教

모든 나쁜 짓을 그만 두고 착한 일을 완수하고 자기 마음을 깨끗이 하는 것이 깨친 이의 교훈이다.

184

Patience which is long suffering is the highest austerity. The awakened declare nirvāṇa be the highest (of things). He verily is not an anchorite who oppresses (others); he is not an ascetic who causes grief to another.

忍爲最自守　泥洹佛稱上　捨家不犯戒　息心無所害

고통을 참는다는 것은 가장 높은 고행이다. 깨친 이는 열반을 최상이라고 외친다. 남에게 해를 끼치는 이는 출가자가 아니다. 남에게 슬픔을 주는 이는 고행자가 아니다.

185

Not reviling, not injuring, (practising) restraint according to the law, moderation in eating, dwelling in solitude, diligence in higher thought, this is the teaching of the awakened.

不嬈亦不惱　如戒一切持　少食捨身貪　有行幽隱處　意諦以有點

是能奉佛教

남을 욕하지 않고, 남을 해치지 않고, 계율을 엄수하고, 음식을 절제하고, 홀로 살면서 최고의 생각에 전념하는 것, 이것이 깨달은 사람의 교훈이다.

186

There is no satisfaction of one's passions even by a shower of gold pieces. He who knows that 'passions are of small enjoyment and productive of pain' is a wise man.

天雨七寶　欲猶無厭　樂少苦多　覺者爲賢

금이 소나기처럼 쏟아진다 할지라도 사람의 욕망을 채울 수는 없으리라. 욕망에는 짧은 쾌락과 많은 고통이 있음을 아는 이는 현자이다.

187

Even in celestial pleasures he finds no delight. The desciple who is fully awakened delights only in the destruction of all desires.

雖有天欲　慧捨無貪　樂離恩愛　爲佛弟子

천상의 쾌락에도 즐거움은 없다. 완전히 깨달은 제자만이 갈애渴愛의 소멸을 기뻐한다.

188

Men driven by fear go to many a refuge, to mountains, and to forests, to sacred trees, and shrines.

或多自歸　山川樹神　廟立圖像　祭祠求福

사람들은 공포에 쫓겨 산이나 수풀이나 등산의 나무나 사당의 피난처로 몰려간다.

189

That, verily, is not a safe refuge, that is not best refuge. After having got to that refuge a man is not delivered from all pains.

自歸如是　非吉非上　彼不能來　度我衆苦

그러나 거기는 안전하고 더 없는 피난처도 못된다. 그 피난처를 얻은 후에도 모든 고통으로부터 벗어나지 못한다.

190

But he who takes refuge in the Buddha, the Law, and the Order, he perceives, in his clear wisdom, the four noble truths.

如有自歸　佛法聖衆　道德四諦　必見正慧

그러나 불·법·승에 피난처를 찾은 사람은 맑은 지혜에서 네

가지 거룩한 진리를 본다.[26)]

191

Suffering, the origin of suffering, the cessation of suffering, and the noble eightfold path which leads to the cessation of suffering.

生死極苦　從諦得度　度世入道　斯除衆苦

고·집·멸·도苦集滅道의 네 가지 진리眞理와 도道로 인도하는 여덟 가지 바른 길[八正道]이 있다.

192

That, verily, is a safe refuge, that is the best refuge; after having got to that refuge a man is delivered from all pains.

自歸三尊　最吉最上　唯獨有是　度一切苦

그것만이 안전하고 더없는 피난처이다. 그 피난처를 얻은 후에는 온갖 고통으로부터 벗어나게 된다.

193

A Well-bred person (a Buddha) is difficult to be found. He is not born everywhere. Wherever such a wise one is born that household prospers.

---

26) The Buddha, the Law, and the Order are the three refuges, trisaraṇ, of the Buddhists.

明人難値　亦不比有　其所生處　族親蒙慶

태생이 좋은 부처님 같은 인물은 만나기 어렵고, 그는 아무데서나 태어나는 것이 아니다. 이와 같은 현명한 사람이 태어난 가문은 번창하리라.

194

Blessed is the birth of the awakened; blessed is the teaching of the true law; blessed is concord in the Order; blessed is the austerity of those who live in concord.

諸佛興快　說經道快　衆聚和快　和則常安

깨달은 이의 탄생에 축복이 있으라. 진리의 설법도, 교단의 단결도, 단결 속에 살고 있는 자들의 고행에도 축복이 있으라.

195

He who pays homage to those who are worthy of homage, whether the awakened or their disciples, those who have overcome the host (of evils) and crossed beyond the stream of sorrow.

見諦淨無穢　已度五道淵　佛出照世間　爲除衆憂苦

깨달은 사람이나 그의 제자들이나 또는 마군을 정복하고 슬픔의 강을 건너간 사람을 존경하는 이는.

196

He who pays homage to such as have found deliverance and are free from fear, this his merit cannot be measured by anyone.

士如中正　志道不慳　利在斯人　自歸佛者

해탈解脫을 발견했고, 공포로부터 벗어난 사람을 존경하는 이는 그의 공덕이 한량 없으리라.

제14 불타의 장 해제

'He whose conquest is not conquered again, into whose conquest no one in this world enters, by what track can you lead him, the awakened, of infinite perception, the trackless?' (179)

'그 승리는 다시 정복되지 않고, 이 세상에서는 아무도 그 같은 정복을 해 본 적이 없고, 한량없는 지견知見을 가지고 있고 유전流轉의 자취도 없이 깨친 사람을 어떻게 인도할 수 있겠는가?'

여기서 trackless는 원어 apadam의 번역이다. pada는 발자취라는 뜻으로부터 흔적, 자취라는 뜻을 가진 말로도 쓰인다. 그러므로 pada의 반의어反意語인 apada는 흔적도 자취도 없다는 뜻이 된다. 이것을 영문 주석가는 'He has no mark or track by which we can describe him. He defies all description(우리가 그를 묘사할 수 있는 徵表를 그는 가지고 있지 않다. 그는 모든 언어적 표현을 거부한다).'라고 명확하게 설명하였다.

언어의 이 길 끊어진 자리를 깨쳐서 안 사람은 이제 세속적인 모든 욕락에는 끌리지 않는다. 따라서 타락하는 일이 없다.

'He whom no desire net-like or poisonous can lead astray.' (180)

'그물처럼 뒤얽힌 애착도 (그것을) 잘못 인도할 수 없다.'

'He who knows that passions are of small enjoyment and productive of pain is a wise man.' (186)

'욕망에는 짧은 쾌락과 많은 고통이 있음을 아는 이는 현자이다.'

그러나 '치痴의 암우지대暗愚地帶'에 살고 있는 자는 순간적인 쾌락에 순간적으로 만족하여 보려고 그 순간을 쫓아다닌다. 그러나 순간적인 쾌락 다음에는 고통의 중압이 엄습하여 오기 마련이다.

'Men driven by fear go to many a refuge, to mountains, and to forests, to sacred trees, and shrines.'(188)

'사람들은 공포에 쫓겨 산이나 수풀이나 등산의 나무나 사당의 피난처로 몰려간다.'

'That, verily, is not a safe refuge, that is not best refuge. After having got to that refuge a man is not delivered from all pains.'(189)

'그러나 거기는 안전하고 더 없는 피난처도 못된다. 그 피난처를 얻은 후에도 모든 고통으로부터 벗어나지 못한다.'

'But he who takes refuge in the Buddha, the Law, and the Order, he perceives, in his clear wisdom, the four noble truths'(190)

'그러나 불·법·승에 피난처를 찾은 사람은 맑은 지혜에서 네 가지 거룩한 진리를 본다.'

'That, verily, is a safe refuge, that is the best refuge; after having got to that refuge a man is delivered from all pains'(192)

'그것만이 안전하고 더없는 피난처이다. 그 피난처를 얻은 후에는 온갖 고통으로부터 벗어나게 된다.'

이 「불타의 장」은 끝으로 이같이 깨친 사람들의 찬미를 잊어버리지 않고 있다.

'Blessed is the birth of the awakened; blessed teaching of the true law; blessed is concord in the Order; blessed is the austerity of those who live in concord.'(194)

'깨달은 이의 탄생에 축복이 있으라. 진리dharma의 설법도, 교단의 단결도, 단결 속에 살고 있는 자들의 고행에도 축복이 있으라.'

제15 행복幸福의 장
HAPPINESS

197

Let us live happily then, hating none in the midst of men who hate. Let us dwell free hate among men who hate.

我生已安　不慍於怨　衆人有怨　我行無怨

미워하는 사람 가운데서 살면서 아무도 미워하지 말고 행복하게 살자. 미워하는 사람들 가운데 미움에서 벗어나 살자.

198

Let us live happily then, free from disease in the midst of those who are afflicted with disease. Let us dwell free from disease among men who are afflicted with disease.

我生已安　不病於病　衆人有病　我行無病

병들어 있는 사람 가운데 살면서 병에서 벗어나 행복하게 살자. 병들어 있는 사람 가운데 병에서 벗어나 살자.

199

Let us happily then, free from care in the midst of those

who are careworn; let us dwell free from care among men who are careworn.

我生已安　不慼於憂　衆人有憂　我行無憂

근심에 지친 사람들과 함께 살면서 근심에서 벗어나 행복하게 살자. 근심에 지친 사람들과 살면서 근심에서 벗어나 살자.

200

Let us live happily then, we who possess nothing. Let us dwell feeding on happiness like the shining gods.

我生已安　清淨無爲　以樂爲食　如光音天

아무것도 소유하지 않는 우리는 행복하게 살자. 우리는 광음천光音天같이 행복을 먹으며 살자.

201

Victory breeds hatred; the conquered dwells in sorrow. He who has given up (thoughts of both) victory and defeat, he is calm and lives happily.

勝則生怨　負則自鄙　夫勝負心　無諍自安

승리는 원한을 가져오고 패자는 슬픔에 산다. 승리나 패배 (의 두 생각)를 버린 자는 고요하고 행복하게 산다.

202

There is no fire like passion, no ill like hatred, there is no sorrow like this physical existence (individuality), there is no happiness higher than tranquillity.

熱無過婬　毒無過怒　苦無過身　樂無過滅

애욕보다 더한 불길은 없고, 미움보다 더한 불행은 없으며, 육체적 존재보다 더한 고뇌는 없고, 적정寂靜보다 더한 행복은 없다.

203

Greediness is the worst of diseases; propensities are the greatest of sorrows. To him who has known this truly, nirvāṇ is the highest bliss.

餓爲大病　行爲最苦　已諦知此　泥洹最安

탐욕은 가장 나쁜 병이고, 애착은 가장 큰 슬픔이다. 이것을 참으로 아는 이에게 열반은 최고의 축복이 된다.

204

Health is the greatest of gifts, contentment is the greatest wealth; trust is the best of relationships. Nirvāṇa is the highest happiness.

無病最利　知足最富　厚爲最友　泥洹最樂

건강은 가장 큰 은혜이고, 만족은 가장 큰 재산이다. 믿고 의지함은 가장 귀한 벗이고 열반은 가장 높은 행복이다.

205

Having tasted the sweetness of solitude and the sweetness of tranquillity he becomes free from fear and free from sin while he drinks the sweetness of the joy of the law.

解知念待味　思將休息義　無熱無饑想　當服於法味

고독과 적정의 맛을 본 사람은 그가 진리의 기쁨을 마시고 있는 한 공포나 죄로부터 벗어난다.

206

The sight of the noble is good; to live with them (in their company) is always happiness. He will be always happy who does not see fools.

見聖人快　得依附快　得離愚人　爲善獨快

고귀한 사람을 보는 일은 좋은 일이다. 그와 함께 사는 것은 언제나 즐겁다. 어리석은 자를 보지 않으면 늘 행복하다.

207

He who sonsorts with a fool suffers a long time. Association with fools as with an enemy is always (productive of) pain. Association with the wise, as meeting withe on's kinsfolk, is (productive of) happiness.

與愚同居難　猶與怨同處　當選擇共居　如與親親會

어리석은 자와 동행하는 자는 오랫동안 괴로워한다. 어리석은 자와 함께 사는 것은 원수와 함께 사는 것처럼 언제나 고통이다. 현명한 사람과 함께 사는 일은 친척들의 모임처럼 행복을 가져온다.

208

Therefore, even as the moon follows the path of the constellations one should follow the wise, the intelligent, the learned, the much enduring, the dutiful, the noble: such a good and wise man (one should follow).

是故事多聞　幷及持戒者　如是人中上　如月在衆星

그러므로 달이 천체의 궤도를 따르듯이 사람은 현명하고 지혜 있고 널리 배우고 잘 견디고 예의 바르고 고상한 이를 따르라.

제15 행복의 장 해제

행복이란 말만큼 매력 있는 말도 드물다. 누구나 다 이것을 얻으려고 무진 애를 쓰니 말이다. 그러나 이 행복을 정말 손에 넣은 사람은 심히 적다. 누구나 다 찾아다니면서도 얻은 사람은 거의 없기 때문에 행복은 더욱 매력이 있다.

여기 「행복의 장」은 진정한 행복이 어디에 있는가 하는 질문에 대답해 주고 있다. 그 행복은 '저 산 넘어 멀리'에 있는 것이 아니다. 저 산 넘어 가는 길은 정말 멀다. 그러나 『법구경』이 가르치는 행복의 길은 먼 길이 아니다.

Let us live happily then, hating none in the midst of men who hate. Let us dwell free hate among men who hate. (197)

'미워하는 사람 가운데서 살면서 아무도 미워하지 말고 행복하게 살자. 미워하는 사람들 가운데 미움에서 벗어나 살자.'

미워한다는 감정의 극치는 상대가 죽어주기를 바라는 증오로 달린다. 미움에서 싸움의 불씨는 일어난다. 그러나 싸움에서 이겼다고 해서 미움이 가셔지는 것은 아니다. 싸움에서 이겼을 때 그 싸움에 진 사람의 미움은 뼈에 사무쳐 있음을 알아야 한다.

'Victory breeds hatred; the conquered dwells in sorrow. He who has given up (thoughts of both) victory and defeat, he is calm and lives happily.' (201)

'승리는 원한을 가져오고 패자는 슬픔에 산다. 승리나 패배(의 두 생각)를 버린 자는 고요하고 행복하게 산다.'

언제나 가장 위대한 승리 뒤에는 가장 처절한 슬픔이 따르게 마련이다. 위대한 승리란 그만큼 큰 슬픔을 동반한다. 옛날 중국 시인은 '醉臥沙場君莫笑 古來征戰幾人回(술에 취하여 모래 위에 쓰러져 누워 있다고 그대여 비웃지 말라. 예로부터 싸움터에 갔던 사람이 몇이나 돌아 왔던가)' 라고 비통한 시를 읊었다.

『법구경』은 다시 미움에 대하여 더 많은 비유를 든다.

'There is no fire like passion, no ill like hatred, there is no sorrow like this physical existence (individuality), there is no happiness higher than tranquillity.'(202)

'애욕보다 더한 불길은 없고, 미움보다 더한 불행은 없으며, 육체적 존재보다 더한 고뇌는 없고, 적정寂靜 보다 더한 행복은 없다.'

적정tranquillity을 가장 좋은 행복이라고 행복의 장은 분명히 말하고 있다.

'Greediness is the worst of diseases; propensities are the greatest of sorrows. To him who has known this truly, nirvāṇa is the highest bliss.'(203)

'탐욕은 가장 나쁜 병이고, 애착은 가장 큰 슬픔이다. 이것을 참으로 아는 이에게 열반은 최고의 축복이 된다.'

'Health is the greatest of gifts, contentment is the greatest wealth; trust is the best of relationships. Nirvāṇa is the highest happiness.'(204)

'건강은 가장 큰 은혜이고, 만족은 가장 큰 재산이다. 믿고 의지함은 가장 귀한 벗이고 열반은 가장 높은 행복이다.'

그리고 지혜의 밝음을 찬미하던 『법구경』은 또 고상한 지혜의 소유자와 가까이 하는 일도 역시 행복에 속한다고 하였다.

'The sight of the noble is good; to live with them is always happiness. He will be always happy who does not see fools.'(206)

'고귀한 사람을 보는 일은 좋은 일이다. 그와 함께 사는 것은 언제나 즐겁다. 어리석은 자를 보지 않으면 늘 행복하다.'

제16 쾌락快樂의 장
PLEASURE

209

He who gives himself to the distractions (of the world) and does not give himself to meditation, giving up his own welfare and grasping at pleasure, will envy him who exerts himself in meditation.

違道則自順　順道則自違　捨義取所好　是爲順愛欲

(세속의 일에) 정신이 흩어져서 명상하지 못하고, 자신의 이익을 버리고, 쾌락을 따르는 자는 명상에 깊이 잠긴 자를 부러워한다.

210

Let no man cling to what is pleasant or unpleasant. Not to see what is pleasant is pain as also (it is pain) to see what is unpleasant.

不當趣所愛　亦莫有不愛　愛之不見憂　不愛亦見憂

쾌락이나 쾌락 아닌 것에 얽매이지 말라. 쾌락을 보지 못하는 것도 고통이고, 쾌락 아닌 것을 보는 것도 고통이다.

211

Therefore, do not take a liking to anything; loss of the loved object is evil. There are no bonds for him who has neither likes nor dislikes.

是以莫造愛　愛憎惡所由　已除結縛者　無愛無所憎

그러므로 좋아하는 것을 만들지 말라. 좋다는 것을 잃는 것도 재앙이다. 좋아하는 것도, 좋아하지 않는 것도 없는 사람은 집착이 없다.

212

From the liked arises grief; from the liked arises fear. To one who is free from liking there is no grief. How (then can there be) fear?

好樂生憂　好樂生畏　無所好樂　何憂何畏

좋아하는 것에서 근심이 생기고, 좋아하는 것에서 두려움이 생긴다. 좋아하는 데서 벗어난 이는 슬픔이 없는데, 어찌 두려움이 있으랴.

213

From affection arises grief; from affection arises fear. To one who is free from affection there is no grief. How (then can there be) fear?

愛喜生憂　愛喜生畏　無所愛喜　何憂何畏

애착에서 슬픔은 오고, 애착에서 공포는 온다. 애착에서 벗어난 이에겐 슬픔이 없는데, 어찌 두려움이 있으랴?

214

From enjoyment arises grief, from enjoyment arises fear. To one who is free from enjoyment there is no grief. How (then can there be) fear?

愛樂生憂　愛樂生畏　無所愛樂　何憂何畏

즐거움에서 슬픔은 오고, 즐거움에서 두려움은 온다. 즐거움에서 벗어난 이에겐 슬픔이 없는데 어찌 두려움이 있으랴.

215

From desire arises grief, from desire arises fear. To onw who is free from desire there is no grief. How (then can there be) fear?

愛欲生憂　愛欲生畏　無所愛欲　何憂何畏

욕망에서 슬픔은 오고, 욕망에서 두려움은 온다. 욕망에서 벗어난 이에겐 슬픔이 없는데, 어찌 두려움이 있으랴.

216

From craving arises grief, from craving arises fear. To one

who is free from craving there is no grief. How (then can there be) fear?

貪欲生憂　貪欲生畏　無所貪欲　何憂何畏

갈망에서 슬픔은 오고, 갈애渴愛에서 두려움은 온다. 갈애에서 벗어난 이에겐 슬픔이 없는데, 어찌 두려움이 있으랴.

217

Him who is endowed with virtue and insight, who is established in the law, who is truthful, who minds his own affairs, him the world holds dear.

貪法戒成　至誠知慚　行身近道　爲衆所愛

계행과 통찰력을 구비하고, 교법대로 행하고, 진실을 말하고, 자기 할일만 하는 자를 사람들은 사랑한다.

218

He in whom a desire for the Ineffable has arisen, who is replete with mind, whose thought is freed from desires, he is called one who ascends the stream.

欲能不出　思正乃語　心無貪愛　必截流渡

이름 지을 수 없는 것(열반)을 갈구하고, 의욕이 강하고, 그 생각이 욕망에서 벗어난 이를 (생사의) '흐름을 거슬러 가는 사람'이라 부른다.

219

When a man who has been long away returns safe from afar, kinsmen, friends, and well-wishers receive him gladly.

譬人久行　從遠吉還　親厚普安　歸來喜歡

오랜 세월 타향을 헤매던 나그네가 무사히 (고향으로) 돌아왔을 때, 친척이나 친구들이 그를 반기듯이.

220

Even so his good deeds receive the good man who has gone from this world to the next, as kinsmen receive a friend on his return.

好行福者　從此到彼　自受福祚　如親來喜

선행을 하고 이 세상에서 저 세상으로 건너간 사람은 환영받는다.

제16 쾌락의 장 해제

'여인을 사랑하려고 하는 생각일랑 아예 갖지 마라'고 늙은 할아버지는 어린 손자에게 타이른다.

인생의 황혼에 접어든 늙은이에게도 사랑의 아픈 상처가 아직 아물지 않았는가보다.

한 여인을 죽도록 사랑한다는 일이 얼마만큼 쓰라린 고통을 가져다주는 지는 사랑에 미쳐 본 일이 있는 사람이면 누구나 다 알고 있다. 아마 사람은 누구나 사랑에 관하여는 '슬픈 유전遺傳'을 물려받고 있다.

여기 「쾌락의 장」은 사랑이 주는 쾌락보다는 고통이 더욱 크고 아픔을 말해 주고 있다.

'From affection arises grief; from affection arises fear. To one who is free from affection there is no grief. How (then can there be) fear?'(213)

'애착에서 슬픔은 오고, 애착에서 공포는 온다. 애착에서 벗어난 이에겐 슬픔이 없는데, 어찌 두려움이 있으랴?'

쾌락의 장에서는 똑 같은 형태의 문장이 다섯이나 연속된다. 다만, From affection에서 affection 대신에 the liked, enjoyment, desire, craving 같은 단어가 그 자리에 놓여진다.

따라서 우리말로 번역할 때에도 The like(좋아하는 것) enjoyment 喜悅, desire 情慾, craving (갈망)만을 옮겨 놓으면 된다.

그러므로 『법구경』은

'Let no man cling to what is pleasant or unpleasant. Not to see what is pleasant is pain as also (it is pain) to see what is unpleasant.'(210)

'쾌락이나 쾌락 아닌 것에 얽매이지 말라. 쾌락을 보지 못하는 것도 고통이고, 쾌락 아닌 것을 보는 것도 고통이다.'

'Therefore, do not take a liking to anything; loss of the loved object is evil. There are no bonds for him who has neither likes nor dislikes.'(211)

'그러므로 좋아하는 것을 만들지 말라. 좋다는 것을 잃는 것도 재앙이다. 좋아하는 것도, 좋아하지 않는 것도 없는 사람은 집착이 없다.'

그러므로 『법구경』은 진리의 길을 걷는 사람을 가리켜,

'He in whom a desire for the Ineffable has arisen, who is replete with mind whose thought is freed desire….'(218)

'이름 지을 수 없는 것(열반)을 갈구하고, 의욕이 강하고, 그 생각이 욕망에서 벗어난 이를—'

'He is called one who ascends the stream.'(218)

'(생사의) 흐름을 거슬러 가는 사람이라고 부른다.'

여기서 '흐름을 거슬러 가는 사람'이란 원어 uddhamsoto의 직역이다. uddhamsoto는 'one who is not carried away by the vulgar passions of the mind. He is not at the mercy of impulse.'를 말한다.

세속적 격정激精에 휩쓸리지 않고 또 육체적 자극에 말려들어가지 않는 사람을 가리킨다. 이와 같은 사람은,

'His good deeds receive the good man who has gone from this world to the next, as kinsmen receive a friend on his return.'(220)

'선행을 하고 이 세상에서 저 세상으로 건너간 사람은 환영 받는다.'라고 말했다.

제17 분노忿怒의 장
ANGER

221

Let a man put away anger, let him renounce pride. Let him get beyond all worldly attachments; no sufferings befall him who is not attached to name and form (phenomenal existence), who calls nothing his own.

捨恚離慢　避諸愛貪　不著名色　無爲滅苦

노여움을 참고 거만을 버리라. 세속적인 속박을 넘어서라. 명색名色에 집착하지 않고 아무것도 소유한 것이 없는 사람에게 고통은 오지 않느니라.

222

He who curbs his rising anger like a chariot gone astray (over the plain), him I call a real charioteer, others but hold the reins (and do not deserve to be called charioteers.)

恚能自制　如止奔車　是爲善御　棄冥入明

마구 달리는 마차처럼 일어나는 노여움을 억제하는 사람을 나는 진짜 '마부'라고 부르겠다. 다른 사람들은 고삐만을 쥐고 있는데—.

223

Let a man overcome anger by non-anger (gentleness), let him overcome evil by good, let him overcome the miser by liberality, let him overcome the liar by truth.

忍辱勝恚　善勝不善　勝者能施　至誠勝欺

사람은 노여워하지 않음으로써 노여움을 극복하고, 선행에 의하여 악행을, 베풂으로써 인색함을, 진실로써 거짓을 극복해야 한다.

224

One should speak the truth, not yield to anger, even if asked for a little. By these three means one will certainly come into the presence of the gods.

不欺不怒　意不求多　如是三事　死則生天

사람은 진실만을 말해야 하고, 노여움에 져서는 안된다. 비록 아주 적은 것을 바라더라도 주라. 이 세 가지 덕행으로 그는 신의 곁으로 간다.

225

The sages who injure none, who always control their body,

go to the unchangeable place, where, having gone, they do not grieve.

常自攝身　慈心不殺　是生天上　到彼無憂

살생하지 않고 항상 육신을 억제하는 성자聖者는 불변不變의 자리에 이른다. 거기에 이르면 슬퍼하지 않는다.

226

Those who are ever vigilant (wakeful), who study by day and by night, who strive after nirvāṇa, their taints come to an end.

意常覺寤　明暮勤學　漏盡意解　可致泥洹

부지런하고, 밤낮 공부하고, 열반을 추구하는 사람에게서 때 묻은 것은 없어진다.

227

This is an old saying, O Atula, this is not (a saying) only of to-day 'They blame him who remains silent, they blame him who talks much, they blame also him who speaks in moderation.' There is not anyone in the world who is not blamed.

人相毀謗　自古至今　既毀多言　又毀訥忍　亦毀中和　世無不毀

'아틀라'여, 이것은 예전부터 있던 말이다. "침묵을 지켜도

욕을 먹고, 말을 많이 해도 욕을 먹고, 적당히 말해도 욕먹는다."고. 이 세상에 욕 안 먹는 자는 없다.[27]

228

There never was, nor will be, nor is there now to be found anyone who is (wholly) blamed, anyone who is (wholly) praised.

欲意非聖　不能制中　一毀一譽　但爲利名

예전에도 없었고 지금도 없고 미래에도 없으리라. 욕만 먹는 사람도, 칭찬만 받는 사람도—.

229

But he whom the discriminating praise observing day after day, as without blemish, wise, endowed with meditative wisdom and virtue,

多聞能奉法　智慧常定意　如彼閻浮金　孰能說有瑕

이 사람은 행위에 흠이 없고, 총명해서 지혜와 계행을 갖추었다고 성자가 날마다 살펴서 칭찬한다면,

230

who is worthy to blame him who is like a gold coin from

---

27) Atulais the name of the pupil whom Gautama addresses in this verse.

the Jambu river? Even the gods praise him; he is praised even by Brahmā

如阿難淨　莫而誣謗　諸天咨嗟　梵釋所稱

'잠부' 강에서 얻은 동전 같은 그를 누가 욕하겠는가? 도리어 신들도 범천梵天도 그를 칭찬하고—.

231

Let one be watchful of bodily irritation. Let him practise restraint of the body. Having abandoned the sins of the body let him practise virtue with his body.

常守護身　以護瞋恚　除身惡行　進修德行

육신의 노기를 조심하라. 육신을 억제하라. 육신에 의한 죄를 버리고 육신으로써 선행을 하라.

232

Let one be watchful of speech-irritation. Let him practise restraint of speech. Having abandoned the sins of speech let him practise virtue with his speech.

常守愼言　以護瞋恚　除口惡言　誦習法言

말의 노기를 조심하라. 말을 억제하라. 말에 의한 죄를 버리고, 말로써 선행을 하라.

233

Let one be watchful of mind-irritation. Let him practise restraint of mind. Having abandoned the sins of mind let him practise virtue with his mind.

常守護心　以護瞋恚　除心惡念　思惟念道

뜻의 노기를 조심하라. 뜻을 억제하라. 뜻에 의한 죄를 버리고, 뜻으로써 선행을 하라.

234

The wise who control their body, who likewise control their speech, the wise who control their mind are indeed well controlled.

節身愼言　守攝其心　捨恚行道　忍辱最强

현자는 육신을 억제하고 마찬가지로 말을 억제하고 뜻을 억제한다. 그들 현자는 참으로 잘 억제한다.

제17 분노의 장 해제

'He who curbs his rising anger like a chariot gone astray (over the plain), him I call a real charioteer, others but hold the reins (and do not deserve to be called charioteers.)'(222)

'마구 달리는 마차처럼 일어나는 노여움을 억제하는 사람을 나는 진짜 <마부>라고 부르겠다. 다른 사람들은 고삐만을 쥐고 있는데—.'

『법구경』의 「분노의 장」 인간의 분노를 달리는 마차에 비유하고 있다. 한번 터지면 걷잡을 수 없이 격화하는 분노의 감정을 한번 달리면 정지시키기 어려운 마차에 비유하였다는 말이다.

인간의 분노는 한번 격화하면 마부 없이 내리막길을 달리는 마차의 바퀴와 같다. 분노의 감정은 저도 모르는 사이에 더 큰 격노激怒를 폭발시키는 수가 많다. 이렇게 되면 내리막길을 질주하는 마차에 있어서는 도리어 마부가 마차의 속도에 지배되는 것처럼, 격노하는 사람이 도리어 격한 감정의 지배를 받게 된다.

『법구경』은 자기의 격노를 이기지 못하고 격노의 지배를 받고 있는 인간의 모습을 보고 독특한 교시教示를 편다. 『법구경』은(다른 경전과 마찬가지로) 자기의 마음을 제어하는 '자율적 인격'을 고창高唱한다. 자기의 마음이 어디서 무엇을 어떻게 하거나 그 주인은 자기가 되어야 한다는 말이다. 다른 말로 바꾸면 '나'의 주인은 '나'밖에 없다는 것이다.

그러므로 마음에서 치솟는 분노를 제어할 줄 아는 '나'는 달리는 마차를 멋있게 제지할 줄 아는 훌륭한 마부와 같다. 그렇지 못한 사람들은 다만 말고삐를 잡고 있는 존재에 지나지 않는다. '나'를 잃어버리고 육체란 껍질만 쓰고 있는 허수아비와 같다는 것이다.

그리하여 「분노의 장」은 격정에 치달리는 '나'를 제어하는 길을 다음과 같이 말하여 주고 있다.

'Let a man put away anger, let him renounce pride. Let him get beyond all wordly attachments;

No sufferings befall him who is not attached to name and form (phenomenal existence), who calls nothing his own.'(221)

'노여움을 참고, 거만을 버리라. 세속적인 속박을 넘어서라. 명색名色에 집착하지 않고 아무것도 소유한 것이 없는 사람에게 고통은 오지 않느니라.'

'Let a man overcome anger by non-anger (gentleness). let him overcome evil by good, let him overcome the miser by liberality, let him overcome the liar by truth.'(223)

'사람은 노여워하지 않음으로써 노여움을 극복하고, 선행에 의하여 악행을, 베풂으로써 인색함을, 진실로써 거짓을 극복해야 한다.'

남이 노여워할 때 같이 노여워하기는 쉽다. 그러나 정말 위대한 인격자는 분노에 못 이겨서 나를 욕하는 사람에게 아무런 노기도 나타내지 않고 조용히 대할 수 있는 사람이다. 모든 세속인들이 나를 모욕하고 비웃더라도 노여움을 억누르고 태연하게 웃을 수 있는 사람이다.

'The sages who injure none, who always control their body, go to the unchangeable place, where, having gone, they do not grieve.'(225)

'살생하지 않고 항상 육신을 억제하는 성자聖者는 불변不變의 자리에 이른다. 거기에 이르면 슬퍼하지 않는다.'

그리고 「분노의 장」은 다음 구절로 끝을 맺는다.

'The wise who control their body, who likewise control their speech, the wise who control their mind are indeed well controlled.' (234)

'현자는 육신을 억제하고 마찬가지로 말을 억제하고 뜻을 억제한다. 그들 현자는 참으로 잘 억제한다.'

제18 때 묻음의 장
IMPURITY

235

You are now like a withered leaf; even the messengers of death have come near you. You stand at the threshold of departure (at the gate of death) and you have made no provision (for your journey).

生無善行　死墮惡道　往疾無間　到無資用

이제 그대는 시들어진 낙엽이다. 죽음의 사자는 이미 그대의 곁에 있다. 그대는 죽음으로 가는 길목에 서있다. 그런데 그대에게는 노자마저 없구나.

236

Make for yourself an island (refuge), strive quickly, be wise. When your impurities are purged and you are free from sin you will reach heaven, the land of the elect.

當求知慧　以然意定　去垢勿垢　可離苦形

그대는 스스로 피난처를 만들라. 그리고 서둘러라. 현명하라. 더러움이 없어지고 죄에서 벗어나면, 그대는 천상의 성지

로 올라가리라.[28)]

237

Your life has come near to an end, you are arrived in the presence of Yama (the king of death). There is no resting-place for you on the way and you have made no provision (for your journey).

이제 그대는 임종에 다다랐다. 그대는 염라대왕의 앞에 가려고 한다. 도중에 쉴 자리도 없다. 그런데 노자마저 없다.

238

Make for yourself an island, strive quickly, be wise. When your impurities are purged and you are free from sin, you will not again enter into birth and old age.

그대는 스스로 피난처를 만들라. 그리고 서둘러라. 현명하라. 더러움이 없어지고 죄로부터 벗어나면, 그대는 다시 태어나 늙어죽지 않으리라.

239

As a smith removes the impurities of silver, even so let a wise man remove the impurities of himself one by one, little by little, and from time to time.

---

28) island : (pāli) dīpa. Dīpa is the name for a lamp. The Buddha is called dipaṇara. The first part of the verse may also be rendered 'make of the self a lamp.'

慧人以漸　安徐精進　洗滌心垢　如工鍊金

대장장이가 은銀으로부터 불순물을 제거하는 것처럼, 현자
는 하나씩 하나씩 점차로 자기의 부정不淨을 제거한다.

240

Impurity arising from iron eats into it though born from
itself, likewise the evil deeds of the transgressor lead him to
the evil state.

惡生於心　還自壞形　如鐵生垢　反食其身

쇠에서 생긴 녹이 쇠를 먹어 들어가듯, 죄인의 악행은 자신
을 지옥으로 데려 간다.

241

Non-recitation is the impurity of the seeker, nonexertion is
the impurity of house; indolence is the impurity of (personal)
appearance, and thoughtlessness is the impurity of the
watchful.

不誦爲言垢　不勤爲家垢　不嚴爲色垢　放逸爲事垢

독경讀經하지 않음은 구도자의 오점汚點이고, 수리하지 않은
집은 더러워지고, 게으름은 용모에 더러움이 되고, 방종은 계
를 지키는 자의 오점이다.

242

Bad conduct is the impurity of a woman; niggardliness is the impurity of the giver; evil deeds are impurities in this world and in the next.

慳爲慧施垢　不善爲行垢　今世亦後世　惡法爲常垢

부정不貞한 행위는 부인이 더러움이고, 인색한 것은 보시자의 더러움이고, 악행은 금생과 내생의 더러움이다.

243

But there is an impurity greater than all impurities. Ignorance is the greatest impurity. O mendicants, having cast away that impurity, be free from all impurities.

垢中之垢　莫甚於痴　學當捨惡　比丘無垢

그러나 더러움 가운데서도 가장 큰 더러움이 있다. 무지無知가 바로 그것이니라. 비구들이여, 이 더러움을 씻어 버림으로써 모든 더러움에서 벗어나리.

244

Life is easy to live for one who is shameless, who is of (the boldness of) a crow hero, for the mischiefmaker, for the slanderer, for the impudent, and for the impure.

苟生無恥　如鳥長喙　强顏耐辱　名曰穢生

수치를 모르고 까마귀처럼 용감하고, 이간하고 남을 중상하고 거만하고 더러운 채로 사는 사람에게 인생은 살기 쉽다.

245

But life is hard to live for one who has a sense of modesty, who always seeks for what is pure, who is disinterested, not impudent, who lives in purity; the man of insight.

廉恥雖苦　義取淸白　避辱不妄　名曰潔生

그러나 수치를 알고 언제나 깨끗함을 구하고, 집착하지 않고, 거만하지도 않고, 조촐하게 사는 정견자正見者에게 인생은 살기 힘들다.

246

He who destroys life, who speaks untruth, who in this world takes what is not given to him, who goes to another man's wife,

愚人好殺　言無誠實　不與而取　好犯人婦.

살생을 하고, 거짓을 말하고, 이생에서 주어지지도 않는 것을 취하고, 남의 아내를 범하고,

247

and he who gives himself to drinking intoxicating liquors,

he, even in this world, digs up his own root.

逞心犯戒　迷惑於酒　斯人世世　自堀身本

술을 마시는 데 빠져버린 사람은 이 세상에서 그 자신의 뿌리를 파고 있다.

248

Know this, O man, that evil things befall the unrestrained. Let not greed and wrong-doing bring you to grief for a long time.

人如覺是　不當念惡　愚近非法　久自燒滅

오, 사람들이여! 악행은 자제自制 못함에서 온다. 탐욕과 부정한 행실에 의하여 길이 고통을 받지 말라.

249

Men give (alms) according to their faith or according to their friendliness. Therefore, he who frets about the drink and food given to others does not, either by day or by night, enjoy peace of mind.

若信布施　欲揚名譽　會人虛飾　非入淨定

사람은 신심과 우정에 따라 보시한다. 그러므로 남의 음식에 대하여 언짢게 생각하면 밤낮으로 평안을 얻지 못한다.

250

He in whom this spirit (of envy) is destroyed, removed, by the very root, he, indeed, by day and by night, enjoys peace of mind.

一切斷欲　截意根原　晝夜守一　必求定意

(남을 부러워하는) 생각이 뿌리째 없어진 사람은 밤낮으로 마음의 평안을 누린다.

251

There is no fire like passion, no capturer like hatred, there is no net (snare) like delusion, no torrent like craving,

火莫熱於淫　捷莫疾於怒　網莫密於痴　愛流駛乎河

애착처럼 심한 불길은 없고, 증오만한 포수捕手도 없으며, 미망迷妄에 비할 그물도 없고, 갈애渴愛같은 격류激流도 없다.

252

The fault of others is easily seen; our own is difficult to see. A man winnows others' faults like chaff, but his own faults he hides even as a cheat hides an unlucky throw.

善觀己瑕障　使己不露外　彼彼自有隙　如彼飛輕塵

남의 허물은 쉽게 눈에 띄지만 자기 허물은 눈에 보이지 않는다. 남의 허물은 겨처럼 까불어 버리지만 자기 허물은 감춘

다. 마치 도박꾼이 불리한 패를 감추는 것처럼.

253

To him who is observant of the faults of others, who is ever censorious, his own passions increase and he is far from the destruction of passions.

若己稱無瑕　罪福俱幷至　但見外人隙　恒懷危害心

남의 허물을 들춰내어 항상 나무라는 자의 애착은 소멸하기는커녕 도리어 불어 가기만 한다.

254

There is no path in the sky, there is no recluse (adopting the Buddhist path) outside (of us), mankind delights in worldliness; the Buddhas are free from worldliness.

虛空無轍迹　沙門無外意　衆人盡樂惡　唯佛淨無穢

허공에는 길이 없고, 외도外道에는 수행자가 없다. 사람들은 세속의 미망迷妄에서 즐거워하지만 부처님은 세속의 미망에서 벗어나 있다.

255

There is no path in the sky, there is no recluse outside (of us). Nothing in the phenomenal world is eternal, there is no instability to the awakened.

虛空無轍迹　沙門無外意　世間皆無常　佛無我所有

　허공에는 길이 없고, 외도外道에는 수행자가 없다. 현상계에
는 영원한 것이 없으며, 깨달은 사람에겐 흔들림이 없다.

제18 때 묻음의 장 해제

'You are now like a withered leaf; even the messengers of death have come near. You stand at the threshold of departure (at the gate of death) and you have made no provision (for your journey)'(235)

'이제 그대는 시들어진 낙엽이다. 죽음의 사자使者는 이미 그대의 곁에 있다. 그대는 죽음으로 가는 길목에 서 있다. 그런데 그대에게는 노자路資마저 없구나.'

'Your life has come near to an end, you are arrived in the presence of Yama (the king of death). There is no resting-place for you on the way and you have made no provision (for your journey).'(237)

'이제 그대는 임종에 다다랐다. 그대는 염라대왕의 앞에 가려고 한다. 도중에 쉴 자리도 없다. 그런데 노자마저 없다.'

사람은 살고 있는 것이 아니라, 아직 '안 죽고 있는 것'이다. 사람은 언젠가는 죽기 마련이다. 이제 곧 죽음의 사자가 옳을 지도 모른다. 죽음의 진상을 말하는 법구경의 대목에는 언제나 냉기가 서린다. 너무나 진실한 면목을 인간은 모르고 있다. 그래서 『법구경』은 죽음이 언제나 우리 눈앞에 와 있음을 알려 준다. 죽음이 눈앞에 다가오기 때문에.

'Make for yourself an island (refuge), strive quickly, be wise. When your impurities are purged and you are free from sin you will reach heaven, the land of the elect.'(236)

'그대는 스스로 피난처를 만들라. 그리고 서둘러라. 현명하여라.

더러움이 없어지고 죄에서 벗어나면 그대는 천상天上의 성지聖地로 올라가리라.'

그런데 「때 묻음의 장」은 '오염染汚의 때'와 '죄악'에 대하여 독특한 비유를 들고 있다.

'Impurity arising from iron eats into it though born from itself, likewise the evil deeds of the transgressor lead him to the evil state.' (240)

'쇠에서 생긴 녹이 쇠를 먹어 들어가듯, 죄인의 악행은 자신을 지옥으로 데려간다.'

타율적인 힘에 의하여 사람은 지옥에 떨어지는 것이 아니다. 자기가 지은 행위Karma, 業 때문에 지옥에 떨어진다고 한다. 이것을 쇠붙이에서 생긴 녹이 쇠붙이를 먹어가는 물리현상에 비유하였다. 어디까지나 내 행위의 주인공은 '나'다. 정의의 길을 걸어가든지 아니면 허위의 탈을 쓰고 비굴한 길을 걸어가든지 걷는 주체는 '나'이다. 내가 저지른 모든 행위의 책임은 나에게 있다.

주지육림에서 인생의 즐거움을 노래하던 것도 '나'이다. 따라서 화탕지옥에서 아픔을 신음하는 것도 역시 '나'일 수밖에 없다.

나의 피를 받아먹고 나의 뼈를 깎아먹고 나의 살을 집어먹는 자는 어느 외래인이 아니고 '나' 자신이다. 그래서 수도자는

'As a smith removes the impurities of silver, even so let a wise man remove the impurities of himself one by one, little by little, and from time to time.'(239)

'대장장이가 은銀으로부터 불순물을 제거하는 것처럼, 현자는 하나씩 하나씩 점차로 자기의 부정不淨을 제거한다.'

'Bad conduct is the impurity of a woman; niggardliness is the impurity of the giver; evil deeds are impurities in this world and in the next.' (242)

　'부정不貞한 행위는 부인이 더러움이고, 인색한 것은 보시자의 더러움이고, 악행은 금생과 내생의 더러움이다.'

제19 정의正義의 장
THE RIGHTEOUS

256

He who carries out his purpose by violence is not therein righteous (established in the law). He is wise who decides both advantage and disadvantage.

好經道者　不競於利　有利無利　無欲不惑

강제로 그의 목적을 수행함으로 정의는 아니다. 이익이 되는 것과 이익이 되지 않는 것을 분별하는 이는 현명하다.

257

He who guides others by a procedure that is nonviolent and equitable, he is said to be a guardian of the law, wise and righteous.

常愍好學　正心以行　擁懷賓慧　是謂爲道

강제가 아니고 조리 있는 절차에 따라 남을 인도하고, 현명하고 공정한 사람을 진리의 수호자라고 부른다.

258

A man is not learned simply because he talks much. He who is tranquil, free from hatred, free from fear, he is said to be learned.

所謂智者　不必辯言　無恐無懼　守善爲智

말을 많이 한다고 해서 그가 배운 사람이라고 할 수는 없다. 조용하고 미움과 두려움에서 벗어난 사람을 배운 사람이라고 한다.

259

A man is not a supporter of the law simply because he talks much, but he who, little learned, discerns it by his body, he who does not neglect the law, he, indeed, is the supporter of the law.

奉持法者　不以多言　雖素少聞　身依法行　守道不忘　可謂奉法

말을 많이 한다고 해서 호법자護法者가 되는 것이 아니다. 배운 것은 적더라도 몸으로써 그것을 분별하고 진리를 무시하지 않는 사람이 진리의 수호자이다.

260

A man is not an elder simply because his head (hair) is grey. His age is ripe, but he is called grown old in vain.

所謂長老　不必年耆　形熟髮白　惷愚而已

머리카락이 희다고 해서 장로長老가 아니다. 나이는 들었지만 그는 헛되이 늙은 것이다.

261

He in whom dwell truth, virtue, non-violence, restraint, control, he who is free from impurity and is wise, he is called an elder.

謂懷諦法　順調慈仁　明達淸潔　是爲長老

진실과 계행과 불살생과 자제에 살고, 부정不淨을 벗어나고 현명한 사람을 장로라 부른다.

262

Not by mere talk, not by the beauty of the complexion, does a man who is envious, greedy, and wicked become of good disposition.

所謂端正　非色如花　慳臨虛飾　言行有違

질투와 욕심이 많고 간사한 사람은 말 잘하거나, 용모가 아름답다고 해서 훌륭한 인물이 되는 것이 아니다.

263

He in whom these (envy, greed, and wickedness) are destroyed, removed by the very root, he who is free from guilt and is wise, is said to be handsome.

謂能捨惡　根原已斷　慧而無恚　是謂端正

(질투나 탐욕이나 간교가) 뿌리째 소멸되고, 죄로부터 벗어나서 현명한 사람은 훌륭한 인물이라고 할 수 있다.

264

Not by tonsure does one who is undisciplined and who speaks untruth become a religious man. How can on who is full of desire and greed be a religious man?

所謂沙門　非必除髮　妄語繭取　有欲如凡

근신하지 않고 진실하지도 못한 사람이 머리를 깎았다고 해서 종교인이 될 수는 없다. 갈애渴愛에 차 있고 욕심꾸러기가 어떻게 종교인이 될 수 있겠는가?[29]

265

But he who always quiets the evil tendencies, small or large, he is called a religious man because he has quieted all, evil.

謂能止惡　恢廓弘道　息心誠意　是爲沙門

작건 크건 악한 성질을 제거한 사람은, 그가 모든 악행을 제거하였기 때문에 종교인이라고 부를 수 있다.

---

29) religious man : Pāli saman is derived from sam to quiet. He who quiets the senses is a samana.

266

He is not a mendicant simply because he begs others (for alms). He who adopts the whole law is a mendicant, not he who adopts only a part.

所謂比丘　非時乞食　邪行婬彼　稱名而已

다만 걸식乞食한다고 해서 탁발托鉢승이라고 할 수는 없다. 모든 진리를 실천하는 사람이 탁발승이다.

267

But he who is above good and evil and is chaste, who coports himself in the world with knowledge, he, indeed, is called a mendicant.

謂捨罪福　淨修梵行　慧能破惡　此爲比丘

그러나 선과 악을 넘어 서서 순결하고, 지식으로써 세상에 처하는 사람은 탁발승이라고 할 수 있다.

268

By (observing) silence a man does not become a sage if he be foolish and ignorant; but that wise man, who, holding (as it were) the scale, takes what is good,

所謂仁明　非口不言　用心不淨　外順而已

어리석고 무식하다면 침묵에 의할지라도 성자 될 수 없다.

그러나 저울질하면서 좋은 것만 취하고 악행을 피하는 현명한
이는,

269

and avoids the evil, he is the sage, is a sage for that (very) reason. He who in this world weighs both sides, is called a sage on that (very) account.

謂心無爲　內行淸虛　此彼寂滅　是爲仁明

다만 그 이유 때문에 성자가 된다. 이 세상에서 (선과 악의) 두 가지를 저울질하는 사람은 그 때문에 성자라고 부를 수 있다.

270

A man is not noble (or elect) because he injures living creatures. He is called noble because he does not injure living beings.

所謂有道　非救一物　普濟天下　無害爲道

중생을 해치는 까닭에 그를 고상하다고 하는 것은 아니다. 중생을 해치지 않기 때문에 고상하다고 한다.

271

Not only by disciplined conduct and vows, not only by

much learning, noreover by the attainment of meditative calm nor by sleeping solitary,

戒衆不言　我行多誠　得定意者　要由閉損

덕행과 서원誓願과 박식博識에 의하거나 더욱 명상하는 고요함이나 혼자 잠으로 해서,

272

do I reach the happiness of release which no worldling can attain. O mendicant, do not be confident (rest not content) so long as you have not reached the extinction of impurities.

意解求安　莫習凡夫　使結未盡　莫能得脫

세상 사람이 도달할 수 없는 해탈의 경지에 이르는 것이 아니다. 오, 탁발승이여! 부정不淨을 소멸하지 못 하는 한 자신自信을 갖지 말라.

제19 정의의 장 해제

여기서는 인간이 인간이 되는 자격, 인간이 인간으로 있어야 하는 조건이 아주 진지한 태도로 추구된다. 우선 인간의 존엄성은 외부조건에 의하여 좌우되지 않는다고 단호히 말한다. 따라서 '장유유서長幼有序'라는 불교적 사회신분의 존열存列도 외부적 조건에 지나지 않기 때문에 본질적 의의를 갖지 못한다. 그 서열은 세속적이고 임시적인 것에 지나지 않는다.

그것으로 만약 외부적 조건에 의하여 인간의 가치가 결정된다면 이보다 더 큰 잘못은 없다는 것이 『법구경』의 사상이다. 그러므로,

'A man is not an elder simply because his head is grey.'(260)

'머리카락이 희다고 해서 그 사람이 장로가 되는 것이 아니다.'

장로라는 지위가 나이에 의하여 결정되는 것이 아님을 명백히 말하고 있다. 오히려 어떤 사람은,

'but he is called grown old in vain.' (260)

하는 것처럼, 그러나 그는 헛되이 늙었다고 한다. 그렇다고 『법구경』에서 늙은이를 공경하지 말라고 한 적은 없다. 다만 어떤 사람이 정말로 장로의 자격을 가지고 있는가를 가려내려고 할 뿐이다. 『법구경』에 의하면,

'He in whom dwell truth, virtue, non-violence, restraint, control, he who is free from impurity and is called an elder.'(261)

'진실과 계행과 불살생과 자제에 살고, 부정不淨을 벗어나고 현명한 사람을 장로라 부른다.'

여기서 정말 장로가 되는 자격이 나타나고 있다. 사람들이 존경을 받을만한 장로가 되려면 '진실, 계행, 불상생, 자제'는 갖추어져

있어야 한다는 것이다. 인간의 내부에 관한 덕목이다. 인간을 내면화內面化의 방향에서 또 진가를 파악하려고 한다. 불교는 인간을 밖에서보다는 안에서, 도시의 소음보다는 숲속의 적정에서 찾으라고 한다. 나이는 젊더라도 내면적으로 '깨끗하고, 현명하고, 불살생과 자제'하면 그는 모임에서 장로라고 존경을 받을 수 있다.

제20 길의 장
THE PATH

273

Of paths the eightfold is the best; of truths the (best are) four sayings (truths); of virtues freedom from attachment is the best; of men (literally two-footed beings) he who is possessed of sight[30].

道爲入直妙 聖諦四句上 無欲法之最 明眼二足尊

모든 길 가운데서 팔정도八正道가 제일이고, 모든 진리 가운데서 사성제四聖諦가 제일이다. 모든 자유 가운데서 해탈이 제일이고, 모든 사람 가운데서 구안자具眼者가 제일이다.

274

This is the path; there is none other that leads to the purifying of insight. You follow this (path). This will be to confuse (escape from) Māra (death, sin).

此道無有餘 見諦之所淨 趣向滅衆苦 此能壞魔兵

이것이 길이다. 지견을 맑게 하는 다른 길은 없다. 이 길을 따

---

30) he who is possessed of sight : (pāli) cakkhumā. He who has the eye for truth.

르라. 이것은 악마를 어지럽히리.

275

Going on this path, you will end your suffering. This path
was preached by me when I became aware of the removal of
the thorns (in the flesh).

吾已說道　拔愛固刺　宣以自勗受　如來言

이 길을 가면 그대의 고통은 끝나리라. (육체의 가시가) 제
거된 줄을 알았을 때 나는 이 길을 가리키리라.

※육체의 가시 : 고통의 원인을 비유함

276

You yourself must strive. The Blessed Ones[31] are (only)
preachers. Those who enter the path and practise meditation
are released from the bondage of Māra (death, sin).

吾語如法　愛箭爲射　宜以自勗　受如來言

그대는 힘써 노력하여야만 한다. 여래如來는 (다만) 설법자에
지나지 않는다. 그 길에 들어서고 명상을 실천하는 자는 죽음
의 사슬에서 해방된다.

277

'All created things are impermanent (transitory).' When

---

31) The Blessed one : pālitathagatā. those who have arrived, have reached nirvāṇ.

one by wisdom realizes (this), he heeds not (is superior to) (this world of) sorrow; this is the path to purity.

一切行無常　如慧所觀察　若能覺此苦　行道淨其跡

'모든 창조된 것은 무상하다.' 지혜로 이 이치를 깨달은 이는 슬픔으로부터 멀어진다. 이것은 청정淸淨에 이르는 길이므로.

278

'All created things are sorrowful.' When one by wisdom realizes (this) he heeds not (is superior to) (this world of) sorrow; this is the path to purity.

一切衆行苦　如慧之所見　若能覺此苦　行道淨其跡

'모든 창조된 것은 괴롭다.' 지혜로 이 이치를 깨달은 이는 슬픔으로부터 멀어진다. 이것은 청정에 이르는 길이므로.

279

'All the elements of being are non-self[32].' When one by wisdom realizes (this), he heeds not (is superior to) (this world of) sorrow; this is the path to purity.

一切行無我　如慧之所見　若能覺此苦　行道淨其跡

'모든 창조된 것은 실체實體가 없다.' 지혜로 이 이치를 깨달은 이는 슬픔으로부터 멀어진다. 이것은 청정에 이르는 길이므로.

---

32) non-self : pāli an-attā, non-self, have no individuality or permanent being.

280

He who does not get up when it is time to get up, who, through young and strong, is full of sloth, who is weak in resolution and thought, that lazy and idle man will not find the way to wisdom.

應起而不起　恃力不精懃　自陷人形卑　懈怠不解慧

비록 젊고 힘세더라도 게을러서 일어날 시간에 일어나지 않고, 이지나 생각이 나약한 사람은 지혜에 이르는 길을 찾지 못한다.

281

Guarding his speech, restraining well his mind, let a man not commit anything wrong with his body. He who keeps these three roads of action clear, will achieve the way taught by the wise.

愼言受意念　身不善不行　如是三行除　佛說是得道

말을 조심하고 마음을 자제하고 몸으로 악행을 짓지 말아야 한다. 이 세 가지 덕행을 깨끗하게 하는 이는 성자에 의해 설법된 도리를 완수한다.

282

From meditation springs wisdom; from lack of meditation

there is loss of wisdom. Knowing this twofold path of progress and decline, a man should place himself in such a way that his wisdom increases.

念應念則正　念不應則邪　慧而不起邪　思正道乃成

명상에서 지혜는 솟아나고, 명상이 없으면 지혜도 없다. 향상과 쇠퇴의 두 길을 안다면 지혜가 느는 방향으로 처신해야 한다.

283

Cut down the (whole) forest[33], not the tree (only); danger comes out of the forest. Having cut down both the forest and desire, O mendicants, do you attain freedom.

代樹勿休　樹生諸惡　斷樹盡株　比丘滅度

숲(고뇌)을 짜르라, 나무는 짜르지 말고. 위험은 숲으로부터 온다. 숲과 애욕을 짜르면 그대는 해탈에 이를 것이다.

284

As long indeed as the desire, however small, of a man for women is not destroyed, so long is his mind attached (to existence) as a sucking calf is to its mother.

夫不伐樹　少多餘親　心繁於此　如犢求母

---

33) forest: vana has two meanings, lust and forest.

여자에 대한 남자의 애욕은 그것이 아무리 작더라도 꺼지지 않는 한 그는 윤회에 매달린다. 송아지가 어미젖에 매달리듯이.

285

Cut out the love of self as you would an autumn lily with the hand. Cherish the path to peace, to nirvāṇa pointed out by the Buddha.

當自斷戀　如秋池蓮　息跡受敎　佛說泥洹

가을에 백합을 손으로 꺾듯이, 자애自愛를 끊으라. 부처님이 가르친 평화와 열반의 길만을 소중히 하라.

286

'Here I shall dwell in the rain, here in winter and summer' thus the fool thinks; he does not think of the obstacle (of life).

暑當止此　寒當止此　愚多務慮　莫知來變

'우기雨期에는 여기서 살고 겨울과 여름에는 여기서 살자'고 어리석은 자는 말한다. 그는 죽음이 오는 줄도 모르고-.

287

As a great flood carries off a sleeping village, death takes off and goes with that man who is giddy (with the possession of) children and cattle, whose mind is distracted (with the desire for worldly goods).

人營妻子　不解病法　死命卒至　如水湍聚

어린이나 가축에만 마음이 쏠려 있는 자를 죽음은 휩쓸어 간다. 마치 홍수가 잠든 마을을 휩쓸어 가듯이.

288

Sons are no protection, nor father, nor relations, for one who is seized by death, there is no safety in kinsmen.

非有子恃　亦非父母　爲死所迫　無親可怙

죽음에 사로잡힌 자에게 아들이나 아버지나 친척이 방패도 피난처도 되지 못한다.

289

Realizing the significance of this, the wise and righteous man should even quickly clear the path leading to release.

慧解是意　可修經戒　勤行度世　一切除苦

이 의미를 깨달은 다음, 현명하고 공정한 자는 해탈로 인도 되는 길을 깨끗이 하라.

제20 길의 장 해제

'All created things are impermanent (transitory).'(277)

'모든 만들어진 것은 무상無常하다.'

불교사상을 단적으로 언표言表해 주는 근본명제의 하나다. 여기서 '만들어 진 것'이란 말은 약간 어색한 표현 같다. 이 말이 원어 saṅharā는 어원語源인 √ kr의 '만든다, 행위 한다.'에 접두어가 붙어서 이루어진 중요한 불교술어다. 한역의 주석은 '행위한다'는 뜻으로 이 말의 원의를 나타내려고 했다. 그리고 표의문자는 '행行'으로 이 술어를 대표하고 있다. 그래서 한역은 행무상行無常, '일체 만들어진[創造된] 것은 무상하다'라는 명제는 '모든 것은 변해가고 있다transitory'라는 서술로 바꿀 수 있다. 시간마다 변해가지 않는 것은 아무것도 없다. 강산도, 화초도, 그리고 인간도. 모든 것은 '시간적 존재'이다. 여기 아주 아름다운 장미 한 송이가 있다고 하자. '아름답다'고 찬미하는 이 순간에도 그 장미는 시들어가고 있다. 조만간 그 장미는 아름답기는커녕 아주 처참한 꼴로 시들어버리고 만다. 정말 사랑하는 아름다운 사람을 만나서 미칠 듯이 부둥켜안았더니 그 연인은 벌써 싸늘한 송장이 되어 있더라는 문학작품은 작품이라기보다는 너무나 엄연한 현실이다. 사람은 어쩔 수 없이 한 번은 반드시 죽기 마련이다. 아니 지금 사람은 죽어가고 있다. 그러므로 '무상無常하다'.

길의 장에서는 이 밖에도.

'All created things are sorrowful'(278)

'모든 창조된 것은 괴롭다'

'All the elements of being are non-self '(279)

'모든 존재는 실체가 없다'

등 중요한 교설敎說이 계속되고 있다. 특히 'non-self'는 불교철학에서 상당히 중요한 위치에 있는 술어다. 한역은 여기를 '제법무아諸法無我'라고 옮겼다. 원어 'anattā'가 한역은 '무아'이고 한역은 'non-self'로 번역한 차이를 여기서 장황하게 설명할 수는 없다. 이 세 가지를 불교에서는 삼법인三法印이라고 부른다. 여기다 '열반적정涅槃寂靜'을 하나 더 보태서 사법인四法印이라고도 한다.

제21 여러 가지의 장
MISCELLANEOUS VERSES

290

If, by surrendering a pleasure of little worth one sees a larger pleasure, the wise man will give up the pleasure of little worth, and look to the larger pleasure.

施安雖少　其報彌大　慧從小施　受見景福

조그만 안락을 버림으로써 큰 안락을 구하게 된다면, 현자는 적은 안락을 버리고 보다 큰 안락을 구할 것이다.

291

He who desires happiness for himself by inflicting suffering on others, he, entangled in the bonds of hatred, is not freed from hatred.

施勞於人　而欲望祐　殃咎歸身　自遭廣怨

남에게 고통을 줌으로써 자신의 행복을 구하는 자는 미움의 사슬에 얽매어서 미움에서 벗어날 수 없다.

292

If, giving up what should be done, what should not be done is done, in those unrestrained and careless, the taints increase.

己爲多事　非事亦造　佚樂放逸　惡習日增

방종과 부주의로 행해져야 할 일이 등한히 되고, 해서는 안 될 일이 행해지면 타락은 더해 간다.

293

But those mindfulness is always alert to (the nature of) the body, who do not aim at what should not be done, who steadfastly do what should be done, the impurities of these mindful and wise people come to an end.

精行惟行　習是捨非　修身自覺　是爲正習

육신에 대해서는 언제나 정제하고, 해서는 안될 일을 하지 않으며, 해야 할 일만을 꾸준히 계속하는 사람, 현명하고 조심성 있는 사람의 부정不淨함은 없어진다.

294

A (true) Brāhmin goes scatheless though he have killed father and mother and two kings of the warrior caste anda kingdom with all its subjects.

除其父母緣　王家及二種　遍滅至境土　無垢爲梵志

아버지와 어머니를 살해하고 두 임금을 살해하고 전 왕국을
지배하고서도 바라문은 무사하다.[34]

295

A (true) Brāhmin goes scatheless though he have killed
father and mother and two holy kings and an eminent man
as the fifth.

學先斷母　率君二臣　廢諸營從　是上道人

아버지와 어머니를 살해하고 두 거룩한 임금과 다섯 번째의
위인을 살해하고서도 바라문은 무사하다.

296

The disciples of Gautama are always well awake, their
thought is always, day and night, set on the Buddha.

能知自覺者　是瞿曇弟子　晝夜當念是　一心歸命佛

고타마의 제자는 언제나 깨어 있다. 그들의 마음은 밤낮으
로 부처님의 곁을 떠나지 않는다.

297

The disciples of Gautama are always well awake; their

---

34) commentator offers an allegorical interpretation that mother is passion, father is
pride, two kings are heretical systemsand kingdom is sensual pleasure.

thought is always, day and night, set on the Law.

善覺自覺者　是瞿曇弟子　晝夜當念是　一心念於法

고타마의 제자는 언제나 깨어 있다. 그들의 마음은 밤낮으로 부처님이 법을 떠나지 않는다.

298

The disciples of Gautama are always well awake; their thought is always, day and night, set on the Order.

善覺自覺者　是瞿曇弟子　晝夜當念是　一心念於法

고타마의 제자는 언제나 깨어 있다. 그들의 마음은 밤낮으로 부처님의 승가僧伽에서 떠나지 않는다.

299

The disciples of Gautama are always well awake; their thought is always, day and night, set on the (nature of the) body.

爲佛弟子　常悟自覺　日暮思禪　樂觀一心

고타마의 제자는 언제나 깨어 있다. 그들의 마음은 밤낮으로 육신을 지킨다.

300

The disciples of Gautama are always well awake; their

mind, day and night, delights on abstinence from harm (compassion, love).

爲佛弟子　常悟自覺　日暮慈悲　樂觀一心

고타마의 제자는 언제나 깨어 있다. 그들의 마음은 밤낮으로 중생을 해하지 않는 것을 기뻐한다.

301

The disciples of Gautama are always well awake; their mind, day and night, delights in meditation.

爲佛弟子　常悟自覺　日暮思禪　樂觀一心

고타마의 제자는 언제나 깨어 있다. 그들의 마음은 밤낮으로 명상 속에서 기뻐한다.

302

It is hard to leave (the world as a recluse and hard to enjoy. Hard also is it to live at home as a householder. Living with the unsympathetic is painful. The life of a wanderer is beset with pain. Therefore let no man be a wanderer, let no one fall into suffering.

學難捨罪難　居在家亦難　會止同利難　艱難無過有　比丘乞求難
何可不自勉　精進得自然　後無欲於人

출가인으로써 세속을 떠나는 것도 힘들고, 즐거움도 얻기 어렵다. 또 재가인在家人으로써 집에 사는 것도 힘들고, 성미 안 맞는 자와 함께 사는 것은 고통이다. 나그네의 생활도 고통이다. 그러므로 사람은 나그네가 되지도 말고 고통에 떨어지지도 말고.

303

Whatever region a man of faith, endowed with virtue, with fame, and prosperity is allotted, even there he is revered.

有信則戒成　從戒多致賢　亦從得諧偶　在所見供養

믿음이 있고 덕행이 있고 명성과 재산이 있는 사람은, 어느 고장에서나 존경을 받는다.

304

Good people shine from afar like the Himālaya mountains but the wicked are not seen, like arrows shot in the night.

近道名顯　如高山雪　遠道闇昧　如夜發箭

훌륭한 사람들은 히말라야 산처럼 멀리서도 빛난다. 그러나 간사한 자는 밤에 쏜 화살처럼 가까이에서도 보이지 않는다.

305

Let one sit alone, sleep alone, act alone without being indolent, subdue his self by means of his self alone; he would find delight in the extinction of desires.

一坐一處臥　一行無放逸　守一以正身　心樂居樹間

　홀로 앉고, 홀로 자고, 홀로 행동하고, 지치지도 않고, 홀로 자신을 억제하고 애착의 소멸에서 기쁨을 찾는다.

제21 여러 가지의 장 해제

21장은 여러 가지 시들을 한데 모아놓았다. 그래서 miscella-neous verses(잡다한 어구)라고 이름 붙였고, 한역도 광연품廣衍品이라고 한 듯하다. 여기서 한 수首를 뽑으면,

'Good people from afar like the Himālaya mountains.'(304)
'훌륭한 사람들은 히말라야 산처럼 멀리서부터 빛난다.'

부처님의 출생지가 세계의 지붕이라고 하는 히말라야 부근이라는 사실을 상기하면 이 비유가 더욱 절실하게 느껴질 것이다. 히말라야Himālaya는 흰빛Him과 쌓여 있는 곳ālaya이라는 두 가지 낱말의 합성어다. 억겁億劫 시간을 두고도 흰빛 눈이 머리에 쌓여 있는 광경을 보고 인도 시인들은 이같이 이름 지었을 것이다.

산이 높을수록 멀리서 쳐다봐야 그 웅장한 높이를 아는 법이다. 가까이 있으면 그것이 야산인지, 언덕인지 분간할 수가 없다. 마찬가지로 위대한 사람도 항상 근처에 있으면 별 것 아닌 것처럼 보인다. 그러나 멀리 떨어져서 다른 소인들과 사귈 때 그 인물이 과연 크고 높음을 알 수 있다. 이 소식을 『법구경』은 위와 같이 비유한 것이다.

그런데 이와는 반대로,

'But the wicked are not seen, like arrows shot in the night.'(304)
'그러나 간악한 무리는 밤에 쏜 화살처럼 가까이에서도 보이지 않는다.'

good people에 대응하는 the wicked는 가까이에서는 눈에 거슬리기 때문에 얼른 보이지만, 몇 발자국만 떨어져도 그 위인의 모습은 벌써 기억에서 사라지고 만다. 그것이 마치 캄캄한 밤중에 쏜 화

살 같다는 것이다. 비유치고는 참 재미있다. 원래 간악한 자는 남몰래 밤중에 음모를 꾸미고 남을 해치는 간악한 짓을 한다. 마치 밤에 화살을 쏘듯이. 그들은 공명정대를 모르기 때문이다. 박쥐의 생리를 가진 자들이다.

히말라야의 꼭대기를 향하여 비상飛翔하려다가 꺾이는 한이 있더라도 밤에 활을 쏘는 박쥐는 되지 말아야겠다.

제22 지옥地獄의 장
THE DOWNWARD COURSE (HELL)

306

He who speaks what is not (real) goes to hell; he also, who having done a thing says 'I do not do it.' After death both become equal, being men with evil deeds in the next existence.

妄語地獄近　作之言不作　二罪後俱受　自作自率往

거짓말을 하는 자는 지옥으로 간다. 하고서도 '나는 그것을 하지 않았다'고 말하는 자도. 이 두 사람은 꼭 같이 죽은 후에 다음 세상에서 나쁜 짓을 하게 되리.

307

Many men who are clad in yellow robes are illbehaved and unrestrained. Such evil-doers by their evil deeds go to hell.

法衣在其身　爲惡不自禁　苟沒惡行者　終則墮地獄

많은 사람은 가사袈裟를 입고서도 성품이 나쁘고 자제력이 없다. 이 같은 악행자는 악행 때문에 지옥에 떨어진다.

308

Better is it for an irreligious unrestained (person) to swallow a ball of red-hot iron than enjoy the charity of the land.

寧啖燒石　吞飲鎔銅　不以無戒　食人信施

비종교적이고 자제하지 않는 사람은 나라의 은혜를 즐기기보다는 차라리 불에 탄 쇳덩어리를 삼키는 것이 낫다.

309

An unthinking man who courts another's wife gains four things, access of demerit, broken rest, thirdly blame, and fourthly hell.

放逸有四事　好犯他人婦　臥險非福利　毀三淫迭四

방종하여 남의 아내를 유혹하는 자는 네 가지 일을 받는다. 첫째 부덕不德을 쌓는 일, 둘째 안식이 없어지는 일, 셋째 비난받는 일, 넷째 지옥으로 떨어지는 일.

310

There is access of demerit as well as the way to the evil state; there is the short-lived pleasure of the frightened in the arms of the frightened, and a heavy penalty from the ruler. Therefore do not run after another man's wife.

不福利墮惡　畏惡畏樂寡　王法重罰加　身死入地獄

죄악의 상태에 이르는 것은 물론 부덕을 초래하고, 두렵고 두려워하는 가운데 즐거움이 적고, 임금으로부터 무거운 벌이 있다. 그러므로 남의 아내를 가까이 하지 말라.

311

As a blade of grass when wrongly handled cuts the hand, so also asceticism when wrongly tried leads to hell.

譬如拔菅草　執緩則傷手　學戒不禁制　獄錄乃自賊

풀도 잘못 잡으면 손을 베는 것처럼, 잘못 다루어진 고행자는 지옥으로 떨어진다.

312

An act carelessly performed, a vow improperly observed, unwilling obedience to the code of chastity brings no great reward.

人行爲慢惰　不能除衆勞　梵行有玷缺　終不受大福

행실을 함부로 하고, 맹서가 아무렇게나 이행되고, 청정한 행동에 대하여 마지못해 복종하는 자에게 큰 갚음은 없다.

313

If anything is to be done let one do it vigorously. A recluse who is careless only bespatters himself the more with dust.

常行所當行　自持必令強　遠離諸外道　莫習爲塵垢

해야 할 일은 열심히 하라. 게으른 출가자는 더러운 먼지를 뿌린다.

314

An evil deed left undone is better, for an evil deed causes suffering later. A good deed done is better for doing, it does not cause suffering.

爲所不當爲　然後致鬱毒　行善常吉順　所適無悔悋

해서는 안 될 일은 하지 말고 그대로 두는 것이 좋다. 악행은 나중에 고통을 초래한다. 해야 할 선행은 하는 것이 좋다. 선행은 고통을 가져오지 않으므로.

315

As a frontier town is well-guarded within and without, so guard the self. Do not let a moment glide by, for they who allow the moments to pass by suffer when they are consigned to hell.

如備邊城　中外牢固　自守其心　非法不生　行缺致憂　令墮地獄

변방의 성이 안팎으로 잘 수비되어 있는 것처럼, 자신을 수비하라. 한순간이라도 놓치지 말라. 시기를 놓치면 사람은 지옥에 떨어져서 괴로워한다.

316

They who are ashamed of what they ought not to be ashamed of and are not ashamed of what they ought to be ashamed of, such men, following false doctrines, enter the evil path.

可羞不羞　非羞反羞　生爲邪見　死墮地獄

부끄러워하지 않을 것을 부끄러워하고, 부끄러워해야 할 일을 부끄러워하지 않는 자는, 그릇된 소견을 가지고 악의 길로 들어간다.

317

They who fear when they ought not to fear and do not fear when they ought to fear, such en, following false doctrines, enter the evil path.

可畏不畏　非畏反畏　信向邪見　死墮地獄

두려워 않을 것을 두려워하고, 두려워해야 할 것을 두려워하지 않는 자는, 그릇된 소견을 가지고 악의 길로 들어간다.

318

Those who discern evil where there is no evil and see

nothing evil in what is evil, such men, following false doctrines, enter the evil path.

可避不避　可就不就　翫習邪見　死墮地獄

죄가 없는 것을 죄가 있다고 보고 죄가 되는 것을 죄 아니라고 보는 자는 그릇된 견해를 가지고 악의 길로 들어간다.

319

Those who discern evil as evil and what is not evil as not evil, such men, following the true doctrines, enter the good path.

可近則近　可遠則遠　恒守正見　死墮善道

죄를 죄로 알고, 죄 아닌 것을 죄 아니라 아는 자는 바른 견해를 가지고 옳은 길로 들어간다.

제22 지옥의 장 해제

어떤 사람이 지옥으로 떨어지는 것을 말하려고 한다.

'Many men who are clad in yellow robes are illbehaved and un-restrained. Such evil-doers by their evil deeds go to hell.'(307)

'많은 사람은 가사를 입고서도 성품이 나쁘고 자제력이 없다. 이 같은 악행자는 악행 때문에 지옥에 떨어진다.'

무서운 얘기다. 몸에 가사를 입은 수도자라도 악행을 하면 하는 수없이 지옥으로 떨어진다는 말이다.

어떻게 보면 겉으로는 제법 성자연聖者然하는 위인 가운데 악인이 더 많은 것 같다. 이들을 위선자라고 부른다. 옛날 젊은 예수도 당시 의 바리새교인들을 독사의 무리라고까지 혹평하면서 비판했다. 또 한 무리를 지옥의 장은 지적하고 있다.

'As a blade of grass when wrongly handled cuts the hand, so also asceticism when wrongly tried leads to hell.'(311)

풀도 잘못 잡으면 손을 베는 것처럼, 잘못 다루어진 고행자는 지 옥으로 떨어진다. 자기 딴에는 피나는 고행을 계속하고 있다고 할 런지 모르나, 내면적 세계가 교만과 자존自尊과 허세에 차있으면 그 와 같은 고행이 길은 도리어 지옥으로 향한다. 잘못된 고행asceticism wrongly tried이기 때문이다. 이것을 갈대 같은 풀잎을 잘못 잡아서 손을 베는 데에 비유했다.

그러므로 황가사黃袈裟를 입었거나, 고행을 한다거나 하는 자체 가 문제되는 것이 아니다. 지옥으로 가는 길은 여기에도 있기 때문 이다. 자기 자신Self을 내면의 세계에서 어떻게 가누며, 다루고 있는 가 하는데 있다. 그래서,

'As a frontier town is well-guarded within and without, so guard the self.'

'변방의 성이 안팎으로 잘 수비되어 있는 것처럼, 자신을 수비하라'

옛날 장원莊園 제도 시대에는 변경邊境이나 전방前方에 위치한 수비가 가장 중요했다. 거기가 무너지면 수도까지 위험해지기 때문이다. 그러므로 전방前方 성시城市의 수비는 물샐 틈 없이 정예군에 의하여 담당된다. 이와 같이 자기 자신을 언제나 긴장 상태에 꼭 지키고 있으라는 말이다. 자기 자신이 무너지면 애욕과 탐욕과 교만과 미망 같은 것이 물결처럼 밀려오기 때문이다.

제23 코끼리의 장
THE ELEPHANT

320

I shall endure hard words even as the elephant in battle endures the arrow shot from the bow; the majority of people are, indeed, ill natured.

我如象鬪　不恐中箭　常以誠信　度無戒人

싸움터에서 화살을 맞고도 견디는 코끼리처럼, 나도 비난을 견디리라. 다수의 사람들은 부덕하니까.[35]

321

They lead a tamed elephant into battle; the king mounts a tamed elephant. The tamed is the best among men, he who endures patienty hard words.

譬象調正　可中王乘　調爲尊人　乃受誠信

그들은 길들인 코끼리를 싸움터로 끌고 간다. 임금은 길들인 코끼리를 탄다. 비난을 참고 견디는 일에 단련된 자는 사람 가운데 최선의 사람이다.

---

35) The elephantis the symbol in Buddhism of endurance, strength, and restraint. The Buddha himself is called nāga or mahānāga, the great elephant.

322

Good are mules when tamed, so also the Sindhu horses of good breed and the great elephants of war. Better than these is he who has tamed himself.

雖爲常調　如彼新馳　亦最善象　不如自調

길들인 당나귀와 산지産地가 좋은 인도말도, 전쟁용 큰 코끼리도 다 훌륭하다. 그러나 자신을 훈련한 사람은 그보다 더 훌륭하다.

323

For with these animals does no man reach the untrodden country (nirvāṇa) where a tamed man goes on a tamed nature (with his self well-tamed).

彼不能適　人所不至　唯自調者　能到調方

훈련된 사람이 훈련됨으로써 가는 미답未踏의 땅(열반)으로 가는 것처럼, 이와 같은 동물을 타고 그곳에 이를 수는 없다.

324

The elephant called Dhanapālaka is hard to control when the temples are running with a pungent sap (in the time of rut). He does not eat a morsel (of food) when bound. The elephant thinks longingly of the elephant-grove.

如象名財守　猛害難禁制　繫絆不如食　而猶暴逸象

'다나파알라카'라는 코끼리는 발정기發情期가 되면 다루기
힘들어, 잡아 놓으면 먹이를 먹지 않는다. 코끼리는 숲속의 동
료를 생각하기 때문에.

325

If one becomes a sluggard or a glutton rolling himself
about in gross sleep, like a hog fed on wash, that foolish one,
again and again, comes to birth.

沒在惡行者　恒以貪自繫　其象不知厭　故數入胞胎

빈둥빈둥 먹기만 하고 잠만 자고 있는 어리석은 자는, 먹이
로써 키운 돼지처럼 몇 번이고 윤회를 되풀이한다.

326

This mind of mine would wander formerly as it liked, as it
desired, as it pleased. I shall now control it thoroughly even
as the rider holding the hook controls the elephant in a state
of rut.

本意爲純行　及常行所安　悉捨降結使　如鉤制象調

이 내 마음은 예전에는 좋아하는 대로 원하는 대로 기분 나
는 대로 헤매었다. 이제 나도 마음을 다잡아야 한다. 마치 고삐
를 쥔 코끼리치기가 발정기의 코끼리를 다루듯이.

327

Be not thoughtless, guard your thoughts. Extricate yourself
out of the evil way as an elephant sunk in the mud.

樂道不放逸　常能自護心　是爲拔身苦　如象出干陷

방종하지 말고 마음을 꼭 가다듬으라. 그리고 진창에 빠진
코끼리 같은 네 자신을 악의 길에서 벗어나게 하라.

328

If you find a companion, intelligent, one who associates
with you, who leads a good life, lives soberly, overcoming all
dangers, walk with him delighted and thoughtful.

若得賢能伴　俱行行善悍　能伏諸所聞　至到不失意

너와 사귀면서 선한 생활로 인도하는 유식한 친구를 찾았거
든, 온갖 위험을 무릅쓰고 기꺼이 같이 가도록 하라.

329

If you do not find a companion, intelligent, one who
associates with you, who leads a good life, lives soberly, walk
alone like a king who has renounced the kingdonm he has
conquered or like an elephant (roaming at will) in the forest.

不得賢能伴　俱行行惡悍　廣斷王邑里　寧獨不爲惡

너와 사귀면서 선한 생활로 인도하는 유식한 친구를 찾지

못하였거든 그가 통치했던 왕국을 버린 임금처럼, 또는 숲속을 홀로 다니는 코끼리처럼 홀로 가라.

330

It is better to live alone, there is no companionship with a fool. Let a man walk alone with few wishes like an elephant (roaming at will) in the elephant-forest. Let him commit no sin.

寧獨行爲善　不與愚爲侶　獨而不爲惡　如象驚自護

어리석은 자와 길벗이 되겠거든 홀로 살아라. 숲속의 코끼리처럼 욕심 없이 홀로 걸어라.

331

Companions are pleasant when an occasion (or need) arises; contentment is pleasant when mutual. At the hour of death merit is pleasant. The giving up of all sorrow is pleasant.

生而有利安　伴溫和爲安　命盡爲福安　衆惡不犯安

일이 생겼을 때 친구가 있는 것은 기쁘다. 만족은 서로가 기쁘다. 선행은 죽는 시간에 기쁘고 슬픔을 버리는 것은 기쁘다.

332

To have a mother is happiness in the world; to have a father is happiness in the world; to have a recluse is happiness in the world; to have a sage is happiness in the world.

人家有母樂　有父斯亦樂　世有沙門樂　天下有道樂

이 세상에서 어머니가 계심은 행복하고 아버지가 계심도 행복하다. 수행자를 섬김도 행복하고, 이 세상에 성직자를 섬김도 행복하다.

333

Happy is virtue lasting to old age; happy is faith firmly rooted; happy is the attainment of wisdom; happy is the avoidance of sins.

持戒終老安　信正所正善　智慧最安身　不犯惡最樂

늙을 때까지 덕행이 계속됨은 행복하고, 신앙이 뿌리 깊게 꿋꿋이 서 있음도 행복하고 죄를 벗어남도 행복하다.

제23 코끼리의 장 해제

불교경전에서는 코끼리를 비유의 대상으로 한 것이 많다. 동물 가운데서 코끼리와 불교는 특수한 관계에 있다. 여기 The Elephant(코끼리의 장)에서는 이름부터가 [코끼리의 비유]로 되어 있다.

'I shall endure hard words even as the elephant in battle endures the arrow shot from the bow.'(320)

'싸움터에서 화살을 맞고도 견디는 코끼리처럼 나도 비난을 견디리라.'

옛날 인도 사람은 싸움터에서 코끼리를 큰 무기로서 사용했다. 인도로 쳐들어온 알렉산더 군을 저지한 것도 이 코끼리 무기였다고 한다. 코끼리가 무기로 사용되기 때문에 싸움터에서 코끼리에게 집중되는 화살도 그만큼 많다. 그러나 육중하고 침착한 코끼리는 한두 개의 화살을 맞아서는 꿈쩍도 않는다. 그대로 전진하는 것이다. 그 인내성은 참으로 놀랍다. 여기서는 그 코끼리의 인내성을 비유하면서 수도자에게 교훈하고 있다.

다음으로 코끼리의 장은 또 한 가지 코끼리를 비유하여,

'It is better to live alone, there is no companionship with a fool. Let a man walk alone with few wishes like an elephant in the elephant-forest.'(330)

'어리석은 자와 길벗이 되겠거든 홀로 살아라. 숲속의 코끼리처럼 욕심 없이 홀로 걸어라.'

적어도 고독孤獨의 철학을 깨닫지 못하고는 종교적 수도자의 길을 걸을 자격이 없다. 고독이 지겨워서 길벗을 찾는 세속인의 습성은 버려야 한다. 매스컴이 와중渦中에 있어야 겨우 임시적으로나마

안정을 얻는 속물은 처음부터 구도의 길을 찾지 않는 편이 낫다. 원래 인간은 날 때부터 고독하다. 같은 시간에 태어난 쌍둥이도 서로 모르고 있다. 아무리 사랑한다고 해도 죽음 앞에서는 어찌할 수 없다. 역시 인간은 홀로 죽는다. 고독이 인간의 본질임을 알았으면, 그것이 아무리 쓰라린 슬픔과 서러움을 가져다주더라도 무거운 침묵을 등에 지고 홀로 걸어가는 코끼리처럼 홀로 걸어가라. 또 말 많은 길벗을 찾지 말라.

제24 애욕의 장
THIRST (OR CRAVING)

334

The craving of a thoughtless man grows like a creeper. Like a monkey wishing for fruit in a forest he bounds hither and thither [from one life to another] .

心放在游行　欲愛增枝條　分布生熾盛　超躍貪果候

방종한 자의 갈망은 칡넝쿨처럼 자란다. 숲속에서 열매를 찾아다니는 원숭이처럼 그는 이생에서 내생으로-.

335

Whomsoever this fierce craving, full of poison, overcomes in the world, his sorrows increase like the abounding biraṇ grass.

以爲愛忍苦　貪欲著世間　憂患日夜長　延如蔓草生

누구나 이 강렬한 갈망과 독毒이 세상에서 승하면 슬픔은 무성한 <비라나>풀처럼 자란다.

336

He who overcomes in this world this fierce craving, difficult to subdue, sorrows fall off from him like water drops from a lotus leaf.

人爲恩愛感　不能捨情欲　如是憂愛多　潺潺盈于池

이 세상에서 누르기 어려운 이 강렬한 갈망을 억제한 사람은 모든 슬픔을 여읠 것이다. 마치 물방울이 연꽃잎에서 떨어지듯이.

337

I declare to you this good (counsel). 'Do ye, as many as are gathered here, dig up the root of craving as one digs up the birann grass to find the usira root, that Māra (Death)may not destroy you again and again even as the river destroys the reeds (on the bunk).'

爲道行者　不與欲會　先誅愛本　無所植根　勿如刈葦　令心復生

이 좋은 교훈을 너에게 알린다. '여기 모일 수 잇는 모든 사람은 '우시라' 뿌리를 찾기 위하여 '비라나' 풀을 파내는 것처럼 갈애의 뿌리를 뽑으라. 그리고 강물이 갈대를 꺾는 것처럼 악마가 너를 꺾지 못하도록.'

338

As a tree, even though it has been cut down, grows again

if its root is firm and uninjured (i.e. safe), even so if the adherences of craving are not destroyed, this suffering returns to us again and again.

如樹根深固　雖截猶復生　愛意不盡除　趣當還受苦

나무가 잘려도 뿌리가 깊이 박혀 있으면 다시 자라나는 것처럼, 갈망의 뿌리가 뽑혀지지 않으면 그 고통은 자꾸만 되풀이될 것이다.

339

Him whose thirty-six streams flowing towards pleasures of sense are strong, whose thoughts are set on passion, the waves carry away that misguided man.

三十六使流　併及心意漏　數數有邪見　依於欲相結

감각의 쾌락으로 치달리는 36개의 물줄기가 억세고 또 그의 마음이 애욕에 의지하고 있다. 물결은 이와 같이 잘못된 길을 걷는 사람을 휩쓸어 간다.[36]

340

The streams flow everywhere; the creeper (of passion) keeps on springing up. If you see that creeper sprung up, cut its root by means of wisdom.

---

36) thirty-six streams: are the six organs of senses and six objects of sense in relation to a desire for sensual pleasures(kāma), a desire for existence (bhava), and a desire for prosperity (vibhava).

一切意流衍　愛結如葛藤　唯慧分明見　能斷意根原

모든 (감정의) 흐름은 사방으로 흐르고, (애욕의) 칡넝쿨은 뻗어가기만 한다. 칡넝쿨이 뻗어가는 것을 본다면 지혜로서 뿌리를 잘라 버려라.

341

To creatures happen pleasures and wide-ranging endearments. Hugging those pleasures they hanker after them. Those men indeed undergo birth and old age.

夫從愛潤澤　思想爲滋蔓　愛欲深無底　老死是用增

사람에게 쾌락과 애욕의 추구는 자꾸만 일어난다. 그들은 쾌락에 빠지면서 또 다른 쾌락을 구한다. 이 같은 사람들은 삶과 노사老死를 받는다.

342

Men driven on by craving run about like a hunted hare. Fast bound in its fetters, they undergo suffering for a long time, again and again.

衆生愛纏裏　猶兎在於罝　爲結使所纏　數數受苦惱

갈망에 의하여 움직이는 사람들은 잡혀온 들 토끼처럼 뱅뱅 돈다. 속박과 집착에 얽매어 있기 때문에 그들은 되풀이해서 고통을 받는다.

343

Men driven on by craving run about like a hunted hare. Let, therefore, the mendicant, wishing for himself freedom from passion, shake off craving.

若能滅彼愛　三有無復愛　比丘已離愛　寂滅歸泥洹

갈망에 의하여 움직이는 사람들은 잡혀온 들 토끼처럼 뱅뱅 돈다. 그러므로 애욕에서 벗어남을 바라는 탁"Mㅇ은 갈애를 털어 버려라.

344

He who having got rid of the forest (of desire) gives himself over to the life of the forest (desire), he who, free form the forest (of desire), runs back to the forest (of desire), — look at him, though free, he runs into bondage.

非園脫於園　脫園復就園　當復觀此人　脫縛復就縛

(욕망의) 숲에서 나와서 다시 (욕망의) 숲으로 되돌아간다. (욕망의) 숲에서 (욕망의) 숲으로만 달린다. 이 사람을 보라, 뛰쳐나와서는 다시 속박으로 되돌아 뛰어 간다.

345

Wise people do not say that that fetter is strong which is made of iron, wood, or fibre, but the attachment to earrings made of precious stones, to sons, and wives is passionately impassioned.

雖獄有鉤鎖　慧人不爲牢　愚見妻子息　染着愛甚牢

현명한 이는 쇠붙이나 나무나 섬유로 만든 사슬(속박)이 강하다고 하지 않는다. 그러나 보석으로 만든 귀걸이, 지극히 사랑하는 아들이나 아내에 대한 애착이 강하다고 한다.

346

Wise people call strong this fetter which drags down, yields, and is difficult to unfasten. After having cut this people renounce the world, free from longings and forsaking the pleasures of sense.

慧脫愛爲獄　深固難得出　是故當斷棄　不視欲能安

현명한 이는 무겁고 풀기 힘든 이 속박을 강하다고 한다. 이것을 끊은 다음 욕정과 쾌락을 버리고 이 세상에서 벗어난다.

347

Those who are slaves to passions follow the stream (of craving) as a spider the web which he has made himself. Wise people, when they have cut this (craving), leave the world, free from cares, leaving all sorrow behind.

以淫樂自裹　譬如蠶作繭　智者能斷棄　不盻除衆苦

애욕의 노예가 된 자는 (갈망의) 흐름을 따라간다. 마치 거미가 스스로 만든 거미줄을 따라가듯이. 현명한 이는 이 갈망을 끊고 근심과 슬픔을 버리고 떠난다.

348

Giving up what is before, give up what is behind, give up what is in the middle, passing to the farther shore of existence. When your mind is wholly freed you will not again return to birth and old age.

捨前捨後　捨間越有　一切盡捨　不受生死

저 언덕을 찾아서 가는 자는 과거나 미래나 현재를 떠나야 한다. 마음이 완전히 떠났으면 다시 윤회로 되돌아오지 않으리.

349

Craving increases more to a creature who is disturbed by thoughts, full of string passions, yearning for what is pleasant; he indeed makes his fetters strong.

心念放逸者　見淫以爲淨　恩愛意盛增　從是造獄牢

망상 때문에 흩어지고, 강한 애착에 차 있고, 쾌락만을 갈구하는 자에게 애욕은 점점 더한다. 그리고 그의 속박은 더욱 강해진다.

350

He who delights in quieting his thoughts, always reflecting, dwells on what is not pleasant, he will certainly remove, nay, he will cut the bonds of death.

覺意滅淫者　常念欲不淨　從是出邪獄　能斷老死患

그의 생각을 고요히 하고, 항상 반성하면서 육체의 쾌락이 아닌 곳에 산다면, 그는 어김없이 바뀔 것이고, 죽음의 굴레를 끊을 것이다.

351

He who has reached the good, who is fearless, who is without craving and without sin, he has broken the thorns of existence, this body is his last.

無欲無有畏　怡淡無憂患　欲除使結解　是爲長出淵

선에 도달하고, 두려움이 없고, 갈망도 죄도 없는 이는, 생존의 가시를 꺾고 이 몸으로 마지막이 된다(윤회하지 않는다).

352

He who is without craving, without appropriation, who is skilful in understanding words and their meanings, who knows the order of letters (which are before and which are after), he is called the great sage, the great person. This is his last body.

盡道除獄縛　一切此彼解　已得度邊行　是爲大智士

갈망도 집착도 없고, 말과 그 뜻을 얼른 이해하고, 문자의 순
서를 알고 있는 사람은, 위대한 성인 혹은 위대한 인물이라고
부른다.

353

'I have conquered all, I know all, in all conditions of life
I am free from taint. I have renounced all and with the
destruction of craving I am freed. Having learnt myself, to
whom shall I point as teacher?'

若覺一切法　能不著諸法　一切愛意解　是爲通聖意

나는 모든 것을 극복했다. 나는 모든 것을 알고 있다. 모든 상
태에서 더러워지지 않았다. 그리고 나는 모든 것을 버리고 갈
망의 소멸로 나는 해방되었다. 나 스스로가 깨달았는데 또 누
구를 스승이라 부를 것인가?

354

The gift of the law surpasses all gifts; the flavour of the law
surpasses all flavours, the delight in the law surpasses all
delights. The destruction of craving conquers all sorrows.

衆施經施勝　衆味道味勝　衆樂法樂勝　愛盡勝衆苦

교법의 선물은 모든 선물보다 낫고, 교법의 맛은 모든 맛보다 낫다. 그리고 교법의 즐거움은 모든 즐거움을 능가하고, 갈망의 소멸은 모든 슬픔을 능가한다.[37]

355

Riches destroy the foolish, not those who seek beyond (the other shore). By a craving for riches the foolish person destroys himself as he destroys others.

愚以貪自縛　不求度彼岸　爲貪愛欲故　害人亦自害

재산은 저 언덕을 추구할 줄 모르는 어리석은 자를 멸망케 한다. 재산의 욕망 때문에 어리석은 자는 남과 함께 스스로를 멸망케 한다.

356

Weeds are the bane of fields and passion the bane of this mankind; therefore offerings made to those free from passion bring great reward.

愛欲意爲田　淫欲痴爲種　故施度世者　得福無有量

논밭은 잡초가 버리게 하고, 애착은 사람의 잡초이다. 따라서 애착에서 벗어난 사람에게 바치는 선물은 큰 갚음을 가져온다.

---

37) gift of the law : dhammadāna is the technical expression for instruction in the Buddhist religion.

357

Weeds are that bane of fields and hatred is the bane of this mankind; therefore offerings made to those free from hatred bring great reward.

논밭은 잡초가 버리게 하고, 증오는 사람의 잡초이다. 따라서 증오에서 벗어난 사람에게 바치는 선물은 큰 갚음을 가져온다.

358

Weeds are the bane of fields and folly is the bane of this mankind; therefore offerings made to those free from folly bring great reward.

논 밭은 잡초가 버리게 하고, 무지는 사람이 잡초이다. 따라서 무지에서 벗어난 사람에게 바치는 선물은 큰 갚음을 가져온다.

359

Weeds are the bane of fields; desire is the bane of this mankind; therefore offerings made to those freed from desire bring great reward.

논밭은 잡초가 버리게 하고, 욕망은 사람의 잡초이다. 따라서 욕망에서 벗어난 사람에게 바치는 선물은 큰 갚음을 가져온다.

제24 애욕의 장 해제

'The craving of a thoughtless man grows like a creeper. Like a monkey wishing for fruit in a forest he bounds hither and thither (from one life to another).'(334)

'방종한 자의 갈망은 칡넝쿨처럼 자란다. 숲속에서 열매를 찾아다니는 원숭이처럼 그는 이생에서 내생으로—.' 방종한 사람이란 자기 자신의 마음을 긴장 속에서 알맞게 억제하지 못하는 사람을 말한다. 영역이 thoughtless man이라고 한 것은 다소 구차스러움을 면치 못한다. 여하튼 이와 같은 사람의 욕망은 자제력이 없기 때문에 엄청나다. 이것저것 보고 느끼고 생각나는 것을 닥치는 대로 욕망한다. 그래서 이것을 좇는가 하면 또 저것을 좇고, 저것을 따라다니는가 하면 어느새 이것을 따르는 꼴이 꼭 과일을 좇아서 이 나무에서 저 나무로 뛰어다니는 숲속의 원숭이와 같다는 것이다. 여기서 '여기서 저기로' 간다는 말은 이생에서 다시 저승으로(from one life to another) 돌아가는 윤회를 나타낸다. 그리고 또,

'Those who are slaves to passions follow the stream (of craving) as a spider the web which he has made himself.'(347)

'애욕의 노예가 된 자는 (갈망의) 흐름을 따라간다. 마치 거미가 스스로 만든 거미줄을 따라가듯이.'

육욕의 노예가 된 사람은 윤회의 흐름에서 벗어나지 못하는 것이 마치 자기가 만든 그물에서 뱅뱅 도는 거미와 같다는 것이다. 비유치고 참 재미있다.

그러므로 우선 욕망의 흐름에서 벗어나야 한다. 이 흐름에서 벗어나야 윤회에서 벗어날 수 있다는 것이 여기 애욕의 장의 내용이

다. 그리고 이와 같은 욕망의 흐름으로부터 벗어나서 윤회를 초극한 사람에게,

'Sorrows fall off from him like water drops from a lotus leaf.'(336)

'물방울이 연잎에서 떨어지는 것처럼 슬픔은 그로부터 떨어진다.'

라고 한 것이다.

제25 탁발승托鉢僧의 장
THE MENDICANT

360

Restraint in the eye is good; good is restraint in the ear; in the nose restraint is good; good is restraint in the tongue.

端目耳鼻口　身意常守正　比丘行如是　可以免衆苦

눈을 자제하는 것, 귀를 자제하는 것, 코를 그리고 혀를 자제하는 것은 좋다.

361

In the body restraint is good, good is restraint in speech; in thought restraint is good, good is restraint in all things. A mendicant who is restrained in all things is freed from all sorrow.

육체를 자제하는 것, 말을 자제하는 것, 마음을 자제하는 것, 모든 것을 자제하는 것은 좋다. 모든 것을 자제하는 탁발승은 모든 슬픔에서 벗어난다.

362

He who controls his hand, he who controls his feet, he

who controls his speech, he who is well-controlled, he who delights inwardly, who is collected, who is alone and content, him they call a mendicant.

手足莫妄犯　節言愼所行　常內樂定意　守一行寂然

손을 억제하고, 발을 억제하고, 말을 억제하고, 잘 억제하고 또 안으로 기뻐하고, 마음이 안정되고, 홀로 만족한 사람을 탁발승이라고 부른다.

363

The mendicant who controls his tongue, who speaks wisely, not uplifted (puffed up), who illuminates the meaning and the law, his utterance is sweet.

學當守口　寡言安徐　法義爲定　言必柔軟

혀를 억제하고, 현명하게 말하고, 거만하지 않고 뜻과 이치를 밝힌 탁발승의 말은 듣기 좋다.

364

He whose pleasance is the law, who delights in the law, meditates on the law, follows the law, that mendicant does not fall from the true law.

樂法欲法　思惟安法　比丘依法　正而不費

그는 법에 살고, 법을 기뻐하고, 법에서 명상하고, 법을 따른다. 그 탁발승은 옳은 법에서 벗어나지 않는다.

365

He should not overvalue what he himself receives; he should not envy others. A mendicant who envies others does not obtain tranquillity.

學無求利　無愛他行　比丘好他　不得定意

자기가 얻은 것을 지나치게 평가하지도 않고, 남의 것을 시새우지도 않는다. 남의 것을 시새우는 탁발승은 마음의 안정을 얻지 못한다.

366

Even the gods praise that mendicant who though he receives little does not overvalue what he receives, whose life is pure and strenuous.

比丘少取　以得無積　天人所譽　生淨無穢

비록 적게 받더라도 받은 것을 지나치게 평가하지 않는 탁발승을 신들은 칭찬한다. 그의 인생은 순수하고 게으르지 않다.

367

He, indeed, is called a mendicant who does not count as his

own any name and form[38], who does not grieve from having nothing.

一切名色　非有莫惑　不近不憂　乃爲比丘

명색名色에 있어서 내 것이라는 생각이 없고, 없다고 해서 슬퍼하지도 않는 사람을 탁발승이라고 부른다.

368

The mendicant who lives in friendliness and calm (has faith) in the doctrine of the Buddha, he will attain the tranquil, blessed place where (bodily) existence is at rest.

比丘爲慈　愛敬佛教　深入止觀　滅行乃安

자비와 고요함에서 살고 불타의 교리에서 사는 탁발승은 모든 존재가 휴식하는 축복된 안락한 위치에 도달하리라.

369

Empty the boat, O mendicant; when emptied it will go lightly. Having cut off passion and hatred then you will go to freedom.

比丘筒船　中虛則輕　除淫怒痴　是爲泥洹

배안의 물을 퍼내라, 탁발승이여. 비었을 때 배는 가볍게 달

---

38) name and form : nāarūpa; mind and body which are, in Buddhist doctrine, the marks of individual existence.

린다. 애착과 미움을 끊어 버리면 너는 자유에 이르리라.

370

Cut off the five[39], get rid of the five, master (rise above) the five. A mendicant who has freed himself fro the five fetters is called 'one who has crossed the flood' (of rebirth).

捨五斷五　思惟五根　能分別五　乃渡河淵

다섯 가지 구속을 끊어버리라. 다섯 가지를 제거하라. 다섯 가지를 정복하라. 다섯 가지 집착을 넘어선 탁발승은 '홍수를 넘어선 사람'이라고.

371

Mendicant, O, medicant, be not negligent. Let not your thought delight in sensual pleasures, that you may not for your negligence have to swallow the iron ball, that you may not cry out when burning 'This is suffering!'

禪無放逸　莫爲欲亂　不吞鎔銅　自惱憔形

탁발승이여, 오, 명상하라. 방종하지 말라. 감각적 욕정에 휩쓸리지 말라. 방종하여 뜨거운 쇠붙이를 삼키는 일이 없도록 하라. 데면서 '이것은 고통이다'고 고함치지 말라.[40]

---

39) The five to be cut off are egoism, doubt, false asceticism, lust, and hatred. The fice to be got rid of are longing for births with form, births without form, self-will, vanity and ignorance.
40) Swallowing red-hot iron ball is said to be a form of punishment in hell.

372

There is no meditation for one who is without wisdom, no wisdom for one without meditation; he in whom there are meditation and wisdom, he indeed is close to nirvāṇa.

無禪不智　無智不禪　道從禪智　得至泥洹

지혜가 없는 자에게 명상은 없고, 명상이 없는 자에게 지혜는 없다. 지혜와 명상을 갖춘 이는 열반에 가까이 이른다.

373

A mendicant who with a tranquil heart has entered an empty house, he has a more than human (divine) delights, through his right discernment ot the law.

當學入空　靜居止意　樂獨屏處　一心觀法

고요한 마음으로 빈 집에 들어간 탁발승은, 이 법을 바로 봄으로써 인간 이상의 기쁨을 누린다.

374

Whenever he comprehends the origin and destruction of the elements of the body he obtains joy and happiness, which is life eternal to those who know.

當制五陰　伏意如水　清淨和悅　爲甘露味

육체의 구성요소의 생멸生滅을 파악하면 지자는 영원한 기뻠과 행복을 얻는다.

375

This is the beginning here to a wise mendicant, control of the senses, contentment, restraint under the law (according to the precepts of the pātimokkha), cultivation of friends who are noble, of pure life, and zealous (not slothful).

不受所有　爲慧比丘　攝根知足　戒律悉持

이것이 현명한 탁발승이 처음 해야 할 일이다. 오관을 억제하고 만족하고, 계를 지키고, 또 고상하면서 깨끗하고 부지런한 친구의 교화를 받으라.

376

Let him live a life of friendship. Let him be an adept in the discharge of his duties then his happiness being much he will make an end of suffering.

生當行淨　求善師友　知者成人　度苦致喜

친절하고, 의무 수행에 민첩해라. 그러면 기쁨이 차서 그의 고통은 멎을 것이다.

377

As the vassikā plant sheds its withered flowers, O

mendicants, so you should get rid of passion and hatred.

如衛師華　熟知自墮　釋淫怒痴　生死自解

탁발승이여, '밧시카아' 나무가 시든 꽃을 털어버리듯이 애착과 증오를 털어 버리라.

378

That mendicant is said to be calmed who has a calmed body, a calmed speech, and a calmed mind, who is well-established, who has rejected the baits of the world.

止身止言　心守玄默　比丘棄世　是爲受寂

육신이 조용하고, 말이 조용하고, 잘 안정되고, 세속의 재산을 버린 사람을 조용한 탁발승이라고 부른다.

379

Rouse your self by your self, examine your self by your self. Thus guarded by your self and attentive you, mendicant, will live happy.

當自勅身　內與心爭　護身念諦　比丘惟安

스스로 자신을 일으키라. 스스로 자신을 살펴보라. 이같이 해서 자신을 지키고, 자신을 반성한 탁발승은 행복하게 살리라.

380

For self is the lord of self; self is the refuge of self; Therefore curb yourself even as a merchant curbs a fine horse.

我自爲我　計無有我　故當損我　調乃爲賢

내가 내 주인이고 내가 내 의지처다. 그러므로 장사치가 훌륭한 말[良馬]을 다루듯이 자신을 다루라.

381

The mendicant full of delight, calm (with faith) in the doctrine of the Buddha, will certainly reach the peaceful state, the cessation of natural existence and happiness.

喜在佛教　可以多喜　至到寂寞　行滅永安

불타의 교설을 믿고 고요하며 기쁨에 차 있는 탁발승은 자연적 생존이 정지된 평화로운 상태와 행복한 자리에 이를 것이다.

382

The mendicant who, though young, applies himself to the doctrine of the Buddha, he illuminates this world like the moon when freed from a cloud.

儻有所行　應佛教戒　此照世間　如日無曀

비록 젊다고 해도 불타의 교설에 전념하는 탁발승은 세상을 밝게 비친다. 마치 구름을 벗어난 달처럼.

제25 탁발승의 장 해제

진실한 비구比丘는 어떠한 사람인가? 여기 대하여 탁발승의 장은 여러 가지 교훈을 말해주고 있다. 그 가운데서도,

'For self is the lord of self; self is the refuge of self; therefore curb yourself even as a merchant curbs a fine horse.'(380)

'내가 내 주인이고 내가 내 의지처다. 그러므로 장사치가 훌륭한 말[良馬]을 다루듯이 자신을 다루라.'

'내가 내 주인이고 내가 내 의지처다.' 이것은 우리가 영원히 명심해야 할 격언이다. 불교는 자기 자신을 신에게도 절대자에게도 예속시키지 않는다. 주인이 따로 있는 것이 아니고 자기 자신이 바로 주인이라는 것이다. 자기에게 의지하여 자기가 살아 있어야 하는 자존적自存的 입장을 내세운다. 자신이 의지와 힘으로 자신의 주인이 될 수 없는 중생은 다른 데 의지할 대상을 찾는 것이 좋다. 그러나 불교의 교조敎祖 부처님은 어디까지나 내가 나의 주인임을 분명히 선언했다. 그래서 임종이 가까웠을 때 부처님은 제자들에게 '자기 자신과 다르마dharma'에만 의지하라고 말씀했었다. 출생 시 일곱 발자국 걸어가서 '천상천하 유아독존天上天下 唯我獨尊'이라고 고창高唱했다고 하는 이야기도 자기 자신의 존엄성, 즉 자기가 무엇과도 바꿀 수 없는 고귀한 존재임을 선포한 것임을 상징적으로 말해주고 있다.

그러므로 이 자기 자신이 어떤 것에 얽매어서 노예 상태에 떨어지지 말도록 언제나 '주인인 내'가 잘 제어해야 한다. 자기 자신이 어떤 권위-권력이건 재력財力이건-에 굴복한다면 이것은 자신이 자신의 주인 된 권력을 포기하고 스스로 노예가 된 것을 의미한다. 자

아상실이다. 불교는 이 자아상실에서 자아가 주인임을 깨닫게 함
으로써 자아를 회복케 하는 교이다.

제26 성직자聖職者의 장
THE BRĀHMIN

383

O Brāhmin, cut off the stream, be energetic, drive away desires. Knowing the destruction of all that is made (or the elements of existence) you know the uncreated, O Brāhmin.

截流而渡　無欲如梵　知行已盡　是謂梵志

오 성직자여, 힘 있게 '흐름'을 끊어라. 그리고 욕망을 제거하라. 모든 지어진 것은 파괴된다는 것을 알면 너는 위작僞作이 되지 않는 상태[열반]에 이르리라.[41]

384

When the Brāhmin has reached the other shore in both laws[42], to him who knows all bonds vanish.

以無二法　清淨渡淵　諸慾結解　是謂梵志

성직자가 (자제와 통찰의) 두 가지에 있어서 피안에 이르렀을 때, (모든 것을) 아는 그에게 온갖 구속은 사라진다.

---

41) Buddha here distinguishes between the created perishable and the uncreated imperishable.
42) The two refer to self-restraint and spiritual insight attained through meditation.

385

Him I call a Brāhmin for whom there is neither this shore nor that shore, nor both, who is free from fear and free from shackles.

適彼無彼　彼彼已空　捨離貪淫　是謂梵志

차안此岸도 없고 피안彼岸도 없고, 차안 피안도 없고 공포와 구속으로부터 벗어난 사람을 나는 성직자라 부른다.

386

Him I call a Brāhmin who is meditative, free from passion, settled, whose work is done, free from taints and who has attained the highest end (of sainthood).

思惟無垢　所行不漏　上求不起　是謂梵志

명상하고, 애착을 끊고, 침착하고, 할 일을 다 하고, 깨끗하며, 최고의 경지에 도달한 이를 나는 성직자라고 부른다.

387

The sun shines by day, the moon lights up the night, the warrior shines in his armour, the Brāhmin shines in his meditation, but the awakened shines all day and night by his radiance (of spirit).

日照於晝　月照於夜　甲兵照軍　禪照道人　佛出天下　照一切冥

태양은 낮에 빛나고, 달은 밤에 빛나고, 병사兵士는 갑옷에서 빛나고, 성직자는 명상에서 빛난다. 그러나 깨친 자는 위광威光에 의해서 밤낮으로 빛난다.

388

Because he has put aside evil he is called a Brāhmin; because he lices in serenity he is called a samaṇa; because he puts away his impurities he is called pabbajita.[43]

出惡爲梵志　入正爲沙門　棄我衆穢行　是則爲捨家

악에서 벗어났기 때문에 성직자라 하고, 고요함에서 살고 있기 때문에 수도인이라 하고, 더러움을 털어버렸기 때문에 출가라고 한다.

389

One should not attack a Brāhmin; let not the Brāhmin free (his anger) on him (the evil-doer); woe to him who slays a Brāhmin and more woe to him who sets free (his anger) on him (the evil-doer).

不捶梵志　不放梵志　咄捶梵志　放者亦咄

누구나 성직자를 공박해서는 안 된다. 성직자에 거역하지 말라. 성직자를 살해하는 자에겐 화가 미칠 것이고, 거역하는 자에게도 화가 미치리라.

---

43) pabbaj, to cast out.

390

It is no slight benefit to a Brāhmin when he holds his mind back from the pleasures of life. Wherever the wish to injure desists, even there is cessation of suffering.

若猗於愛　心無所着　已捨已正　是滅衆苦

인생의 쾌락을 멀리하는 마음을 지니고 있을 때, 성직자에게는 큰 은덕이 있다. 남을 해치려는 욕망이 멎으면 고통도 멎는다.

391

Him I call a Brāhmin who does not hurt by body, speech, or mind, who is controlled in these three things.

身口與意　淨無過失　能攝三行　是謂梵志

육체나 말이나 뜻으로 남을 해치지 않고, 이 세 가지를 자제하는 이를 나는 성직자라고 부른다.

392

Him who has understood the law as taught by the well-awakened (fully enlightened) one, him should a man worship reverentially, even as the Brāhmin worships the sacrificial fire.

若心曉了　佛所說法　觀心自歸　淨於爲水

완전히 깨친 이[불타]에 의하여 설법된 진리를 이해한 사람을 존경해야 한다. 성직자가 제화祭火에 예배하듯이.

393

Not by matted hair, not by lineage, not by caste does one become a Brāhmin. He is a Brāhmin in whom there are truth and righteousness. He is blessed.

非族結髮 名爲梵志 誠行法行 淸白則賢

머리의 꾸밈새나 가문이나 계급 때문에 성직자가 되는 것이 아니다. 진리와 정이 있는 이면 성직자다. 그는 축복 받은 이다.

394

What is the use of matted hair, O fool, what of the raiment of goat-skins? Thine inward nature is full of wickedness; the outside thou makest clean.

飾髮無慧 草衣何施 內不離著 外捨何益

머리의 꾸밈새가 무슨 소용이 있으며, 염소 가죽 옷이 무엇이란 말인가. 어리석은 자여, 그대는 속은 간지奸智에 차 있으면서 겉으로만 번지레 꾸미고 있구나.

395

Him I call a Brāhmin who wears cast-off garments,

lean, spread over with veins, solitary, and who practises meditation in the forest.

被服弊惡　躬承法行　閑居思惟　是謂梵志

누더기를 입고, 야위어서 힘줄이 드러나 있고, 홀로 숲속에서 명상에 잠겨 있는 이를 나는 성직자라 부른다.

396

I do not call him a Brāhmin because of his origin or of his mother. If he be with goods he is called bhovādi[44]. Him I call a Brāhmin who is free from goods and free from attachment.

我不說梵志　託父母生者　彼多衆瑕穢　滅則爲梵志

그의 출생 신분이나 어머니의 가문 때문에 성직자라고 부르는 것이 아니다. 그가 유복하면 나는 '보바아디'라고 부른다. 재산이나 집착을 벗어난 이를 나는 성직자라 부른다.

397

Him I call a Brāhmin who has cut all the fetters, who never trembles (in fear), who has passed beyond attachments, who is separated (from what is impure).

絶諸可欲　不淫其志　委棄欲數　是謂梵志

---

44) bhovādi : One who says bho, the familiar form of address to inferiors or equals. The Buddhists use bhovādi as a term of reproach for the Brāhmins.

모든 속박을 벗어나고, 공포에 두려워하지 않고, 집착을 넘어서고, 부정不淨을 떠난 이를 나는 성직자라 부른다.

398

Him I call a Brāhmin who has cut the strap and the thong and the chain with its appurtenances, who has burst the bar and is awakened.

斷生死河　能忍超度　自覺出塹　是謂梵志

끈이나 밧줄이나 쇠사슬을 끊고, 장애물을 부수고 깨달은 이를 나는 성직자라 부른다.

399

Him I call a Brāhmin who, though he has committed no offence, bears patiently reproach, ill-treatment, imprisonment; who has endurance for his force and strength for his army.

見罵見擊　默受不怒　有忍耐力　是謂梵志

모욕과 학대와 투옥에도 견디어 나가는 사람, 인내력이 있고 힘 있는 이를 나는 성직자라고 부른다.

400

Him I call a Brāhmin who is free from anger, who is careful of religious duties, observes the moral rules, pure, controlled, and wears his last body.

若見侵欺　但念守戒　端身自調　是謂梵志

노여워하지 않고, 종교적 의무를 다하고, 도덕적 법규를 지키고, 깨끗하며 자제력이 있고, 최후신最後身을 지닌 이를 나는 성직자라 부른다.

401

Him I call a Brāhmin who, like water on the leaf of a lotus or a mustard seed on the point of an awl, does not cling to pleasures.

心棄惡法　如蛇脱皮　不爲欲汚　是謂梵志

연잎의 물방울이나 바늘 끝의 겨자씨처럼 욕망에 얽매이지 않는 이를 나는 성직자라 부른다.

402

Him I call a Brāhmin who, even here, knows the end of his suffering, who has laid aside his burden, who is detached.

覺生爲苦　從是滅意　能下重擔　是謂梵志

이 세상에서 그의 고통은 끝났음을 알고, 무거운 짐을 벗어 놓고 초연한 이를 나는 성직자라 부른다.

403

Him I call a Brāhmin whose wisdom is deep, who possesses knowledge, who discerns the right way and the wrong and who has attained the highest end.

解微妙慧　辯道不道　體行上義　是謂梵志

지혜가 깊고, 지식이 있고, 바른 길과 그른 길을 분별하고 최고의 경지에 오른 이를 나는 성직자라 부른다.

404

Him I call a Brāhmin who keeps away from both house holders (laymen) and the houseless (mendicants), who does not frequent houses and has but few wants.

棄捐家居　無家之畏　少求寡欲　是謂梵志

재가자在家者나 출가자出家者를 멀리하고 정주定住하지 않고 욕심이 적은 이를 나는 성직자라 부른다.

405

Him I call a Brāhmin who lays aside the rod with regard to creatures, moving or unmoving, and neither kills nor causes (their) death.

棄放活生　無賊害心　無所女堯惱　是謂梵志

움직이는 것이건 움직이지 않는 것이건, 학대 않고 살해도 않으며, 살해하게 하지도 않는 이를 나는 성직자라 부른다.

406

Him I call a Brāhmin who is without hostility among those who are hostile, who is peaceful among those with uplifted staves, who is unattached among those who are attached.

避爭不爭　犯而不殘　惡來善待　是謂梵志

적대하는 무리들 가운데서 적대하지 않고, 폭력을 휘두르는 무리들 가운데서 평화로운 사람, 집착된 무리 가운데서 집착되지 않는 이를 나는 성직자라 부른다.

407

Him I call a Brāhmin whose passion and hatred, pride and hypocrisy have fallen like a mustard seed from the point of an awl.

去淫怒痴　憍慢諸惡　如蛇脫皮　是謂梵志

애착과 증오와 거만과 위선이 바늘끝의 겨자씨처럼 떨어져 나간 이를 나는 성직자라 부른다.

408

Him I call a Brāhmin who utters true speech, free from harshness, clearly understood, by which no one is offended.

斷絶世事　口無麤言　入道審諦　是謂梵志

진실한 말을 하고, 말을 더듬지 않으며, 사람의 감정을 사지 않도록 분명히 이해시키는 이를 나는 성직자라 부른다.

409

Him I call a Brāhmin who does not take, here in the world, what is not given him, be it long or short, small or large, good or bad.

所世惡法　俻短巨細　無取無捨　是謂梵志

이 세상에서 길건 짧건 작건 크건 좋건 나쁘건, 남이 주지 않는 것은 취하지 않는 이를 나는 성직자라 부른다.

410

Him I call a Brāhmin who has no desires for this world or for the next, who is free from desires and who is separated (from impurities).

今世行淨　後世無穢　無習無捨　是謂梵志

이 세상이나 저 세상에서 아무런 욕망도 없고, 더러움에서 떠난 이를 나는 성직자라 부른다.

411

Him I call a Brāhmin who has no desires, who is free from

doubt by knowledge (of the truth), who has reached the depth of the eternal.

棄身無猗　不誦異言　行甘露滅　是謂梵志

아무런 욕망도 없고, 지혜로써 의심을 벗어나고 영원한 깊이에 도달한 이를 나는 성직자라 부른다.

412

Him I call a Brāhmin who here has passed beyond the attachments of good and evil, who is free from grief, free from passion, free from impurity.

於罪與福　兩行永除　無憂無塵　是謂梵志

이 세상에서 선악을 넘어 서고 슬픔과 애착과 더러움에서 벗어난 이를 나는 성직자라 부른다.

413

Him I call a Brāhmin who like the moon is stainless, pure, serene, undisturbed, in whom joyance is extinguished.

心喜無垢　如月盛滿　謗毀已除　是謂梵志

달처럼 깨끗하고, 맑고 걸림이 없고, 흐리지도 않고, 기쁨도 일어나지 않게 된 이를 나는 성직자라 부른다.

414

Him I call a Brāhmin who has gone beyond this miry road of rebirth and delusion, difficult (to cross), who has crossed over, who has reached the other shore, who is meditative, unagitated, not doubting, not grasping, and calm.

見痴往來　墮塹受苦　欲單渡岸　不好他語　唯滅不起　是謂梵志

이 윤회와 미망迷妄의 흙탕길을 넘고 건너가서 피안에 도달한 사람, 명상하고 욕망이 없고 의심도 없고 집착도 없고 조용한 이를 나는 성직자라 부른다.

415

Him I call a Brāhmin who, in this world, giving up all sensual pleasures, wanders about without a home, in whom all desire for existence is extinguished.

已斷恩愛　離家無欲　愛有已盡　是謂梵志

이 세상에서 모든 정욕을 끊고, 집을 버리고, 편력 수행하고, 생존에 대한 모든 욕망을 끊은 이를 나는 성직자라 부른다.

416

Him I call a Brāhmin who, in this world, giving up all craving wanders about without a home, in whom all craving for existence is extinguished.

이 세상에서 모든 갈망을 버리고, 집 없이 편력 수행하고 생존을 위한 모든 갈망을 끊은 이를 나는 성직자라 부른다.

417

Him I call a Brāhmin who, casting off attachment to human things, rises above attachment to heavenly things, is separated fro all attachments.

離人聚處　不墮天聚　諸聚不歸　是謂梵志

인간적인 모든 집착을 끊고, 천상天上에의 집착도 넘어서고, 온갖 집착에서 벗어난 이를 나는 성직자라 부른다.

418

Him I call a Brāhmin who gives up what is pleasurable and what is unpleasurable, who is cooled and is free from any seeds (of renewed existence), the hero who has conquered all the worlds.

棄樂無樂　滅無熅燸　健違諸世　是謂梵志

기쁜 일과 기쁘지 않은 일을 버리고 냉정하며, 의지하지도 않고 이 세상에서 이긴 영웅을 나는 성직자라 부른다.

419

Him I call a Brāhmin who knows everywhere the perishing

of living things and their uprising, who is free from
attachment, living aright, and who is awakened.

所生已言　死無所趣　覺安無依　是謂梵志

중생의 삶과 죽음을 알고, 집착하지 않고 바르게 살고 깨달
은 이를 나는 성직자라 부른다.

420

Him I call a Brāhmin whose path the gods do not know,
nor spirits nor men, whose taints are extinct and who has
attained sainthood.

已度五道　莫知所墮　習盡無餘　是謂梵志

신神이나 귀신이나 사람들도 그가 간 자취를 모르고, 더러움
은 없어지고, 성자의 지위에 오른 이를 나는 성직자라 부른다.

421

Him I call a Brāhmin for whom there is nothing before,
behind, or between, who has nothing and is without
attachment.

于前于後　及中無有　無操無捨　是謂梵志

이전에도 가진 것이 없었고, 지금도 없고, 미래에도 없을 것
이고, 무소유無所有이며, 집착이 없는 이를 나는 성직자라 부른
다.

422

Him I call a Brāhmin who is fearless (like a bull), noble, heroic, the all-wise, who has overcome (death), the sinless who has accomplished his study, the awakened.

最雄最勇　能自解度　覺意不動　是謂梵志

황소같이 두려움도 없고, 고상하며 영웅적이고, 아주 현명하고 죽음을 극복하고, 공부를 완성한 죄 없는 이를, 그리고 깨달은 이를 나는 성직자라 부른다.

423

Him I call a Brāhmin who knows his former abodes (lives), who perceives heaven and hell, has reached the end of births, is a sage whose knowledge is perfect and has accomplished all that has to be accomplished.

自知宿命　本所更來　得要生盡　叡通道玄　明如能黙　是謂梵志

전생을 알고, 천국과 지옥을 보고, 삶의 끝(윤회)에 이르렀고, 지혜가 완전하고, 완수해야 할 것을 완수한 사람을 나는 성직자라 부른다.

제26 성직자의 장 해제

성직자의 장은 『법구경』 가운데서 제26장 마지막 장이다. 드디어 『법구경』 26장 423구절은 끝날 때가 왔다. 여기 「성직자의 장」은 어떠한 사람이 진짜 바라문인가 하는 것을 말해주고 있다.

먼저,

'I do not call him a Brāhmin because of his origin or of his mother.'(396)

'그의 출생 신분이나 어머니의 가문 때문에 성직자라고 부르는 것이 아니다.'

짧은 한마디이지만 품고 있는 사상은 혁명적이다. 인도 종교의 전통에 따르면 바라문은 바라문 가문의 출신이 아니면 불가능하다. 혈통이 거의 절대적 권위를 가지고 있는 것이 인도의 카스트 제도이다. 그런데 불교의 교도는 이 전통에 대하여 아주 대담하게 도전한다. 바라문이 되는데 반드시 바라문 가문의 출생이 아니라도 된다는 것이다. 당시로서는 혁명적 신흥사상이 아닐 수 없다. 불교는 출신가문 보다는 그가 지금 '어떻게 행위하고 있는가' 하는 데 더욱 중점을 두고 있다. 그래서 여기 26장에서는 여러 가지 덕행을 예거하면서 바라문이 되는 행위를 규제하고 있다.

전통적 카스트 제도를 타파한 불교는 '완전한 평등주의'를 나타내주고 있다. 자기가 자기의 주인인 자기는 아무에게도 예속되지 않기 때문에 '평등하다', '불평등'은 주인과 노예 관계를 말하는 것이다. 각자가 나의 주인은 나라는 진리를 깊이 깨닫고 또 굳게 지켜나갈 때 진정한 의미에서 민주주의 정치는 이룩될 수 있다.

여기 26장은 전부 41구절로 되어 있는데, 모두 '어떻게 행위 하는 것'이 정말 바라문인가에 대하여 지루할 정도로 길게 열거하고 있다. 여기 하나씩 하나씩 들어서 설명하지 못함을 섭섭하게 생각한다.

인도의 불교

부처님은 성도직후 깊은 삼매에 계시다가 해탈의 즐거움을 음미하고 있었다고 한다. 그가 증득한 법이 너무 오묘하여 속인이 이해하기에는 너무 어렵다고 생각했다. 그러므로 남을 위하여 설법할 것을 몹시 주저했다. 그러나 범천(梵天)의 권청(勸請)에 못 이겨 옛날의 스승 알라라와 우드라카에게 최초로 설법할 것을 결심했다.

인도불교사

인도불교사[*]

서

1. 인도의 풍토와 주민

인도는 경도(經度)와 위도(緯度)의 차이가 다 같이 30°에 이르는 광대한 면적을 가지고 있다. 서유럽 전체면적에서 소련(蘇聯, 현재 러시아와 그 주변의 국가들) 부분을 제(除)한 넓이와 비슷하다. 따라서 기후도 적도 근처의 혹서지대로부터 중앙아시아의 한랭지대에 이르고, 비옥한 평야가 있는가하면 광막한 고원과 황량한 사막 등도 있다. 또 지형적 특징은 세계에서 가장 높은 히말라야 산맥과 힌두쿠시 산맥에 의하여 북방 대륙과는 단절되어 있고 동서쪽은 벵갈 만(灣)과 아라비아 만으로 격리되어 있으며, 남쪽은 인도양으로 가로막혀 있어, 유럽과도 다르며 또 동양과도 다른 독특한 고유문화를 형성하여 인도는 공간적 광막과 함께 시간적 유구함도 함께 지니고 있다. 인도의 역사는 BC. 3000년 전 정밀하고 규모 큰 도시계획에 의하여 굉장한 '인더스 문명'을 건설한 원주민 시대까지 거슬러 올라간다. 20세기 초반기 인더스 강 유역(Mohenjo-dāro, Harappā Chanhu-dāvo)에서 발견된 유적과 유물에서 메소포타미아 문명과 유사성을 보이는 고도로 발달한 청동기 시대 문명의 자취를 볼 수 있다. 주민들은 농경과 목축에 종사하는 정착생활을 하는 한편, 외국과 육상무역뿐 아니라 해상무역까지 한 것을 읽을 수 있다. 조선(造船)시설이 있던 흔적이 발견되었기 때문이다. 그러나 발견된 유물에 기록된 문자가 아직 해독

---

[*] 이 글은 기출판되었던 『인도불교사』(한국불교연구원, 1978년)를 전재한 것이다.

되지 않아 이 문명의 사상적 흐름을 알 수 없다. 다만 지모(地母)신앙이나 시바신 상의 원형 같은 것과 성기(性器)숭배의 유물에서 후세 인도 민간신앙과 밀접한 관계가 있음을 알 수 있다. 또 목신(木神)숭배나 동물(動物)숭배의 흔적도 찾을 수 있고, 특히 암소가 숭배의 대상이 되고 있었다. 또, 인도 종교에만 독특한 '요가' 좌법(坐法)의 원형이 있었다는 점에서 아리안 민족의 신앙과는 다른 신앙을 가지고 있었음을 알 수 있다. 그러나 이 문명은 광범위한 지역에서 약 1,000년 동안 이어 오다가 홀연히 없어졌기 때문에 후세 인도 문화 발전과 어떻게 연결시킬 수 있는가 하는 것은 고고학계의 문제로 남아있다.

아리안 족이 오하(五河)지방으로 침입한 년대는 B.C. 1500년 전후로 추측한다. 아리안 족이 침입했을 때 인도에는 여러 가지 민족이 생존하고 있었다. 갈색에다 작은 키에 낮은 코를 가진 문다(Munda) 족이 북부 인도에 살고 있었다. 현재도 문다 족의 후손들은 변방의 오지에서 반(半)미개생활을 을 하고 있어 사회문제가 되고 있다. 그러나 침입자인 아리안들 중에서 가장 무서운 적은 드라비다인(Dravidan)들이었다. 그들은 평원에서 모계적 가족제도와 부족공동 집단에 의한 소부락을 형성하고 생활했다. 청동기 문명 단계에 있었기 때문에 철기 무기를 사용한 아리안 족에게 압도되고 정복되었다고 추정된다. 드라비다 족은 공동사회의 수호신으로 여신(女神)을 숭배하였고 성기숭배, 사신(蛇神)과 목신숭배 등은 후세 인도 민간신앙에 영향을 미쳤다.

2. 아리안 족의 이동

아리안 족은 오늘의 서양인과 같은 조상에서 유래된 인종 중의 하나다. 원주지는 아마 코카서스의 북방 지역이었을 것이라는 학설이 굳어가고 있다. 그들은 인도 침입당시 유목민이었던 것 같다. 가축의 명칭에서 인도어와 유럽어 사이에는 유사성이 발견 되지만 곡물의 명칭에서는 거의 유사성을 찾을 수 없다. 원주지 코카서스 지역을 떠난 아리안인들 중 서쪽을 향하여 이동한 부족들은 구라파 여러 민족이 되었다. 그리고 동쪽을 향하여 이동한 부족 가운데 일부는 아리안계 이란인의 조상이 되었고, 힌두쿠시 산맥을 넘어 서북인도에 들어와 오하 Pañjāb에 정착한 부족을 '아리안계 인도인'이라고 부르게 되었다. 그들이 서북 인도에 정착한 시기는 대개 B.C. 13세기경으로 추측한다.

인도·아리안 인들이 오하 지방에 정착하면서 창조한 문학이 「리그·베다」 (Rig veda)이다. 인도의 최고 문헌이다. 신들에 대한 찬가의 집성인 리그·베다 에서는 자연계의 형상, 위력 등이 신격화 되어 숭배의 대상이 되고 있다. 베다 종교는 제단을 만들고 제사 지내며 현실적 이익을 기원했다. 베다 종교는 천지 창조에 관한 사변(思辨)을 통하여 철학적 통일사상으로 발전했다. 우주 창조 에 있어서 '조일체자(造一切者, Visvakarman)', 또는 '기도주(祈禱主, Brahmaṇspati)', '황금태(黃金胎, Hiraṇyagarbha)' 등 여러 조물주를 노래 하 다가 만유(萬有)가 '푸루샤(Puruṣa, 原人)'에서 전개되었다는 범신론적 푸루 샤 찬가와, 우주(宇宙)의 주성(主成)을 그 '유일물(唯一物, tad ekam)'에서 찾 으려는 무비유가(無非有歌)가 나왔다.

그 후 오하 지방에서 아리아인들은 간지스 강과 야무나 강 사이의 비옥한 평 야로 이동하여 사제(司祭) 중심의 부족제 농촌사회를 형성했다. 제의(祭儀)가 발전하고 복잡하여 감에 따라 제식(祭式)의 세칙(細則)을 규정하는 '주석(註 釋, Brāhmaṇas)'과 함께 제의를 주재하는 사제직이 전문지식을 필요로 하는 세스벅 직업이 되었다. 일상생활과 밀접한 관계가 있다고 생각되는 제의는 인 간의 행복과 불행을 좌우하는 힘을 지닌다고 믿었다. 따라서 제의의 만능의식 과 함께 제의를 주재하는 사제(Brāhmaṇas)의 지위도 거의 신적 존재 같은 권 위를 띠게 되었다. 이와 때를 같이 하여 왕족도 독립된 계급을 형성하였고 그 밖에 일반서민들의 직업도 세습화되었다. 정복된 원주민들은 노역에 종사하 는 노예의 지위로 떨어 졌다. 이리하여 '사성계급제도(四姓階級制度, Varuna)', 즉 사제, 왕족(Ksatriya), 서민(Vaisya), 노예가 이루어 졌다. 이 4계급이 나중에는 여러 갈래의 하위분열을 일으켜 수많은 카스트(Sūdra)가 나타났다. 서로 다른 계급 사이에서는 통혼(通婚)은 물론 식사도 함께 하지 못한다.

베다의 주석(註釋)인 브라흐마나와 마찬가지며 베다에 부수(附隨)되는 문헌으로 『아란야카(Araṇyaka)』와 『우파니샤드(Upaniṣad)』가 있다. 아란야카는 숲속에서 전수되는 신비의 가르침이며 브라흐마나에서 우파니샤드에 이르는 과도적 성전(聖典)이다. 그리고 『우파니샤드』는 광의(廣義)의 베다 성전의 끝 부분에 위치하므로 '베단타(Vedānta)'라고도 부른다. 거의 200종에 이르는 문헌으로 이루어진 우파니샤드는 장기간 발전된 여러 학파의 사상들이 집대성된 것이다. 따라서 여러 가지의 잡다한 요소가 혼합된 우파니샤드의 사상을 한 마디로 개괄할 수는 없다. 공통된 특징으로 지식을 중요시했음을 들 수 있다. '통일원리' 제2원전을 추구하는 것은 베다 이후 브라흐마나스에 있어서도 나타났지만, 우파니샤드에서 더욱 두드러져 보였다. 우파니샤드는 우주의 근원을 '브라흐만(Brahman)'에서 찾고 개인에 내재하는 통일 원리인 '아트만(ātman)'과 브라흐만을 동일한 것으로 보았다[梵我一如, (Brahmātmaikyam)], 또 우파니샤드에 있어서 인간의 행위를 선악과보의 도덕률에 따라 규정했다. 그리고 전생의 업(業, karman)이 현재의 과보를 결정짓고, 현재의 업이 미래의 과보를 예정한다는 윤회전생(輪廻前生) 사상이 발전되었다. 또 윤회(Samsāra)로부터의 '해탈(mokṣa)'을 주장하고 있다. 업·윤회·해탈 등은 후세 인도 사상에 영향을 미치고 있다.

3. 도시국가의 출현

갠지스강과 야무나 강 사이에 정착했던 아리아인들은 그 후 더욱 동쪽으로 진출했다. 이 이동은 아리안 사회에 급격한 사회문화적 변동을 가져왔다. 우선 아리아인들과 원주민 사이에 혼혈이 일어나 새로운 민족이 형성되었다. 새로 형성된 민족은 전통적 아리안 풍습의례를 고수하려고 하지 않고 고래(古來)의 베다문화를 비판하고 언어도 '아리아'계의 속어를 사용했다. 또 비옥한 평야에서 산출되는 농산물은 물질적 여유를 가져다주었다. 물자가 풍부해지면서 농업 이외에 상공업의 발달을 보게 되어 다수의 소도시가 생겨났다. 그리고 이 작은 소도시를 중심으로 많은 군소국가가 병존하여 각기 귀족정치, 공화(共和)저이를 펴오다가 점차 강력한 국왕에 의하여 병합, 통치되는 추세가 농후해 갔다.

대국(大國)의 수도는 점점 번영하여 가고, 거기에 찬란한 도시가 건설되었다. 코살라(Kosala), 마가다(magadha), 아반티(avanti), 밤사(Vaṃsa)의 네 나라는 그 중에서도 가장 강대한 도시국가였다. 이 같은 강대국에 있어서 왕권은 나날이 신장되어 왕족은 인간 중에서 최상위의 존재로 여겨졌다. 반면에 최상 계급에 있던 브라흐만의 권위는 종전에 비하여 약화되었다. 또 새로 등장한 유통 화폐는 도시에 장자(長者), 즉 '거상(巨商, siestin)'>의 출현을 보게 했다. 한마디로 이때는 전통이 무너지고 새로운 체제가 신생하려는 과도기였다고 할 수 있다. 브라흐만 계급의 약화는 베다의 권위도 그만큼 약화되었음을 의미한다. 우파니샤드의 범아일여(梵我一如) 철학을 경험한 당시의 지식계급은 자연현상을 신격화하고 숭배하는 소박한 종교에 만족할 수 없었다. 또, 토속종교와 접촉하는 동안 새로운 종교사상이 싹트기 시작하였다. 이런 시기에 두 종류의 새로운 종교수행자들이 나타났다. 전통을 고수하려는 브라흐만과 대립하면서 종교계의 새 정신적 지도자로 등장한 사문(沙門, Sramana)들이다. '노력하고 수행하는 사람'이란 뜻을 가진 사문은 현실을 도피하여 피안의 진리를 추구하려는 출가의 길을 걸었다. 세속적 생활을 부정하기 때문에 걸식을 하고 금욕·고행을 하며 깊은 숲속에서 명상과 수행에 정진했다. 지금까지의 브라흐만 사회가 혈통의 순수를 주장하며 카스트 계급의 최후지위를 자만하고 있는데 반하여 사문은 계급신분의 귀천을 가리지 않고 출가의 길을 열어 놓았다.

불교의 부처님이나 자이나교의 마하·비라가 바로 이 사문에 속한다. 부처님이나 마하·비라가 크샤트리아 계급출신이다. 출가 사문들은 국왕의 존경을 받기도 하고, 국왕들도 사문을 찾아가 가르침을 들었다. 당시의 신흥종교 교단을 이룩한 사문들에 관하여 불교경전에서는 '육사외도(六師外道)'라 하여 여섯 가지 신흥 사문을 들고 있다.

[1] 프라나·캇사파(Pūrana Kassapa)
[2] 막칼리·고살라(Makkhali Gosāla)
[3] 아지타·케사캄발린(Ajita Kesakambalin)
[4] 파쿠타·캇차야나(Pakudha Kaccāyana)
[5] 산자야·벨라티풋타(Sanjaya Belatthiputta)
[6] 니간다·나타풋타(Nigntha Nāthaputta)

이 신흥 종교가들이 가장 중대시한 것은 선(善)·악(惡)·행위(行爲, 業)가 정말 상응한 결과(果)를 가져 오는가 하는 문제였다.

[1] '푸라나'는 살인, 도둑질을 해도 도덕상 과보(果報)는 없다고 주장하며 도덕을 부정했다.

[2] '막칼리'는 인간의 도덕적 향상이나 타락에는 인(因)도 연(緣)도 없다고 하며 우연론·숙명론을 주장했다. 이 교단을 '아지비카(Ajivika)'라고도 부른다. 불교경전에서는 '사명외도(邪命外道)'로 나타나는데 본래의 의미는 '엄격한 생활법을 지키는 사람'을 가리키며 불교나 자이나교와 함께 후세까지 유력한 교세를 지닌 교단이었다.

[3] '아지타'는 지(地)·화(火)·수(水)·풍(風)의 네 원소[四大]만이 실재한다는 유물론을 주장했다. 따라서 도덕적 행위를 무력(無力)한 것으로 보았다. 불전에는 '순세외도(順世外道, Lakayata)'로 나타나는 이 유물론은 후세 오랫

동안 이어 내려왔다.

[4] '파쿠타'는 지·수·화·풍에다 선·악·생명을 더하여 7요소를 주장한다. 이 7요소는 불변하므로 살인하더라도 칼날은 7요소의 사이를 통과할 뿐이므로 살인은 성립하지 않는다는 도덕 부정론(否定論)을 내세운다.

[5] '산자야'는 어떠한 질문에 대하여서도 명확한 답변을 회피하는 불가지론자(不可知論者)다. 그 근저에는 지식의 객관적 타당성을 부정 하려는 경향과, 논리학에 대한 반성도 있다. 불교교단의 살리풋타(舍利子)와 목갈라나(目蓮)는 본래 산라야의 제자였다고 한다.

[6] '니간다'는 자이나 교조 마하·비라(Mahāvira, 大勇)를 가리킨다. 심신의 속박으로부터 벗어나는 것을 목적으로 고행하는 일파를 '니간다 파(派)'라고 불렀다. 마하·비라는 이 니간다 파에 들어가 고행하며 깨쳤으므로 '지나(Jina, 勝者)'가 되었다 하여 그의 교단을 '가이나'라고 부르게 되었다. 자이나교와 불교는 교리의 용어, 교조의 년대, 출신계급, 생존년대와 지역 등 공통된 것이 많다. 고행을 엄격히 준수하고, 살생을 엄금하며, 또 '무소유(無所有)'의 계행 때문에 나체(裸體)수행하는 '공의파(空衣派, Digām)'도 있다. 그러나 자이나교는 '인도적' 색채를 벗어나지 못하였기 때문에 인도 민족의 종교로 인도 안에 머물렀는데 반하여 어디까지나 인간적이고, 또 인간이 걸어야 선도적(善道的) 법(dharma, 진리)를 가르친 불교는 범인류적 색채가 짙었기 때문에 인도를 벗어나 세계종교가 되었다.

I. 부처님과 교단·교리

1. 부처님의 생애

　부처님의 생애는 전기(傳記)문학으로 현존하는 문헌들을 통하여 알 수 있다. 산스크리트 문헌으로는 '마하바스투(Mahavastu, 大事經)', '랄릿타비스타라 (Lalitavistara, 普耀經, 方廣大莊嚴經)'가 있고, 또 아슈바고샤(Asvaghosa, 馬鳴)의 '부다 차리타(Buddhacarita, 佛所行讚)'가 있다. 팔리 문헌으로는, '쟈타카(Jātaka, 本生譚)'의 인연담인 『니다나카타(Nidāna Kathā)』를 들 수 있다. 그러나 이 문헌들은 부처님 멸후 수세기를 경과하며 문학적 손질이 첨가되었다는 점을 고려해야 한다. 이 전기들은 고성전(古聖典)에 산재하여 있는 단편적 기록들을 소재로 위대한 성자를 초인적으로 표현한 문학작품이므로 다소의 허구가 있었음을 시인할 수밖에 없다. 그러므로 부처님의 인간적 생애를 알고자 하면 전기문학의 원천적 소재였던 옛 경전류에서 부처님 생애의 핵심을 구해야 한다. 산일(散逸)된 경전도 있지만 현존하는 원시경전에는 『니카야(Nikāya, 漢譯阿含)』와 율장(律藏, Vinaya pitaka)을 우선 손꼽을 수 있다. 그 중에서도 니카야 중의 經集本(Suttanipāta, 義足經)과 율장 중에서 계경(戒經, Pātimokkha)에 포함된 단편적 기록은 가장 오랜 사료라고 보아야 할 것 같다.

　그런데 '부처님'의 원어 '붓다(Buddha)'의 호칭은 인도 종교철학 일반에서 사용되고 있음을 먼저 말해둔다. 자이나교에서도 그들의 교조를 붓다라고 불렀다.

　그러다가 이 호칭은 불교에서만 사용하는 전문용어가 되었다. '깨닫다', '깨친다'라는 뜻을 가진 붓다(Buddha)는 본래 보통명사였다가 불교 전용어가 되므로 고유명사화 했다가 추상명사로까지 변했다. '샤카·무니(Sākya-muni)'는 샤카 족(族) 출신의 성인이란 뜻이고 '고타마(Gotama)'는 부처님의 성(姓)인데, 출가 전의 이름은 '싯달타(Siddhārtha, 悉達多)'다. 샤캬족은 오늘의 네팔과 인도 접경의 카필라성(Kapila Vastu)에 살고 있었으며, 쌀을 주로 하는 농업에 종사하고 있었다. 부처님은 크샤트리아 출신인데, 샤캬 족에 사성제(四姓制)가 얼마만큼 제도적으로 확립되어 있었는가 하는 것은 문제다. 카필라국의 정치체제는 과두(寡頭)귀족제고 윤번제로 수장(首長, rājar)이 선출되었다. 그리고 코살라 대국에 속한 반(半) 자치(自治) 상태에 있었던 것 같다.

부처님의 아버지 숫도다나(Suddhodana)는 수장(首長) 중 한 분이었다. 어머니 마야(māyā) 부인이 친가가 있는 데바다하(Devadaha)로 가는 도중 룸비니(Lumbini)에서 부처님을 낳았다. 그러나 마야 부인은 부처님을 낳으신지 7일 만에 돌아가셨다. 그래서 의모(義母)인 고타미(Gotami) 부인이 부처님의 양육을 맡았다.

부처님은 어릴 때와 젊었을 때 아무런 부자유를 느끼지 않을 만큼 풍요한 생활을 보냈다. 야소다라(Yasodharā)와 결혼하여 아들 라훌라(Rāhula)를 낳았다. 그런데 왜 출가의 길을 결단했는가라는 물음에 대한 충분한 대답은 찾기 힘들다. 전기 문학은 사문출유(四門出遊)를 말하고 있으나, 여기에 대한 사실성은 제쳐놓고, 적어도 걸식하는 사문들이 출가 전의 젊은 부처님의 눈에도 띄었을 것이라는 것만은 알 수 있다. 또 여러 가지 기록문헌에서 부처님은 아주 명상적 성격의 소유자였음도 짐작할 수 있다. 깊은 명상에 잠긴 어린 부처님을 그린 전기(傳記)들이 있다. 여하튼 그는 청년기의 정상인 29세(異說도 있음) 때 부모의 뜻을 어기고, 출가하여 사문의 길을 떠났다. 그의 출가 동기에 대하여, 전제적 대국에 병합직전에 놓여있었던 카필라 소국의 불안한 정치·사회정세를 말하는 사람도 있다.

출가한 그는 사문수행의 길을 신흥국 마가다로 잡았다. 거기에는 유명한 종교인·철학인들이 많이 모이는 곳이었기 때문인 듯하다. 그는 수도 라자그리하(Rajagriha) 근처에서 알라라·칼라마(ālara-Kālāma)를 찾아 그로부터 '무소유처정(無所有處定)'의 선정(禪定)을 배웠다고 한다. 다음으로 웃드라카·라마풋타(udraka Rāmaputta)에게서 '비상비비상처정(非想非非想處定)' 선정을 배워 거기에 도달했다고 한다. 미묘한 선정에 의하여 마음의 안정을 어느 정도 얻을 수 있었다. 그러나 여기에 만족을 얻지 못한 그는 가야(gāyā) 근처의 숲속으로 찾아들어가 지독한 고행을 했다. 그러나 지독한 고행으로도 소기의 목적을 달성할 수 없었음을 알고 그는 고행이 무익하다고 생각했다. 그는 나이란쟈 강에서 목욕한 다음 스쟈타라는 소녀가 드리는 우유죽을 마신 다음 한 보리수나무 아래에서 선정에 들어가 여기서 정각(正覺)을 얻고 '깨친 자', 즉 '붓다'가 되셨다는 것이다. 그의 나이 35세였다고 한다.

그렇다면 '깨친 자'인 부처님이 보리수에서 '깨친 내용'은 무엇인가? 여기에 대하여는 15가지 이설이 발견된다는 학자도 있다. 이와 같이 이설이 많다는 학자가 나오게끔 된 까닭은 부처님이 깨친 내용을 정형화하여 말씀하지 않고 수기설법(隨機說法)하였기 때문이다. 15가지 이설이 있다고 하지만 그 근저에는 일관된 사상이 흐르고 있다. 또 부처님의 깨친 내용을 십이연기(十二緣起), 사제(四諦), 사선삼명(四禪三明)으로 요약하려는 사람도 있다. 그러나 십이연기는 연기설이 발전한 단계에서 이루어진 교설(敎說)이고 사선삼명 역시 성립은 상당히 나중에 이루어졌다고 보아야 한다. 사제는 남을 위하여 설법하는 형식으로 되어있어 '깨친 내용' 그대로라고 단정하기는 어렵다. 또 부처님은 '법(法, dharma)'을 깨쳤다는 학설도 있다. 사제도 연기도 '법'이다. 법이 무엇을 의미하는가 하는 것은 원시불교 교리 전체를 고찰하고서야 알 수 있다. 그렇다면 부처님이 깨친 내용은 원시불교의 근본사상을 고찰 검토하는데서 추리되어져야 한다. 즉 부처님의 깨친 것은 법이고 그 내용은 원시불교 교리 전체에서 추리·파악하는 것이 타당하다.

부처님은 성도직후 깊은 삼매에 계시다가 해탈의 즐거움을 음미하고 있었다고 한다. 그가 증득한 법이 너무 오묘하여 속인이 이해하기에는 너무 어렵다고 생각했다. 그러므로 남을 위하여 설법할 것을 몹시 주저했다. 그러나 범천(梵天)의 권청(勸請)에 못 이겨 옛날의 스승 알라라와 우드라카에게 최초로 설법할 것을 결심했다. 그를 가르친 옛 스승에게 이번에는 그가 스승의 지위에서 법을 설하겠다는 자세에서 부처님의 자신 있고 신념에 찬 종교적 성자의 권위를 엿볼 수 있다. 그러나 두 스승은 이미 세상을 떠난 뒤였으므로 그는 옛날 고행을 함께했던 5비구(五比丘)를 찾아 바라나시(Bārānasi)로 향했다. '자리(自利)'의 대사(大事)를 완성한 성자가 이제 중생제도를 위한 '이타(利他)'의 길을 출발한 것이다. 5비구를 위한 최초의 설법은 애욕과 고행의 양극론을 여읜 중도(中道)와 고(苦)·집(集)·멸(滅)·도(道)의 '사성제'였다. 또 오온(五蘊)·무아(無我)도 설법했다고 하는 경전도 있다. 중도사상은 향락주의와 고행주의의 극단에 빠지기 쉬운 당시의 사상계를 향하여 불교의 입장을 보인 것이고, 오온무아설은 전통적 아트만[我]설에 대한 비판이었다.

성도(成道) 후 입멸까지 부처님의 교화활동은 45년 동안 계속되었다. 그러나 그 행적을 추적할 수 있는 것은 처음 몇 달과 마지막 몇 달 뿐이다. 안거(安居, Vassa)의 장소 및 처음 20년과 마지막 2년에 관해서만 기록에 남아있다. 그가 교화한 범위는 동쪽은 앙가(Aniga)의 카필라바스투와 코살라의 사바티(Sāvatthi), 서쪽은 쿠루(Kuru), 남쪽은 마가다의 라자가하와 방사의 코삼비(Kosamhi)에까지 이른다. 이 중에서도 부처님의 교화와 가장 관계가 깊은 곳은 사바티·라자가하·베살리·카필라바스투 등이다. 특히 그는 마가다의 서울 라자가하에서 가섭파 형제의 귀의와 상자야의 제자인 사리자(舍利子)와 목련(目蓮)의 귀의, 그리고 마가다를 지배하던 빔비사라(Bimbisāra) 왕의 귀의를 얻으므로 교화에 성공했다. 또 마가다 왕 빔비사라의 희사에 의한 벨루바라정사(Veluuārāmā), 의사 지바카(Jivaka)에 의한 지바카정사(Jivakāsama)의 두 정사(精舍)까지 얻었다. 한편 코살라의 사비티에서 장자(長者) 수닷타(Sudatta)의 귀의와 그의 희사로 기원정사(祇園精舍)가 부처님에게 기증되었다. 부처님의 고국에서는 그의 아들 타후라, 동생 난다(Nanda)가 귀의하고, 그를 키워준 의모 고타미가 최초의 여성 귀의자로 첫 비구니가 되었다. 또 바라나시에서는 장자의 아들 야사(Yasa)가 부처님에게 귀의하여 제자가 되었고 그의 부모와 아내는 귀의하여 부처님의 재가신자가 되었다. 또 야사의 친구 50여명은 부처님의 제자가 되므로 바라나시에서 부처님의 교단 형성은 짧은 시간에 크게 성공했다. 귀의하여 그의 가르침을 받은 제자들을 향하여 부처님은 그의 곁을 떠나 중생제도의 길에 오를 것을 말씀했다.

> "비구들아, 중생을 사랑하기 때문에 또, 중생의 행복을 위하기 때문에 또, 중생의 행복을 위하기 때문에 중생의 행복을 위하여 교화의 길에 오르라 두 사람이 같은 길을 함께 가지 말고 홀로 걸어라, 처음도, 중간도 끝도 훌륭하며 도리와 아름다움을 갖춘 법을 말하라."

이것은 교화의 길을 떠나는 제자들을 타이른 부처님의 말씀이다. 보다 많은 사람들에게 그의 법을 전하려는 부처님의 자비가 나타난다.

부처님의 생애는 그의 교설처럼 적정(寂靜)과 평온한 가운데 끝난 것 같이 보인다.

그러나 정통(正統)이 무너지고 전통이 저항받는 과도기적 상황에서 브라흐만의 보수적 권위를 비판한 그의 생애가 그의 교설처럼 평온한 것만은 아니었다. 급변하는 격정적 상황에 대응해야 하였기 때문에 그는 제자들과 신자들을 향하여 더욱 더 마음의 적정을 강조했을는지 모른다. 부처님의 말년에 있었던 일이다. 아버지 빔비사라왕의 왕좌를 찬탈하여 왕위에 오른 야심가 아쟈타사투루(Ajātasatru) 왕의 귀의를 얻은 데바닷타(Devadatta) 때문에 불교교단은 분열의 위험까지 겪은 적이 있었다. 그리고 카필라가 코살라에 의하여 병합되고 아쟈타사투루 왕이 갠지스 강을 건너 북쪽 밧지(Vaji) 족을 정복할 무렵, 부처님은 라자가하를 떠나 마지막 교화의 길에 올랐다. 베살리를 거쳐 파바(Pāva)에서 쮠다(Cunda)가 바치는 음식을 드시고 심한 복통을 일으킨다. 그리고 쿠쉬나가라(Kusinagarā)에서 열반에 드셨다. 이 동안 부처님은 자귀의(自歸依), 법귀의(

法歸依)를 교설하시며 승가(僧伽)는 누구에게나 열려있는 보편적 교단이고 또 누구나 참여 할 수 있는 공동체임을 선언했다. 따라서 승가를 지배하는 특정한 지배자도 지배세력도 있을 수 없다. 부처님은 주변에 모인 제자들과 신도들을 향하여 "더 물을 말이 없는가?" 라고 세 번 물으신 다음, "모든 것은 무상하다. 게으르지 말고 정진하라."는 한 마디를 남기고 열반에 들었다.

그런데 80세 때 열반에 드신 부처님의 연대에 관하여는 고대로 여러 이설(異說)이 있다. 이설의 연대차이가 한 두 세기가 아니고 5세기 이상 되는 것도 있다. 고대 인도 전승의 비역사적 성격 때문에 이와 같은 이설이 나온 것이다. 그래서 고대 인도의 비역사성 때문에 불멸(佛滅) 연대를 확정짓는 일은 거의 불가능에 가깝다. 그러나 불멸을 전후한 고대인도와 관련된 내외사건의 확정 연대와 이 연대를 근거로 하고 전승된 불교교단 내의 사건과 그 사건의 관련을 역산(逆算)하면 불멸연대도 어느 정도 추정될 수 있지 않을까 한다. 그런데 인도고대사 중 그리스 역사와의 관계에서 마우리아 왕조의 챤드라 굽타(Candragupta) 왕의 즉위연대(B.C. 317)와 아쇼카(Asoka) 왕의 즉위연대(B.C. 208)는 확정연대임을 안다.

그러나 아쇼카 왕의 즉위연대와 불멸연대 사이의 연수(年數)에 대하여는 경전에 따라 상당한 차이가 있다. 즉 분별설부(分別說部)의 전승에 따르면 아쇼카 왕의 즉위를 불멸 218년이라 하고, 북방『설일체유부(說一切有部)』에 따르면 '백 여 년(B.C. 116년)'이라 하여 그 사이에 약 백 여 년의 차이가 있다. 역산하면 남전(南傳)은 불멸연대가 B.C. 485년이 되고, 북전(北傳)은 383년이 된다. 그런데 아쇼카의 즉위연대를 추산하기 위하여 마가다 왕조의 통치연수를 계산하는데 있어 남전과 북전에 차이가 있다.

남전은 218년을 채우기 위하여 허구의 연수를 가산한 것 같다. 이에 반하여 북전의 연대는 지나치게 짧다는 난점을 가지고 있다.

우선 정치사의 연대를 살펴보고자 한다. 부처님의 만년에 마가다국은 아자타샛드(Ajātasattu)가 통치하고 있었다. 남전에 의하면 부처님의 입멸은 아자타샛투 왕 즉위 8년이었다고 한다. 아버지 빔비사라를 살해하고 왕위를 뺏은 그는 정치적 수완을 발휘하여 중부 인도각지의 소국들을 정복하여 마가다의 왕권을 굳혔다. 그 후 마가다 왕조는 몇 대 더 이어 내려오다가 나가다사카(Nāgadāsaka) 왕 때 백성들에 의하여 폐위되어 '수수나가(Susuaāga)'가 왕위에 올라 수수나가 왕조가 시작되었다. 서부 아반티가 마가다에 병합된 것은 이때다.

수수나가 왕조의 뒤를 이어 일어난 것이 '난다(Nanda)' 왕조인데, 이 왕조는 광대한 지역을 정복하고 강력한 군사력을 가지고 있었다. 그러나 겨우 22년간 통치하고 쇠망했다. 유명한 알렉산더 왕이 인도 서북부를 침입한 때는 B.C. 326년 난다 왕조 때였다. 알렉산더의 침입이 서북지방에 끝났으나 인도에는 적지 않은 혼란이 일어났다. 이 혼란은 평정하고 청년 '챤드라굽타(Candragupta)'는 난다 왕조를 무너뜨린 다음 '마우리야(Maurya, 공작)' 왕조를 일으켰다.

그는 강대한 왕국을 세우고 24년간 통치했다. 그의 뒤를 이어 '빈도사라'(Bindosāra) 왕이 28년 동안 통치하고, 그의 아들이 바로 아쇼카(Aśoka 阿育) 왕이다. 아쇼카 왕의 즉위년은 B.C. 268년경이라 한다. 그러니까 남전은 아샤타 샷투루 왕부터 아쇼카 왕 즉위까지를 218년으로 계산한 것이다. 위에서 열거한 왕통(王統)이 사실이라면 북전의 100년설은 너무 짧은 느낌을 준다. 북전 『아육왕전(阿育王傳)』에 따르면 빔비사라 왕부터 아쇼카 왕까지 12명의 왕명을 열거하고 있으면서 통치 연간에 관하여는 언급이 없다.

다음으로 승가(僧伽)의 사자상승(師資相承)에 관하여 북전은 부처님의 입멸 후 대가섭(大伽葉)→아난(阿難)→ '샤나카바시(Śāṇakavāsī, 商那郡和修)'→ '우파굽타(upagupta, 優婆毱多)'의 순서로 전승된다. 그리고 샤나카바시의 동문(同門)으로 마드얀티카(末地)를 말하고 있다. 마드얀티카가 아육 왕

입멸 직전의 제자라고 하므로 아마 우파굽타와 동시대인이었으리라고 짐작된다. 이 가운데에서 샤나카바시, 우파굽타, 마르얀티카 등은 씨론의 전승기록과도 관련이 있는 듯이 보인다.

그런데 『도사(島史, Dīpavamsa)』, 『대사(大史, Mahāvaṃsa)』, 『선견율(善見律, Samantapāsādikā)』 등에 의하면 율(律)의 전승은 우팔리(upāli), 다사카(Dāsaka), 소나카(Sonaka), 싯가바(Siggava) 못갈리풋타팃사(Moggalipatta tissa)의 순서를 이루고 있다. 북전은 샤나카바시의 제자인 우파굽타가 아쇼카왕의 왕사(王師)라고 한데 대하여 남전은 못가리굽타 티샤가 왕사였다고 한다. 그러므로 남전에서는 승가의 상승 5대가 아쇼카 대와 마주치지만 북전에서는 4대가 마주치게 된다. 그렇다면 5대가 218년이란 긴 시간을 경과했다는 결론이 나오는데 그 타당성 여부가 의심되지 않을 수 없다. 오히려 4대가 100여 년을 경과했다는 것이 타당하지 않을까 생각된다.

이밖에 불멸연대에 관하여는 선견율, 비파사론(毘婆沙論)의 번역에 따라 중국에 전래된 『중성점기(衆聖點記)』가 있다. 『역대삼보기(歷代三寶記)』에 따르면 우팔리 이후 해마다 찍은 점(點)이 영명(永明) 8년까지 975점이 되었다는 것이다. 역산하면 불멸연대가 485년으로 나타나 남전 년대와 비슷하다. 중국의 '주소왕(周昭王) 24년 갑인년'을 근거 자료로 삼으면 불멸연대가 2,900여 년까지 거슬러 올라가기도 한다. 그러나 주소왕의 탄생설 자체가 문제되고 있으므로 2900년 설은 그 근거가 가장 희박하다고 보겠다.

2. 교단

부처님의 교단을 '상가(Saṅgha)'라 한다. 특히 '화합승(和合僧, Sammgga-saṅgha)'이라 할 때도 있다. 평화를 실현하는 단체를 의미한다. 이와 같은 상가는 중인(衆人)의 존숭을 받는 위대한 사문에 의하여 지도되는 종교적 공동체다. 그런데 특정된 지배자나 지배층을 두지 않는 불교 교단은 '자귀의(自歸依)

법귀의(法歸依)'의 부처님 교시에 따라 법의 보편성과 함께 상가도 보편성을 지향했다. 상가에는 일정한 지역 내에 4인 이상 비구가 공동생활을 하는 '현전승가(現前僧伽)'와 공간적 시간적으로 한계가 없는 '사방승가(四方僧伽)'가 있다. 사방승가는 정사(精舍) 등 상주물(常主物)을 소유하고 승가의 보편성을 상징한다.

인도의 혹서와 우기(雨期)는 사문비구들의 걸식유행(乞食遊行)을 거의 불가능케 했다. 그래서 일정한 장소에서 한동안 주거할 수밖에 없었다. 이 우기의 주거생활을 '안거(安居, vassa)'라 했다. 처음 안거의 장소는 일시적 주거지에 지나지 않았으나 포살(布薩, uposatha), 자자(自恣, pavāranā) 등 의식은 안거 기간 중 제정되고 또 시행되었다. 해마다 거듭되는 동안 안거의 장소는 신도들의 희사(喜捨)에 의하여 반영구성을 띠게 되었다. 아직 안거의 주처(住處)는 조직된 승원(僧院)이 아니었으나 독립된 단일 상가에는 일정한 경계(境界, Sīma)가 정해졌다. 이리하여 비구들의 생활은 걸식유행에서부터 정주(定住)하는 경향으로 굳어갔다. 그리고 정주의 경향은 조직을 빚어냈고, 조직은 율(律)의 형성과 함께 정주하는 수도승의 집단으로 변하게 하는 계기를 마련했다.

상가는 신분·계급·인종의 차별을 두지 않고 누구에게나 열려 있다. 그러나 상가에 들어와 수도하려는 마음을 가진 사람은 '계(戒, Sīla)'를 받아야 한다. 이것을 '구족계(具足戒, Upasampadā)'라 부른다. 계(戒)란 본래 본성·습관·행동 등을 의미하는 말이다. 이로부터 '선(善)한 습관'·'선한 행동'의 뜻으로 변했다. 따라서 선한 습관·선한 행동을 위하여 계에 위배되는 행동을 '사리(捨離)'하는 것이 계의 '구족'이다. 금지명령은 아니고 그 자발적 요청이다. 계의 시작은 '살생·불여취(不與取)·비범행(非梵行)·망어(妄語)를 사리할 것'을 가르친다. 이 네 가지에는 불교 밖의 외도(外道)의 계와도 공통된 것이 있다. 또 이 네 가지 사리는 배열 순서는 다르지만 『푸라티목샤(Prātimokṣa, 戒經)』의 네 가지 최중죄(最重罪)인 '파라지카(pārājikā)'와 동일하다. 푸라티목샤(

波羅提木叉)는 전문(全文) 8종으로 분류되어 상가계율의 위반사항을 중죄로부터 경죄까지 규정하고 있다. 그리고 『계경』은 본래의 목적과 의도대로 점차 비구의 정주지보다 발전한 집단, 공동생활을 조직했다. 발전한 공동생활에서 개인생활은 단체적 상가생활에 흡수되고 『계경』의 조항보다 광범위한 율의 체계가 형성된다. 더구나 부처님 멸후 교단을 통솔할 교주를 지정하지 않았기 때문에 불교 상가에는 상가를 통제할 절대적 권위가 존재하지 않았다. 그래서 상가의 화합과 질서를 위하여 승가갈마(僧伽羯魔, Saṃgha-Kamma)라는 합의 의결기구가 필요했다. 경계 내의 현전승가와 거주하는 모든 비구는 의결 기구의 구성원으로 의결에 참여할 수 있다.

구족계의 의식을 받고 비구·비구니가 서는데 연령의 제한이 있다.

완성된 단계에서 상가의 구성은 일곱 종으로 분류된다.

1. 비구(bhikkhu) : 20세 이상의 남자 출가
2. 비구니(bhikkhuni) : 20세 이상의 여자 출가
3. 사미(Sāmanera) : 20세 미만의 남자 출가
4. 사미니(Sāmanerī) : 20세 미만의 여자 출가
5. 식차마나(Sikchamānā) : 비구니 직전 2년간
6. 우바새(Upāsaha) : 재가의 남자신도
7. 우바이(Upāsikā) : 재가의 여자신도

비구와 비구니는 각각 독립 상가를 형성하고, 사미와 사미니는 비구와 비구니에 종속하며 식차마나도 비구니 승가에 종속한다.

3. 교리

원시불교 사상을 가장 단적으로 요약해서 표현한 것으로 삼법인(三法印),

사법인이 있다. 제행무상·제법무아·열반적정·일체계고 등을 말한다. 또 사성제(四聖諦)로 인간의 존재 양식을 설명하기도 한다. 즉 '고제(苦諦)'는 현실 인간세계의 인식이고, 집체(集諦)는 현실 인간세계의 고(苦)가 생기는 원인으로 설명한다. 이 현실세계를 '오온(五蘊, 色受想行識)', 세계의 존재양식을 '십이인연(十二因緣), 무명(無明)·행(行)·식(識)·명색(名色)·육처(六處)·촉(觸)·수(受)·취(取)·유(有)·생(生)·노사(老死)' 등으로 설명한다. 그리고 '멸제(滅諦)'는 이상세계를 향하는 방향설정이고, '도제(道諦)'는 그 실천의 구체적 방법을 말해준다. '팔정도(八正道, 正見·正思)·정오(正悟)·정업(正業)·정명(正命)·정근(正勤)·정념(正念)·정정(正定)'는 바로 그 구체적 실천요목이 된다. 그런데 부처님이 입멸하자, 제자들은 부처님의 교법을 정리하여 후세에 전승해야 한다는 사명을 느꼈다. 그런데 부처님은 근 반세기동안 수기설법(隨機說法)을 했기 때문에 교법의 형식은 일정해 질 수 없었다. 그래서 교법을 통일하여 일정한 형식으로 정형화하여 전승에 편하도록 편집할 필요성을 느꼈다. 또 시대의 경과에 따라 '법'에 대한 해석이 요청되었다. 초기경전은 구송(口誦)에만 의존했으므로 교법을 여러 가지 형식으로 분류하여 각 부분마다 암송 전문가를 두었다. '지율자(指律者, 율의 암송자, Vinayadhara)'·'지법자(指法者, 법의 암송자, dhammadhara)'·'설법자(說法者, 법의 해설자, dhammakathika'·'지론모자(指論母者, 論母의 봉지자, Mākkādhara)'·'지론자(指論者, 論의 봉지자, Ābhidhammika)'·'지경자(指經者, 編經者, Suttamatika)' 등이 전문적 암송자들이다. 부처님의 교법을 정리하기 위한 편집회의를 '결집(結集, Samgaka)'이라 부른다. 결집에서 합송 형태로 정형화되었다. 또 비구들의 집회에서 정형화 된 교법 구절을 합송함으로써 불설(佛說)로 공인되는 것이다.

일집법(一集法)은 부처님 입멸직후, 마가다의 서울 라자그리하 부근에 위치한 칠엽굴(七葉窟)에서 500비구들의 집회로 이루어졌다고 한다.

편집회의 '결집'의 총사회자는 대가섭(Mahākassapa)이 맡았고, 우팔리(Upāli)가 율을, 아난다(Ānanda)가 법을 암송했다고 한다.

II. 교단의 발전과 분열

1. 제2결집과 근본분열

불멸 직후 교단은 부처님의 여행지역을 별로 벗어나지 못한 '지방집단'에 지나지 않았다. 부처님의 탄생지 '룸비니(Lumbinī)'와 입멸지 '쿠시나가라'는 인도의 동북부 변경에 위치했고, 성도지(成道地) '붓다가야'와 초전법륜지 '사라나드(녹야원)'는 인도의 동부에 위치했다. 이 네 곳은 '사대영장(四大靈場, Ceyra)'으로서 부처님 입멸 후 부처님을 그리워하던 신도들의 순례 참배지였다. 초기 불교도들이 생각했던 중국의 개념도 아마, 이 4대 성지 주변이었으리라 짐작한다. 부처님 입멸 직후 교단내의 지도자는 제1결집의 사회자였던 장자(長者) 대가섭(大迦葉)이었다가 점차 제2결집에서 '경(經)'을 암송한 아난이 교단내의 유력한 지도자로 등장한 듯하다 그 후 장수를 누렸던 아난의 뒤를이어 그의 제자인 '샤나카바시'가 서방교단에서 중요한 인물로 지목 되었다.

한편 부처님 입멸 후에도 제자들에 의하여 교도의 포교는 끊임없이 계속되어 결국 서방과 서남방 쪽으로 교단은 서서히 발전하여 갔다. 동방은 혹열(酷熱)과 미개(未開) 때문에 서방과 서남방으로만 발전하지 않았는가 한다.

『숫타니파타(Suttanipāta)』의 「피안도품(彼岸道品, pārāyanavagga)」의 서품(序品)에 보면 데칸 고원의 고다바리 강 상류지방에 살던 브라흐만 출신 '바바리(Bāvari)'가 부처님의 명성을 듣고 16인의 제자와 함께 부처님을 찾아왔다는 기록이 있다. 그렇다면 상당히 초기에 벌써 불교는 먼 거리까지 영향을 미치고 있었음을 알 수 있다. 그러나 불멸후 100년경 '십사(十事)' 사건 때문에 베살리에서 '제2결집'이 열릴 때까지 브라흐만 세력이 우세하던 '마투라'에 불교는 아직 전파되지 않았던 것 같다.

'십사' 사건이란 베살리의 밧지 족 출신 비구들이 계율에 대하여 열 가지 상반된 해석과 실행을 한 데 대하여 보수파 비구들이 비난하므로 일어난 사건이다. 밧지 비구들의 십사는 아래와 같다.

[1] 소금을 저축하는 일 : 염정(鹽淨)
[2] 규정된 시간이 지나도 해 그늘이 이지(二指)를 경과할 때까지는 식사할 수 있다는 일 : 이지정(二指淨)
[3] 다른 마을로 가기 때문에 잔식(殘食)이 아닌 음식을 먹는 일 : 취락문정(聚落間淨)
[4] 동일 교구 내의 사원에서 따로따로 포살을 하는 일 : 주처정(住處淨)
[5] 장차 올 비구의 동의를 예견하고 정족수가 부족한데 갈마(羯磨)를 행하는 일 : 수의정(隨意淨)
[6] 화상(和尙)이나 그 전 사람의 상습(常習)에 따르는 일 : 구주정(久住淨)
[7] 식후에 잔식이 아닌 비우유(非牛乳), 비명(非酪)의 미교유(未攪乳未)를 마시는 일
[8] 미발효(未醱酵)의 야자 즙을 마시는 일
[9] 장식이 없는 오좌(莫座)에 앉는 일
[10] 금은을 받는 일 : 금은정(金銀淨)

　등 계율에 관한 것뿐이다. 밧지 비구들은 십사의 합법(合法)을 제창했다. 그러나 보수파 장로들의 반대에 부딪혀 700비구가 집회를 열고 검토한 결과 십사는 '비법(非法)'으로 결정되었다. 남전의 디파 밤사[島史]와 마하밤사[大史]는 이 사건이 마가다 국 주수나가 왕조 때 일어났다고 한다. 그리고 또 남전은 비법 결정에 불만을 품은 일만명의 비구가 별도로 결집을 열었다고 했다. 이리하여 제2결집을 계기로 불교교단은 보수적 경향을 띤 '상좌부(上座部,

Theravāda)'와 진보적 경향을 띤 '대중부(大衆部, Mahasṃghika)'로 자체 분열을 일으켰다. 이것을 '근본 분열'이라 한다.

그런데 북전의 분열설은 달리 전해진다. 근본 분열의 원인으로 대천(大天, Mahādeva)이 제창하는 '오사(五事)'를 들고 있다.

[1] 여소유(余所誘) : 아라한은 번뇌로 누실(漏失)되는 일은 없으나 천마(天魔)의 유혹으로 부정(不淨)이 흘러나옴을 면치 못한 때

[2] 무지(無知) : 아라한에게 염오무지(染汚無知)는 없으나 불염무지(不染無知)는 아직 있다.

[3] 유예(猶豫) : 아라한에게 수면성(隨眠性)의 무지는 없으나 처비처(處非處)의 무지는 의(疑)의 유예하여 결정짓지 못한다.

[4] 타령입(他令入) : 아라한은 스스로 해탈을 증득하여 알기로 하나, 남의 가르침을 받고 비로소 아는 아라한도 있다.

[5] 도인성고기(道因聲故記) : 성도(聖道)를 일으키기 위해서는 지극한 마음으로 소리를 내어 불러야 한다.

이와 같이 오사는 상좌부 교단의 최고 각자(覺者)인 아라한을 비방하는 내용이다. 대천(大天)은 포살의 의식에서 이 오사를 들고 나왔기 때문에 승가(僧伽)에는 쟁론이 일어나 중재에 나선 왕이 상좌부 장로들을 카시밀 지방으로 옮겨 살게 했다는 것이다. 이리하여 상좌부와 대천의 대중부는 근본 분열을 일으켰다는 것이다. 전승의 원형으로 추정되는 『대비파사론(大毘婆沙論)』에는 오사 사건의 연대도 없고 바수미트라(Vāsamitra, 世友)의 『사마야베도파라챠나챠크라(Samayabhedoparacana-cakra』 이부종륜론(異部宗輪論)에 불멸 116년 아쇼카 왕 때라고 나타나 있다(일설에는 160년). 또 남전에 따르면 대천은 제3결집 후 남인도에서 포교에 종사한 장로라 했고, 「붓다고샤(Budhaghosa)」

의 『카다바투아타카타(Kathāvatthuattakathā, 論事部)』에 의하면 오사는 대중부의 지파인 안드라의 「안다카(andhaka)」에 속하는 설이라고 했다.

위에서 말한 것처럼 '십사와 오사'에 의하여 승단은 근본 분열을 일으켰는데 십사 중 쟁점은 열 번째 '금은정'에 있었던 것 같다. 계율에서 비구는 금은을 받지 못하게 되어 있으나 1,000년이란 시간이 흐른 다음 사회에도 여러 가지 변화가 일어났으므로 계율의 해석과 실행에 '다소의 완화'를 주장하는 신진 비구들도 나올 만하다. 그러나 한번 제정된 계율 엄격한 고수(固守)만 있을 뿐, 완화나 개정은 있을 수 없었다. 그렇다고 사회의 시대에 따른 변동을 전연무시하고 일방적으로 계율의 엄수만을 고집할 수 없는 상황이 벌어진다. 그래서 '다소의 완화'는 계율에 저촉되지 않는다는 '정법(淨法)' 이론이 나오게 된 것이다. 십사는 계율의 세부규정상의 위법행위를 정법(淨法)의 이름으로 합법화하려는 주장이다. 따라서 정법에 관한 논쟁의 배후에는 율의 규정을 관대하게 해석하려는 '지법자(持法者)'와 율의 규정을 고수하려는 '지율자(持律者)' 사이의 견해차이가 깔려 있었다. 그리고 대천의 오사는 상좌부 교단의 이상상(理想像)인 아라한의 불완전을 지적함으로써 율에 대한 정법의 관용을 주장하려는 지법자의 자세였다고 해석할 수도 있다.

요컨대 불교교단에는 초기부터 보수파와 진보파가 가는 방향을 달리하여 분열되었다. 더구나 부처님의 교설에 따라 교단을 통솔하는 '제일인자'가 없으므로 분열은 다시 지말 분열을 일으켜서 상좌부와 대중부로 갈라진 근본 분열은 시대가 흘러감에 따라 20부파로 늘어난다.

2. 아쇼카 왕과 불교교단

서북 인도에서 그리샤 세력을 몰아내고 전제군주로서 통일국가를 건설한 마우리아 왕조는 수도를 마가다의 구도(舊都) 파탈리푸트라(pātaliputra)에 정했다.

서북 변경은 이란과 인접하고 있었으며 그리샤화 한 중앙아시아 문화와도 교섭을 가졌다. 중앙아시아와 중동지방에서는 수도 파탈리프트라에 주재대사를 파견할 정도였다. 시리아에서 '메가스테네스(Magasth-enes)'와 '다이마코스(Dimakhos)', 이집트에서 '디오니시오스(Dionysios)'가 대사로 파탈리푸트라에 주재했다. 시리아의 매가스테네스가 기술한 파탈리푸트라체재기『인디카Indika)』는 당시의 인도 사정을 아는데 귀중한 자료가 되고 있다.

제3대 아쇼카 왕의 즉위연대는 정법포교사가 파견된 그리샤 계의 다섯 왕의 재위년대에서 추정될 수 있다.[2] 즉위년대는 B.C. 270년, 재위년대는 B.C. 268년경부터 B.C. 232년경으로 추산한다. 역사기록이 없는 인도에서 그리샤 계 다섯 왕의 재위년대는 인도 고대사 연대 산정의 기준이 되고 있다. 그밖에 대사(大史)에 의하면 재위년수를 37년간이라고 한다. 아쇼카 왕은 칼링가(kalinga) 지방의 정복전쟁에서 살생의 비극을 목도하고 열성적 불교신자가 되었다고 한다. 이때부터 폭력에 의한 정치보다는 '법(法)'에 의한 정치를 표방했다. 아쇼카 왕은 그 '법'을 모든 사람들에 알리고 실천에 옮기도록 하고 또 더욱 잘 하기 위하여 '법칙'을 발표해 명각(銘刻)케 했다. 암벽 석주(石柱)에 명각된 법칙 법은 '법에 의한 승리(Dharma-Vilaya)'가 진실한 승리이며 영원한 승리임을 깨달은 아쇼카 왕의 뜻을 널리 선포하기 위한 것이었다. 암벽(巖壁)이나 석주에 명각된 법칙은 고대인도사에 유일한 확증자료를 제공하여 주고 있다.[3]

---

2) Aṃtiyoka : Antiochus II. Theos of Syria (B.C.261~246 재위)
  Turamaya : Ptolemy II. Philadelphus of Egypt (B.C.285~246. 재위)
  Aṃtikim : Antiqonus II. Gonatas of Macedonia (B.C.276~239? 재위)
  Maka Magas of Cyonce (B.C.300~290? 재위)
  Alikasudara : Alexander II. of Goirus (B.C.292~285 재위)
3) 법칙(法勅)의 단수(段數)는 다섯 가지로 구분한다. 발굴된 것은 다음과 같다.
  I) 마애법칙(磨崖法勅)
  1. 14장(章) 법칙: Shāhbaāzyarhi, Giruār, Javgada 등 8개
  2. 별각(別刻) 법칙 2장: Dhauli, Jaugada.
  II) 소마애법칙(小磨崖法勅) : 단편적 내용 Rūpnāth, Bairāt 등 13개
  III) 석주법칙(石柱法勅)

왕의 뜻은 일반 국민에게 알리기 위한 법칙이므로 그 내용은 심원한 철학적 사상이 아니고 도덕적 교훈으로 차 있었다. 왕은 스스로 '법의 순행'을 하며 지방민들에게 법의 교훈을 했다. 옛날 왕들은 오락이나 수련을 위하여 지방을 순행했으나 아쇼카 왕은 부처님의 성지를 순례했다 그리고, 궁정에서 연회 때마다 도살하던 습관을 폐지하고 간소하게 차리도록 했다. 지방장관들도 5년마다 그 지방을 순회하여 민심의 동정을 살피도록하고, 법만을 관장하는 '法大官(dharma-mahāmātra)'을 신설하여 불교뿐 아니라 브라흐만, 자이나교 사명의 도에 대해서까지 공평한 태도로 관용을 베풀었다. 특히 사람뿐 아니라 동물을 위한 병원도 시설하고 약초를 재배했으며 도로에는 가로수·표시·휴게소·우물까지 마련하여 여행자의 편의를 도모했다. 그는 죄수의 특사령을 즉위 36년 동안 25회나 내릴 만큼 자비를 실천했다.

아쇼카 왕의 업적 중 가장 으뜸가는 것은, 이방 지역의 포교를 위한 전도사의 파견이다. 인도에서 중동부의 지방 교단이었던 불교 교단이 멀리 시리아, 마케도니아, 이집트까지 포교사를 보내므로 인도뿐 아니라 중앙아시아 중동까지[4]

---

1. 6장 법칙: Delhi, Mīrāth, Delhi-Toprā 등 6개
2. 7장 법칙: Delhi-Toprā
   IV) 소석주법칙(小石柱法勅) : 단편적 내용, Sarnath, Sānchī 등 5개
   V) 동원법칙(洞院法勅) : Barābar, Nāgārjuni.
4) 전거(典據) : Divavaṃsa viii, Mahāvaṃsa vii, Samantapāsādikā

전도자(傳道者)	전도지(傳道地)	아쇼키 법칙	
		마애 8장	마애 5장
		전도지	법대관과 유지 (法大官派遺地)
Majjhamatika	Gandhāra		Gandhāra
	kasmīra	Kamboja	Kamboja
6. Mahārakkhita	Yomakaloka	Yona	Yona
7. Kassapagotta	Himavanta	Nābhaka	
Majjhima			
Purabhisaragic			
4. Yonakadhamma-rakkhita	Aparantaka	Bhoja	

부처님의 교설이 전파되게 한 것은 아쇼카 왕의 공적이었다. 보편을 지향하는 불교승가를 현실적으로, 세계적 승가로 비약케 하는 디딤돌을 아쇼카 왕이 예비해준 것이다. 최근에 이르러서 아라믹 어와 그리스 어로 명각된 법칙이 발굴되어 마우리아 제국의 서방변경의 관계와 동시에 불교 전파의 범위가 새롭게 밝혀졌다.

아쇼카 왕 재위년대에 제3결집이 있었다는 설이 있다. 그런데 제1결집, 제2결집과는 달리 파탈리푸트라의 제3결집에 대하여 남전과 북전 사이에 현격한 차이를 보인다. 우선 남전(Dipavaṃsa, Mahāvaṃsa Samatupāsādikā)에 따르면 아쇼카 왕이 불교승가에 막대한 공양을 하므로 6만의 외도가 승가에 처식하게 되어 아쇼카 원(園)(Aṣokārāma 사원)에서는 7년 동안 포살이 시행되지 못했다. 아쇼카 왕은 승가의 정화를 위하여 아호강가(ahoganga)에서 당대의 고승인 목갈리푸타 · 팃사(Moggsli-putta tissa)를 초빙했다. 팃사는 '분별설(分別 說, Vibahajjavāda)' 이외의 설은 비정통설이라 단언하고 비정통파를 교단에서 추방했다. 그리고 1,000명의 아라한을 모아 카타바투(Kathāvattu, 論事)를 편집했다는 것이다. 그러나 북전에는 위에서 언급한 '대천의 오사'에서 본 것처럼 남전과는 판이한 설을 주장하고 있다. 그런데 남전의 제3결집은 '분별설분(分別說分)'만이 전하고 있을 뿐, 타 부파의 전승이 묵살되고 있음을 주목해야 한다. 따라서 제3결집은 씰론상좌부 일파 만에 의한 집결이었다고 볼 수 있다. 한편 사르나르 · 산치 · 코삼비 등 지방승가에 내분이 있었다고 아쇼카 왕의 비

5. Mahādhammara-kkhita	Mahārattha		Ratthika
8. Sona Uttara	Suvannabūmi		
2. Mahādeva	Mahiramandala	Pitinika	Pitinika
		Andhara	
		Pālada	
		Cda	
		Pāndiya	
3. Rakkhita	Vanabāsa		
9. Mahinda	Lanka	Tambapanni	

명(碑銘)은 전하고 있다. 그렇다면 아쇼카 왕 재위시에 승가 분열의 징후는 있었으나 그다지 심각하지는 않은 듯하다. 아쇼카 왕 멸후 마우리아 왕가의 쇠퇴와 함께 불교교단의 분열은 표면에 노출되지 않았는가 한다. 상좌부와 대중부의 근본 분열이 결정적으로 노정된 것도 바로 이 무렵이 아닌가 한다. 근본 분열의 초기 징조는 아쇼카 즉위 이전에 이미 시작되고 있었으나 아쇼카 왕 재위시에는 서서히 진행되어 가다가 아쇼카 왕 이후에 실질적 분열이 일어났다는 것이다. 더구나 아쇼카 왕의 적극적 불교포교 정책으로 불교가 광범위한 지역에 널리 전파되므로 교설의 분파에 지역적 특수성이 가미되어 교단 내에 근본 분열뿐 아니라 지말(支末) 분열까지 가속화시키지 않았는가 한다. 따라서 소위 부파불교는 적어도 아쇼카 왕 이후로 볼 수밖에 없다.

3. 그리스계 왕조와 불교

마우리아 왕조는 아쇼카 왕의 몰후 쇠퇴를 거듭하다가 B.C. 187년 군사령관 푸샤미트라(Pusyamirta)의 정권 탈취에 의하여 붕괴되었다. 그리고 인도 전역은 다시 정치적 분열 상태에 놓이게 되었다. 푸사미트라의 숭가(Sunga) 왕조는 마가다 지방 중심으로 왕국을 건설했으나 100여 년 만에 칸바(Kāhval) 왕조(B.C. 75~30)에 의하여 무너졌고 칼링가 지방에는 체디(Cedi) 왕국의 카라벨라(Khāravela)가 숭가 왕조와 같은 시대에 세력을 뻗쳤다. 남부 지방에서는 안드라 왕국이 점차 강세를 보이고 있었다. 한편 서북 인도에는 이민족인 그리스 왕들이 변경에 침입하여 여러 나라를 세우곤 했다. 이 그리스인들을 인도인들은 야바나(Yabana)·요나(Yona) 또는 요나카(Yonaka)라 불렀다. 아쇼카 왕의 재위시 아파달리 푸트라에 주재대사 메가스테네스를 파견한 셀레우코스 왕조의 지배영토에는 그리스 계의 독립국이 두 개 생겼다. 파르티아(Parthia, 案見) 왕국과 박트리아(Bactria, 大頁) 왕국이다. 오늘의 아프가니스탄 북부 지역에 위치한 박트리아 왕국은 4대왕 데페트리오스(Demetrios, B.C. 189년 즉위)가

북인도를 지나 중인도까지 침입했다. 출토된 화폐에서 당시 40명에 가까운 그리스 계의 왕들이 나타난다. 그 중에서도 메난드로스(Menandros, B.C. 163~105?)는 『미린다·팡하』의 주인공으로 불교경전에 등장한 인물이다. 그리스 계 왕국의 정치조직은 궁정의 주요관리에는 그리스 인이 임명되고 따라서 통치제도도 다분히 그리스적이었다. 그리고 행정실무의 용어도 그리스 어였고 불교에 관한 회사의 경우에는 '카로슈티(Kharosthil)' 문자를 사용한 듯하다.

메난드로스 왕은 불교의 나가세나 장로와의 대화에서 『미린다·팡하(Milindapanha)』, 즉 「미린다 왕문경」을 남겼다. 한역은 메난드로스와 대화를 나눈 나가세나[那先] 장로의 이름을 따라 『나선비구경(那先比丘經)』이라 했다. 미린다(메난드로스)는 카불 부근의 도시인 알라산다(alasanda)에서 그리스 계 왕가의 아들로 태어났다. 와우이에 올라, 영토를 넓혀가고 그 자신 '정의를 지키는 왕'으로 자처했고 선정을 베풀었으므로 사람들의 신망을 얻었다. 그러다가 불교의 고승 나가세나 장로와 불교교리에 대한 문답을 나누게 되어 독실한 불교신자가 되었다고 한다.

그가 봉헌하였다는 부처님의 사리호가 바쟈풀(Bajapūr)의 쉰코트(Shin kot)에서 발견되었다. 『미린다·팡하(나선비구경)』에서 대승불교 사상을 찾기 어렵고 『아함경』에서 '아비달마' 불교로 넘어가는 과도기의 불교사상이 엿보인다. 대담(對談)의 테마는 지혜와 번뇌, 윤회, 업, 부처님의 교단, 비구의 자격, 출가와 재가의 생활, 열반, 여러 가지 비유 등 광범위에 미치고 있다. 기원전 역사상 실재 인물인 세속의 군주와 그것도 이방인 군주와 출가한 장로비구 사이에 불교사상에 관한 대담이 있었고 그 대담한 내용이 경전으로 남게 되었다는 사실은 중요하다. 따라서 그 문헌은 중요하게 평가되고 있다. 더구나 대담하는 동안 그리스사상과 불교사상 사이에 대립이 드러난 것은 헬레니즘적 서양과 인도적 동양사이의 배후가 보여준 최초의 대립이란 점에서 주목을 끈다.

인도에 들어 와 살던 그리스 인 중 불교에 귀의한 사람은 메난드로스 왕 이전이나 이후에도 여러 분 있었다. 잔존 비문에서 불사리 봉안, 석굴사원의 기둥, 강당의 문, 저수지 등을 완성하여 기증한 그리스인들의 이름이 여러 분 보인다. 그리스인 중에는 불교뿐 아니라 다른 종파에도 귀의한 분이 더러 있었다. 그러나 불교에 귀의한 사람이 가장 많았다. 아마 보편을 지향하는 불교승가의 평등사상이 그리스인같은 이방인들을 저항 없이 쉽게 받아들이게 했을는지 모른다. 브라흐만 종교가 뿌리 깊게 박혀 있는 인도사회에서는 마누(Manu-Smrti)의 전통법이 '카스트'를 엄격히 규정하기 때문에 그리스인 같은 이방인은 '무랫차(Mleccha, 이적, 야만인)'에 지나지 않았다. 인도 전통사회에서 브라흐만 법에 복종하지 않는 사람은 아무리 지식이 풍부하고 교양이 높아도 야만인으로 천대받고 배척되었다. 그런데 『미린다·팡하』에서 증명되었듯이 불교는 모든 사람에게 문호를 개방하고 있었다. 카스트의 차별을 부인하고 인간의 평등을 주장하며 이민족이라 하여 차별하거나 인간과 인간 사이에 담을 쌓는 아집은 일찍이 지양했다. 그래서 이방인인 그리스인들을 받아 드릴 수 있었다. 또 그리스인들도 스스럼없이 불교의 문을 두드리고 들어올 수 있었다.

III. 부파불교

1. 샤카·스키타이 시대와 부파불교의 동향

부파불교(Nikáya-Buddism)란, 원시교단이 상좌·대중의 2부로 분열된 이후의 전통적 교단불교를 가리킨다. 부처님 멸후 교단의 전통은 원시교단에서 부파교단으로 전승되었다. 부처님의 직제자인 대가섭, 아난에 의하여 계승된 교단이 직계 제자로부터 젊은 제자에로 전승되어 부파불교로 발전되었다. 따라서 부파불교는 제자의 불교·교설을 받아 배우는 불교였으나 남[他]를 위하여 가르치는 불교는 아니었다. 이와 같이 수동적 입장을 고수하는 불교이므로 '성문(聲聞, Śravaka)'이라고 불렀다. 성문은 뜻 그대로 부처님의 교설을 받아든는 사람 즉 제자를 가리킨다. 성문은 제자, 즉 출가제자를 말한다. 그래서 엄격히 출가주의를 고수한다. 따라서 은둔적 승원불교의 색채가 농후할 수밖에 없다. 부파불교의 교단에서 성문들은 승원 깊이 고요히 금욕생활을 하며 오로지 학문과 수행에만 전념한다. 따라서 '남'을 위하기보다는 자기 수행의 완성만을 목적으로 하는 불교다. 그래서 자기 혼자만을 구제하는 배[船]를 탄다고 하여 '대승파'로부터 '소승'의 칭호를 듣게 되었다. 이와 같이 부파교단이 경제적으로 부족을 느끼지 않고 오직 수행과 학문에만 전념할 수 있었던 이면에는 당시 승원이 경제적으로 상당히 윤택했다는 이유도 있었다. 출가교단은 국왕이나 왕족·귀족 호상(豪商)으로부터 막대한 경제적 지원을 받고 있었다. 승원은 광대한 장원(莊園)을 소유하고 있었다. 그 당시 인도 중부로부터 서북 지방은 샤카 족과 스키타이 족 출신 왕들이 침입하여 왕국을 건립하고 있었다. 침입이전 사카족이나 스키라이족의 종교는 조로아스터교(Zoroastarism, 매화교)였으나 인도를 지배하여 시일이 경과하는 동안 점차 불교영향을 받아 불교에 귀의하는 사람이 나오게 되었다. 비명에 의하면 그들은 사원에 여러 가지 회사 보시를 했음을 알 수 있다. 유명한 '마투라 사자주두명(獅子柱頭銘)'에 따르면 제도가인 5인의 왕자와 그 친구 5인의 이름으로 불교교단에 보시했다고 했다. 사카족 과 스키라이 족 출신 파흘라마(Pahlava) 왕들이 인도를 지배하여 불교에 귀의하고 지방태수들이 주재지방의 부파교단에 보시하던 시기는 AD 1세기 전후로 추측된다.

부파불교는 이름 그대로 여러 분야로 갈라진 불교이다. 상좌, 대중의 근본분열이 있은 후, 상좌·대중이 각각 지말 분열을 일으켜서 18 또는 20부파가 되었다는 것은 이미 위에서 언급한 적이 있다. 그런데 상좌·대중, 양부 중에서 최초의 내부분열을 일으킨 것은 대중부였다고 한다. 대중부(大衆部)는 인원수로도 많은데다가 자유사상가들이 있어 내부통제가 약했으므로 분파작용이 강하였던 것 같다. 북전의 '이부종륜론(異部宗輪論)'에 의하면 두 번째 백 년 동안에 대중부에서 '일설부(一說部, 說出世部, 鷄胤部)'의 삼부로 분파되었다. 그리고 '다문부(多聞部)'가 이어서 분파되었고 곧 '설가부(說假部)'도 분파했다. 두 번째 백년이 끝날 무렵 '대천'이 남인도 제다(Caitya) 산에서 '오사(五事)'를 주장하므로 찬성파와 반대파 등 세 파가 생겼다. '제다산부(制多山部)', '서산주부(西山住部)', '북산주부(北山住部)'의 삼부파이다.[5]

다음 상좌부의 지말(支末) 분열은 '이부종륜론'에서 200년 이후라고 했다. 즉, 세 번째 백 년에 접어들면서 분열이 일어났다는 것이다. 먼저 '설일체유부(說一切有部, 說山部)'와 '본상좌부(本上座部, 雪山部)'로 양분되었다. 다음으로 설일체유부에서 '적자부(積子部)'에서 '법상부(法上部)', '현주부(賢胄部)', '정량부(正量部)', '밀림산주부(密林山住部)'의 4부가 분파되었다. 그리고 제4차 분열로써, 설일체유부에서 '화지부(化地部)'가 나왔고, 이 화지부에서 '법장부(法藏部)'가 분열했다. 다음 제6차 분파로써 유부(有部)에서 '음광부(飮光部, 일명 善藝部)'가 분립했다.

여기까지 분파는 세 번째 백년 동안의 일이었다. 제7차 분열은 네 번째 백년에 접어들어 유부에서 '경량부(經量部)'가 분열되었다.[6] 이리하여 대중부는 4

---

5) 이부종부론(설일체유부전승)
Ⅰ. 대중부(Mahsamghika)
            1. 일설부(一說部, Ekavyvahrika)
            2. 설법세부(說法世部, Cokottaravdin)
            3. 계윤부(雞胤部, Kukkutita)
            4. 다문부(多聞部, Bahussuttya)
            5. 설가부(說假部, Prajnaptivdin)
            6. 제다산부(制多山部, Caitika)
            7. 서산주부(西山住部, Apana Saila)
            8. 북산신부(北山信部, Uttara Saila)

6) Ⅱ. 상좌부

	3. 적자부(積子部, Vātsiputiya)
1. 설일체유부(說一切有部, Sarvāstivādin) —	4. 법상부(法上部, Dharmotlarya)
	5. 현주부(賢胄部, Bhadrayānīya)
	6. 정량부(正量部, Sammatīya)
	7. 밀림산주부(密林山住部, Sannagarika)

차 분열에서 본말을 합하여 9부가 생겼고, 상좌부는 7차 분파에서 본말 합하여 11부가 생겼으므로 상좌 대중의 근본 · 지말 분파는 도합 20부가 되는 것이다. '20부파'에서 근본분열 2부를 감하여 '18부파'라고도 한다.

그런데 상좌부에서는 본상좌부(雪山部)가 가장 약한 부파였다고 하며 모든 부파는 설산부와 갈라진 설일체유부에서 분열되었다는 점은 주의를 끈다. 아마 『이부종륜론』의 저자 바수미트라(Vasumitra)가 유부계의 인물이란 것을 고려해야 할 것 같다. 즉 그는 자파가 상좌부의 근본임을 나타내기 위한 작위(作爲)가 있었지 않았는가 한다는 말이다.

그러나 실론전(傳) '디파밤사'나 '마하팜사'의 분파 순서는 『이부종륜론』과는 상당히 다르다. 대중 상좌의 분열은 모두 두 번째 백년 중에 일어났다고 주장한다. 도표로 나타내면 다음과 같다.

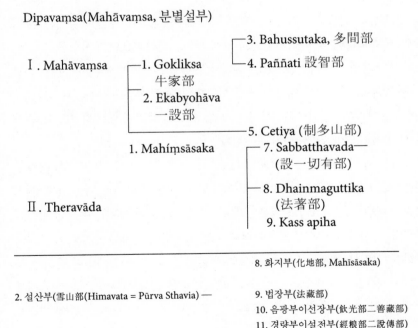

Dipavaṃsa(Mahāvaṃsa, 분별설부)

Ⅰ. Mahāvaṃsa
- 1. Gokliksa 牛家部
  - 3. Bahussutaka, 多聞部
  - 4. Paññati 設智部
- 2. Ekabyohāva 一設部
- 5. Cetiya (制多山部)

1. Mahíṃsāsaka
- 7. Sabbatthavada (設一切有部)
- 8. Dhainmaguttika (法著部)
- 9. Kass apiha

Ⅱ. Theravāda

8. 화지부(化地部, Mahīsāsaka)

2. 설산부(雪山部(Himavata = Pūrva Sthavia) —
9. 법장부(法藏部)
10. 음광부이선장부(飮光部二善藏部)
11. 경량부이설전부(經粮部二說傳部)

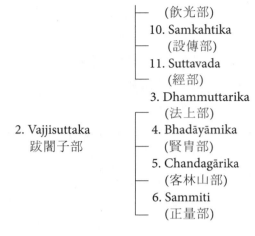

```
                                        ┌── (飮光部)
                                        │  10. Samkahtika
                                        ├── (設傳部)
                                        │  11. Suttavada
                                        └── (經部)
                                           3. Dhammuttarika
                                        ┌── (法上部)
     2. Vajjisuttaka                     │  4. Bhadāyāmika
        跋闍子部                          ├── (賢冑部)
                                        │  5. Chandagārika
                                        ├── (客林山部)
                                        │  6. Sammiti
                                        └── (正量部)
```

　이와 같은 분열은 여러 가지 이유에서 일어나는 것이다. 주장하는 학설이 서로 다르기 때문에, 특정 지도 장로를 중심으로 한 집단 때문에, 뜨는 지역적 거리 때문 등의 이유를 우선 들 수 있다. 각 파는 자파의 특징을 나타내는 휘장, 삼의(三衣)의 색, 착의법(着衣法), 예배의식을 독자적으로 행사했을 것이다. 그리고 부파의 지역적 분포 상황은 유부・경부・대중부・법장부・화지부・음광부 등은 주로 서북인도 지방에 널리 보급되었다. 정량부를 중심으로 적자부・법상부・현주부・밀림산주부는 주로 서남 인도의 말라바 아반티 지방을 근거로 하고 서부 연안지방에까지 진출했다.

　그리고 마투라와 신드 지역에도 이부파가 자리 잡고 있었다. 그래서 정량부는 단독으로 또는 독자부의 여러 부파와 함께 '사반티'파 라고 부르기도 했다. 그런데 아반티와 말라바 지역은 한때 숭가 왕조의 정치・문화・종교의 거점이었고 또 마힌다가 씰론 포교사로 떠나기 전 머물렀던 비데샤 산치도 이 근처에 있었다. 상좌부 불교를 통하여 인도와 쌀론이 문화교류를 할 때 이 근처는 중요한 지점으로 주목받았을 것이다. 그리고 대중부・일설부(一說部)・설출세부(說出世部)・우가부(牛家部) 등 부파는 중인도와 서북인도에서 성행했다. 제다산부와 동산(東山)·남산(南山)부와 남방대중부는 남인도 '아마라바티(Amaravatī)'를 중심으로 널리 보급되어 '안드라파카'라는 별명까지 듣게 되었다. 또 이 지방과 실론에는 '방등파(方等波, Vesulzavāda)'와 '대공파(大空波, Mahasuññatāvāda)'란 부파도 존재했다고 한다.

부파의 분열은 그 후에도 인도와 실론에서 일어나서 여러 분파를 형성했다. 그런데 부처님은 그가 활동하던 마가다지방의 방언으로 설법했으므로 불교의 경전이나 계율은 처음 마가다 어로 전승되었다. 그러나 불교가 광범위한 지역에 전파되고 부파가 생김으로 각 지방의 승가는 그 지방의 속어를 사용하게 되었다. 야바나(그리스)에는 야바나어가, 사카에는 사카어가 사용되었다. 초기경전도 부파가 위치한 지역의 언어로 전승되었다. 즉 서북지방의 유부(有部)는 산스크리트어나 그와 근사한 속어를, 남쪽 마하라슈트라 지방의 대중부는 마하라슈트라 어를 사용했다. 한편 유력한 부파는 부파 독자의 삼장(三藏)을 편찬하고 수지, 전승하고 있었다. 그리고 구송(口誦)으로 전파된 부파의 삼장이 문자로 서사(書寫)되기 시작한 것은 B.C. 1세기(B.C. 88~76)로 보고, 실론상좌부가 처음 삼장의 문자화에 착수했다고 했다.

2. 삼장의 성립

불교 성전(聖典)은 경(經, Sūtra)·율(律, Viñaya)·론(論, ablidharma)의 삼장(三藏, tri-pita-ka)으로 구분된다. 이중에서 율과 경의 성립이 먼저고 논은 비교적 새롭다. 율장은 대개 어떠한 일정한 부파에 소속되어 있으므로 현재 율장에서 그 소속부파의 이름을 밝혀낼 수 있다. 중요한 율장 소속 부파를 알 수 있는 것은 10종쯤 되지만 완전한 형태로 남은 광율은 다음의 6종이 있다.

[1] 마하승기율(摩訶僧祇律 : 대중부(大衆部)
[2] Vinaya Pikata; : 분별교설(分別說部)

[3] 사분율(四分律) : 법장부

[4] 미사새부화산오분율(彌沙塞部和酸五分律) : 化地部

[5] 십송율(十誦律) : 설일체유부(說一切誘有)

[6] 근본설일체유부비나야(根本說一切有部毘耶耶) : 근본설일체유부(根本說切一有部)

　육률(六律)은 승가의 개인생활 규정이고 율의 초기단계를 나타내는『계경(戒經, Pa mokka)』의 주석인『경분별(經分別, Sutta-Viblang)』과 승가의 단체생활 규정인『건도(犍度 : Khandlaka)』와 후기의 적요와 부칙을 집성한『부수(附隨) : Pa-rivara)』로 되어 있다. 경분별과 건도를 포함하는 내용은 모든 부파에 공통되지만 육장의 조직에 있어서 대중율과 상좌부의 여러 가지 율 사이에는 상당한 차이가 있다.

　경장(經藏)의 초기형태를 '법(法, Dharma)'이라 부른다. 부처님 말씀의 단편적 집성이었으나 나중에 그 교설(敎說)들이 한데 엮어지므로 '법문(法門, dharmaParyaȳa)'이란 이름이 붙었다. 아쇼카 왕은 '바이라트 법칙法則, Bairat)'에서 그가 승가에 경배하고 삼보에 귀의하며 신심을 얻었음을 고백한 다음 부처님의 말씀을 모아 엮은 7가지 '법문(法門)'[7]을 정법구주(正法久住)에 반드시 필요하다고 한 일이 있다. 7가지 법문은 일상생활의 논리를 가르치고 있으며 경전의 원시형태를 아는데 중요한 자료가 되고 있다. 이와 같은 교설은 나중 내용의 형태나 편집형식에 대한 9분교(分敎) 12부경(部經)으로 분

---

7) 1. Vinayasamu Kare (Vrinaya vol I. p.7) 비나야의 최상의 가르침

　　Aliyavapāai (AN. IV. 28 vol II.) 성스러운 계보

　　Anāgata-thayāni (ANV. Vol II.) 未來의 두려움

　　Muni-gātha (Suttanipāra vv207~723) 모니게

　　Moueyasūle (Suttauipāra vv678~723) 침묵행의 경

　　Upartipa-pasine (Suttauipāra vv 915~975) 우파티사의 질문

　　Lahulovāua (MV. Vv.61) 라후라에 대한 가르침

류되었다.

구분교(九分敎)

1. Sutta (sutra) : 戒經

2. Geyya (geya) : 응송(應誦)

3. Veyyakaraṇa (Vyakeraṇa) : 기설(記說)

4. Garha : 갈송(渴頌)

5. Udana : 자설(自說)

6. Itivuttaka : 여시어(如是語)

7. Jataka : 본생(本生)

8. Vedalla (vaipalya) : 재광(才廣)

9. adbhuradhamma (adbhutadharma) : 미증유법(未曾有法)

십이부경은 구부경에 다음의 3개가 추가된 것을 가리킨다.

10. nidana : 인연

11. avadana : 비유

12. upade'sa : 논의

9분경·12부경의 經藏 형식이 점점 발전 하여감에 따라 현존의 정전(正典)같이 『오(五)니카야, Nikaya』, 『사아함(四阿含, agama)』 등으로 분류되었다.

南傳	北傳
Dīgha Nikaya(長部 경전) ──	장아함경(Dīrgha-agama)
Majjhima Nikaya(小部 경전) ──	소아함경(Madhyama-agama)

Saṃyutta Nikaya(相應部 경전) ── 잡아함경(Saṃyukta-agama)

Anguttara Nikaya(增支部 경전) ── 증아함경(Gkottara-agama)

Khuddahaka Nikaya(小部 경전) ── (雜義)부분전기(部分傳記)

부파불교의 각 파는 별개의 경장을 가진 것이 아니고 '오(五)니카야나', '사(四)아함' 중에서 어느 한 경전을 중시한 경향이 있었다. 또 Dhammapada(法句經), Udana(歡喜偈), Itivuttaka(本事經), Suttanipata(經集), Thera-Thenī-gatha(長老·長老尼偈), Jataka(本生經) 등의 분류 같은 집성을 전하는 것도 있다.

아비달마(논장)는 달마(dharma)에 '~에 대하여'라는 접두사(abhi)가 붙은 합성어이다. 달마란 말은 불교 이전에도 있었으나 아비달마는 불교 독자의 용어이다. 여기서 '달마에 대하여'라는 아비달마의 대상(對象)인 달마는 물론 부처님의 교설을 가리킨다. 부처님의 교설에 대하여 연구함을 말한다. 교설에 대한 연구는 이미 아함경도 보인다. 불교용어를 분류하기도 하고 의미를 풀이하기도 하였다. 교법을 분석적으로 해석하는 것을 '분별(分別, Vibhaṃga)'이라 한다. 제자들은 경장이 고정된 후에도 아비달마적 연구를 계속하고 그 연구결과가 아비달마장(藏), 즉 논장(論藏)으로 형성되었다. 논장에서 중요한 것은 '분별'하는 것, 즉 '법의 간택(揀擇, dharma Pvavi-Caya)'과 연구할 제목을 선택하는 일이다. 이 연구제목을 '논모(論母)'라 했다. 그리고 '지론모론(持論母論, Matikadhara)'은 이 논모(論母)를 암송·요지(要持)하는 사람을 가리킨다.

3. 석굴사원

석굴사원은 마우리아 왕조 시대에 벌써 자이나 교나 아지비카 교에 기증되었다는 기록이 있다. 그러나 서기(西紀) 기원을 전후하여 데칸 고원 서부지방에는 불교 석굴사원이 나타났다. 전 인도에 석굴사원(Leṇa) 수는 1,200개인데 그 중 75퍼센트가 불교계에 속한다. 가장 오랜 석굴은 B.C. 2세기까지 거슬러 올라가고 그 후 수백 년 간은 석굴사원의 전성기였다. 원래 데칸지방은 암산이고 나무가 자라지 않는다. 그래서 목재 건축이 불가능했다는 이유가 석굴사원을 촉진시켰던 것 같다. 석굴사원은 암벽에 굴을 넓게 뚫어서 그 안에 큰 석굴을 만들어서 불탑이나 가람 형태를 이루는 것이다. 전체가 암석으로 되어있기 때문에 항구적으로 보존 할 수 있다. 데칸 고원 중심의 굴원(窟院)을 들면, 석굴까지 포함해서, 나시크(Nāsik 24), 콘딘데(Kondinte 16), 칸헤리(Kaṇherī 109), 아쟌타(Ajaṇta 29), 엘로라(Ellora 12), 준나르(Jannar 57) 등이다. 석굴사원에는 불탑이 있는 '도배소(禱拜所, Cetiyaghara)' 승려가 거주하는 승방(Vihara)이 분리되어 있다. 엘로라에서 가장 큰 승방은 3층으로 되어있는 거대한 석굴이다. 예배소 입구의 기둥은 정교한 조각으로 장식되어 웅장하고도 화려하다. 승방은 일반적으로 간소하나 엘로라와 아잔타에는 조각이 많이 되어 있고, 특히 아잔타의 벽화는 유명하다. 아잔타 28석굴 가운데 포교의 명문이 있는 것이 있다. 기원 전후하여 이룩된 석굴보다는 굽타 왕조 이후에 조성된 석굴은 화려한 조각이나 벽화로 장식되어 있다. 준나르 石窟의 보시자들 가운데 그리스 인이, 3인, 샤카 인이 1명 있다. 그렇다면 그리스 왕조, 샤카 왕조의 권력이 데칸 고원에까지 미쳐왔음을 알 수 있다.

　이 같이 암벽을 뚫고 조성된 석굴사원은 단시일 내 완성되었다고는 상상할 수 없고 적어도 몇 세기를 거쳐서 현존 석굴사원이 생겼음은 쉽게 알 수 있다. 석굴사원을 이룩하는 데는 막대한 재정적 지원이 없이 대규모 불사는 불가능했다고 본다. 막대한 재정적 지원이란 일개평민은 할 수 없고 적어도 귀족, 왕족 같은 권력층에서 이루어졌음은 얼른 알 수 있다. 그래서 아잔타, 엘로라 같은 석굴은 굽타 왕조의 전성기에 강력한 권력층의 지원에 의하여 이루어졌고 그 태반은 안드라의 왕족이나 호족의 보시에 의하였다. 특히 석굴사원 명문(銘文)에 보시의 대상(對象) 승원(僧院)을 지적하면서 부파의 이름까지 기록한 것은 중요하다. 어느 부파가 어떤 지방에 근거하였는가를 추적할 수 있는 자료가 되기 때문이다. 봄베이 근처에 위치한 칸헤리의 석굴사원 중 가장 큰 차이트야 굴에 상좌계의 현주월부(賢冑月部, Bhadrayaūīya)의 스님들에게 기증한다는 명문이 있다. 샤카 족원(原)의 샤타바하나 왕조(B.C. 60~37)의 말기 아쥬나슈리(yajnaśrī) 왕 재위 때라고 한다. 또 나시크 굴 사원에는 법상부(法上部)의 사미트라가 사리(舍利)를 봉안하는 기둥을 보시했다는 기록과 함께 그리스 신자가 기증했다는 9개의 기둥이 있다. 이와 같은 석굴사원의 전통은 중앙아시아를 거쳐, 중세의 용문(龍門)·운강(雲崗) 석굴로 이어간다. 우리나라의 석굴암까지 왔다.

4. 부파불교의 교리

달마(法, Dharma)는 부처님이 말씀하신 교법이다. 부처님의 교법은 현실적 인간존재를 문제 삼고 있다. 그런데 현실적 인간존재는 항상 '변화하는 현상(現象)'으로 존재한다. 그리고 인간존재는 그러한 현상을 성립시키는 요소적(要素的) 실재이기도 하다. 현상을 성립시키는 실재는 육체와 정신 등으로 나타나며 그것은 보다 세부 요소로 분석될 수 있다. 지각작용에서 시각과 청각은 그 작용을 달리하므로 존재요소도 다르다고 할 수 있다. 이 지각능력을 '인드레야(inchiya, 根)'라 한다. 육체는 각각 안근(眼根)·이근(耳根)·비근(鼻根), 설근(舌根), 신근(身根) 등으로 성립되어 있다고 분석적으로 이해한다. 정신은 판단·기억·감정 등으로 분석되고 더욱 세분된 심리작용으로 분석될 수도 있다. 번뇌에 관하여도 탐(貪)·진(瞋)·만(慢) 등으로 구별된다. 이와 같은 여러 가지 심리작용이 협동되어 '마음'이 성립된다고 본다. 그리고 사람과 미움 선과 악은 서로 모순되는 작용이므로, 이것들이 '하나의 마음'에서 나왔다기보다는 각각 독립된 요소이면서 협동하는 것으로 '마음의 움직임'을 이해하려고 한다. 이와 같이 현상을 구성하는 요소적 존재를 '달마'라 한다. 아비달마에서 달마의 의미는 이 요소적 존재를 가리킬 때가 많다. 달마의 뜻을 '요소적 존재'로 보는 것이 부파불교의 특징이다. 구사론(具舍論, abhidharmakoṛabharya)은 존재를 '승의(勝義)의 존재(Paramarthasat)'와 '세속의 존재(Samvṛti-sat)'로 나누고 '승의의 존재'가 달마라고 한다. 예를 들어보면, 병은 깨지면 없어진다. 이와 같은 존재는 '세속의 존재'다. 헌 컵도 그렇고 인간 존재도 육체적 정신적으로 여러 가지 요소의 복합체이므로 세속적 존재다. 그러나 그 병의 색이 푸른색인 경우 그 '푸름'은 병이 깨지거나 말거나 존재성을 잃지 않고 있다. 병을 자꾸 깨고 또 깨서 무한으로 부수면 나중에는 '극미(極微)'에 이르는데 극미의 상태에서도 '푸름'의 존재는 없어지지 않는다. 이같이 존재하지 않고 '자체로 존재하는 것(Svabhava)'을 '자성(自性)'이라 하고 승의의 존재이며 달마라 한다. 마찬가지로 탐심이란 심리작용도 더 이상 분석할 수 없는 요소적 존재, 즉 달마다. 이같이 더 이상 분석될 수 없는 요소적 존재인 승의의 존재가 달마라는 것이다.

이것을 '자성을 가진 것(Sa-svabhava)', '실체로 있는 것(dravyaataḥsat)'이라 한다. 그런데 요소적 존재를 달마라 하며 그 달마는 실재한다고 하는데, 현상은 쉴 새 없이 변화한다. 즉 무상(無常)이다. 따라서 달마는 실재이면서도 '영원한 실재'는 아닐 수도 있다. 여기서 달마[法] 유위법(有爲法, Saṃskṛta-dharma)과 무위법(無爲法, ASaṃskṛta-dharma)으로 분류된다. 상주(常住)한 법은 무위법이고 무상한 법은 유위법이다. 무위법의 대표는 '열반(涅槃, nirvana)'이다. 열반은 시간을 초월한 영원의 실재이므로 무위법이다. 유부(有部)는 열반을 '척멸(拓滅, Prati saṃkhya-nirodha)'이라 한다. 척력(拓力), 즉 지혜의 힘에 의하여 얻은 멸이기 때문이다. 깨친 지혜의 힘으로 변뇌를 끌고 '멸'했기 때문이다. 유부는 척멸 이외에도 비척멸(非拓滅)과 '허공(Akasa)'을 무위법의 3종이라 한다. 그러나 다른 부파에서는 무위법에 9종을 주장한다.

부파불교에서 가장 체계적 이론을 정립한 유부는 마음을 '심지(心地)'로 이해하려고 했다. 심지(citta-bhūmi)라 할 때의 '地(bhūmi)'는 지반토대의 의미이며 그 위에서 모든 것이 활동하는 지반이다. 동시에 그 위에서 모든 것이 운동하고 생산된다. 따라서 심지는 생산하는 '힘'을 가지고 있다. 그리하여 마음은 여러 가지 심리작용이 활동하는 심지라고 생각된다. 그런데 선은 불선의 지에서는 활동할 수 없으므로 서로 다른 심지로 5종지를 분류했다. 예를 들어보면 '번뇌지'는 거기에서 번뇌가 생기는 지반이다. 탐·진 같은 번뇌는 항상 나타나는 것은 아니고 잠재하여 있다가 어떤 계기에 나타난다. 잠재되어 있는 곳이 번뇌지(kleśabhūmi)다. 참(慚)·괴(愧)·노력(정진) 등 심리작용이 생기는 지반이 선지(善地, Kuśalabhūmi)다. 이리하여 유부는 대지법(大地法)·대선지법·대번뇌지법·대불선지법·소번뇌지법의 5종 심지법으로 분류했다.

그러나 경량부(經量部)에서는 마음의 지속을 심적 '종자(種子, bīja)'로 설명했다. 과거의 심적 체험이 잠재적으로 마음속에 보존되는 것을 종자라 한다.

그리고 종자의 '상속(相續, Sanjani)'·'전변(轉變, Pariṇama)'·'차별, Viśira)'에 의하여 심리현상에 지속과 변화가 일어난다고 설명한다. 또 경량부는 주체의 지속성을 설명하기 위하여 '승의보지가라(勝義補持伽羅)'를 설정하고 전세로부터 후세로 연결하는 미온(味蘊)의 존재를 설정했다. 이 미온은 '세의식(洗意識)'이고 그것은 지속적이고 간단이 없다고 설명한다. 세의식은 아주 미세한 의식, 즉 무의식에 가까운 상태의 의식이다. 이것이 표면에 나타나는 심리현상의 배후에 숨어서 간단없이 지속한다는 것이다. 그리고 이 미온은 죽어도 소멸하지 않고 다음 생명으로 옮겨간다고 보았다. 정신특가라(Padgala)론은 무아론과 함께 유부·경량부뿐 아니라 다른 부파에서도 다루고 있고, 대승불교에까지 이어져갔다.

부파불교에서 이루어진 교리 가운데 '업(業, Karma)'이 있다. '무아'에서 아(我)의 실체를 인정하지 않는 불교가 <상속>의 의미를 띤 장을 문제 삼는다는 것은 위에서 언급한 '보특가라'와 함께 중요한 전기를 마련했다. 원래 업 사상은 불교 독자의 것은 아니다. 불교는 어디까지나 '법(dharma)'을 제1차적으로 문제 삼는다. 부처님은 법을 깨쳤으므로 '부처'가 된 것이다. 이 세계는 '법의 세계', 즉 법계(dharma-dhatu)이고 우리는 법의 세계에서 법에 의하여 존재하는 '법적 존재'다. 법에 의하여 법적 존재로 존재하는 '나' 이외에 또 별개의 나가 있는 것은 아니다. 그래서 '무아'라 할 수도 있다. 이와 같은 법을 깨치면 나만이 독존한다는 고정적 집착된 나는 없어진다. 법의 세계는 '연기(緣起)의 세계'다. 연기의 세계는 무한히 서로 얽혀져 있는 상의상대(相依相對)의 세계다. 따라서 끝없는 관련 속에 연결된 세계다. '나'는 연기관계에서 성립된 유동적·무상적 존재다. 이 세계가 법의 세계이므로 신이 존재한다면 그 신도 법에 의하여 존재하는 법적 존재일 수밖에 없다. 불교에서 법을 떠나거나 법을 초월하여 존재하는 것은 없다. 이같이 이 세계는 여실히 법의 세계이건만 현실적 나는 자아에 대한 집착과 나의 것이란 소유와 나를 위한다는 자기중심 때문에 법의 세계에 존재하는 법의 존재로부터 이탈하여 '범부적 번뇌'에 시달리며 산다. 자기중심적 집착 때문에 또 다른 제2의 자기중심적 집착 사이에 대립이 일어나고 대립에서 싸움이 생긴다.

또 자기중심적 집착 때문에 나와 남을 갈라놓은 다음 자기는 한없이 오만해지고 남에게 대해서는 질투하고 시기하고 멸시한다. 그리고 나의 것만(재산·처자·명예 등)을 영원히 소유하려는 무서운 탐심이 지배한다. 이 같은 것이 범부번뇌의 근원적 원인이다. 이 번뇌의 근저에는 법·연기를 모르는 '무명무지(無明無知, Avidya)·치(Moha)'가 깔려있다.

이와 같이 자기는 본래 무아이건만 현실적으로는 자아에 대한 집착이 있고 범부들은 이 집착에 근거하여 행동한다. 자아는 원래 허망한 것이지만 자아에 대한 집착이란 심리는 실제로 있다. 그래서 인간은 살인을 하고 도둑질을 하는 것이다. 그리고 살인하면 보복으로 두려워하는 심리가 생기고 또 죄책감도 일어난다. 이렇게 두려워하는 심리와 죄책의 심리도 실재하는 것이다. 그리고 자아집착의 심리, 탐욕의 심리, 두려움과 죄책의 심리는 상응하는 과보(果報)를 초래한다. 여기서 무아를 주장하는 불교 자아를 중심하는 업보사상(業報思想)이 싹트게 되고 법의 세계가 업의 세계로 전환하는 계기가 생긴다. 그러나 어디까지나 불교의 중심교리의 제일의는 무아(無我)다. 무아이므로 자아는 가설적 허구에 지나지 않는다. 따라서 자아를 근저로 하는 업의 인과도 허구다. 즉 '깨달으면' 자아는 소멸되어 무아가 되고 업의 인과세계도 소멸된다. 그래서 아비달마 교리는 '무간업 가전(無間業可轉)'이라고 업의 전환가능성을 말한다. 가장 악독한 죄도 전환가능성이 있다는 것이다. 그런데 범부(凡夫)는 자아의 집착을 부정할 수 없음과 마찬가지로 업의 인과도 부정할 수 없다. 억지로 부정하게 되면 허무론에 떨어질 위험이 있다. 업의 법칙은 이와 같은 의미로서 불교 교리로 채용되지 않았는가 한다.

그런데 업에 해당하는 원어 '칼마(Karma)'에서 세 가지 뜻이 있다고 『대비파사론(大毘婆沙論)』은 말하고 있다. 첫째는 작용의 의미다. 광범위한 행위일반을 의미한다. 둘째는 '법식(法式)'을 행함을 의미한다. 특히 제사의식을 하는 행위를 중시하는데서 연유되었다. 의식절차를 엄수하는 행위가 존중받는다. 셋째는 '과(果)를 분별함'을 의미한다. 선악행위는 각각 과보를 받는다. 이 과보를 업이라고 한다. 선악의 행위는 보이지 않는 힘을 남긴다. 행위는 끝나면 없어진다. 아무리 중대한 약속도 말로 해버리면 곧 없어진다. 입으로 짓는 업을 구업(口業)이라 한다. 살인 같은 신업(身業)도 끝나면 즉시 없어진다. 증거가 남기는 하지만 증거도 시간이 흐르면 없어지기 마련이다. 그러나 한번 약속이나 한번 저지른 살인은 그 책임이 언제까지나 추적된다. 이와 같이 그 행위는 순식간에 없어지지만 업의 '힘'은 남는다는 것이 부파불교의 공통된 교리다.

IV. 대승불교의 대두

1. 쿠샨 왕조의 불교

중앙아시아에서 흉노에 쫓겨난 월씨(月氏)는 B.C. 2세기경 박트리아로 옮겼다. 월씨 족 5인의 부족장 가운데 쿠샨[貴霜]이 가장 강한 세력을 가지고 나머지 네 부족을 통합한 후 1세기쯤 되어 주변의 여러 국가까지를 정복하여 쿠샨 제국을 건립했다. 그 후 바르티아에도 침입하여 가불을 공격하고 A.D. 2세기경에는 인도의 서북부까지 점령했다. 카니시카 왕은 이 제국의 왕위에 올라 쿠샨제국의 판도를 더욱 확장하여 푸쿠샤푸라에 수도를 정하고 대제국을 이루었다. 아쇼카 왕의 마우리아 제국마저 포함한 최대의 왕국을 지배한 것이다. 이 카니시카 왕은 유부(有部)의 장로 파르쉬바(脇尊者)에게 귀의하여 불교를 외호하는 호불왕(護佛王)이 되었다. 또 시인 아슈바고샤[馬鳴]는 당시 학식 높은 대표적 비구였다. 부처님의 찬가 『붓다챠리타』(佛所行讚)는 그의 명작이다. 아슈바고샤를 종교 고문으로 삼은 왕은 수도의 교외에 대탑(大塔)과 승방이 있는 '카니시카(大伽藍)'를 세웠다. 그 규모와 장엄은 6세기 초 그곳을 방문한 송운(宋雲)의 기록에서 알 수 있다. 그 가람에서 최근 왕의 사리기(舍利器)가 발굴되었다. 카니시카 왕은 별당(別堂)이 있는 곳마다 가람을 세웠다. 쿠샨시대에 마투라부터 간다라 지방에는 유부(有部)·정량부(正量部)·음광부(飮光部)·법장부(法藏部)·화지부(化地部)·대중부(大衆部) 등 부파불교의 여러 학파가 서로 경쟁하고 있었는가 하면, 한편에는 대승불교도 점차 그 세력을 넓혀가고 있었다. 유부가 카니쉬카 왕의 비호를 받아 교리체계가 상당히 정리되어 다른 부파를 능가하고 있었을 때 대승불교의 흐름이 시작했다는 것은 주목된다. 파르쉬바 존자의 제의에 따라 왕은 카쉬밀에 500명의 비구 석학(碩學)을 집합시켜 또 하나의 '결집'을 했다. 이 제4결집에서 『대비파사론』 200권이 이루어졌다고 한다.

쿠샨 왕조시대에 불상 조각이 출현되었음은 특기해야 한다. 또, 그리스 조각의 영향이 있음도 그 불상의 용모나 복장·의습(衣褶) 등에서 분명히 찾을 수 있다. 불교건축이나 인물상에 그리TM 미술이 영향이 있음은 이미 파르티아 시대에서부터 나타나고 있다. 그러나 파르티아 시대에는 아직 불상은 보이지 않았다. 간다라 불상 조각과 마투라 조각의 출현은 대개 A.D. 1세기 후반으로 추정된다. 그 후 2~3세기 동안 그리스 식 불상 조각, 즉 간다라 불상이 성행되었다. 원래 부파불교에서 부처님은 입멸과 동시에 육신을 버리고 무여열반계(無餘涅槃界)에 들었다고 했다. 그리고 무여열반에 든 부처님은 불가견(不可見)·불가형용(不可形容)의 대상으로 믿었다. 그래서 원시불교나 부파불교에서는 부처님의 전기(傳記)를 그린 불전도(佛傳圖)에 처음 부처님의 모습이 나타나게 된 것이다. 불탑을 장엄하기 위하여 불전도가 조각된 것은 발훗이나 산치에서 볼 수 있다. 그리고 여기서도 아직 부처님이 인간상으로 조각되어 나타나지는 않고 있었다. 부처님이 인간상으로 조각된 것은 간다라 지방에서였다. 간다라미술에서는 처음에 불상의 모습은 크게 조각하지 않았다. 주역인 부처님의 모습은 눈에 얼른 띠게 조각하지는 않았다는 말이다. 그러다가 점차 부처님의 주역적 지위가 조각되어가면서, 나중에는 불전도에서 부처님의 상만 구도(構圖) 밖으로 나오거나 독립하게 되었다. 불상의 출현은 불전문학이나 불탑신앙과 밀접한 관계가 있다. 그런데 불전도 중의 부처님 상이 그리스에서 온 조각가의 발상에서 유래되었는지, 아니면 불교교리의 필연적 결과인지 하는 것은 분명히 알 수 없다. 만일 불교교리의 필연적 결과라면 부처님의 구제를 원하는 재가자의 신앙과 불탑신앙에서 유래되었다는 주장은 어느 정도 가능하다. 불상 조각의 출현은 在家의 불탑신앙과 깊은 관계가 있다는 말이다. 따라서 대승불교의 대두와 때를 같이 하고 있음도 짐작이 간다. 간다라 미술의 사상적 배경은 불교의 심오한 교리에 두고, 그 표현 기교만은 헬레니즘의 양식에서 빌어 왔다. 여기서 간다라 미술의 불상 조각과 거의 같은 시대에 출현한 마투라의 불상 조각에 대하여도 말하지 않을 수 없다. 마투라의 미술작품이 간다라의 모방이 아니고, 독자적 작품을 형성했다는 사실은 중요하다. 마투라에는 예로부터 조형미술이 발전하고 있었다. 그러다가 간다라에 불상이 출현하자, 자극되어 마투라에서는 독특한 유형의 불상을 조형한 것 같다. 그러나 마투라미술에서 불전도는 희귀하고 불공양도(佛供養圖敎)에 관심이 깊었다. 공양의 대상은 보리수나 불탑으로 표현되었다. 후대에 불상·보살상이 조성되었다. 카니쉬카 왕조를 전후하여 인도 각 지역에는 여러 가지 형상의 대탑(大塔)·석비(石碑) 등이 조성되었다. 마우리아 왕조의 뒤를 이은 슝가 왕조 때, 발훗 대탑에 '탑문(塔門)' 석조건축을 기증했다는 기록은 비문에 나타났다. 베디카[欄楯]는 왕자에 의하여 기증되었다. 또 산치대탑은 아쇼카 왕 때의 작은 전탑(塼塔)을 중심으로 슝가 왕조 때 증축 확장하고, 베디카도 조성되었다. 산치의 탑문 중 안드라 왕조의 조성이 가장 오래되었는데, 탑문은 정교한 조각으로 장식되었다. 그리고 부처님의 성도지(成道地) 부다가야에도 '챠이트야'가 건립되었는데, 여기에도 슝가 왕조 때 화려한 베티카가 조성되었고 대탑도 건립되었다. 이밖에도 유서 깊은 자리에는 탑이 세워졌다. 그리고 이와 같은 대탑·탑문·베티카 등에는 기증자나 그 가족, 부파의 이름이 명기(銘記)되어 있었다. 기증자 중에는 비구, 비구니도 있었고, 남신도, 여신도의 이름도 있었다. 장자의 이름이 비문에 자주 나온 것을 미루어, 돈 많은 부자들의 기증이 많았음을 알 수 있다. 석탑·석문 등 불교건축물의 위치를 보면 그리스 인, 사카 인, 파르티야 인 등의 기증물은 주로 서북 변경으로부터 중앙아시아 지방, 안드라 왕조에 의하여는 주로 데칸 고원과 그 북방, 슝가 왕조와 마우리아 시대에는 마가다의 고도시에, 카니쉬카 왕조 때는 북방지방에 산재해 있다. 그런데 한 가지 특기할 것은 탑 등의 비문에 부파 교단의 이름은 종종 나타나지만, 대승불교 교단의 이름은 보이지 않는다는 사실이다. 그래서 일부 학자는 당시 아직 대승불교는 존재하지 않았다고 주장하고, 다른 일부 학자는 우세한 부파불교에 밀려나서 지방에 숨었다고 주장하기도 한다. 그러나 '대승'이란 말이 비문에서 보이지 않는다하여 대승불교가 당시 존재하지 않았다는 단정은 속단이다. 쿠샨 왕조 하에서 북인도에 대승 경전이 유포되었음은 중국의 역경(譯經) 과정에서도 알 수 있다.

또 A.D. 399년 장안(長安)을 출발하여 인도를 여행한 법현(法顯)은 『불국기(佛國記)』에서 당시 인도에는 소승사(小乘寺)·대승사(大乘寺)·대소승겸학사(大小乘兼學寺)의 세 종류가 있었음을 보고하고 있다. A.D. 629년 출발한 현장(玄奘)은 『대당서역기(大唐西域記)』에서 당시 인도에는 대승사·대소겸학사가 있었음을 상세하게 전하고 있다. 비유를 보면 소승계 사찰이 6할, 대승계 사찰이 2할 4부, 대소승겸학사가 1할 5부이다. 대승사와 대소승겸학사를 합하면 약 4할 정도의 대승계 사찰이 있었음을 알 수 있다. 따라서 비문에 대승이 나타나지 않았다하여 당시 대승불교가 없었다는 단정은 속단이라는 말이다. 부파불교의 이름도 발훗이나 산치의 비문에서는 아직 나타나지 않고 있다. 분명히 부파교단이 존재하여 있었건만, 같은 시기에 건립 조성된 탑이나 난순의 비문에 부파교단의 이름은 나타나지 않고 있다는 것이다. 그러므로 쿠샨 왕조를 전후하여 대승불교가 존재했었다는 것은 다른 각도에서 고착해야 할 것 같다.

2. 대승불교의 원류

1) 힌두이즘의 형성

불교의 성립기부터 마우리아 왕조에 이르기까지(B.C. 6C～B.C. 3C) 동방의 변경인 갠지스 강 하류 유역, 마가타 고토 주변에는 신흥세력이 발전하고 있었다. 신흥세력의 지배층은 강대한 권력을 가진 왕족과 도시의 자산가 층이었다. 불교와 자이나교는 이 신흥세력의 지지를 얻고 교세를 확장했다. 이 시기에는 아리아 족들과 원주민들 사이에 혼혈이 심하여지면서 토착신앙과 베다 교 사이에도 혼용이 이루어졌다. 그러는 동안 브라흐만 계층은 우파니샤드를 창조했던 활발한 창의력을 상실하고 다만 보수의 소극적 입장을 견지하고 있을 뿐이었다. 그러면서도 나라의 대부분을 점한 지방농촌 사회에는 여전히 브라흐만 교를 신봉하고 있었다. 통일국가에 의한 사회 안정은 베다 성전의 체계적 연구를 자극했다.

마우리아 왕조의 붕괴 후 수 세기(B.C. 2C~A.D. 2C) 브라흐만 세력은 다시 강세를 보이고 사회진출도 현저해졌다. 브라흐만 교는 첫째,『마누법전』을 농촌생활을 규제하는 율법적 지위에 올려놓았고 둘째, 브라흐만 교의 사용어인 산스크리트의 문법을 정리하여 문학으로 승격시켰고 셋째, 토착신앙을 베다 성전의 권위로 순화하여 정통신앙에 흡수했다. 토착신앙을 흡수하여 아리아화(化)하는 과정에서 아리아의 베다 종교 자체에도 변화가 일어났다.『아달바 · 베다』의 주술적 요소와 우파니샤드에서 발견되는 새로운 발상 등이 이와 같은 브라흐만 교의 변질과정을 증명하고 있다. 이 변질과정은 브라흐만 교의 '힌두이즘' 화를 촉진했다. 민간토착신앙의 수용과정에서 힌두이즘은 비쉬누(Visnu) 신 신앙에서 유래된 '박티신앙(Bbakti)'과 쉬바(Siva) 신 신앙에서 나타나는 정령(精靈) · 모신(母神) 생식기 숭배도 함께 수용하였다. 특히 비쉬누 신앙은 힌두교의 근본경전인『바가밧 · 기타(Bhagavad-gīTa)』근거하여 신에 대한 순수 신앙을 우파니샤드의 '지적 인식(jñana-marga)'보다 해탈에 이르는 길에 가깝다고 주장한다. 또 비쉬누 신앙은 '화신(化身)'의 사상을 도입했다. 바가바드 · 기타에서 비쉬누는 '크리쉬나(Krsna)'로 화신하고 후세에 이르러서는 '라마야나'의 주인공 '라마'로 화신한다. 한편 쉬바 신앙의 수용은 연대적으로 후세에 속하지만 힌두교에서는 상당히 강한 지반을 가지고 있다. 원시적 생식기 숭배에서 연원된 쉬바 신앙은 음양원리에 근거한 우주생성의 창조신적 지위에 쉬바를 올려놓았다. 하대(下代)에 와서는 밀교 형성에 큰 영향을 주었다. 비쉬누 신앙과 쉬바 신앙은 서로 영향을 주어가며 발전하여 A.D. 초기에는 각종『푸라아나(Prana)』를 편찬하여 힌두교의 판테온을 확립했다. 그리고 비쉬누 신과 쉬바 신은 브라흐만 신과 함께 '삼위일체'의 힌두교적 신학도 고개를 들었다.

2) 부파불교와 대승불교

흔히 '대승'이 반대파를 '소승'이라 부를 때는 '열등한' 또는 '비속한'의 뜻을 띤 것이다. 그런데 대승불교가 소승이라 부를 때 상대가 어느 부파를 지칭하는지 분명치 않다. 부파불교의 전체를 지칭한다는 설도 있고 그 일부를 가리킨다는 설도 있어 가늠하기 어렵다. 『대지도론(大智度論)』이 비판한 대상은 주로 비파사사(毘婆沙師), 즉 설일체유부(說一切有部)였다. 유부가 소승의 대표격으로 지목된 것도 사실이다. 그런데 부파불교 중 '대중부'까지도 소승불교에 포함시켰는지 아닌지는 아직 분명치 않다. 대중부를 소승부로 다룬 문헌도 있고 대중부만을 대승부라고 지칭한 문헌도 있다. 여하튼 부파불교 중에서 대중부계의 사상이 대승불교에 가깝다는 사실은 부인할 수 없다. 『이부종륜론(二部宗輪論)』은 대중부 계의 사상을 요약하여 논술하고 있는데 「불타론」과 「보살론」에서 '일체여래에 유루법(有漏法)이 없다', 또 '부처는 일음(一音)으로 일체법을 설한다' 등은 대승사상을 방불케 한다. 그리고 '여래의 색신(色身)에는 변제(邊際)가 없다. 여래의 위력에도 변제가 없다. 제불(諸佛)의 수량(壽量)도 변제가 없다' 등은 대승불교 사상과 관계가 깊은 구절이다. '보살은 유정(有情)을 요익(饒益)하기 위하여 자원(自願)에 의하여 악취(惡趣)에 떨어졌다'고 한 구절은 유부계의 '업생설(業生說)'보다는 '원생설(原生說)'에 가깝다. 대중부계의 '심성본정(心性本情) 객진번뇌(客塵煩惱)'설은 대승불교의 중요 교설이기도 하다. 심성본정론 등으로 미루어 볼 때 불타관(佛陀觀)에 있어서 대중부계의 원리와 대승불교의 원리 사이에는 상당한 친근성을 읽을 수 있다. 사상적 친근을 알 수 있으나 교단사적으로 대중부 교단과 대승교단 사이에 어떤 관계가 있었는가 하는 것을 밝혀 낼 자료는 거의 없다. 그런데 대승불교 교리에는『설일체유부』의 교리도 많이 도입되어 있으므로 대중부계와 대승불교의 관계는 교리적으로 보다는 교단사적으로 추구하는 편이 온당하다고 본다. 그러나 위에서 말한 것처럼 교단사적으로 두 교단의 관계를 규명하는 데는 아직 문제가 많이 남아 있다.

3) 불전문학

부처님의 공덕과 자비를 찬탄하는 문학을 총괄하여 불전문학(佛典文學)이라 부른다. 부처님의 법을 엄격히 준수하는 수행생활도 중요하다. 그러나 부처님의 탄생, 성도, 교화, 열반을 열정적으로 찬탄하는 찬불운동은 대승불교의 움직임과 깊은 관계가 있기 때문에 더욱 중요하다. 이와 같은 찬불문학은 어느 특정 부파를 벗어난 초부파적 위치에서 결집했던 것 같다.『불소행찬(佛所行讚)』의 저자 아슈바고샤는 어느 특정한 종파에 속하지 않았고 초부파적 위치에 있었다. 부처님의 찬탄은 육신의 부처님을 초월하여 부처님의 덕은 무량이고 지혜는 일체에 통달하고 그 마음은 무변제(無邊際)라는 등 대승불교의 불신론(佛身論)에 접근하고 있다. 그리고 현학적 교리보다는 부처님을 찬탄하는 문학적 서술에만 열중하던 종교 시인들은 자연히 교리를 해독하는 부파불교의 논사(論師)들과는 다른 입장을 가지고 있었다. 그래서 이 시인 그룹을 '찬불승(讚佛承)'이라 불렀던 것 같다.『대비파사론』에서 "찬불승은 말이 과다하여 시를 벗어났다."고 비판한 것은 찬불승에 속한 찬불시인들의 초현실적 과장을 겨냥한 비판이다.

그러나 찬불승에 속하는 불전(佛傳)과 '니다나'·'아바다나'는 엄연히 구별해야 한다. '니다나(Nidhana)'는 계율 제정의 경위를 이야기하는 인연담이고 '아바다나(avadana)'는 파계를 교훈하는 비유다. 여기에 비하여 불전은 부처님의 성불(成佛)인연을 추구하고 성불을 가능케 한 전생수행(前生修行)을 추적한다. 이런 면에서 불전문학은 '자카타(前生譚)'와는 인접해 있다고 하겠다.

여러 종류의 불전 중 공통된 것은 부처님이 '연등불(燃燈佛)'로부터 당래작불 (當來作佛)의 수기(授記)를 받았다는 이야기다. 수기 문제는 대승교리에서는 중요하게 다루고 있다. 수기를 받은 후 보살(부처님의 전생)은 성문(聲聞)·독 각(獨覺)과는 다른 수행방법으로 '육바라밀(六婆羅蜜)'을 행한다고 불전 시 인은 말하고 있다. 또 보살이 성불에 이르기까지의 수행단계로 '십지(十地)'의 사상도 불전문학에서 싹텄다. 부처님의 생애를 '팔상도(八相圖)'로 묶은 것도 불전문학에서 이루어졌다. 불전문학에 열중한 찬불승과 대승불교 사이에는 이와 같이 밀접한 관계가 있으나, 한편 둘 사이에는 차이도 있음을 간과할 수 없다. 불전문학이 문제 삼고 있는 보살과 대승불교의 보살 사이에는 상당한 차 이가 있다. 불전문학의 보살은 이미 수기를 받고 성불이 약속된 보살이다. 현 실의 부처님을 보고 그 원인으로 전생의 보살을 찬탄하는 것이다. 그러나 대승 불교의 보살은 단지 '보리심(菩提心)'을 일으켰을 뿐이다. 성불이 약속된 것도 아니고 수기도 받지 않았을 뿐더러 타락할 위험도 있는 범부의 보살이다. 대승 경전에는 보현(普賢)·문수(文殊)·관음(觀音)·미륵(彌勒) 같은 대(大)보살 도 나타나지만, 한편 이름도 알려지지 않고 수행에만 전념하는 보살도 있다. 이렇게 되면 불전문학의 보살과 대승불교의 보살 사이에는 유사성도 농후하 지만, 상이성도 발견된다. 불전문학은 위대한 성자로 예정된 보살이 주인공으 로 등장하지만, 대승불교 경전은 가장 평범한 서민 중에서 어느 순간 자각(自 覺)하고 이타(利他)의 길에 나선 보살에 촛점을 맞추고 있다.

4) 불탑신앙

대승경전인 『법화경』이나 『아미타경』은 '불탑신앙(佛塔信仰)'을 몹시 강 조하고 있다. 대승불교의 대표적 존재로 등장한 보살의 서원(誓願)인 '중생구 제' 사상은 불탑신앙에서 유래되었다고 볼 수 있다. 부파불교의 부처님은 법을 가르치던 '법의 도사(導師)'였다. 그리고 부파불교 교단은 그 법을 가장 소중히 여겼다. 또 법대로 실천하는 길만이 오직 해탈에 이르는 유일한 길이었다. 그 해설은 나만을 위한 자리적(自利的) 해탈이었다. 자기 해탈이 완성된 다음 이웃과 남을 구제한다는 '이타적(利他的)' 행위는 필연조건이 아니었다. 오직 부처님의 법을 배우고 그대로 따르는 성문(聲聞, Śravaka)의 종교였다. 성문은 원래 '배우는 사람'을 의미한다. 부파불교는 배우는 사람들로 형성된 제자들의 불교였다. 배우는 입장에서 남을 가르치는 입장으로 전환되지 못한 출가제자의 교단불교였다. 그런데 남을 구제함으로 자기구제도 성취된다는 '자리타리(自利他利) 원만(圓滿)'의 길을 가르치면서 대승불교는 일어난다. 법 중심의 출가교단 불교에서 자비와 중생구제를 주창하는 부처님 중심의 불교로 전환했다. 법 중심의 출가교단 불교에서 부처님의 자비에 의지하는 부처님 중심의 불교로 전환시킨 운동은 재가 신도를 주축으로 추진되었다는 점을 주목해야 한다. 출가교단에서 법대로 계율을 엄격히 지키는 수행을 할 수 없는 재가신도는 구제의 길을 부처님의 자비에서 구혈 수밖에 없다. 한량없는 부처님의 자비에 의지하여 재가신도는 구제를 바랄 수밖에 없다는 말이다. 이와 같이 구제를 원망(願望)하는 재가신도의 종교적 요청과 함께 부처님의 자비무량을 가르치는 대승불교도 대두되었다. "삼계(三界)에는 편안한 날이 없고 화택(火宅)과 같다. 중생의 고(苦)도 충만해 있다. 그 중생은 모두 내 자식들이다."라고 한『법화경』의 구절은 부처님의 구제자적 존재를 여실히 말해 주고 있다.

대승불교 운동을 일으킨 재가신도가 아무런 근거지도 없이 신흥 교법을 전파했다고 볼 수는 없다. 또 이 교법을 후세에 전승하려면 적어도 선각자와 동조자, 새 교법을 먼저 터득한 스승과 배우려는 신참자 사이에 긴밀하게 교류하는 장소가 있어야 한다. 그러나 이와 같은 장소가 부파불교 내에 위치했다든지, 부파불교의 지배를 받는 영역이 위치했다면, 재가신도의 모임은 당연히 부파출가 교단의 지도와 감독을 받아야 했을 것이다. 부파불교의 지도를 받고 있는 상태에서 재가신도들이 부파불교의 교리를 비판하는 독자적 교리를 전파하는 운동을 전개했다고는 상상할 수 없다. 그렇다면 재가신도의 그룹은 출가교단으로부터 독립하여 독자적 교법을 연구하고 새로운 교리를 전파하고 후세에 전승 하려고 했을 것이다. 이와 같이 새로운 교법을 연구 발전시킨 종교적 집합소로 불탑과 그 주변을 상정할 수 있지 않을까 한다.

본래 불탑은 재가신도와 깊은 관계가 있었다. 아함부(阿含部)『대반열반경(大槃涅槃經)』에 의하면 입멸 직전 부처님은 아난에게, "너희 비구들은 오직 최고선(最高善)을 위하여 정진하여라. 그리고 내 유해(遺骸)는 신앙심이 돈독한 거사(居士)나 현자(賢者)들이 정중하게 다비하고 사리(舍利) 공양할 것이다."고 말씀하셨다.

입멸 후 부처님의 사리는 쿠시나가라의 마츠라에 의하여 다비되고 그 사리는 팔분(八分)되었다. 그리고 여덟 개의 사리탑을 건립하여 경배한 것은 재가신도들이었다. 그 후 불사리탑은 재가신도에 의하여 호지(護持)되고 예배되었다. 또 부처님의 탄생지 룸비니, 성도지 부다가야, 초전법륜지 녹야원, 입멸지 쿠시나가라 등이 사성지(四聲地)로 경배되고 '차이트아(Caitya)'가 건립되었다는 기록도『대반열반경』에 나온다. 사성지에 불탑을 건립하고, 호지 예배한 것도 주로 재가신도들이었다. 아소카 왕은 많은 불탑을 건립, 희사했고, 서력 기원 전후에는 더욱 많은 불탑이 규모도 점차 거대화하면서 건립되었다. 그리고 여러 가지 자료에 의하면 출가교단 밖에서 성행한 불탑 예배를 후세에 와서 승가(僧伽)가 도입했음을 알 수 있다. 그리하여 불탑 중에는 부파교단에 소속되어 있는 것도 있고, 출가교단에 소속되지 않은 독립된 불탑도 있었다. 이와 같이 독립된 불탑은 모두 재가신도에 의하여 유지 경영 되었다고 추정할 수 있다. 최근 발굴된 불탑 가운데 부파 교단의 이름이 명시되지 않은 비문이 명시된 불탑 비문보다 많다는 사실도 이를 뒷받침하고 있다.

또 불탑에는 음악·무용 등 예배의식이 뒤따라갔다.『대반열반경』에 의하면 쿠시나가라의 마츠라 인들은 무용과 음락으로 부처님의 장례를 거행했다고 한다. 그러나 엄숙한 계율생활에 음악이나 무용을 엄금했던 출가승단에서는 상상도 못할 일이다. 또 음악·무용뿐 아니라, 건축·미술같은 예술이 엄격한 계율을 위주로 하는 부파교단에서 발달되었다고 상정하기는 어렵다. 음악과 무용이 불교의식에 도입된 과정에서도 불탑과 대승불교 사이에는 밀접한 관계가 있었음을 알 수 있다. 불교음악과 미술은 후대에 와서 중국을 거쳐 대승불교와 함께 한반도에도 전래되었다.

그런데 불탑신앙은 신앙으로 끝나지 않고 불탑 중심의 교단으로 발전될 계기를 낳았다. 우선 불탑이 건립된 토지는 성지(聖地)로서 개인이나 특정 부파의 귀속은 아니었을 것이다. 또 이 성지 영역 내에는 불탑뿐 아니라 주변 조경과 불탑보호와 참배를 위한 요도(繞道)와 베디카가 조성되었고, 베디카에는 부처님의 과거 전생담에 소재를 둔 불전도(佛傳圖)와 조각으로 장식되었을 것이다. 또 참배, 순례자들에게 불전도와 전생담을 설명해 주는 해설자들이 그 경내 지주(止住)하였을 것이다. 또 순례자들을 위한 숙박과 목욕 시설도 있었고 순례자들의 숙박을 담당하는 사람도 그 경내에 상주하면서 부단히 찾아오는 순례자들을 기다리고 있었을 것이다. 불탑과 그 경내에 여러 가지 부속건물과 시설이 서게 되면 관리인도 필요하게 된다. 또 불탑을 호지하면서 순례·참배자들에게 베디카에 조각된 불전도를 열심히 해설하던 사람들은 승단에는 속하지 않는 '비승비속(非僧非俗)'의 새로운 그룹을 형성한다.『쟈타카』나 불전도를 정열적으로 해설하는 사이에 그들은 부처님 전생의 보살행을 찬탄하고 부처님의 위대성·자비성을 강조하는 경향으로 기울어졌다. 부처님에 의한 구제(救濟) 사상도 이와 같은 경향에서 싹텄다고 볼 수 있다. 부처님의 자비와 그 위대성을 강조하게 되면 불탑에 많은 신자들도 모여오게 되었을 것이다. 이리하여 불탑 중심으로 보살정신과 자비에 의한 구제정신을 강조하는 새로운 교리 운동을 전개하는 그룹이 출가승려 교단 밖에 존재했을 가능성이 있다. 이 새로운 그룹은 대승경전의 불탑신앙과 관련되어 대승불교 교단 형성의 원류적 역할을 하였다고 추측할 수 있지 않을까 한다.

3. 초기 대승경전

1) 반야부(般若部) 경전

대승불전 중 가장 분량이 많다. 성립시기는 B.C. 1세기부터 A.D. 1세기 사이로 추정되고 있다. 현장이 번역한『대반야바라밀다경』600권 중 처음 5부 가운데서 제1의「10만송(頌)」, 제2의「25,000송」, 제4의「8,000송」등 문헌자료가 비교적 잘 갖추어져 있다. 이 중에서 어느 것이 본래 원판이고, 어느 것이 증보판 또는 축소판인가를 가름하는 데에는 학자 간에 이설이 있다. 한편 정수만 뽑든지, 또는 경 중에서 한 주제만을 골라 성립된 소부(小部)의 반야경 등이 있다.『금강반야경』·『문수반야』등이 여기에 속하며『반야심경』은 가장 요약된 형태로 여기에 포함된다.

「25,000송」은『대품반야』,「8,000송」은『십품반야』로 한역(漢譯)에서 가르기도 한다. 반야경은 육바라밀 중 마지막 바라밀인 '반야 바라밀'에 중점을 두고, 보살의 실천행도 궁극적 목적은 여기 있다고 교설을 편다. 반야 바라밀의 교설내용은 '무소득(無所得)'·'무주처(無住處)'·'공(空)' 사상으로 집약된다. 공 사상은 연기론이 한층 발전된 과정에서 표현된 새로운 해석이다. 무소득·무주처·공을 주장하는 배경에는 당시 '법체실유설(法體實有說)'을 주장하던 유부(有部)에 대한 반박도 엿볼 수 있다. 그런데 부처님의 교설에 대한 새로운 해석은 전통교단을 신진사상가들에 의하여 시도되어 왔으리라는 상상도 가능하다. 전통교단에는 속해있지 않으면서도 부처님의 가르침에 대한 열정적 신앙을 가지고 불탑을 예배하며 관리하던 재가신도들 중에서 이 같은 신진사상가가 나올 수도 있다.

2) 화엄경

『대방광불화엄경』은 60권(불타발타라 역), 80권(실차난타 역) 들이 있다.

『화엄경』의 주요 무대는 마가다의 보리 도량, 즉 부처님이 성도한 '부다가야'다. 역사적으로는 성도한 부처님이 최초의 설법을 베나레스에서 한 것으로 되어 있으나, 『화엄경』에 의하면, 성도의 경지에서 보인 '부처님의 침묵'이 가장 심오한 법문이었다. 다섯 비구에게 한 설법은 한정된 상대를 향한 제한된 것이지만, 성도한 절대의 경지는 언어의 표현이 불가능하므로 침묵을 지켰다는 것이다.

이 경의 구상은 성도 후 삼매에 든 부처님의 자각적 세계를 묘유의 법계라 하고 이 같은 법계는 비로자나불의 현현이며, 모든 존재는 중중무진(重重無盡)의 연기에 의한 것이라 한다. 그리고 사사무애(事事無礙)·법계연기(法界緣起)의 법에 의하여 보살행도 이루어져야 한다. 보살의 수행에는 자리(自利)와 이타(利他의) 두 방향이 있는데, 중생을 제도한다는 행위가 보살에게는 자리를 위하는 것이 되므로 '자리즉이타(自利卽利他)'다. 그래서 '초발심시변성각(初發心時便成覺)'이 되는 것이다. 그리고 보살은 육바라밀의 실천 수행에 의하여 삼계유심(三界唯心의 경지를 증득한다고 한다.

이 경의 십지품(十地品)은 보살의 수행과정을 십지, 즉 10단계로 나눈다. 육바라밀의 수행에 의하여 증득한 경지가 제6지 현전지(現前地)의 '삼계허망단시일심작(三界虛妄但是一心作), 십이인연분계의심(十二因緣分界依心)'의 경지와 부응한다. 또 입법계품(入法界品)에서는 선재동자(善財童子)의 구도(求道) 편력이 서술되어 있다. 보리심을 일으킨 그는 보리심을 완전히 체득하기 위하여 남방으로 여행하여 53인의 선지식(善知識)을 만나서 가르침을 받는다. 마지막으로 보현보살을 만남으로써 궁극의 경지에 이른다.

3) 법화경

공 사상을 기조로 하면서 찬불, 불탑 숭배를 강조하고 구원의 불상(佛像)을 제기한다. 쿠시나가라의 입멸은 방편에 지나지 않는다는 것이다. 성문(聲聞)·연각(緣覺)·보살(菩薩)의 삼승(三乘)의 가르침은 방편설이고, 오직 일승(一乘)이 있을 뿐이라고 했다. 소승 교설도 방편교설적 의의가 있다고 본다. 한 줄의 시구[一偈]를 수지독송(受持讀誦)하는 사람, 탑·사리·불상을 예배하는 사람, 심지어 장난삼아 모래로 탑을 쌓는 흉내를 내거나, 손톱으로 벽에 불상을 그리는 어린아이도 부처님의 자비에 의하여 제도된다고 한다. 특히 비유에 의한 현학성은 높이 평가되고 또 이 경만큼 널리 강조된 경도 드물다. 장자화택(長者火宅)의 비유, 삼가(三車)의 비유, 궁자(窮子)의 비유, 화성(化城)의 비유는 유명하다. 그러나 지나치게 수지독송의 공덕을 강조한 나머지 배타성을 띠게 되었다.

4) 정토경전

『불설무량수경』 2권, 조위(曹魏) 강승개(康僧鎧) 번역

『불설관무량수경』 1권, 강량야사(畺良耶捨) 번역

『불설아미타경』 1권, 구마라집(鳩摩羅什) 번역

이것을 정토삼부경(淨土三部經)이라 한다. 오탁악세(五濁惡世)에 사는 중생을 위하여 부처님이 '아미타불'에 의한 구제를 내용으로 한다.

'아미타불'은 원어를 음역한 것인데 의역으로 무량수경(無量壽佛, Amitayus) 또는 무량광불(無量光佛, Amitabha)의 두 가지가 사용된다. 아미타불은 과거세에 법장비구라는 수도자였으나 중생제도의 48서원을 일으키고 장자·거사·국왕·제신들로 태어나 무수한 중생을 교화하다가 증오(證悟)를 얻었다. 이 세계에서 서방으로 10만억의 불국토를 가면 극락세계(Sukhavati)

가 있는데 아미타불은 거기에 계시면서 설법한다. 서방정토와 함께 동방의 묘희국(妙喜國)과 도솔천(兜率天)도 상정되었다. 그리고 무량광불·무량수불은 불사의 구원(久遠)한 존재로 신앙되었다. 특히 선남자·선여인은 무량수불의 명호를 염(念)하면 임종에 무량수불이 내영(來迎)한다는 신앙은 널리 유포되었다. 또 법장비구의 서원은 자비의 극치로 신앙의 대상이 되었다. 정토신앙은 페르시아의 영향이 있었던 서북인도에서 발생되지 않았는가 한다.

5) 유마경

『유마힐경』, 지겸(支謙) 번역
『유마힐소설경』, 구마라집 번역
『설무구칭경(說無垢經稱經)』

등이 있다. 주인공 유마거사(維摩居士)는 재가(在家)주의의 상징적 존재다. 그는 생사와 열반, 번뇌와 보리의 불이성(不二性)을 포괄하고 '예토즉정토(穢土卽淨土)'라고 하며 현실 생활에서 이상향을 찾는 길을 가르친다. 특히 부처님의 제자들은 대화형식을 통하여 비판하는 장면은 출가에 대한 재가의 자세를 보여주고 있다.

V. 용수와 중론, 세친과 유식론

1. 용수의 중론

1) 용수

용수(龍樹, Nagarjuna)는 A.D. 150~250년경 남인도에서 태어났다. 처음에는 외도(外道)의 교학을 공부하다가 불교에 입문한 후 소승, 대승교리를 통달했다고 한다. 용수의 출현은 대승사상에 비약적 발전을 가져왔다. 따라서 대승불교의 흥기는 남인도와 짙은 관련이 있다. 북인도가 그리스 계의 여러 왕조나 샤카 족, 쿠샨 족의 지배를 받으면서 정치정세가 항상 불안하였으나, 빈디아 산맥의 남쪽은 샤라바아하나 왕조의 안드라 왕국이 오랫동안 지배하면서 비교적 안정을 누리고 있었다. 안드라 왕국은 한때 마우리아 왕조의 지배하에 있다가 마우리아 왕조의 붕괴 후 독립하여 B.C. 1세기경에는 카링가까지 점령하여 넓은 판도를 다스리는 왕국을 형성하였다. 불교가 안드라 왕국에 전래된 것은 마우리아 왕조의 붕괴 후였다.

그런데 남인도는 브라흐만 교가 처음 개척한 신천지였다. 안드라 왕국도 적극적으로 브라흐만 교를 지지하므로 아리아 신을 추종했다. 안드라 왕국에서 불교는 서부 석굴사원은 상좌부(上座部)에 속하는 속자부 계의 사원이 있으나 아마라바티 사원은 대중부에 속하는 제다산부(制多山部) 소속이다. 용수가 세웠다는 나가르쥬나콘다의 사원도 대중부 계의 비문이 보존되고 있음을 미루어 대중부에 속한 사원이었다고 추리된다. 팔리 불교는 안드라파의 불교를 대중부의 불교라고 기록했다. 대승불교가 남인도에서 흥기했다면 대중부계 부파와의 관계도 밀접했을 것이다. 위와 같은 역사적 배경을 가지고, 용수는 안드라 왕국의 비호를 받으며 대승사상에 관한 저술을 했다.

그의 사상적 업적은 크게 세 가지로 대별할 수 있다.

(1) 『중론(中論)』 등 저술을 통하여 반야경의 공 사상을 논리적으로 체계화했다.
(2) 공관(空觀)의 철학적 입장에서 논증방법을 확립했다.
(3) 대승경전에 관한 포괄서를 저술하므로 대승불교 사상에 포괄적 체계를 형성했다. 또 샤타바타나 왕을 위한 라트나발리(Ratnaval, 實行王正論)은 대승불교의 정치관, 사회관을 보여주는 훌륭한 자료다.

2) 용수의 중론

용수의 『중론, Madhyamaka-Karika)은 「연(緣)의 고찰」에서 시작하여 27품으로 500 송(頌)을 엮었다. 서두에서 연기(緣起)를 생사 · 거래(去來) · 일이(一異) · 단상(斷常)의 대립을 초월한 팔불(八不)로 부정하고 고정적 견해에 집착하는 것을 철저하게 타파한다. 이와 같은 부정적 논리의 근거를 공에 두고 그 공성(空性, Śūnyata)이 바로 연기라고 말한다. 또 공과 연기는 제법(諸法)의 무자성(無自, 性nihsvahhava)에 근거한다. 연기=무자성=공이 곧 제법의 실상이다. 그런데 이것은 본래 언어표현을 초월한 영역에 있으나 세속중생을 위하여는 언어의 표현이 요청된다. 이 입장을 가(假, Prajna, 施設)라고 한다. 제법을 유(有)로 보는 견해는 궁극적으로는 배제되어야 할 희론(戲論, Prapanca)이지만 방편상 '가'의 입장에서 용인된다. 언어표현을 초월한 궁극적 입장을 제일의제(第一義諦, Paramartha-Satya, 眞諦, 勝義諦)라 하고 방편의 입장을 속제(俗諦, Samvrtisatya)라고 한다. 용수는 진제(眞諦)의 입장에서 재래적 사제(四諦) · 십이연기 · 열반업(涅槃業)의 견해를 비판하는 한편, 언어표현의 상대적 가치도 인정한다. 공은 이 같은 이제(二諦)를 포괄, 성립시키는 근거이다. 그리고 '유와 무'의 이변(二邊)을 여읜 것이 중도(中道, Madhyama Prajipad)다. 용수가 반대론자와 대론할 때 사용하는 논법은 '푸라상가(Prasanja)' 논법이라 한다. 상대방의 논리전개에서 모순을 철저하게 구명함으로써 과오를 찾아내는 방법이다. 회쟁론(廻諍論, Vigrahavyararjavui)은 이 논법으로 외도(外道)를 논파한 논(論)이다.

이제설(二諦說)에서 일승진실(一乘眞實) · 삼승방편(三乘方便)의 법화경 사상과의 관련을 추리할 수 있다. 불교의 여러 학설을 통합하려는 경향을 읽을 수 있다. 또 백과사전적 내용을 담은 용수의 주석서 『대지도론(大智度論)』(구라마집 번역)이 있다. 대품 반야의 주석인 본론은 각종의 대승경전을 인용하고 또 부파의 학설을 흡수하였다. 『반야경』의 기본사상인 반야바라밀을 대승불교의 보편원리로 삼고 이것을 공반야(共般若)라 불렀고, 법화경·화엄경이 말하는 교설은 특수한 입장을 밝히는 불공반야(不共般若)라고 불렀다. 또 용수는 『화엄경』의 「십지설」을 주석한 『십주비바사론(十住毘婆沙論)』을 남겼는데, 보살사상 등을 밝히고 「이행품(易行品)」에서는 정토사상을 전개하고 있다. 그 기조는 삼계유심설(三界唯心說)이다.

3) 용수와 그 학맥

대승불교 사상의 체계를 확립한 용수는 후세에 와서 팔종(八宗)의 조사(祖師)로 추앙되고 있다. 그의 학설의 정통을 이어받고 공사상을 내외로 선양한 제자가 남인도 출신의 아리아데바(Aryadeva, 提婆)다. 그의 논조가 지나치게 과격하고 신랄하였기 때문에 외교도(外敎徒)의 칼에 암살당했다는 얘기도 있다. 그는 광백론(廣百論, Catuhśataka), 백론(百論, Sataka) 등의 논서를 남겼는데 파사(破邪)가 주안(主眼)이고 상크야논사나 바이세쉬카논사들과의 논쟁을 내용으로 했다.

용수의 『중론』·『십이문론』과 아리야데바의 『백론』을 중국에서는 삼론(三論)이라 불렀다. 삼론에 의하여 삼론종이 형성되었다.

그 후 『중론』을 주석한 청목(靑目, pingala)이나 『백론』을 주석한 파수(婆藪)가 용수학파의 인물들로 지목된다. 『중론』을 소의론(所依論)으로 펴는 학파를 중관파(madhyamaka)라 했고 인도 철학사상계에서는 큰 흐름을 이루고 있는 학파였다.

2. 세친과 유식론

1) 굽타 왕조의 불교

마가다 지방에서 일어난 찬드라 굽타(Candra gupta, 320~335)는 A.D. 320년 굽타 왕조를 창건했다. 그의 아들 사무드라 굽타는 광대한 지역을 정복하여 마우리아 왕조 이후 처음으로 통일국가를 이루었다. 오랫동안 서북 변경의 외세의 지배를 받아오던 인도의 중원이 아리안 족 출신의 왕권에 의하여 지배를 받게 되었다. 이때 인도의 고전문화는 꽃을 피우게 되었다. 브라흐만 교학(教學)과 산스크리트 문학은 굽타 왕조에서 전성을 이루었다고 할 수 있다. 밀교 사상에 대한 관용정책 때문에 불교는 이 시대에 한층 발전한다. 5세기 초 굽타 왕의 지원을 얻어 나란다에 광대한 규모의 불교사원이 건립되었다. 나란다 사원의 건립은 불교의 본거지가 갠지스 강 유역, 즉 마가다의 고토에 복귀했음을 의미한다.

인도 서북에서 발전했던 유부(有部, 캐시미르와 간다라 지방)는 점차 이 갠지스 강의 유역으로 이동하기 시작했다. 7세기경 인도 전역을 순례한 현장(玄奘)이 여기 나란다 사원에서 10여 년 수학한 일이 있다. 그는 당시의 나란다는 대승학·소승학의 중심지였다고 기록했다. 굽타 왕조 때 불교는 브라흐만 교와 대결하는 입장에 있었다. 그래서 불교경전이나 경서 등을 산스크리트어화 했다. 경전의 산스크리트어화는 일찍이 쿠샨 왕조나 안드라 왕조 때 벌써 시작되었다. 유명한 승려였던 아슈바 고사[마명, 馬鳴]는 산스크리트어로 시를 쓴 선구자였다. 용수는 그 경서를 산스크리트어로 저술했다. 그러나 2세기경 유부나 많은 경전들은 속어나 또는 속어가 섞인 불완전한 산스크리트(불교 梵語)를 사용하는 것이 일반적인 관례였다. 그러다가, 굽타 왕조는 산스크리트어를 공용어로 함으로써 전래의 경전도 산스크리트어화 했던 불교도 이 흐름에 가담했다. 불전(佛典)의 산스크리트어화는 브라흐만 교학에 상당한 영향 등을 주었으나, 반면에 불교는 자기 고유의 언어기반을 잃어버렸다. 쟈이나 교가 오늘까지도 '푸라크릿어'를 자기 고유의 언어로 간직하고 동남아시아 불교가 '팔리어'를 아직 고유 언어로 쓰고 있다는 사실을 생각할 때 소승불교가 산스크리트어화 함으로써 자기 고유의 언어 기반을 포기한다는 사실은 주목해야 한다. 자기 고유의 언어를 고수한 쟈이나 교는 인도사회에서 건재하고 있다. 또 불교가 속어를 버림으로써 브라흐만 같은 상류계층과는 가까워졌으나 일반 민중과는 거리가 멀어졌다.

쿠샨 왕조 때『대비바사론』을 편찬함으로써 교학 체계를 확립한 유부는 카시미르와 간다라 파로 분파되었다. 간다라 파에서 세친(Vasubandhu)이 나타나『구사론(俱捨論, abhi dharmakosa)』을 저술했다.『구사론』은 일체법(一切法)을 5위(位) 75법(法)으로 분교(分敎) 정리한 유부 교학의 강요서(綱要書)다. 이 유부의 학설에 대하여 반론을 제기한 것이 카시미르 파다. 중현(衆賢, Sanghabhadha)은『순정이론(順正理論)』에서 세친의『구사론』을 반박하고『아비달마현종론(阿毘達摩顯宗論)』에 의하여 자기의 학설을 변호했다. 보수적인 카시미르 파에 비하여 다소 진보적이었던 간다라 파는 경량부(經量部)의 영향을 받지 않았는가 한다. 유부가『아비달마』에 중점을 두고 있는데 대하여 경량부(Sautrahtika)는 '수트라', 즉 경장(經藏)을 중시했다. 본래 유부에서 분파된 경량부이지만 대중부의 사상적 영향을 받은 흔적이 있다. 경량부 계의 논서로는 하리발만(Harivarman)의『성실론(成實論)』이 있다.

2) 대승 사상의 발전

굽타 왕조 시대의 반야의 공 사상에 근거를 두면서 마음의 본질을 구명하는 유심 사상이 대두되었다. 또『화엄경』의 법신(法身) 사상이 발전하고 정토계의 삼신설(三身說)이 완성되었다. 불타관(佛陀觀)과 중생심(衆生心)의 문제는 서로 같이 얽히면서 새로운 교설을 형성했다.

첫째, 마음을 부처와 같다고 보는 여래장설(如來藏說)이 있고 둘째, 마음의 현실적 기능의 분석에서 시작하는 유식설(唯識說)이 있다. 여래장설과 관계되는 경전에『여래장경』·『승만경(勝鬘經)』·『열반경』이 있고, 유식설과 관계되는 경전에『해심밀경(解深密經)』이 있다. 이와 같은 경전들을 '대승불교 중기(中期) 경전'이라 부른다. 대개 용수 이후 말기까지 성립한 경전들이다.

여래장 사상의 발상(發想)은 마음의 본성은 청정하고, 번뇌는 객진(客塵)에 지나지 않는다고 보는 데서 시작된다. 이 마음을 처음으로 여래장이라 보는 것이『여래장경』이다. 중생은 모두 여래 안에 있고 여래의 태아(胎兒, tathagatagarbha, 如來藏)라는 것이다. 이 같은 사상은『부증불감경(不增不減經)』·『승만경』등에 나타난다. 승만 부인이 주인공으로 등장하는『승만경』은『법화경』의 일승 사상을 더욱 강조하고 여래장설로 귀결짓는다. 이 여래장과 부처가 본질적으로 일치한다고 주장하며 그 일치성을 '불성(佛性, (Buddhadhatu)'이라고 부른 것이『열반경』이다.『열반경』에는 담무식(曇無識)이 번역한『대반열반경』(40권)과 혜엄(慧嚴)의 수정에 의한『대반열반경』(36권)이 있다. 특징적 교리로는 ① 법신상주(法身常) ② 일체중생실유불성(一切衆生悉有佛性) ③ 일천제성불(一闡提成佛)을 들 수 있다. 입멸한 부처님은 응화신(應化身)이며 본래 불성은 생사를 넘어선 상주불괴(常住不壞)의 법신이다. 여래장 사상은 그 후 5세기경 성립된『실성론(實性論)』에서 가장 조직적으로 논술되었다.

3) 유식론

중관 철학은 모든 사물(法)이 공(空)임을 날카로운 논법으로 논증하고 있으나, 학적 체계의 완벽한 수립까지는 미치지 못했다. 여기에 대하여 우리들의 현실존재가 어떤 질서[法]에 의하여 성립되는가 하는 것을 마음의 현실적 기능의 분석에서 구명하여 보려는 유식론(唯識論)이 있다. 이 유식론은 중론에 비하면 상당히 체계적이고 조직적이다. 그리고 유식론은 교리 형성도 비교적 빨리 이루었다. 유식론을 주장하며 교리를 형성한 수도자들을 '유가사(瑜伽師, Yogacara)'라 불렀다. 유가사란 이름 그대로 '유가'의 실천을 주안으로 하는 수도자들을 가리키는 말이다. 유가사는 유부(有部) 계에도 있었던 듯한데, 아마 그 중에서도『화엄경』이나『반야경』을 수지(受持)했으며 유심관(唯心

觀)을 체험하려 했고, 수도자들이 유식론 계의 유가사들이 아닌가 한다.

유식학설에 따르면 현실존재의 구성요소[諸法]는 실유(實有)가 아니고, 그 실상은 공이다. 그러나 그저 무차별적으로 다 똑같은 공인 것이 아니고 차별이 있다고 한다. 현실존재가 공에 근거하면서도 서로 차별되어 나타나는 것은 반드시 원인은 언제나 가능태(可能態)의 상태에 있다. 그것을 '종자(種子, Sijà)'라 부른다. 종자는 모든 존재를 '존재케 하는 가능력'이므로 종자 자체는 유도 무도 아니다. 또 객관적 존재도 아니고 순수한 정신작용, 즉 '식(識)'이다. 그리고 식은 대상을 분별하는 작용이다. 또 모든 것은 식의 현현(顯現)에 지나지 않는다고 유식론을 주장한다. 식의 분별작용에 의하여 가현(假現, 혹은 似現)이 나타난다. 이것을 식체(識體)의 전변(轉變)이라 한다. 식체의 전변에는 세 가지가 있다. 첫째는 아알라야식(alayavijnana)이다. 아알라야식은 근본식이라고도 하며 모든 존재의 종자로 이루어진다. 둘째는 마나식이다. 마나식은 사량분별(思量分別)을 일으키는 식이다. 아알라야 유식에 의존하여 일어나는데, 아알라야식을 대상으로 아집(我執)을 일으킨다. 또 아견(我見)·아응(我凝)·아만(我慢)·아애(我愛) 등을 동반하고 오염되기 때문에 오염의(汚染意)라고도 부른다. 셋째는 안식(眼識)·이식(耳識)·비식(鼻識)·설식(舌識)·신식(身識)·의식(意識) 등 육식(六識)이다. 이 같은 학설의 이론적 근거가 되는 것이 『해심밀경(解深密經)』이고 실천체계를 조직화한 것이 『유가사지론(瑜伽師地論)』이다.

『해심밀경』(SandhinirmoCana)은 『반야경』의 공 사상을 밀의(密意)로 하고, 그것을 해명하는 교설을 요의(了義, nitartha)라 하며 양종법론(量終法論)이라 하고 그 이전의 교설은 모두 미료의(未了義, neyartha)라 했다. 요의설은 용수의 '일체법무자성의(一切法無自性義)'를 '편계소집(遍界所執, Parikalpita)'·'의타기(依他起, Paratartra)'·'원성실(圓成實, Parivispanna)'의 삼성(三性)으로 분류한다. 편계소집은 범부의 미망에 의하여 성립되는 집착이고, 의타기는 미집(迷執)이 성립되는 연기성(緣起性), 원성실은 증득된 실상(實相)을 가리킨다. 『유가사지론』의 저자 마이트레야(Maitreya)는 무착(無着, asaṅga)의 스승으로 알려져 있는데, 그의 저작으로는 『대승장엄경론(大乘莊嚴經論, Mahayanasutralankara)』, 『중변분별론(中邊分別論, Madhyautavibhaga)』, 법성분별론(法城分別論, Dharmodharmatavibhaga)』 등이 있다. 무착은 『섭대승론(攝大乘論)』에서 유식학설에 의한 대승불교의 실천체계를 확립했고, 또 『대승아비달마집론(大乘阿毘達摩集論, abhidharmaramuccaya)』에서는 유식학설의 용어를 분류, 정리했다. 무착의 친동생인 세친(世親, Vasuvandu)은 유식학설의 강요서로 『유식이십론(唯識二十論, Vim Satika, 頌과 釋)』, 『유식삼십송(唯識三十頌, Trimśaka)』을 저술하여 유식학을 보다 선양했다. 불교 내외의 여러 학설을 비판하고 오직 유식뿐, 외경(外境)의 비존재를 논증했다. 세친은 『법화경』·『십지경』·『무량수경』·『금강경』에 대한 해석도 하였다. 용수 이후 대승불교의 사상체계는 세친에 이르러 일단 확립되었다.

무착 · 세친의 학파는 '유가행파(瑜伽行派, Yogacara)' 또는 '유식론자(Vijñanavadin)'라고 부른다.

VI. 중론 유식학의 발전과 밀교

1. 중론학파

5세기말 서북지방으로부터 이민족(Tphtalites)이 침입하여 굽타 왕조의 쇠퇴를 초래했다. 이후 굽타 왕국은 여러 군소 왕국으로 분열되었다. 카쉬빌 지방의 유부파(有部派) 교단은 이민족의 혹심한 박해를 받았다. 말법(末法)사상은 이와 같은 정치적 사회적 교단적 불안정 상태에서 싹트기 시작했다. 한편 사회적 불안정은 쉬바파와 비쉬누파 등 힌두교의 발전을 가져왔다. 쉬바파는 주로 북인도, 비쉬누파는 남인도에서 성행했다. 불교는 나란다 사원을 근거로 하고 중론파(中論派)와 유가론파(瑜伽論派)의 논쟁과 함께 교학의 발전을 보았다. 또 밀교(密敎)의 출현은 인도불교계에 새로운 바람을 일으켰다.

이 시기에 여래장 사상과 유식파의 아알라야식의 융합을 도모하려는『능가경(楞伽經, Lankavatara Sūtra)』과 여래장과 아알라야식을 동일시하면서도 '진여(眞如, Tathata)'의 현현(顯現)과 전개를 논술하는『대승기신론(大乘起信論)』이 나왔다. 한편 용수의 중론을 소의 경전으로 삼고, 공 사상을 강조하는 중관학파도 나왔다. 6세기에 형성된 중관파는 불호(佛護, Buddhapalita, 470～540)와 청변(淸辯, Bhavavivelsa, 470～540) 같은 논사(論師)를 낳았다. 불호는 용수의 논증방법인 '푸라상가' 논법을 계승하였으나 청변은『중관심송(中觀心頌, Madhyamakahhdaya)』,『반야등론(般若燈論)』을 저술하여 유식학파를 논박했다. 그래서 중관파 중에서 불호 계통을 푸라상기카(Prasngika), 청변 계통을 스바탄트리카(Svatantrika)라 부른다. 푸라상기카파에서는 월칭(月稱, Candrakirti, 600～650)이 나타나 중론의 주석서인『푸라산나파다아』 등을 저술하였다.

2. 유가행파

유식학파를 계승한 유가행파(瑜伽行派)에는 많은 논사들이 나왔다. 5세기와 6세기에 걸쳐서 덕혜(德慧, gunamasi), 스티라마티(Sthiramati, 470～550)들의 무상유식파(Nivakaravijnanavadin)와 진나(陳那, Dignaga, 420～500), 무성(無性, Asvabhava) 등의 유성유식파(有性唯識派, Sakaravijnanavadin)의 두 파로 갈라졌다. 유상유식파에서 호법(護法, Dharmapala, 530～561)이 나타나『삼십송(三十頌)』에 대하여『성유식론(成唯識論)』을 주석(註釋)하였다. 성유식론은 그의 제자 계현(契賢, Silakhadra, 529～645)을 사사(師事)한 현장(玄奘)에 의하여 중국에 전래되어 중국 법상종(法相宗)의 기틀이 되었다.

특히 유식학파의 논사 진나에 의하여 인도논리학에 신기원을 이룩한 사실은 주목할 만하다. 진나는『집량론(集量論, Pramina Samuccaya)』,『인명정이문론(因明正理門論)』등을 저술하여 양(量)·인식근거(認識根據)를 '현량(顯量)'(직접지각)과 '비량(比量)'(推論)의 두 가지로만 한정했다. 또 재래의 5분작법 대신에 주장(主張)명제인 '종(宗)'과 이유개념인 '인(因)'과 실례(實例)인 '유(喩)'의 3대 작법을 확립하고 '구구인(九句因)'에 의하여 이유개념의 주연(周緣)관계를 분명히 했다. 그의 인명(因明)을 신인명(新因明)이라 부르고 그 이전의 인명을 고인명이라 부른다. 진나 이후 샹카라스바민(Śaṅkarasvamiṅ)은『인명입정이론(因明入正理論)』, 7세기 중엽에 법칭(Dharmakirh)은『정이일적(正理一滴, Nyayabindu)』과『양평석(量評釋, (Pramana-Vatrika)』같은 논리학서를 저술하여 인도 논리학계에 영향을 주었다.

8세기 이후 미망사학파의 쿠마리라(8세기 전반)와 배단파학파의 샹카라(8세기 후반)의 불교 비판은 중론·유가학파의 약화를 가져왔다. 이 중에서도 적호(寂護, Śántarakṣita)의『진리강요(眞理綱要, Tattva saṃgraha)』, 적천(寂天, Śantideva)은『입보리행론(入菩提行論, Bodhicaryavatara)』, 사자현(師子賢, Hari bhadra)은『현관장엄(現觀莊嚴光明, abhisamayalaikara Loka)』을 저술함으로써 대승불교의 명맥을 유지하여 왔다. 이 시기의 논사들은 중관파와 유가학파의 중간적 경향을 지향했으므로 중관유가파라 부르기도 했다.

3. 밀교의 대두

7세기 초 할샤발다나(Harṣavardana)는 카나우지에 서울을 두고 일시 정치적 안정을 회복했다. 그는 독실한 불교신자가 되어 2편의 불호시(佛護詩)까지 남겼다. 현장의『대당서역기(大唐西域記)』에 자세히 기록되어 있다. 그는 힌두교와 불교를 보호하였으며, 중국 당나라와 사신 교환을 했다. 나란다 사원은 당시 불교연구의 중심지였다.

무슬림이 인도에 침입하여 정치적 안정을 누리는 13세기경까지 북부인도에서는 라쉬트라쿠타(Raṣṭra Kūta 750~975), 푸라티하라(Pratihara 750~1000), 팔라(Pala 750~1000) 등 왕조가 비교적 큰 세력을 유지했다. 팔라 왕조는 불교를 보호하여 그 치하에서 특히 밀교(密敎)가 크게 발달했다. 팔라 왕조는 마가다에 오단타푸리(Odantapurī)사(寺), 비쿠라마실라(Vikrmaśila)사 등을 건립하여 불교학뿐 아니라 형이상학·논리학·문법학도 진흥시켰다.

무슬림 교에 의하여 파괴되기까지 비쿠라마실라 사원은 인도불교의 최후 거점이었다. 비쿠라마실라의 교학·전적(典籍)들은 그대로 티베트로 옮겨가 티베트불교를 형성했다. 오단타푸리사나 비쿠라마실라사의 불교는 주로 밀교였다.

팔라 왕조 초기의 논사 가운데는 샨타라크시타(Śantarakṣita)가 가장 유명하다. 뱅갈의 왕족 출신인 그는 나란다사의 학장으로서, 중관파와 유가행파를 절충한 학설을 주장했다. 그의 저서 탓트바상그라하(TattvaSangraha)는 산스크리트 본과 티베트 본이 남아있다. 그는 티베트 왕의 초청으로 티베트에 갔다. 파드마삼부하바(Padmasambhava)는 유명한 대락(大樂)사상의 수행자로 역시 티베트로 들어가, 티베트불교의 창시자가 되었다. 샨타라크시타 논사의 제자인 카말라실라(Kamalaśila)도 티베트에서 중국 선종계의 돈오설(頓悟說)을 압도하는 유가행적 점오설(漸悟說)을 확립했다. 이 논사들은 중관파의 입장을 지키면서 유가행을 수행했다. 밀교의 행법(行法)과 유가행 사이에는 유사성이 있다. 유가행파의 형이상학적 철학이 밀교 요가로 전개될 가능성이 있다고 본다. 이리하여 이교적 밀교행법이 불교에 도입되어 준(準) 정통의 지위를 차지하게된 것이다. 이 배후에는 대승불교의 관용성이 크게 작용했음을 지적해야겠다.

밀교의 특징으로는 첫째, 주술적 의례(儀禮)의 조직화, 둘째로 교리·의식(儀式)의 신비주의적 경향 등을 들 수 있다. 주술이란 신비한 방법으로 인간의 원망(願望)을 달성하려는 수단이다. 밀교의 신비주의는 우주의 중심, 절대신(絕對神)과의 내면적 결합에 의한 심리적 체험을 말한다. 이 같은 주술적 신비주의적 요소는 초기 경전에서도 그 흔적을 찾을 수 있다. 대승 경전에서는 밀교 교의가 근본 교리와 밀접한 관계를 가지게 되었다. 7세기 이후 불·보살과 함께 밀교적 신상(神像)들이 예배의 대상으로 등장한다. 초기 경전에 보이는 밀교는 호신(護身)·양재(禳災)·초복(招福)을 위한 주문 의례였다. '다라니(Dharani)'는 대승불교에서 초복·양재를 위하여 사용되었다. 밀교는 7세기 후반 『대일경(大日經, Mahavairocana sūtra)』과 『금강정경(金剛頂經)』의 두 경을 근거로 순밀(純密)인 '진언승(眞言乘, mantrayana)'이 형성되었다. 중국의 진언밀교는 진언승의 흐름을 받은 것이다. 진언승은 지혜와 방편을 중요시한다. 밀교의 교리도 대승불교의 공 사상을 근본으로 하고 있다. 이 공성(空性)을 바르게 인식하는 것이 지혜이고 지혜의 실현을 위하여 현실상태를 그대로 긍정하고, 중생구제의 자비심에 의한 구제 실현수단이 방편이다. 밀교의 수행방법은 요가다. 요가의 수행법이 다라니·무드라(mudra, 印契)·만다라(maṇḍala)와 결부되고 화엄철학과 관련되는 데에 밀교의 특징을 찾을 수 있다. 무드라는 불·보살 제신들의 내증(內證)과 본원(本願)을 교시(敎示)하는 외상(外相)을 수인(手印)으로 표현함을 말한다. 만다라는 대일여래(大日如來)를 중심으로 배치한 도화(圖畵)이며, 다라니(또는 만트라 mantra) 무드라, 만달라는 예배의 대상으로 불·보살·명왕(明王) 등과 복잡하게 얽히며 자세한 방궤(方軌)도 규정되었다.

또 8세기 초 오뎃사 지방의 인드라부디(Indra bhūti)는 '금강승(金剛乘, Vajra yana)'을 조직 발전시켰다. 아(我)와 법(法)이 금강석같이 불변하는 자성(自性)을 가리키고, 이 금강성(金剛性)을 실현하는 방법을 김강승이라 한다. 이 김강승도 공성(空性)과 동일시되어 김강승은 공성승(空性乘)이라고도 부른다. 김강승에서는 지혜심(智慧心)을 정적(靜的)으로 파악하여 여성에 비유하고, 방편을 동적(動的)이므로 남성에 비유하여, 남녀의 교합을 요가수행의 과정에 도입했다. 쉬바 신과 샥티의 관계를 중시하는 힌두교의 탄트리즘

(Tantrism)의 영향이 농후하다. 그리고 지혜와 방편의 합일에 의하여 체득되는 궁극의 경지가 열반으로 표현되며, 반야방편(般若方便) · 대락(大樂, Mahasulha) 또는 보현(普賢)이라 불렸다. 김강승의 요가 행법을 성적 행위와 합치되는 좌도(左道) 밀교를 낳았다. 그러나 의례 · 예배 과정에 성적 교합과 향락을 도입함으로써 밀교는 자체 분해의 운명을 재촉했다.

김강승의 소의경전으로는『문수사리근본의궤경(文殊舍利利根本儀軌經)』(Mañjuśūri ūlakalpa)과『일체여래금강삼업최상비밀대교왕경(一切如來金剛三業最上秘密大敎王經』(gahya samaja tantra), 일명『비밀집회 탄트라(Tathagatagulyalsa)』등이 있다. 이 중에서『문수사리근본의궤경』에는 여러 가지 무드라 · 다라니 만트라 등이 체계적으로 수록되어 있고,『비밀집회 탄트라』는 남녀 양성(兩性)의 화합의식이 체계화 되었다. 인도 · 티베트 밀교는 이『비밀집회 탄트라』를 소중히 여기고 있다.

금강승의 분파로 시륜승(時輪乘, Kalacakrayana)이 있다. 10세기경 무스림 침입까지를 언급한 시륜승은 인도 밀교의 최후 분파가 아닌가 한다. 현재 · 과거 · 미래의 삼시(三時)에 한정된 미망에서 벗어나 '본초불(本初佛, adibuddha)'의 신앙에 의하여 해탈할 수 있다고 말한다. 이 파의 논사 아티샤(atiśa Dipankara Śrīyūana 980～1052)는 비쿠라마실라 사원의 학장으로 1042년 티베트로 넘어가 티베트 불교의 부흥에 공이 컸다.

8세기부터 12세기까지 금강아사리(金剛阿闍梨, Vajra Càrya) 등 여러 논사들은 많은 밀교문헌을 남겼다. 이 문헌 중 대부분은 티베트 어로 번역되어 티베트 대장경의 경부(經部)와 논부(論部)에 수록되었고 그 총수 3,000여 부에 이른다.

4. 불교의 쇠퇴

10세기 말, 아프가니스탄 지방의 투르크 계의 가즈니 왕조(ghazni)는 1001

년부터 1027년까지 열일곱 번이나 북인도를 침략하여 많은 노예와 전리품을 얻어 왔다. 그는 점령지를 오래 지배하지 않았으나 불교와 힌두교의 사원이나 성지(聖地)에 대한 파괴와 약탈, 승니(僧尼) 학살은 세계사상 그 유례가 드물 만큼 철저했다. 그 후에도 무스림 교의 침략과 파괴는 계속되었다. 1203년 비쿠라마실라 사원의 파괴와 더불어 불교는 인도 본토에서 자취를 감추기 시작했다. 나란다 사원을 중심으로 한 비하르 지방의 불교 멸망상황은 당시 그 지방을 순례했던 티베트 승려의 기록을 통하여 알 수 있다.

불교가 인도 본토에서 자취를 감추게 된 까닭은, 이와 같은 외적 요인에서도 찾을 수 있겠지만 한편 내적 요인도 간과할 수 없다. 부처님시대 이후 불교는 항시 전통적 브라흐만 교에 대하여 비판하는 입장에 있었다. 그러나 불교전성기에서는 브라흐만 교를 압도하는 지위에는 오르지 못했다. 브라흐만 교가 힌두이즘으로 부흥될 때 불교는 도리어 힌두이즘과 혼융되기 시작했다. 힌두이즘과의 혼융에는 금강승과 같은 외도 밀교가 나타난 것이다. 혼융과정에서는 불교는 힌두이즘 속으로 소멸되어 가지 않았는가 한다. 비쿠라마실라 사원 등이 무스림 교에 의하여 파괴될 때 많은 승려들은 티베트와 네팔로 피난했다. 오늘의 티베트 대장경의 기본은 비쿠라마라 사원의 교학 전통을 이어 받은 것이다.

부록 1

불교 예술

불교 예술은 불교적 체험을 예술적으로 표현하고 행위나 그 행위에 의하여 창작된 작품을 가리킨다. 따라서 불교예술은 창작의 소재는 불교 교리·사상이고 표현양식은 예술적이어야 한다. 그러나 실제로는 이 같은 순수한 예술작품만 있는 것이 아니고 순수한 불교적 소재를 떠난 힌두교적 요소도 가미되어 때로는 과장되어 기이한 느낌을 주는 작품도 있다.

우선 편의상 인도의 불교예술은 불교미술과 불교문예로 구분할 수 있다. 여기서 불교미술은 건축·조각·회화 등으로 분류할 수 있다.

불교건축이나 조각은 부처님 재세시부터 출가 비구들을 위한 정사(精舍)가 존재했다는 기록이 있다. 고대의 정사는 대개 탑을 중심으로 그 주변에 승방·가람·문 등이 차례로 건립된 듯하다. 탑은 유골 안치를 위한 것이었다. 입멸 후의 부처님 사리를 안치하기 위하여 최초의 탑이 세워졌고 그 후, 부처님의 제자나 장로들의 유골 안치를 위한 탑도 세워졌다. 탑 건축은 탑 신앙과 밀접한 관계가 있다. 다음으로 부처님 제자 장로들과 유서 깊은 장소에 기념탑을 건립하기도 했다. 이것을 차이트야(Caitya)라 불렀다. 탑(Stūpa)과 차이트야는 유골 안치의 유무로 구별된다.

인도건축이나 조각 등은 대개 고대·쿠샨 왕조·굽타 왕조·밀교 등으로 구분된다. 고대는 불상이 없는 무불상기이며 주로 탑이 많이 건립되었다. 쿠샨 왕조에 이르러 간다라·마투라·안드라의 여러 지방에 미술활동이 활발했으며 불상제작도 나타났다. 굽타왕조에서 제작예술은 고도로 발전했으나 힌두문화의 영향이 점점 커갔다. 밀교기에 이르러서는 불교가 힌두교로 융합되면서 밀교미술도 힌두미술과 유사해 갔다.

고대 불교 건축과 조각으로는 불탑과 아쇼카 왕의 석주(石柱)가 가장 중요하다. 사광(砂光)으로 건립된 석주는 30여 개나 건립되었으며, 100미터가 넘는 석주도 있다. 주두(柱頭)에는 동물들의 모습이 새겨져 있다. 그 중에서도 사르나트의 사자상은 일품이다. 불탑 양식으로 가장 오래된 것은 바랄홋에 있었다. 불탑자체는 완전히 파괴되어 없고, 베디카(Vedika, 欄楯)의 일부와 탑문이 캘커타 박물관에 보전되고 있다. 베디카 표면의 부조(浮彫)는 주로 불전(佛傳)과 쟈타카를 주제로 제작되었다.

그런데 불전도 중에 부처님의 상은 당연히 있어야 할 자리에 보이지 않는다. 바랄홋만 아니고 산치, 아마라바티의 조각에서도 부처님의 상은 나타나지 않는다. 초인간적 존재로 신격화된 부처님을 인간의 모습으로 제작할 수 없다는 종교적 신앙에서 불상조각을 무의식적으로 회피한 것이다. 고대불교 특징이다.

전형적 불탑으로는 산치의 대탑(大塔)을 빼놓을 수 없다. 샤타바하나 왕조의 전기 건립된 대탑 부근에는 많은 불교유적들이 있다. 벽돌이나 깎은 돌로 건조된 대탑은 베디카로 둘려 있고, 사방에 탑문이 있다. 이 같은 대탑의 주변에 있던 승방 등 부속건물은 소멸되었으나 그 구조양식은 후대의 석굴사원으로 계승되었으므로 원형이 추정된다. 산치의 조각은 아쇼카 석주의 조각과는 달리 외래적 · 서방적 기법을 완전히 소화하여 인도적 기법으로 발전시켰다. 고대의 불교미술은 산치에서 전성에 이르렀다고 말할 수 있다.

불교조각의 기원을 간다라와 마투라 사이, 어느 쪽에서 찾아야 하는가는 아직도 학계의 문제로 남아 있다. 간다라는 인더스 강의 주류와 카불 강 유역 일대의 지명이다. 이 지방에서 발달된 그리스풍 불교미술을 간다라미술이라 부른다. 간다라미술은 주로 불탑과 조각이며 회화는 남아 있는 것이 없다. 전기 조각품은 석조(石彫)가 중심이고 후기는 불상이 중심이다. 간다라 조형 중에는 완전한 형태로 남아 있는 것은 없다. 간다라 탑의 특징은 기단 산개(傘蓋) 부분이 발달하고 복발부(覆鉢部)가 퇴화했다는 데서 찾을 수 있다. 동시에 베티카와 탑문도 없어졌다. 그 대신 기단의 주변에 불감(佛龕)과 불상을 조각했다.

이는 예배대상이 불탑에서 불상으로 옮겨졌음을 의미한다. 그리스풍 기법으로 불상이나 보살상은 용태나 복장이 그리스 · 로마풍을 닮았다. 나중에 와서 석조상은 여성적 우아함이 가미되었다.

마투라미술은 고대미술 기법을 계승하고 있어 간다라의 영향은 적다. 주로 불상조각만 한 마투라 양식은 선이 굵고 우람하다. 굽타 왕조의 조각은 마투라 양식의 영향을 받았다. 마투라미술과 거의 같은 시기에 남인도에는 아마라바티 조각이 발달했다. 간다라 · 마투라와는 다르게 고대기의 불상양식을 고수하는 보수파와 불상을 표현하는 신진파로 갈라진다. 이 분파를 보수파의 소승교단과 진보적 대승교단이 공존하였기 때문이라고 보는 학설도 있다. 나가르쥬나콘다는 아마라바티 양식을 계승했으며 아마라바티와 나가르쥬나콘다의 두 양식은 산치보다 화려하고 장식적이다.

굽타 왕조의 미술은 석굴사원과 마투라양식을 계승한 불상들로 이루어져 있다. 불탑을 중심으로 챠이트야와 비하아라가 배치되어 있는 것이 본래적 불교사원 양식이다. 그러나 석굴사원은 불탑을 안치한 챠이트야·그리하와 비하라로 구성되어 있다. 불교석굴사원은 B.C. 2세기부터 조성되었는데, 초기사원은 목제 구조양식을 보여주고 있다. 챠이트야·그리하는 긴 마제혀(馬蹄形)으로 되어 있는 열매(列枚)에 의하여 내진(內陣)과 외진(外陣)이 갈라진다. 비하라는 대개 네모꼴인데 세 칸 벽에는 작은 방을 만들어 승려의 거실로 사용했다. 불교적 석굴사원은 아잔타 사원이다. 인드흐야아드리 계곡에 위치한 아잔타 석굴은 모두 29굴이다. 석굴 중 16호굴에 유명한 벽화가 있다. 아잔타 벽화는 3기로 나눈다.

제1기는 기원 전후 조성된 것인데 파손부분이 많다. 제2기는 5~6세기에, 제3기는 7세기에 조성되어 잘 보전되어 있다. 주제는 불전·본생담이고, 아름다운 장식도 있다. 고전기에 속하는 인도회화의 정상을 이룬 유품들이다. 한편 굽타기의 조각은 마투라·사르나트·부다가야 등을 중심으로 발달했다. 굽타기의 불상은 명상상(暝想像)을 표현하는데 성공했다고 볼 수 있다. 잔잔한 체관(諦觀)의 경지를 나타내는 눈 모습, 얇은 의상을 통하여 나타나는 육체의 선 등이 이 시기의 전형적 불상이다. 불상조각은 굽타시기를 정점으로 점차 쇠퇴해 간다.

밀교시기의 조각은 팔라 왕조 지배하의 벵갈·비하르 지방에만 보인다. 조각의 분류는 종래의 불상 외에 다라(多羅, Tara)·문수사리(文殊舍利, manjuśri)·마리지천(摩利支天, Marīei)·비슈누 신 등 밀교상이 많이 보인다. 8세기 이후에는 팔라 불상이 나타나고, 타아라 보살상이 대표적 작품으로 등장한다. 밀교시대의 조각에서 불교 본래의 모습은 사라지고, 힌두교와 본질적인 차이를 찾을 길이 없다. 조각기법도 전시대에 비하면 후퇴했다. 11세기부터 우상숭배를 부정하는 무슬림의 침입과 함께, 불상·사원 등은 철저하게 파괴되어 13세기에 불교미술은 인도에서 그 명맥이 끊어졌다. 그러나 무슬림의 영향을 받지 않았던 남쪽 인도에서는 9세기경부터 브론즈로 만든 여러 조각들이 발달했다. 불상보다는 힌두의 여러 신의 조각이 성행했다.

불교문학도 한번쯤 고려의 대상이 되지 않을 수 없다. 불교의 전적들은 대개 해탈을 목적으로 하고 창작된 것이므로 세간적 문예작품과는 다를 수밖에 없다. 경전 작자들의 창작 자세는 원시경전의 경우 부처님의 말씀을 어떻게 편집, 이해하는가 하는데 쏠렸다. 그러나 대승 경전의 창작자들은 자기의 종교경험을 통하여 부처의 경지를 어떻게 표현하는가 하는 데 있었다. 원시경전은 기록에 충실했기 때문에 문학작품으로는 특징 있는 것이 못되었으나 대승경전 작자들은 심리적 체험을 묘사하려 했으므로 특이한 표현법을 사용했다. 『반야경』에 보이는 부정적 표현성, 또 『법화경』·『화엄경』·『유마경』에 나타나는 상징적 표현법이 다 특이한 표현법들이라고 할 수 있다. 밀교경전은 다라니·만트라 등 상징적 표현법을 사용했다.

다음으로 불전·본생담 등은 훌륭한 문예작품을 남겼다. 특히 마명(馬鳴)의 『불소행찬(佛所行讚)』은 궁정시적(宮廷詩的) 격조를 갖춘 예술작품이다. 또 게송의 문학성도 빼놓을 수 없다. 원시경전에서는 법구(法句)·어집(語集)·환희·장로게(長老偈)·장로니게(長老尼偈) 등을 꼽을 수 있다.

부록 2

동남아시아 및 중국의 불교

1. 동남아시아 불교

1) 실론 불교

B.C. 3세기 아쇼카 왕이 전교사를 파견하여 전래된 실론 불교는 순수한 상좌부 불교였다. 마하비라 사원이 건립되고 이 사원의 전통은 잘 유지되어 여기서 버마·타이·캄보디아·라오스 등으로 불교는 전파되었다. 실론 불교는 B.C. 1세기 구송(口誦) 경전을 처음으로 문자화 하였다. 또 5세기 경 붓다고사[佛音]는 인도 대륙으로부터 도래하여 많은 경전 주석을 저술하여 상좌부 불교의 교의(教義)를 완성시켰다.

2) 버마·타이·캄보디아·라오스의 불교

상좌부 불교가 버마에서는 11세기, 타이에서는 13세기경 겨우 확립되었다. 9세기 경부터 쿠멜 족에 의하여 앙콜 돔을 수도로 해 번영했으며 유명한 앙코르·와트를 12세기에 이루어 놓았다. 그러나 앙코르 왕도(王都)를 대표하는 이 앙코르·와트는 오히려 인도 교의 색채가 농후하다. 나중에 불교사원도 추가되었다. 불교도 밀교적 요소가 강한 종파가 전래되었다. 크메르 왕조의 쇠망과 더불어 14세기부터 월남은 남 타이의 상좌부 불교가 크메르를 지배하였다. 그리고 이웃 월남은 대승과 소승이 서로 전래된 길을 달리하고 수용되었다. 즉 북부 월남은 남부 중국의 대륙불교가 전래되었고, 남부 월남에는 타이나 크메르의 상좌부 불교가 전래되었다.

그러나 스마트라·자바의 불교는 대승의 영향이 강하였다. 7세기부터 대승 불교가 보급되어 관음보살 신앙이 유행되었다. 자바에는 8~9세기 대승불교의 전성을 보았는데, 중부 자바의 보로부돌 사원은 이 시기에 건립된 것이다.

그러나 14세기 이후 이슬람교의 침입과 함께 불교는 쇠퇴하였다.

3) 중앙아시아 불교

소위 '실크로드'로 알려진 중앙아시아의 무역로는 동시에 불교 전도의 길이기도 하였다. 일찍 아쇼카 왕조의 전교사 파견부터 시작하여 이란인·로마인의 세력이 강한 서부 중앙아시아에서 불교는 이방인들에게 새로운 사상으로 받아들여지게 되었다. 그리고 천산남로(天山南路)의 남·북 두 길은 중국 전래의 중요 도로였다. 특히 코탄·누란(樓蘭) 중심으로 이란 방언과 카로슈티 문자를 사용하던 민간에는 『반야경』·『화엄경』 밀교계 경전과 밀접한 관계가 있는 대승불교가 성행하였다. 그리고 쿠챠·툴판 등의 지방에는 설일체유부계의 『아함경』, 율부(律部)의 소승불교가 성행하였다. 그리고 인도의 사원 건조를 본떠서 서역에도 석굴사원이 중국의 운문(雲門)·용문(龍門) 등에 그대로 계승되었다. 또 중국에서 유행하였던 미륵신앙·아미타신앙도 역시 서역의 영향이 엿보인다. 4세기부터 8세기까지 중앙아시아, 즉 서역을 여행하여 인도로 간 중국의 구도승은 100명 이상 있었지만 무사히 중국으로 귀국한 구도승은 40여 명에 지나지 않았다. 현장(玄奘)의 『대당서역기』, 혜초(慧超)의 『왕오천축국전』은 당시의 여행기들이다.

4) 티베트 불교

티베트의 역사는 7세기쯤 되어야 밝혀진다. 티베트로 출가(出嫁)한 당조(唐朝)의 문성공주(文成公主)에 의하여 불교가 티베트에 소개 전파되었다. 그 후 불교는 네팔, 인도에서 직접 이 나라로 전래되었다 그리고 '톰미·삼보타' 같은 고승을 인도로 파견하여 인도 언어를 배우게 하여, 티베트 문자와 티베트어 문법을 제작케 하였다. 8세기 후반 티베트는 전성기를 누렸는데, 불교계에는 인도계의 점오설(漸悟說)과 중국계의 돈오설(頓悟說) 사이에 극심한 대립이 있었다. 그러나 인도의 불안한 정세를 피하여 티베트로 망명한 불교학승들에 의하여 중국계 불교는 자취를 감추고 인도계의 불교가 우세하였다. 그리고 나중에 전래된 밀교는 티베트 고유의 샤만적 '본'교와 습합되어 티베트의 독특한 불교를 형성하였다. 그 후 티베트의 흥망사와 함께 불교에도 변천의 역정을 걸어오다가, 14세기 후반, '촌캇파'에 의하여 티베트 불교는 혁신되어 계율을 중시하는 경향으로 바뀌었다. 생불(生佛)인 '달라이 라마'의 출현은 이때였다.

티베트 대장경은 4,000여 부에 이르는데, '칸쥬르·탄쥬르'의 두 가지로 대별된다. 더욱이 삼장언어(三藏言語)가 산스크리트를 기본으로 이루어졌다는 점에서 산스크리트 문헌이 산실된 오늘날 티베트 삼장은 새로운 각광을 받고 있다.

2. 중국 불교

불교가 중국에 전래된 년대에 관하여는 여러 가지 이설이 있다. 다소 전설적인 것으로는 A.D. 67년에 전래되었다는 설이 있다. 초전(初傳)의 확실한 기록은 『위략(魏略)』의 「서융전(西戎傳)」에 나타나며, 이 기록에 의하면 B.C. 2年(前漢 哀帝) 대월씨(大月氏) 왕의 사자(使者) 이존(伊存)이 부도교(浮圖敎)를 전해 왔다는 것이다. 그 후 A.D. 65년 후한(後漢) 명제(明帝)의 이복동생인 초왕(超王) 영(英)이 황로(黃老)와 함께 불교를 믿었다고 한다.

이 같은 기록에서 불교는 서기 기원을 전후하여 소위 실크로드의 무역로를 따라 중국의 북쪽 황하(黃河) 유역에 전해졌음을 추측할 수 있다.

약 100년쯤 지나 후한 환제(桓帝, 146~167) 때 안식국(安息國, 팔티아)에서 온 안세로(安世高)가 소승경전인 『안반수의경(安般守意經)』을 번역하였고, 대월씨국에서 온 지루가참(支婁迦讖)이 『반주삼매경(般舟三昧經)』이란 대승경전을 번역하였다.

당시의 역경승(譯經僧)은 인도국·대월씨국·안식국·강거국(康居國)에서

도래한 이방인들이었다.

한편 이방에서 중국을 찾아온 데 비하여 중국에서 거꾸로 구도와 구법을 위하여 서역으로 간 중국인들도 있었다.

위(魏)의 주자행(朱子行)을 비롯하여 많은 순례승들이 서역을 찾아 나섰다.

처음 북부의 장안(長安)·낙양(洛陽)에 전래된 불교는 그 후 역경승 지겸(支謙)이 오(吳)나라의 서울 건업(建業)에서 포교하고, 월남에서 북상한 강승회(康僧會) 역시 오나라에 들어와 포교에 종사함으로써 점차 남부 중국에도 유포를 보게 되었던 것이다.

당시의 불교 포교사 중의 인물로는 동진(東晉) 초기에 북부 중국에서 활약한 불국징(佛國澄, 232~348)을 빼놓을 수 없다. 그는 중앙아시아의 구자인(龜玆人)으로 신통력과 주술로 사람들의 신앙을 얻고 국왕의 고문을 지냈다. 그의 제자 도안(道安, 312~385)은 전진(前秦) 왕 부견(符堅)의 신임을 받았고 경전 목록과 중국인 출가자를 위한 생활 규정을 작성하였다. 도안의 제자 혜원(慧遠, 334~417)은 여산(廬山)에서 백련사(白蓮寺)를 짓고 염불 중심의 결사(結社) 운동을 전개하였다.

특히 혜원의『사문불경왕자론(沙門不敬王者論)』은 불교의 보편주의와 중국의 민족주의가 대립하면서 불교가 중국적 정신풍토에 토착(土着)하는 과정에서 나타난 호교적(護敎的) 논설이다.

한편 서진(西晉)시대에는 축법호(竺法護, 232~308)가『정법화경(正法華經)』·『광찬반야경(光讚般若經)』(三萬五千頌頌般若) 등을 번역하였다.

또 이 무렵 중국의 일반사상계에는 노장(老莊)사상이 성행하고 있었다.

그래서 중국인들은 불교를 노장사상에 의하여 이해하려는 풍조가 현저히 나타났다. 즉, 격의불교(格義佛敎)의 시작이다. 불교사상의 공(空)을 노장사상의 무(無)와 대비여 설명하며 해석하려는 경향이 바로 격의불교의 특징이다. 이것은 불교가 중국에서 정착하기 위한 방편이기도 하였고, 동시에 중국 사대부 층이 불교에 접근하는 길을 터놓기도 하였다. 또 불교의 윤회사상이 도입되어 3세(世)에 달한 인과응보 개념이 중국인의 생활에 깊이 뿌리를 박게 된 것도 이때였다.

중국불교의 역경사상(譯經史上)이나 사상 형성에 지대한 영향을 남긴 인물로 구마라집(鳩摩羅什, 344~413)을 들고자 한다. 그도 중앙아시아에서 태어나 처음에는 소승불교를, 나중에는 대승불교를 공부하였다.

그는 『대품반야경(大品般若經)』·『금강반야경(金剛般若經)』·『묘법연화경(妙法蓮華經)』·『유마경(維摩經)』·『아미타경(阿彌陀經)』 등 대승법전과 용수(龍樹)의 『중론(中論)』·『십이문론(十二門論)』 등 중관(中觀)학파의 논서들을 번역하였다.

중관사상은 그의 한역을 근거로 중국에서 연구되기 시작하였다.

그의 제자 승조(僧肇)는 『조론(肇論)』을 저술하여 중국인이 이해한 공 사상을 논하였다. 이 『조론』의 영향은 당대(唐代) 이후 중국 불교사상계를 풍미하였다. 구마라집이 번역한 『중론』·『십이문론』을 근거로 중국에서 삼론종(三論宗)은 전개되었다.

불타발타라(359~429)는 동진 시대의 역경승이다. 그의 한역 『화엄경』은 화엄종 성립의 소의경전이 되었다. 그의 화엄경 한역을 실차난타(實叉難陀)의 '팔십화엄경(八十華嚴經)'이라고 한다.

담무참(曇無讖, 381~433)의 『열반경』 번역에 의하여 중국불교에 '一切衆生 悉有佛性'이란 사상이 도입되어 불성설(佛性說)의 전개를 위한 계기를 마련하였다. 또 불우하였던 역경사 진제삼장(眞諦三藏)의 업적은 크게 평가되어야 한다. 그는 『섭대승론(攝大乘論)』 등 유가학파의 경전을 번역하였다. 현장삼장(玄奘三藏)처럼 국가권력의 보호를 받은 적이 없는 환경에서 한역에 종사하였다. 그의 번역 『대승기신론(大乘起信論)』은 여래장 사상의 대표적 논서로서 당대 화엄종 성립에 영향을 미쳤다. 남북조시대에서 『섭대승론』을 근거로 섭론종(攝論宗)의 성립과 더불어 비담종(毘曇宗)·성실종(成實宗)·열반종 등 종파가 상응(相應)하는 논서를 중심으로 형성되었다.

따라서 논서를 중심으로 형성된 종파이므로 학문불교적 성격이 짙었다.

당(唐)의 법림(法琳, 572~640)은『변정론(辯正論)』에서 동진시대의 사원과 승니(僧尼)의 수를 동진 사원 1,768·승니 2,400, 송(宋) 사원 1,913·승니 3만, 제(齊) 사원 2,015·승니 32,500, 양(梁) 사원 2,846·승니 82,700, 진(陳) 사원 1,232·승니 32,000이라고 통계를 냈다.

북조에서는 태무제(太武帝), 북주(北周) 무제(武帝)에 의한 폐불, 배불정책에 의하여 피해도 있었으나, 곧 불교를 보호하는 제왕에 의하여 부흥되기도 하여 대동(大同)의 운강(雲岡), 낙양의 용문·돈황 등에 石窟사원이 건립되어 불교문화사상 위대한 문화재를 남겼다.

수(隋)와 당(唐)에 이르러 중국에는 한(漢) 이후 처음으로 통일왕조가 이룩되었다.

수(589~618) 왕조는 겨우 30여 년으로 끝났으나 당 왕조는 수 왕조를 이어 약 300년 동안 중국을 지배하였다. 중국불교는 수당시대에 황금기를 맞이하였다. 천태종(天台宗)·삼론종(三論宗)·삼계종(三階宗)·정토종·법상종·율종·화엄종·선종(禪宗)·밀교 등이 이 시기에 나타난 종파들이다.

이 가운데 삼론종·법상종·밀교 등은 인도 불교를 그대로 전래하여 색채가 농후하다. 천태종·삼계종·화엄종·정토종·율종 등은 중국 독자의 특색을 엿보이고 있다.

남북조의 불교는 인도불교의 아류로서 인도 경전의 번역과 해석에 치중하였다. 철학적 모색을 일삼는 학문불교적 색채가 짙었던 남북조불교에서는 아직 중국적 풍토에 적응, 변용된 불교를 찾을 수 없었다. 어디까지나 인도불경의 번역, 연구, 해석에 그쳤다.

그러나 584년 북주 무제의 가혹한 배불정책에 의하여 불교가 외관상 자취를 감춘 듯이 보였을 때, 서민층의 저변으로 침투(浸透)될 수 있었기 때문에 불교는 중국적으로 수용된 중국불교의 계기가 마련되었다. 이제 중국적으로 수용된 종파로 천태종을 손꼽고자 한다.

1) 천태종

지의(智顗, 539~589)에 의해서 대성된 천태종은 처음 북제(北齊)의 혜문(慧文)과 그의 제자 혜사(慧思)가 그 기초를 닦았다. 지의는 혜사의 제자였다. 지의는 남북조말의 동란기를 역경 속에서 보내며 인생의 무상을 뼈저리게 통감하였다.

조정(朝廷)에서도 그의 덕을 높이 숭앙하였지만 그는 38세 때 단연코 모든 세속적 관계를 끊고 단강성(斷江省) 천태산에서 수 년 동안 수도 정진하였다. 그 동안 법화경 사상을 중심으로 마가지관(摩訶止觀)·법화현의(法華玄義)·법화주의(法華主義)를 저술하였다. 그 위에 『중론』·『대지도론』의 사상이 가미되어 삼체(三諦)·원융(圓融)·일념삼천(一念三千) 등 독자적 사상을 전개하였다. 그의 독특한 실천법인 천태지관(天台止觀)은 불교의 실천법 가운데서도 가장 잘 정리된 것이며 선종(禪宗)에도 상당한 영향을 미쳤던 것이다.

2) 삼론종

구마라집이 번역한 용수의 저서 『중론』·『십이문론』과 제바(提婆)의 『백론(百論)』의 세 가지 논서에 의하여 성립된 것이다.

길장(吉藏, 549~623)은 삼론사상을 체계적으로 논술하였다.

삼론종에서 고구려 승려 승랑(僧朗)이 중국 사상계에 남긴 업적은 잊을 수 없다.

3) 삼계종

수의 신행(信行, 540~594)에 의하여 성립된 종파이다. 어느 종파보다도 국가권력의 박해를 받았기 때문에 종단의 형태조차 남기지 못하고 그 자취를 감추었다. 돈황 석굴에서 발견된 전적에 의하면 삼계종은 불교의 교리를 시간과 공간과 인간의 삼단계로 나누고, 신행이 살고 있던 시대를 시간적으로는 말법, 공간적으로는 오탁예토(汚濁穢土), 인간은 극락이라 규정하고 재래의 불교로는 구제할 수 없다고 하며 새로운 종파를 형성한 것이다.

4) 법상종파

현장(玄奘, 600~664)은 인도에서 귀국 후 유식 불교를 전하였다.

현장에 의하여 새로운 역경사업이 이룩되어『구사론(具舍論)』·『섭대승론(攝大乘論)』·『성유식론(成唯識論)』등 신 번역이 나왔다. 그가 번역한 경론 675부를 신역(新譯)이라 한다.『대당서역기』는 당시의 인도·중앙아시아의 여행기이다.

법상종은 그의 제자 자은(慈恩, 632~682)에 의하여 성립을 보았다. 법상종에서 중국학파와 대립한 신라 승려 원측(圓測)의 논설은 오늘에 이르러 새로운 문제를 제기하고 있다.

5) 율종

교단의 생활규정을 율(律)이라 한다. 남북조시대까지『십송율(十頌律)』·『사분율(四分律)』·『오분율(五分律)』등의 번역이 있었다. 율종은 당 도선(道宣, 596~667)에 의하여 성립되었다. 도선은 이밖에도『속고승전(續高僧傳云)』이라는 저술을 남겼다.

6) 화엄종

화엄종이 학문적으로 연구되어 화엄학의 발달을 보아 오다가 두순(杜順, 557~640)에 의하여 화엄종의 성립이 이루어졌다.

그는 화엄종을 깊이 연구하는 학자일 뿐 아니라 스스로 실천에 옮긴 종교인 이었다. 신통을 부려 민중의 존경을 받기도 하였다.

그의 『법계관문(法界觀門)』은 화엄종 성립의 근거가 되었다. 그러나 화엄 종의 제2조 지엄(智儼, 602~668)은 초조(初祖) 두순과는 달리 철학적 화엄 사상을 전개하여 『수현기(搜玄記)』를 저술하였다.

화엄종의 대성자(大成者) 법장(法藏, 643~712)은 이 지엄의 제자이다. 유 명한 신라의 승려 의상(義湘, 635~702)은 지엄의 문하로서 법장과 동문이었 다. 신라의 화엄종은 의상과 원효(元曉)에 의하여 이루어졌다.

화엄종의 강요(綱要)라 할 수 있는 『화엄오교장(華嚴五敎章)』은 법장의 저술이었다. 그 후 징관(澄觀, 738~839)이 4조로 등장하여 당시 성행하던 선(禪)과의 융합을 시도하는 경향을 보였다.

그리고 『선원제전조도서(禪源諸詮條都序)』를 저술하여 교와 선의 일치를 주장한 오조 종밀(宗密, 780~841)은 징관의 법맥을 이었다.

7) 정토교

인도에서 성립된 정토종 경전인 『관무량수경(觀無量壽經)』・『무량수경』・ 『아미타경』 등이 한역되어 중국인에게도 서방정토 관념이 뿌리박기 시작하였 다. 염불을 외우며 왕생극락을 주창하며 정토종을 일으킨 사람은 북위(北魏) 의 담진(476~542)이었다. 불로장수를 희구하여 도교(道敎)에 입문하였다가 불교로 개종하였다.

중국의 정토종은 그 후 도작(道綽, 562~645)이 나타나 『안락집(安樂集)』을 저술하여 말법시대에는 정토문(淨土門)만이 구제받을 수 있다고 주장하였다.

8) 선종

보리달마 이전에도 구마라집의 한역『좌선삼매경(坐禪三昧經)』이 소개되어 남북조시대에는 깊은 산속에서 좌선에 전념하는 승려들이 있었다.

이 같은 시대적 배경을 안고 6세기 초, 달마대사가 중국에 도래하였다. 이조 혜가(慧可, 487~593), 삼조 승랑(僧朗, ?~606), 사조 도신(道信, 580~651), 오조 홍인(弘忍, 602~675)의 제자인 신수(神秀, 606~706)와 혜능(慧能, 638~713) 사이에서 북종과 남종으로 양분되었다.

북종은 보적(普寂, 651~739), 의복(義福, 658~736) 등이 계승하여 남종의 하택신회(荷澤神會)의 맹렬한 비판을 받았으나 화엄종의 징관(澄觀)에 큰 영향을 주었다.

남종의 혜능 문하에는 남악회양(南岳懷讓, 677~744), 청원행사(靑原行思, ?~740)가 법맥을 이었다. 남악회양에서 홍주종(洪州宗)이 갈라졌고, 이 홍주종은 마조도일(馬祖道一, 707~786), 백장회회(百丈懷悔, 720~814) 같은 선객을 배출하여 8~9세기의 불교계를 주름잡았다.

선원(禪院) 독자의 생활규범인「백장청규(百丈淸規)」는 이 백장회회의 저서이다.

그 후 9세기 중엽 황가 인운(印運, ?~850), 임제의현(臨濟義玄, ?~867)이 임제종을 창종하여 선풍(禪風)을 떨쳤다.

한편 청원행사에서 갈라진 조동종(曹洞宗)은 8~9세기경 석두희환(石頭希還, 700~790), 낙산유엄(樂山惟嚴, 745~826), 운엄담성(雲嚴曇晟, 770~826) 등을 배출하였다.

9) 밀교

밀교의 체계적 연구는 당대(唐代)에 이르러 이루어졌다. 선무외(善無畏, 637~735)는 밀교의 기초를 이룬『대일경(大日經)』을 번역하였고 그의 제자

일행(一行, 683~727)은『대일경』의 주석서『대일경소』를 저술하였다.

그 후 금강지(金剛智, 671~741)가 중국으로 도래하였고, 그의 제자 불공(不空, 705~774)은『금강정경(金剛頂經)』을 번역하였다.

불교사상사

여기 아름다운 백합꽃 한 송이가 피어 있다
고 하자. 지금은 그 아름다운 모습이 많은 사람
의 시선을 끌고 있을 것이다. 아는 아름다움이
란 꽃이 시들면 사라진다. 꽃으로서 아름다운
모습을 잃는다면 몹시 뼈아픈 일이겠으나 그렇
다고 제아무리 애쓰더라도 꽃이 시들어 감을
막을 길은 없다.

원시불교사상

I

a) 무상 (無常, anicca)

여기 아름다운 백합꽃 한 송이가 피어 있다고 하자. 지금은 그 아름다운 모습이 많은 사람의 시선을 끌고 있을 것이다. 아는 아름다움이란 꽃이 시들면 사라진다. 꽃으로서 아름다운 모습을 잃는다면 몹시 뼈아픈 일이겠으나 그렇다고 제아무리 애쓰더라도 꽃이 시들어 감을 막을 길은 없다. 꽃은 피면 지기 마련이다. 아름다움을 그대로 이어보려는 욕망만으로 꽃의 생명이 쇠잔해 감을 저지할 수는 없다. 무상이다(anitya, anicca). 욕망이 충족되지 않을 때 뒤따라오는 것은 고통이다(duhkha, dukkha). 상주 (常住, sasvada)를 바라던 기대가 어긋났을 때 "괴로움"이 느껴진다. 이러한 무상과 괴로움은 백합꽃 한 송이만이 아니라 천만가지 꽃들에게도 다같이 그대로 되풀이된다. 그리고 인생에게도 이것이 바로 소박한 구체적 현실의 실상 (實相, laksama)이다. 원시 경전은 이 실상을 아래와 같이 말하였다.

"色無常, 無常卽苦, 苦卽非我(無我)……

Rupam aniccam yad aniccam tam dukkham yam dukkham tad anatta……"

S.N. X XII[1]

---

1) 『雜阿含經』 권1, 권2

무상(aniccam, anitya)은 상 (常, nicca, nitya)의 반의어로서 고정불변이 아니고 '변이 (變易, viparinama)한다', 즉 '시간적으로 변화한다'는 뜻이다. 시간이 흘러감에 따라서 변이(변화) 유전(流轉)한다는 말이다. 일체가 무상이라고(sabbe aniccam)한다면 모든 것은 '시간적으로 변이하는 존재'라는 말이다. 시간적으로 변이하지 않는 존재는 아무 것도 있을 수 없다는 말도 된다. 시간의 지속성(Duration of time)이나 시간의 연장성(延長性, Extantion of time)은 모두 무상 앞에서는 부정된다.[2] 다만 시간적으로는 순간(利那, ksana)이 있을 뿐이다. 오늘의 아름다운 백합꽃 모습이 꼭 그대로 내일도 아름다울 수는 없다. 무상의 제일의의(第一意義)가 모든 것은 시간과 더불어 흘러간다는 뜻이겠으나 우리가 일상 쓰는 것을 말하지만 말로는 '내일이 없다'는 뜻도 된다. 우리 자신이 내일이 있는 것 같이 생각하는 것은 무상함을 깨닫지 못한 탓이다(無明, aviyya). 내일을 생각한다는 일은 오늘의 연장으로 내일을 생각하는 것이니 벌써 '무상'을 '상(常)'으로 생각했기 때문이다. 내일의 시간은 오늘 그대로의 연장선상에는 있지 않는다.[3]

그런데 무상을 설법하실 때 불타는 왜 '何以故', 즉 무상한가의 이유는 명백히 밝히지 않았다. 모든 것은 인연(paccaya)으로 생겼기 때문에(衆因緣生) 무상하다고 무상의 이유를 밝힐 수도 있으나 초기 아함경전 가운데에는 이 같이 분명히 말씀한 곳은 거의 없다(이 사실은 매우 중요하다). 그러면 불타는 왜(?) 무상의 이유-논리적 근거-를 밝히려고 하지 않았을까?

불타는 논리학의 스승이 되기를 원하지 않았다. 더구나 궤변가는 아니었다. "衆因緣所生故로 無常이다"라고 하면 논리로써는 충분할지 모른다. 무상일반(無常一般)은 이것으로 설명될 것이다 그러나 무상 안에 살고 있으면서 무상을 그대로 느끼고 겪어야 할 인생의 문제—'나'의 문제—는 냉철한 논리만으로는 아무래도 미흡한 데가 있다. 종교는 논리(logos)보다는 실감(實感,

---

2) Stcherfatsky ; The central conception of Buddhism and the meaning of the word "Dharma"
3) 오늘이 다만 어제의 연장이라면 오늘의 절망(絶望)은 탓할 길이 없다. 시간은 단절(斷絶)이다.

pathos)에 더 가까운 것 같다. 무상은 객관적으로 관조되는 위치에 놓여 있는 것이 아니고 바로 '나'와 함께 있다. 아니 바로 '내'가 무상이다. 이러한 무상은 이유 없이 그대로 받아들이고 솔직한 태도를 갖고 부딪힐 때 오히려 그 실제의 상(相)이 여실히 파악될 것이다. 원시불교의 무상은 논리적 추구에 의하여 도달된 결론이 아니고 이와 같은 무상과의 솔직한 대결에서 파악된 직관적 결론이라고 본다. '연기(緣起)이니까 무상'이지 하고 논리만을 앞세우지 말고 무상을 무상 그대로 받아들이는 태도가 무상이 던져주는 '무상함'을 더 강렬하게 실감하게 된다. 이러한 강렬한 실감에서 강력한 실천의 힘은 솟아나올 것이다. 그래서 불타는 아무 이유도 밝히지 않고 다만 '무상하다'고 설법했다고 생각한다.

그런데 내가 이 논문에서 무상의 성격을 구명하고 무상의 의의를 해석하려고 한다면 무상은 솔직히 실감하여야 한다는 '불교'의 입장에서는 한갓 무용(無用)한 희론(戲論, prapanca)에 지나지 않을지 모르겠다. 그러나 '불교학'의 입장은 무상의 성격을 추구하고 그 의의를 해석하려는 '학적(學的) 태도'를 필수요건으로 한다. 그러한 '학적 태도'는 불교학의 권리로써 용인되어야 한다고 본다. 여기에서 '종교'로서의 '불교'와 '학문'으로서 '불교학'의 한계문제가 대두한다. 불교의 궁극적 비의(秘義)는 언어의 매개로는 아무래도 도달할 수 없는 경지에 있고 언어로 비의가 표현되면 비의로서의 의의는 상실한다는 것이 여러 조사(祖師)들의 주장이었다. 언어의 길(매개작용)이 완전히 끊어지는 곳에 '무엇(kim)'이 있다는 것이다. 그래서 언어는 처음부터 침묵을 지키는 편이 오히려 도(道, satya)에 가깝다고까지 극언한 선사(禪師)도 있었다. 용수(龍樹, Nagariuna)같은 대석학이 『중관무외소(中觀無畏疏)』에서 'Na kvacit kascid dharma buddhana dasitah(어디서나 누구에게도 불타는 법을 말한 일이 없다, 無人亦無處 佛亦無所說)'[4]라고 한 것도 언어의 희론보다는 침묵의

---

4) 『中觀無畏所』 「涅槃品」 24偈

세계에 불타의 법이 있음을 암시하였다고 본다.

그러나 무상의 의의를 해석하려면 언어를 매개로 한 개념화의 방법을 빌려오지 않을 수 없다. 다시 말하면 무상의 의의를 해석하려는 '불교학'은 '말'을 하지 않을 수 없다. 언어의 표현역량으로는 가능한 극한선에 이르기까지 무상의 성질을 언어로써 표현해 보려는 것이 불교학의 태도이다. 정말 말로서는 도저히 표현이 불가능한 경지—언어의 길이 완전히 두절된 경지—가 나타날지는 모르겠다. 그러면 언어의 길이 막힐 때까지라도 언어(문자)를 세워서 말해야 한다. 언어의 길이 막히는지 막히지 않는 지는 그 길을 가봐야 안다. 길을 가보지도 않고서는 그 길이 막혔는지 막히지 않았는지는 알 수 없다. 더구나 길을 떠나지도 않고서 그 길을 막혔다고 할 수는 없다. 길이 어디서 어떻게 막혔는가는 그 길을 더듬어 감으로써 알아내려는 것이 학문이다.[5] 불교학은 언어(문자)의 길이 어디서 끊어졌는가를 언어의 길을 더듬어 감으로써—'말'을 함으로써—추구해 보려는 것이다. 정말 말의 극한한계를 알아보려고 말하는 것이다. 말의 극한한계란 말이 전연 소용이 없는 경계이다. 그러면 불교학은 결국 말이 소용이 없다는 것을 알아내기 위하여 말을 하는 것이 된다.

그런데 불교학이 과연 언어가 끊어지는 비의의 경지를 구명할 수 있을까? 아마도 불교학은 겨우 달의 방향을 가리키는 손가락(標月之指) 구실밖에 못할지 모르겠다. 불교학의 숙명이—모든 전적(典籍)의 숙명이—언어의 매개작용으로 이루어지는 한 표월지지(標月之指) 노릇을 함으로써 최상의 의의를 느껴야 할지 모르겠다. 그렇다고 하더라도 달의 위치에 더 접근함으로써 달의 방향을 더 정확히 가리킬 수 있다면 불교학은 역시 달의 경계를 향하여 언어의 길을 더듬어 갈 수밖에는 없다. 언어의 길이 다하여 말이 소용없음을 깨닫고 말을 하지 않는 날이 올 때까지는. 그리고 그 날이 올 때까지 불교학은 마치 언어(문자)의 무용론(不立文字)을 부르짖으면서도 여전히 언어(문자)를 사용했

---

5) 희랍어 methodes=방법=method. meta+odos, go along+way; 길을 따라감.

던 역대의 조사들처럼 결국 정말 말을 하지 않기 위하여 말을 해야 하겠다. 그 날이 오면 용수가 'Na kvacit kascid dharma buddhana dasitah'라고 설파한 진면목이 나타날 것이다.

나는 여기에서 하나의 불교학을 공부하는 학도로서 무상, 고(苦), 무아(無我)로 시작한 불타의 근본사상을 언어의 표현이 미치는 한계에까지 나의 표현능력을 다하여서 구명해 보려고 한다.

Rupam aniccam(色無常)의 의의를 다시 해석해 보기로 하자. 무상을 논할 때 한 가지 유의해야 할 점은 색무상의 무상과 『장아함경(長阿含經)』권17에서 '我世間有常 我世間無常……我世間有邊 我世間無邊' 할 때의 무상의 의미와는 다르다는 것이다. 범어로 색무상은 anitya(anicca)이지만 我世間無常의 무상은 asasvata로 나타낸다. '我世間無常 無常'의 常은 그 다음의 문구 '我世間有邊 無邊'의 뜻으로 미루어서 생각할 때 후자가 공간적인 유한과 무한을 의미한 데 대하여 전자는 시간적인 유한과 무한을 의미하고 있음을 용이하게 알 수 있다. 그리고 시간적인 무한은 영원(永遠)을 의미한다. 이러한 견해(drsti)를 당시에는 소위 상견(常見, sasvata-drsti)[6]이라고 불렀다. 이 상견에 대립하는 견해로서 시간적인 유한을 주장하던—따라서 현세적인 향락만을 추구하던—단견(斷見, ucchada-drsti)[7]이 있었다. 불타는 상견론자(常見論者)나 단견론자(斷見論者)나 양자 모두를 극단에 집착한 변궤(邊軌, anta-graha-drsti)의 사견(邪見)이라고 배척하였다. 상견과 단견의 양변(兩邊)을 부정하고 지양한 입장에서 불타는 무상을 설했다.

무상은 '시간이 가는 데 따라서 변이(變易)한다'는 의미는 구체적으로는 어제 아름답던 백합꽃이 오늘도 꼭 그와 같이 아름답고 또 내일도 꼭 그대로 아름다워질 수는 없다는 말이다. 어제와 오늘과 내일의 백합꽃이 언제나 '동일한

---

6) 常見(sasvata-drsti), 宇井 氏, 『印度哲學硏究』제2, p.328

7) 斷見(ucchada-drsti), ibid. p.328

꽃'이 될 수 없다는 말은 '영원한 동일'-즉 상견-을 부정하는 입장을 가리킨다. 그렇다고 '시간'이 가는데 따라서 변이한다는 의미가 오늘의 아름다운 백합꽃은 오늘만 아름답지 내일은 단멸(斷滅)한다는 말은 물론 아니다 오늘만이 있고 내일은 없다는 말은 단견을 가리킨다. 불타가 설한 무상은 어제와 오늘이 '전연 동일'하다는 뜻도 아니고 반면에 어제와 오늘은 '전연 다른 것'이라는 뜻도 아니다. 다만 시간이 흘러감에 따라서 변이해 가는 상태를 가리킨다. 오늘과 내일이 전연 동일한 것이라면 변이의 상태는 있을 수 없고 또 반면에 전연 단절된 것이라고 하더라도, 즉 오늘만이 있다고 하더라도 '변이'의 상태는 역시 있을 수 없다. 변이의 상태는 오늘과 내일의 관계가 전연 동일하지도 않고 또 전연 별이(別異)하지도 않는 유동(流動)에 있음을 말한다. 일체가 이러한 변이의 상태에 놓여 있다고 말하려는 것이 불교적인 무상의 견해이다.

무상의 의의는 대개 위에서 말한 바와 같다. 그런데 '일체무상(一切無常, sabbe aniccam)'이라고 할 때 '일체무상'의 명제 자체의 진의(眞義)도 무상일 것인가? 만약 그 명제 자체마저도 무상이라면—즉 시간이 감에 따라서 변이하는 것이라면—그것은 모든 시대에 타당(妥當)할 수 있는 불타의 법(dharma)은 될 수 없다. 모든 것이 시간과 더불어 변천해 가더라도 불타의 법만은 초시간적으로 타당할 수 있는 진리가 되어야 한다. 여기서 시간적으로 변이하는 '일체(sabbe)'와 '일체는 시간적으로 변이한다'고 설법한 불타의 법과의 관계가 문제된다. '일체가 시간이 감에 따라서 변이한다'고 할 때 변이의 상태에 있는 것은 '일체'이지 '법'은 아니다. '일체무상'이라고 할 때 무상인 것은 일체이지만 '일체무상'이란 법 자신은 아니라는 말이다. 오히려 '일체는 무상한 법'이니까 모든 것은 시간이 감에 따라서 변이한다고 하겠다. 법의 원어(原語) Dharma가 어근 √dra: 'fear, hold, keep…; 지니다, 지탱하다, 바탕이 된다…'에서 파생했다는 어원적 의의는 법(dharma)의 진의를 명료하게 설명해 준다고 본다. 즉 Dharma는 자신은 자신대로 지니면서 Dharma가 아닌 것은

Dharma 아닌 것이 되게 하는 바탕이 된다는 뜻이다. 예를 들자면 '무상법(無常法, anitya dharma)'은 자신은 변이의 상태에 있지 않은 채로 지니면서 일체는 변이의 상태에 있게 하는 법(dharma)이라는 말이다. 이렇게 되면 우리가 무상을 이해할 수 있는 바탕도 무상법이라고 말할 수 있다. 이것은 중국학자가 dharma를 '任持自性, 軌生物解' 또는 '能持自性 軌生勝解'라고 번역한 의미와 아주 상통한다. 그리고 자기 스스로는 자성을 지니고 있으면서 일체물(一切物)을 이해하는 '軌'가 된다고 한 한역(漢譯)의 의미는 어근 √dra에서 파생하였다는 dharma의 어근적 의미와도 매우 가깝다. dharma[8]에는 법 이외에도 법칙(law), 궤범(norm), 관습(habit) 등의 어의(語義)가 있는 것도 어근의 의미로 미루어 볼 때 이해가 간다.

　우리가 일상용어에서 법이라는 말은 자주 쓰는데, 그러한 경우의 법의 의미도(엄밀한 의미에서는 차이가 있지만) 법의 본의와 그다지 동떨어진 차이는 없다고 본다. 우리는 항시 "가을이면 꽃은 지는 '법'이야"라고 하든지, "물은 아래로 흐르는 '법'이야"라고 아주 자연스럽게 '법'의 발음을 한다. 이러한 경우에 그 법의 의미를 음미해 보면 가을이면 꽃은 지는 법이니까 지고 물은 아래로 흐르는 법이니까 아래로 흐른다고 함으로써 지는 꽃, 흐르는 물의 현상을 손쉽게 정리해서 이해하려고 한 것을 알 수 있다. 꽃은 지는 법이 있고 물은 흐르는 법이 있으니까 그 법을 바탕으로 한 일체의 현상은 그 법대로 되게 마련이라고 생각한 듯하다. 이와 같은 개념은 불교의 dharma의 개념에서 전출(轉出)된 것이 아닌가도 추측해 본다.

　일체가 무상이라고 할 때 무상인 것과 일체무상이라는 법의 관계에서 일체무상을 이해시키는 궤범(규범, norm)이 바로 dharma(법)임을 알았고 그 dharma 자신은 무상이 아님도 알았다. 그런데 그러한 궤범으로서의 법은 일체무상을 이해하는 주관(主觀) 편에 있는 것이 아니고 주관에 대한 관계와는 대

---

8) Dharma; law, duty, right, justice, morality, virtue. by sir Monier.

립되어서 무상한 일체의 '궤'(norm)로 되어 있다. 만상(萬象)을 유전(流轉)케 하는 법(dharma)이면서 또 만상이 유전함을 이해시키는 규범이 되는 법은 만 고에 변하지 않는 불타의 법으로써 시간을 초월하여 타당성을 띠게 될 것이다. 우리가 불타를 안다면 불타의 법을 보았기 때문이다. 우리가 보는 것은 불타라 기보다는 불타의 법이다. 종교학의 입장에서 보는 불타는 법 안에 있는 불타이 다. 법으로 환원된 불타이다. 불타가 곧 법이고 법이 곧 불타이다. 그래서 불타 는 'yo kho dhammam pcssati, so mam passati, yo mam passati so dhammam passati(법을 보는 자 나를 보고, 나를 보는 자 법을 본다)'고 하였다.[9]

b) 고(苦, dukkha)

무상 즉 고(苦 , aniccam tam dukkham). 『아함경』에서는 '고'를 두 가지 방 면을 분석해서 설명하였다. 첫째는 '무상이 곧 고'라고 하였고, 둘째는 '범부의 갈애(渴愛, tanka)가 충족되지 않을 때 느껴지는 고'라고 하였다. 그러면 '무상 인 고(故)로 고(苦)'인지 '갈애가 있는 고로 고'인지 하는 문제가 생기겠으나, 이것은 두 가지 방면이 다 옳다고 본다. 다만 하나는 객관적인 '일체의 무상'에 중점을 두었고 다른 하나는 주관적인 갈애에 중점을 두었다는 차이가 있을 뿐 이다. '일체는 무상'법에 의항 변이의 상태에 놓여 있는데 범부에게는 충족될 수 없는 상(常)의 갈애가 있어서 '苦'를 겪게 된다. 즉 '무상'을 '무상'대로 받아 들이지 못하는데 고의 원인이 있고 '무상'을 '무상'대로 받아들이지 못하게 하 는 것이 범부의 갈애이다. 그래서 경전에서는 '무상'과 '고'와 '범부의 갈애'는 항상 같이 따라 다니고 있다. 그러면 '무상'을 솔직히 받아들임으로써 갈애를 끊어버린 성자(聖子)에게도 '고'는 있는 것인가? 없다. '무상'을 무상대로 수용 할 줄 아는 성자에게는 상주(常住)를 갈애하는 욕망이 일어나지 않을 것이니

---

9) Dharmam의 개념은 원시불교, 소승불교를 거쳐서 龍樹에 이르면 달라진다. 空觀에서는 본 논문의 법의 개념은 비판받으리라. 그러나 본 논문의 범위는 원시불교사상에 한정되어 있다.

고는 있을 리 없다. 고는 갈애의 충동 때문에 무상을 그대로 받아들이지 못하는 범부의 세계에만 있다. 범부의 세계라는 의미가 바로 고의 세계라는 의미를 가리킨다. 불교 용어인 세간(世間, loka)의 어원적 의미를 미루어 생각하면 범부의 세계와 고의 세계가 같은 장소라는 것을 우리는 더욱 똑똑히 알 수 있다. 세간(세계)에 해당하는 범어 loka는 어근 √luj에서 왔다. √luj는 break(깨지다), destroy(끊어지다) 등의 괴멸(壞滅)의 뜻을 갖고 있다. 그래서 '괴멸(lujjati)하니까 세간이라고 부른다'고 불타는 비구들에게 설법한 일도 있다.[10] 괴멸하니까 세간이라고 부른다는 것은 세간과 괴멸은 같은 의미라는 말이다. 그런데 괴멸은 무상을 가리키고 무상은 범부에게는 고를 의미한다. 즉 세간과 고는 동의어에 속한다. 그래서 불교에서는 범부세계를 고해 또는 화택(火宅)이라고 비유한다. 불교의 이상은 고해, 화택에서 고를 겪고 있는 범부에게 고의 근본을 깨닫게 함으로써 고를 끊고 열반증오(涅槃證悟)에 도달하게 하는 데 있다.

범부의 세계에도 열반증오의 경지로 들어가려면 반드시 한 번은 범부세계에 대한 부정-적극적 부정행동으로서의 반항(resistance)이 있어야 한다. 이 반항행동은 반항을 받는 범부세계 편에서 볼 때는 반역(revolt)으로 나타난다(이 반역이라는 말은 불교 용어인 厭離世間과 상통한다). 그런데 이 반역의 계기가 범부만이 겪고 있는 고에서 파악되지 않을까 한다. 그래서 경전은 무상만으로도 충분히 고의 의미를 나타내건만 일체무상이라고만 하지 않고 일체 고까지를 말함으로써 고의 의미를 강조했다고 본다. 무상 즉 고(yad aniccam tam dukhham)라고 하면 무상은 곧 고와 같다는 뜻이 되겠지만 범부세계를 반역하는 동기는 '무상'보다는 '고'에서 오는 것이 아닐까? 인생의 생로병사를 목격하고 심각(深刻)한 무상을 체험한 젊은 불타가 지고의 지위를 버리고 출가를 결행한 직접적 동기는 아무래도 생로병사가 주는 무상관(無常觀)보다는 생로병

---

10) 相應部 35·82

사 즉 무상이 주는 심장(深張)한 고관(苦觀)에 있지 않았는가 한다. 출가라는 말은 반역이란 말의 불교적 표현이다. 불타는 '고'를 절감하고 고의 문제와 대결하면서부터 출가할 것을 결심했다고 생각한다. 고는 객관적으로 대조(對照)되어지는 위치에 놓여 있는 것은 아니다. 내가 고 안에서 살고 있고 바로 내가 '고'이다. 이러한 '고'는 고와의 진지한 긴장(緊張) 대결에서 점차 고의 정체가 객관적인 것이 아니라 실은 주관적인 마음(citta)의 작용임을 알기 시작한다. 즉 범부의 눈이 점차 고의 원인을 객관적인 것으로부터 주관적인 마음 안에서 찾기 시작한다. '전환(轉換, conversation)'이다. 그리고 이 '전환'의 계기가 고와의 긴장 대결 상태에서 파악된다. 이리하여 범부의 세계에 대한 반역과 대결적인 전환은 양자가 다 고를 계기로써 일어남을 알았다. 출가의 결심이 대외적으로는 세간에 대한 반역으로 나타나고 대내적으로는 사유의 전환으로 나타난다. 출가는 열반으로 향하여 떠나는 출발이다. 그 출발이 '고'를 계기로 하고 시작한다는 말이다. 사성제(四聖諦, catvari arya satyas)의 제일제(第一諦)로 고제(苦諦)를 설법하였고 추리적 순서에 의한 십이지연기(十二支緣起)도 제일지(第一支)는 노사고(老死苦)로 시작한 것도 이러한 까닭이 아닌가 한다.

　대내적인 전환은 종교적 신앙의 발로이다. 이러한 전환의 뒷받침 없이 범부의 세계에 반역만 한다는 일은 자칫하면 염세사상에 빠진다. '고'를 객관적으로 관조하는 한 고는 반역할 수 없는 확고부동한 대립물로써 나를 괴롭힐 것이다. 그러나 종교적 전환으로 발휘된 신앙적 반성은 고의 진상이 무명(avijja)에 가려진 마음(心, citta)의 갈애가 대외적으로 투영된 신기루에 지나지 않는다는 것을 점차 알게 할 것이다. 앞에서 '고'에 대한 진지한 긴장 대결 상태에서 종교적 '전환'의 기운은 싹트기 시작한다고 하였다. 그 종교적 전환은 신앙적 반성을 통하여 진지한 고의 인식을 얻게 하는 것을 우리는 위에서 보았다.

　진실한 고의 인식은 고에 대한 진지한 대결에서 오는 것을 알았다. 고에 대한 진실한 대결이 한편으로는 세간에 대한 반역으로 나타나고(세간은 고이니까)

다른 한편으로는 종교적 전환으로 나타난다. 출가는 이러한 '고'에 대한 진실한 긴장 대결의 표현이라고 본다. 그리고 염세사상은 고와 대결함으로써 파악되는 진실한 고의 인식 앞에서는 무산된다. 여기서 진실이란 철저하고 투명하다는 말이다. 고와의 철저한 대결은 철저한 종교적 전환의 동기가 되고, 철저한 종교적 전환은 투명한 고의 인식을 초래한다. 투명한 고의 인식 앞에는 염세사상은 있을 수 없다. 염세사상은 항상 고에 대한 불투명한 인식에서 오기 때문이다.

이러한 고의 의미가 상식적 세계에서 말하는 낙(樂, sukka)의 개념인 '고'와는 구별되어야 함은 더 말할 필요가 없다. '無常卽苦'의 고의 반대는(고가 세간을 의미하니까) '열반'이다. 고가 범부의 현실상을 말하는 것이니까 고의 반대는 불교의 이상인 열반이어야 한다. 그런데 보통 고의 반대개념을 낙으로 보는 데서 열반을 낙의 경지로 생각하게 되었다. 그러나 이것은 엄격히 구별되어져야 한다. 출가의 동기가 된 '고'의 의의는 출가가 '열반증오'를 지고의 이상으로 하는 데에 있다. 다만 낙을 찾기 위한 목적에서 출가한 것은 아니다. 비록 '고'의 원인이 범부의 무명에 있다고 하더라도, 다만 범부이기 때문에 고를 겪어야 함은 비극이다. 그리고 비극의 원인이 자기의 무명에 있는 것조차 모르면서도 비극의 고통을 겪고 있는 것이 범부의 현실이다. 이러한 비극적 현실을 초극하는 것이 불타의 이상이었다. 비극적 현실을 초극하려면 비극의 근저가 되고 있는 '고'의 진상을 파악해야 한다. '고'의 진상을 파악하려면 고의 문제와 정면으로 대결할 수밖에는 없다. 그런데 고와 어떻게 대결하는가? 그리고 '어떻게 고와 대결하는가?' 라는 문제는 불교 전체의 문제이기도 하다.

c) 무아(無我, anaātman, anatta)

'苦卽 無我 無我者亦無我所'(yam dukkham tad anatta, yod anattam netam mama, neso ham asmi, neso ham asmi)

무아 사상은 원시불교의 중심 사상일 뿐 아니라 불교사상 전체의 근저가 되는 중요 사상이다. 이 사상은 '상주(常住)의 아(我, ātman)는 있다(sat)'고 주장해 내려온 전설적 인도철학 사상과는 정면으로 대립되는 비정통계의 사상이다. 여기서 잠깐 불타 이전과 불타 당시의 인도 사상계를 일별하기로 하자.

정통 바라문계 사상에 있어서 중심이 되는 것은 아(ātman)의 개념이다. ātman은 어원 ā + tman('this I', '이', '나', '此我')인데 전변하여 생명의 근원이 되는 '呼吸'으로 되었다. 호흡이 생멸의 근거가 되고 또 인격 존재의 근거가 된다고 느낀 데서부터 한 걸음 더 나아가 현상의 본질, 생명의 근원으로써 ātman의 존재를 요체(要諦, pastu late)하게 되었다. 그리고 이러한 생명의 근원으로써 ātman은 상주하는 영원한 존재가 되어야 한다고 생각하였다. 그래서 그들은 ātman을 '산 같이 상주하고 돌기둥(石柱) 같이 부동(不動)이다'[11]라고 하였다. 이러한 ātman의 개념은 필연적으로 우주의 근원적 존재이며 조물주인 brahman(梵)의 개념에 접근해지다가 나중에 발전한 단계에 이르러서는 brahman이 곧 ātman이라고 하는 범아일여(凡我一如) 사상(brahma-ātma-aikyam)까지 나오게 되었다. 그러나 완성된 범아일여 사상에 이르기까지는 ātman은 brahman에 가까운 보편아(普遍我)의 성격을 띠면서, 한편으로는 호흡하는 생명체로써 개체아(個體我)의 성격도 구유(俱有)한다. 육체를 지니고 있기 때문에 무상[有限]한 개체아가 상주[永遠]의 보편아, 즉 정신적 범아와 동등한 지위까지 상승하려는 욕망이 종교적 실천면에 나타난 것이 선정(禪定, dhyana)과 고행(苦行, sapas)이다. 선정과 고행으로 인도인은 육체의 지속 때문에 노예가 되어버린 개체아가 노예의 지위에서 해방되어 정신적 범아의 절대적 희열(해탈, moksa)에까지 도달할 수 있다고 믿었다. 그들에게 있어서 '범아일여'는 곧 종교적 해탈을 의미하였다. 범아일여를 관(觀)하는 철학적 지혜가 곧 그들이 이상인 종교적 해탈을 보는 지혜이기도 했다. 그러니까 인도인은

---

11)『長含梵動經』

유한한 개아가 영원한 범아와 일여가 되는 것을 최고의 목표로 하였다.

이 목표를 실천하는 종교적 실천행으로 불타 출생 당시 인도사상계에는 선정을 주장하는 바라문 계급과 고행을 주장하는 사문 계급이 있었다. 태초에 유일한 정신적 원리인 brahman이 있고 우주는 brahman의 변화전류에 의하여 창조되었다고 생각했던 바라문 계급[12]은 가능한 한 정신적인 범을 물질적 육체의 악으로부터 이탈시킴으로써 범아의 청정에 도달할 수 있다고 주장했다. 따라서 육체의 조건에는 상관치 않고 오직 정신의 분방(奔放)활동을 자제(self-control)하는 방법만이 범아에 이르는 길이라는 것이다. 이러한 정신의 자제가 선정이다. 이와는 반대로 다수의 독립된 요소가 어떠한 형식으로 결합되어서 세계가 구성되었다고 생각했던 사문 계급[13]은 지수화풍(地水火風)의 제 요소의 융합체인 육체를 억제하고, 그 힘을 감쇄 함으로써 육체에 얽매인 정신을 해방시킬 수 있다고 보았다. 그래서 물질적 육체를 괴롭히는 고행을 실행하여야 한다는 것이다. 즉 선정파와 고행파는 양자가 모두 정신과 육체의 이원론을 전제하면서 일원론인 범아일여의 해탈에 도달하기 위하여 전자는 정신의 자제로 실행할 것을 그리고 후자는 육체의 고행을 실행할 것을 주장하였다.

이밖에 오욕(五慾, 財·色·食·命·睡)을 충족시키는 것이 인생의 의미라고 주장한 쾌락주의파(hedonist)가 있었다. 이들은 감각적 직관적 생명의 현상만이 존재하는 전부하는 것이다. 정신, 심지어는 영혼마저도 생명 현상의 제 요소가 기계저그로 결합한 것이라고 한다. 모든 것을 감각적·물질적 요소의 결합체로만 생각한다면 유물론이 경향이 보인다.[14] 이와 같이 유한한 감각적인 존재만을 시인한다면 유한한 개체아(個體我)가 상주하는 범아(梵我)와의

---

12) 轉變說. parinamavada. 宇井 氏, 『印度哲學硏究』 제2 p.410 以下.

13) 積聚說. ālambavāda. ibid.

14) cārvāka materialist ;the body is but the result of atomic combination. no self, no soul, no virtue or vice……Dasgupta, a history of Indian philosophy. p.79.

일여(一如)를 종교적 해탈로써 믿어온 정통 바라문파와는 대립하지 않을 수 없다 우리는 영혼을 부인한 유물론자를 단견파(斷見派)[15]에 속한다고 할 수 있고, 반면에 영혼의 상주를 믿은 바라문을 상견파(常見派)[16]에 속한다고 구별할 수도 있다. 상견과 단견을 지양하여 새로운 입장을 세우려는 것이 불타의 사상임을 위에서 말한 일이 있다.

불타는 '일상생활이 어찌되어 있는가?'를 추구하고 또 설명하려 하였다. 일상생활을 주관적 입장에서 관조하려는 것이 아니고 '있는 그대로'를—소박한 현실 그대로를—솔직히 받아들이려는 것이다. 주관(主觀, ātman, 我)을 세우는 것보다는 오히려 주관을 세우지 않음으로써 우리의 일상적 경험은 더욱 여실히 파악될 것이다. 무아사상은 이런 데서부터 싹트기 시작하였다고 본다. 옛날부터 인도인은 행위의 관계에 있어서 자아몰입적 경향이 농후하였다. 개인적인 행동주체의 동작보다는 개체를 초월한 보편적인 막연한 것을 더 중요하게 보았다. 인도의 언어형식에서 이러한 특색을 진술할 때도 능동태(active voice)보다는 수동태(passive voice)가 더욱 자주 사용된다. 심지어는 자동사(自動詞)에서도 수동태가 사용될 때가 있다. 따라서 행동의 주체인 주어(主語)를 명시하지 않고 수동태와 비인칭 형식으로 진술되는 예가 많다. 예를 들면 karniaṇo hy api boddharyaṃ[17](행위는 알려져야 한다), kair mayā saka yoddharyam(누구와 더불어 싸울 것인가?)[18]이다. 이러한 특 색은 '여시아문(如是我聞)'으로 시작하는 불교 경전에서도 나타난다. '여시아문'에 해당하는 원어(原語)부터가 수동태의 문장 형식으로 표현되었다. 즉 'Evam mayā surtam ;saṃsrt'에서 '듣는 주체'인 아가 주격이 아니고 도구격(道具格, instrumental case) mayā로 표현되었고 따라서 √sru ;'to hear'는 과거수동분

---

15) 註 6·7 참조.
16) 中村元 ;『東洋人의 思惟方法』제1부, p.173·174.
17) 註 16.
18) 註 16.

사(past passive participle)로 나타나 있다. 그래서 Max Miller는 'Thus I have been heard'라고 영역했다(in the sacred books of the East). 그리고 'Evam mayā surtam'에서 mayā가 생략되면 비인칭 문장이 된다. 일반적으로 인도인은 행위를 개인적 주체의 행동으로 보지 않고 여러 가지 인연 관계가 얽혀서 성립되는 현상으로 생각한 것을 알 수 있다. '내가 듣는 것'이 아니고 '나에 의하여 들려진다'고 표현한 그들은 어디까지나 주체의 행동을 전면에 나타내려고 하지 않았다. 이러한 사유경향은 '나는 생각한다. 고로 나는 있다'[19]라고 나[我]를 명백히 전면에 내세운 서양의 사유방식과 비교할 때 의미 깊은 대조를 이룬다고 생각한다.

구체적이고 소박한 현실세계의 존재만이 문제였던 불타에게 있어서는 'ātman이나 세계가 상주하느냐 상주하지 않느냐?'하는 형이상학적 문제는 올바른 지혜를 얻는 방법(marga)으로서는 그다지 중요하지 않다고 생각했던 것 같다. 그래서 불타는 이러한 질문에 대하여 명확한 답변을 보류했다(無記)[20]. 이런 까닭에 상주하는 실체의 유무를 캐보려는 형이상학적 사색은 일찍부터 불교철학에서는 자리를 차지하지 못하였다. 그러니까 바라문 계급이 주장하는 초월적 형이상학적 ātman은 원시불교에서는 논증의 대상에서는 제외된다. 이와 반대로 '我'를 일상경험의 인식주관이라고 생각한다면 이러한 '我'는 '我'가 아니고 '色無常 無常卽苦…'라는 경전 구절에서 색으로 대표되는 오온(五蘊, pānca skandha)에 지나지 않는다. 경험계(經驗界)에서 '我'가 오온에 지나지 않는 것은 마치 여러 가지 부속품이 한데 모여서(蘊) 이뤄지는 비파(琵琶)와 같다는 것이다.[21] 그런데 '五蘊卽無常 無常卽苦 苦卽無我'라고 한 인용 구절을 근거로 하고, '無常과 無我', '苦와 無我' 그리고 '五蘊과 無我'의

---

19) Decartes ;Discours de la méthode.
20) '善惡無記'의 無記와 같다.
21) 「相應部」 35·205

관계를 살펴보기로 하자.

'무상(anicca)'은 논리적으로 연기설(緣起説)에 근거를 두고 있다고 앞에서 말한 일이 있다. 즉 '연기이니까 무상이다'고 말할 수 있다고 하였다. 논리의 단계를 한 걸음 더 깊이 들어가면 '緣起故로 無常'은 '緣起故로 無我'라고도 할 수 있을 것이다. 緣起故로 無我라면 여러 가지 인연이 서로 얽혀서 상관관계에 있으니까 아는 없다는 뜻이다. 이것은 또한 여러 가지 부속품(인연)이 한데 모여서(상관관계) 비파라는 악기를 이루노라면 '소리(我)'가 있으나, 비파의 부속품을 도로 분리시키면 소리[我]는 어디서도 찾을 수 없는 것과 같다는 것이다. 그러니까 '發因緣生'인 일체에는 비파같이 '아'라는 '실체'는 어디서도 찾을 수 없고 다만 여러 가지 인연으로 생긴 '상관관계성'만이 있다는 것이다. 그러나 불타는 '緣起故로 無常'이라고 논리적인 설법은 하지 않았던 것처럼 '因緣故로 無我'라고도 하지 않았다. 일상 현실을 있는 그대로 실감하고 직시하려는 종교적(情義的) 입장에서 '무아'도 역시 '무상'같이 설하였다. '무상'과 '무아'는 양자가 모두 논리적 근저로서 '연기'를 가지고 있으므로 '무상적 무아'(무상이 곧 무아다)라는 관계가 성립된다는 것은 쉽게 알 수 있다. 그러나 '무상'과 '무아'의 관계를 더 깊이 파고 들어가면 무상은 대외적(객관적)인 면을 표시하고, 이와 반대로 무아는 대내적인 면을 표시하지 않을까 생각해본다. 객관적인 '무상'은 주관적인 '무아'로 반영되고 주관면의 '무아'는 객관면으로는 '무상'으로 투영된 것이라고 본다. 다른 말로 하면 '객관계에 상주(常住)의 아(我)가 없다'면—즉 무아라면—무상을 의미하는 것이고, 주관에 '영원불멸이 없다'면—즉 무상이라면—무아를 의미하는 것이라는 말이다. 그러나 여기서 주관과 객관을 구별하는 것은 설명하기 위한 임시방편에 지나지 않는다는 점은 유의해야 한다. 주관과 객관으로 나누게 되면 아무래도 그 사이에는 대립의식이 생기게 된다. 대립의식은 '철저한 무아의 입장'[22] 앞에서는 있을 수 없다.

---

22) '徹底한 無我의 入場'은 '絶對的 無我의 入場', 즉 '空(śunyatā)을 의미한다.

'철저한 무아의 입장'에서 모든 대립관계를 극복하려는 것이 불교의 근본사상이다. 그러나 철저하지 못한 무아사상은 허무사상이 자리 잡을 틈[間隙]을 준다.

허무사상에서는 아무래도 서구적인 특색이 엿보인다. 이것은 서양사상의 근저가 되고 있는 '유(有)의 입장'이 현대에 와서 급격한 역사적 변천 때문에 붕괴되기 시작할 때부터 유행된 신사조(新思潮)였다. 서구적인 '유의 입장'이란 구체적으로 말하면 세계사의 주재자인 영원한 신이 있다는 입장이다. 그리고 이러한 전능신의 지위를 거부하거나 더 나아가서는 신의 권위에 대하여 반항할 때 허무사상도 함께 싹이 트기 시작하였다. 그러나 '나'라는 '주체'가 없다는 불교사상은 어떠한 대립관계도 거부한다. 그러니까 허무사상은 불교에서는 원래 있을 수가 없다. 그런데 아직은 '아'의 입장을 완전히 탈락 못한 채로 '아의 잔영'을 붙잡고 있기 때문에 '허무'도 함께 있게 되었다. '철저한 무아의 입장'은 완전히 투명한 자세이다. 완전히 투명한 자세에는 무아가 그대로 무상으로 비치고 [無我卽無常] 또 무상이 또 그대로 무아로 비친다[無常卽無我]. 투명한 자세에서는 대립의 오진(汚塵)을 전연 볼 수 없기 때문이다.[23]

'苦'는 원시불교에서는 무상을 그대로 받아들이지 못하고 상주를 욕구(慾求)하는 갈애(渴愛)가 충족되지 않을 때 느껴진다고 앞에서 말한 일이 있다. 그런데 갈애는 누구를(무엇을) 위항 상주를 간구하는가? 즉 무엇이 갈애를 충동시켜서 상주를 간구하게 하는가? '나'이다. '나'를 위하여 갈애는 욕구하였고 '나'의 충동이 갈애로 하여금 욕구하게 하였다. 갈애의 주인은 '나'이다. '범부의 갈애'라고 할 때 갈애의 주인은 범부인 듯하나 이 범부는 아직 '자기의 아'에 집착되어 있는 '아'이다. 이런 '아'가 아의 만족을 위하여 갈애로 하여금 상주를 욕구하게 하였다. 그러나 욕구는 배반당했다. '고'이다. '아'는 만족을 얻지 못하였다. 역시 '고'이다. 자기가 주인(아)이니까 자의적(恣意的)으로 무엇이든

---

23) Nihilism의 救濟가 불교의 空의 입장에서 가응하지 않을까? 田邊元, 『宗敎哲學』, p.80 以下

지 욕망하건만 번번이 기대는 어그러진다(無我). 괴롭다(故). 그래도 '아'가 있는 한 또 다른 것을 욕망한다. 역시 실망이다. 마음대로(我) 하고 싶으나 마음대로 되는 것은 아무 것도 없다. 즉 무아이다. '故卽無我'에서는 자의적 욕망이 충족되지 않은 것을 설명하려고 하였다고 본다.

고래로 아는 '常一主宰'의 뜻이라고 하여 왔다. 이 가운데서 주재(主宰)의 뜻을 해석해 보면 '主'는 소유를 나타내고 '宰'는 지배능력이 있는 것을 가리킨다. 주와 재를 부정하여 보면 '나의 것같이 마음대로 지배할 수 없다'는 뜻인데, 여기에는 반드시 고가 따른다. 즉 주재의 부정은 바로 고에 해당한다. 자의적인 욕망이 부정되니까 필연적으로 고가 오는 것과 마찬가지다. 그리고 '常一'을 부정해 보면 常의 부정은 그대로 무상이고 一의 부정은 '동일(同一)', 즉 '영원한 동일'의 부정이니까 상주(常住)의 부정이 된다. 즉 상일은 무상에 해당한다. 여기서 우리는 '아'의 정의, '常一主宰'의 부정은 이미 말한 일이 있는 이 부정이 무상과 고를 의미한다는 것은 '무상과 무아', '고와 무아'의 관계에서 미루어 생각하면 결국 부정의 의미는 무아라는 것을 알게 된다. 이와 같이 아의 전통적인 해석인 '常一主宰'의 부정이 내용으로는 무상과 고의 의미를 포함하고 있다는 의의는 '무아' 사상이 '무상'과 '고'의 근저가 되고 있다는 것을 표시한다. 무상과 고 사상은 무아사상을 근저로 하고 결합통일 되었다. 무상과 고를 자기의 기반 위에서 일차 통일한 무아사상은 오온(五蘊)과 육입처(六入處) 사상의 근본주류로서 저변을 흘러가서는 드디어 연기설(緣起說)과 밀접한 관계에 놓이게 된다.

오온과 연기설에서 무아사상은 다시 논하기로 하고, 여기서는 『아함경』에서 무아를 얼마만큼 세밀히 분석하였는가를 살피고, 무아사상은 일단 끝마치겠다. 경전에서는 무아를 일층 터 세분하여 다음과 같이 말했다.

'yad anattā taṃ natam mama(무아는 내것이 아니고) neso ham asmi'[24](이

---

24) Pāli, neso ham asmi

neso; na + eso→yad anattā

것은 내가 아니고) 또 'neso ma aatta'[25](이것은 나의 아가 아니다)에서 처음에 '무아는 나의 것(mama)이 아니다'는 뜻은 무아인 것은 내가 소유하고 있는 것에는 속해 있지 않다는 말이다. 다음 무아(eso)는 내(aham)가 아니라고 함은 나와 무아를 대등한 입장에 놓았다. 마지막으로 무아는 나의 아가 아니라고 한 의미는 인도철학의 attā(我)는 무아는 아니라는 것이다. ātman 사상이 불교의 무아사상으로써 부인되었다 함은 벌써 말했다.

II

a) 오온(五蘊, Panca Skanda)

무아사상에서 일상적 경험아[計我]는 오온에 지나지 않는다고 하였다. 그리고 '아'가 오온에 지나지 않는 것은 여러 가지 부분이 서로 얽히고 엮임으로써 비파(琵琶)를 만드는 것과 같다고도 하였다. 비파의 소리가 모든 부분이 한데 모여져서 적당한 위치관계에 있음으로 해서 비파가 구성될 때에만 울리는 것처럼, '아'도 여러 가지 인연에 의하여 얽혀지는 관계에 놓였을 때에 '있다'는 것이다. 더 엄밀히 따지면 '아'는 관련되는 모든 인연이 어떠한 상태에서 보여주는 전체 관계의 총화라고 할 수도 있다. 그러니까 '아'라는 고정된 '실체'는 없고 다만 '어떠한 상관관계의 총화(總和)'만이 있다. 이러한 연기 관계의 '총화'를 불교에서는 '온(蘊)'(聚, skandha)이라고 부른다. 즉 불교 용어인 온으로 표현하면 '아'는 관련되는 모든 인연의 '온'에 지나지 않는다고 할 수 있다. 온의 원어 skandha가 'multitude, quantity, aggregate, region……'[26]의 어의를 가지고 있다는 것은 온의 본의를 잘 드러냈다고 본다. 그러니까 '온'은 관련되는

---

ham; aham: I. Ich. 主格

25) Pāli, neso ma attā

neso: na + eso

me: amha의 屬格

26) skandha ;division, section, joint. By Monier.

모든 연기 관계의 전체 범위(범주)를 가리킨다. 색온(色蘊)이라고 하면 색에 관련된 모든 연기 관계의 전체 범위—즉 색에 관련되는 범주—라는 말이다. 우리가 일상생활에서 '색'이라고 부르는 구체적인 개체색(個體色)마저도 통괄하는 보편색(普遍色)의 의미를 다분히 가지고 있다. 그리고 '온'의 어휘 자체는 벌써 '연기'를 예상하고 있다. '색온'이라고 하면 그 온은 연기에 근거를 둔 모든 개체색과 그 개체색에 관련된 전체 범위-범주를 가리킨다. 그런데 무상에 무상법이 있듯이 색온에도 색온법이 있다. '색무상'이라고 할 때 무상인 것은 색온법은 아니고 색온법을 근거로 하고 있는 색이 무상하다는 말이다. 여기에 색온의 법과 무상의 법과의 관계가 연기의 법에 근거를 두어 새로운 법의 관계로서 나타난다.

색온이 연기를 예상하고 있다는 말은 '무아'에의 접근을 암시한다. 단도직입적으로 '색온은 무아'라고 말하고 싶으나 논리의 단계가 학문에는 있어야 한다. 연기를 기초로 하는 모든 상관관계의 범주가 '색온'이라면 이것은 '緣起故로 無我'라는 '무아'와의 관계는 어떤 것인가? 나는 여기서 연기의 긍정과 부정의 측면이 있다는 것을 말해야겠다. 연기의 긍정 면은 '색온'으로 나타나고 그의 부정 면은 무아사상이라고 설명하려고 한다. '아'가 오온(색온)에 지나지 않는다는 말은 '연기'인 고로 아가 부정된 그 자리에 연기의 긍정으로써의 오온이 대신했다는 논리로서 해석이 가능하다. 그리고 '연기'인 고로 아가 부정되었다는 것은 '무아'를 의미하는데 아가 부정된 자리를 대신 차지한 '오온'과 아가 부정된 자리를 의미하는 '무아'의 관계가 '五蘊卽無我'의 지점에까지 도달하였음을 알게 될 것이다.

연기의 긍정적 면으로 나타난 '색온'과 '아' 관계를 더 캐들어 가면, '연기'의 법이 있는 한 아는 부정되고 색온만이 아 대신에 있게 될 것이다. 연기의 긍정적 면이란 우리의 경험세계를 말한다. 우리의 일상생활은 '온'과 '온'의 상호관계에서 성립되는 현상임을 이제는 우리는 알 수 있다. '오온'은 우리의 생활 실상을 '다섯 가지의 온'의 체계에 속하는 법의 상호관계에서 밝힌 것이다. 우리는 소박하나마 오온설에서 체계적인 법의 자취를 더듬어 볼 수 있다.

이제 오온을 하나씩 참고하기로 하자.

「色(Rupa)」. Form. Bild. Gestalt. 형태와 색채를 한 가지로 묶어버린 의미로서 시각대상계(視覺對象界)인 색경(色境)뿐만 아니라 성(聲)·향(香)·미(味)·촉(觸)과 더불어 유정(有情) 개체의 생존을 구성하는 감각적, 물질적 요소 전부와 감각적 인상(印象)을 일으키는 운동변화의 전체를 가리킨다.[27] 그리고 색온은 낱낱이 변화하는 개체의 색을 의미하는 동시에 감각적 운동변화를 일으키게 하는 '색의 법'으로서의 보편색의 의미도 포함한다. 색의 법으로써의 색온은 생리학적 대상으로서의 신체보다는 오히려 감각적 인상을 일으키는 동적 활동성을 더 강조하는 듯하다. 무아의 입장에서는 무상한 개체색보다는 개체색의 변화와 운동을 일으키는 보편색이 더욱 색온의 진의에 가깝다고 본다. 일체사대(一切四大, catro mahābhūta)의 大(mahā)의 뜻은 대반야(大般若)·바라밀(婆羅密, prajnā)의 mahā 같이 보편적 의미를 가지고 있다고 보고자 한다.

「수(受), Vedanā)[28]. 후세(後世). abhidharmakośa에서는 송납성(頌納性)·수용성(受容性)의 의미로 사용된다. 색을 받아들이는[受容] 것을 말한다. 꽃이 수용되려면 자연히 감동의 계기가 있게 된다. 그래서 Vedanā는 감동, 감정의 뜻으로 번역되는 수도 있다. 그러나 한역(漢譯) 감수(感受)가 가장 적당하다. 꽃(色)은 반드시 감수의 과정을 거쳐야 꽃으로써 실재할 수 있다. 즉 꽃은 수(受)에 있어서 꽃으로 있게 된다. '수'로써 감수되지 않는 꽃은 추상적 꽃에

---

27) Rhys Davids는 Buddhist Psychological Ethics에서 material or corporal aggregate인 body라기보다는 過程의 類型(q type of process)로 보려고 하였다.

28) vedanaā; feeling, sensation. By Monier.

지나지 않는다. 동일한 꽃은 감각 면에서 보면 색이 되고 감수 면에서 보면 수가 된다. 그러나 무아의 입장에서는 감수하는 주체를 생각할 수 없다. 아름다운 꽃이 객관적으로 존재하고 또 그 아름다움을 감수하는 주관이 따로 있으면서 서로 대립관계에 있다고 하는 것은 추상적인 생각이다. 구체적 현실은 아름다운 꽃과 존재하는 법과 그 꽃을 아름답게 감수하는 체험은 '하나(ekatvā)'이다.

「상(想), Sanna, samjna」[29] : 지각(知覺)·상상. abhidhama 논서(論書)에서는 취상성(取像性)이라고 정의했다. 하나의 상(像, image)을 파악하는 것이 상(想)이다. 여기서도 개관적 물상(物象)과 대립하는 심상(心象)을 말하지 않는다. 부단히 변화하는 감각작용에도 불구하고 꽃이 의식내(意識內) 객(客)인 像이 될 수 있게 하는 것이 想 이다. 취상성에 의하여 의식 내 객이 되기 전에는 어떠한 꽃의 자세도 우리와 관계를 가지고 존재할 수 없다.

「행(行), Samkhāra)」[30] : formation. 능동성. 집합체 형성. 원어 Samkhāra는 sam(together) + √kṛ(to do, to make)의 합성어인데, sam을 강조하면 집합체의 뜻이 되고 √kṛ를 강조하면 능동성·활동의 뜻이 된다. 양자를 합성한 의미로는 형성(formation)이 가장 적합하다. 한역으로는 행이 위와 합성하여 행위(行爲), 위와 작이 합성하여 위작이라는 말로도 나타난다.『잡아함경』2·14혜서 '유위를 조작하는 고로 행이라'[31] 한다고 하였다. '유위'는 '조작(造作, abhisamkharantiti)되어진 것(samkhāta)'을 의미한다. 이제 경문(經文)을 바꿔쓰면 '조작되어진 것을 조작하는 고로 행(行, samkhāra)이라'고 할 수 있다. '유위'는 이미 조작된 것(samkhāta. samkhāra의 과거수동분사)을 의미하고 아

---

29) Sanna; understanding, notion, perception. By Monier.
30) Samkhāra; activities. conjection, aggregation.
31)『잡아함경』권2. '爲作相 是行受識'. sankhatam abhisankharontiti tasmā sankhāra tivuccati

직까지 조작되지 않은 유위를 이제부터 조작한다는 의미는 없다. '조작한다'는 '행', 즉 '작용(act)'을 말한다. 그리고 '유위를 조작한다'는 것은 색이 색이 되도록 유위를 조작하고 受는 受가 되도록 그리고 想(상)·행(行)·식(識)은 상·행·식이 되도록 유위를 조작한다[32]고 하였다. 여기서 행은 오온 중의 행까지도 행이 되도록 조작하는 고차원의 행이다. 오온은 우리의 생존을 있게 하는 법이라고 하였다. 그러면 행은 우리의 생존을 있게 하는 법을 성립시키도록 '작용'하는 것이다. 따라서 일체의 생존은 '조작되는 작용'—爲作相—에서 파악된다. '제행무상(諸行無常)' 게(偈)에서 행의 의미도 이렇게 해석되어야 한다고 본다.'

「식(識, Vijññāna)」: 별지상(別知相). 시식수음(是識受陰, 蘊, Viññānātiti jho tasmā viññānanti, vuccati)[33]. '구별하여서 안다(了別), 고로 식(識)이라'고 하였다. abhidhama 논서에서 '了別'의 의미로 해석한다. 안(眼)과 색을 인연해서 안식(眼識)이 생긴다고 할 때 안식은 안근(眼根)에 의하여 색을 요별하는 것을 의미한다. 색 이하의 사경(四境)을 요별하는 것이 식이다. 일체 존재하는 것이 각기의 모양을 가지고 있는 것은 그것이 '요별된 별지상'에 있어서 존재하기 때문이다.

b) 육입처(六入處, Salāyatāna) : '一切無常 云何一切無常 謂眼無色 色眼識 眼觸 若眼因緣生後……彼亦無常 耳鼻舌身意 亦彼如是……'(Sabbam aniccaṃ kiñca sabbam aniccaṃ cakkam aniccaṃ rūpā aniccā cakkhuviññānaṃ aniccaṃ cakkhusampkasso anicco yam pidam cakkhusampkassapaccayā upajjak vedayitam……sataṃ aniccaṃ ghānaṃ aniccaṃ jivhā aniccā……kayo

---

32) Ibid. '何所爲作 於色爲作'
33) Ibid.

anicco mamo anicco[34)]

　오온을 무상·고·무아라고 한 것과 같이 『잡아함경』 권 8 에서는 안이비설
신의(眼耳鼻舌身意)도 무상이라고 하였다. 육입처의 處 (ayāyanā)[35)]는 '장
소' 또는 '근거가 되는 장소'를 가리키는데 한문으로는 처(處)·계(界) 등으로
번역되고 있다. 현대에 와서는 'sphere(영역)'[36)]의 의미로 사용되고 있다. 그러
니까 眼入處라고 하면 '보는(見, sekan) 영역'을 의미한다. 생리적인 육안만을
가리키는 것이 아니고 육안이 보는 것(見)과 또 보여지는 것을 다 포괄하는 시
각 작용의 전체 영역을 가리킨다. 그리고 경전에서는 眼의 영역에다 眼뿐만 아
니라 色·眼識·眼觸을 근거로 하고 일어나는 受까지도 포괄하였다. 이제 '緣
眼色觸識生'을 해석해 보기로 하자.
　눈(眼)은 시각작용이다. 눈이 시각작용이라면 색은 그 내용이 될 것이다. 그
러나 구체적으로는 한 백합꽃이 한 백합꽃으로 보여진다는 것은 그 꽃이 벌써
다음 꽃과는 구별되어서 특수한 꽃으로 한정되어 있지 않으면―즉 了別되지
않으면―한 백합꽃으로는 지각되지 않는다. 요별된다는 것이 眼識에 의거해
서 생긴다. 요별된다는 것은 안과 색을 근거로 하고 (緣으로 하고) 일어난다.
그래서 안식은 안과 색을 인연으로 한다고 하였다. 그런데 안과 색과 안식의
삼사 (三事)의 합일적 관계로써 '觸'이 있다는 것이다. 안·색·안식에서 직접
수용을 의미하는 '受'로 가지 않고 삼사의 합일관계인 '촉'을 거쳐야만 '수'의
작용이 비로소 생긴다는 말이다. 이러한 관계는 '안'뿐만 아니라 '耳鼻舌身意
'에 있어서도 마찬가지로 적용된다. 육입처에서 眼色·色識·觸의 관계를 이
상과 같이 논하면 오온에서는 다만 '색'으로만 처리되던 것이 여기에 와서는
상호 밀접한 관계에 있는 4 단계의 개념으로 분석되고 또 종합되었다는 것을

---

34)『잡아함경』권8
35) ayāttāna. Resting, place, seat, groun. By Monier.
36) Rhys David는 Buddhist Psychological Ethics에서 sphere, ideation이라고 하였다.

알 수 있다. 오온의 주석 (註釋)에서 '촉'이란 말이 나오게 된 것은 아마도 육입처의 체계에서 수는 항상 촉을 수의 근거로써 예상하고 있기 때문일 것이다. 오온의 체계 (색·수·상·행·식)에 속하고 있는 '수'가 항상 그의 조건 또는 근거로써 촉을 예상하고 있는데, 그 촉은 육입처에 하속 (下屬)하는 위치에 있다는 사실은—그리고 더욱 발전한 단계에서는 오온의 체계에서 수뿐만 아니라 상·행·식까지도 촉을 조건근거로써 예상하고 있다는 사실은—오온설에서는 문제로써 잡고 있지 않았는가라고 생각할 수 있다. 촉과 수의 관계, 즉 안색 – 안식 – 육입 – 촉 – 수의 계열은 더욱더 발전하여서 受 – 觸 – 取 – 有 – 生 – 老死의 관계계열까지 나오게 되었다.

육입처의 意(mansa)는 abhidharma시대에 와서는 心(citta)이나 識(viññāa) 과 같은 의미로 취급되기도 하는데[37] 意작용의 내용으로써 의와 관계되는 '식'은 오온설에서는 다만 '요별'의 의미로만 해석되는데 비하여 육입처설에 이르러서는 '의'와 '식'을 인연으로 하고 생기는 '의식'이란 어의(語義)가 언제나 '통일(의식 일반)'을 암시하듯이 육입처 가운데서 전오식(前五識)의 작용과 작용영역(處)에서 일어나는 모든 관계를 포괄통일하는 第六識으로써 상당히 광범위한 내용을 포함하고 있다. 이것은 제육식이 전오식보다는 높은 입장에서 전오식을 통괄하고 또 전오식의 작용근거가 되고 있음을 말한다. 이 '식'은 또한 무명 – 행 – 식의 12지연기에서는 무명과 행의 조건근거로써 가장 중요한 위치를 차지하고 있다.

위에서 논한 촉과 수의 관계와 식의 개념에서 우리는 육입처설은 '존재하는 법'을 나타내는 오온의 체계를 자기 안에 포섭하면서 한편으로는 12지연기로 발전해 나가는 다리(橋)의 역할을 하고 있음을 알 수 있다. 그래서 불타는 나후라(羅睺羅)에게 다음과 같이 설법하였다.

---

37) 『잡아함』권 1 2 . '一而於心意識' 혹은 '若心若意若識'. SN. XⅡ, cittam pi mamo iti pi viññāaṃ.

"사람들에게 먼저 오온을 연설하고 다음에 육입처를 설하고 맨 나중에 니타나 법 (尼陀那法, nidāna, 緣起)을 설하라."[38]

III

a) 연기설(緣起說, pratitya-samist pāda, paticca-samiippāda)
Imasmiṃ sati idam hoti, Imasmiṃ asati na hoti[39]

원어 pratitya-samist pāda는 pratya(緣)의 완료형 파생어인 pratitya와 sam(together)+utpāda(ut: 上, pada: 有)의 합성어로서 '인연에 의하여 일어난다'는 뜻이다. 인연을 구별할 때는 因(hetu)은 직접적 관계로 보고 緣(paccaya, pratyaya)은 간접적 관계로 볼 때도 있다. 이밖에도 인연의 의미로 쓰이는 범어로는 hetu(因), nidāna(尼陀那), samudaya(集), paccaya(緣) 등이 있다.

불타의 어법은 항상 '인생 생활이 어떻게 발생해 왔는가?'라는 문제보다는 '범부 중생의 진상(眞相), 즉 인생의 현실상이 어찌되어 있는가?'라는 문제를 더 중요시하였다는 말은 앞에서 한 일이 있다. 연기설은 그러한 인생의 진상을 조건과 귀결의 논리관계로서 더듬어보려는 것이다. '이것이 있으면 저것이 있고, 이것이 없으면 저것이 없다.'는 경구(經句)의 의미와 같이 철저한 상의(相依)상대성(相待性) 혹은 상호의존성을 밝히려는 것이 연기설이다. 즉 일체만물의 현상은 모두 상의상관의 관계에 있다는 것이 연기설의 주장이다. 그런데 연기설을 대개 시간적 선후의 연기관계로써 이해하려고 하였기 때문에 인도철학의 윤회설이나 인과응보를 말하는 업보설과 혼동하여 왔다. 우리가 연기설이 원시불교의 근본적 입장에 속해 있다는 사실을 이해한다면 윤회의 전체

---

38) 『잡아함』 권 8
39) SN. XII.

로써 ātman을 주장하는 바라문 철학의 입장과 무아사상을 근거로 한 연기설의 입장이 전연 다르다는 것을 얼른 알 수 있을 것이다. 누가 받는가? 나는 그가 받는다고 하지 않는다. 그러니까 당신은 이렇게 물어야 한다. '무엇을 인연으로 하고 수(受)가 있는가?' 라고"[40]. 이 유명한 경전구절이 말하는 바와 같이 주격(主格)을 배체한 입장에서 사유를 시작하는 것이 원시불교—아마 전체불교—의 사유방식이었다. 주격을 배체한 다음에 법(dharma)을 생각하고 그것과 법을 근저로 일어나는 현상을 논리적 체계를 가지고서 설명하여 보려는 것이 연기설이다. 현상 관계가 구명됨으로써 현상의 제관계도 자연히 밝혀질 것이다. 따라서 주격을 거세한 법의 영역에서 조건의 근거와 귀결의 상태를 설명하는 것이 연기설이다.

모든 것은 상의상대(相依相待), 상의상자(相依相資)의 관계에 있다고 하는 연기설의 입장은 필연적으로 '독립불변(獨立不變)'이나 '상주(常住)'를 부정한다. 모든 것은 상존관계에 있기 때문에 독립불변한 것은 없다는 의미는 곧 '무아'를 말하고 '무상'을 말한다. 일체가 모두 상의상대의 관계에 있다는 말은 곧 무아와 무상을 의미한다. 무상과 무아의 논리적 근거가 연기라는 말은 앞에서 한 일이 있다. 즉 원시불교의 근본사상인 무상, 고, 무아의 근거가 바로 연기에 있다는 말이다. '중연기생(衆緣起生)'이니까 일체는 무상이고 고이며 무아이다. 거꾸로 말하면 연기의 이법(理法)이 구체적 현실면에 나타난 것이 무상, 고, 무아이다. 한 폭의 백합꽃, 흐른 구름, 부는 바람, 어느 하나가 연기의 이법이 아님은 없다. 그러니까 또한 무상이고 고이며 무아이다.

연기의 상의상관성을 연쇄관계식으로 무한히 연장할 수 있다. 이렇게 되면 우주의 모든 것은 서로 관계되지 않음이 없게 될 것이다.[41] 『화엄경』의 '제망지비유(帝網之比喩)'는 연기의 관계를 잘 표현한 말이라고 생각한다. 아름다운 백합꽃 한 송이를 아름답게 피우기 위하여 전체 우주가 다 관계되었다고 할 수

---

40) 『雜阿含經』 권12. '爲誰受 我不言有受者 汝應問言 何因緣故生受'
41) SN. XII.

있다. 그래서 어느 시인은 '한 송이의 국화꽃을 피우기 위해 천둥은 먹구름 속에서 또 그렇게 울었나보다.'[42]라고 읊음으로써 먹구름과 국화꽃을 시인의 직관으로 관련시켰다. 그리고 '오동 한 잎이 땅에 떨어지니 천하에 가을이 왔다.'는 것을 직관적으로 관련시킴으로서 그 밑에 흐르는 '무상함'을 나타내고 있다. '제망지비유'로 나타난 연기의 연쇄관계는 불교윤리사상의 문제와도 아주 밀접한 관계가 있다고 본다.[43] 여기 은혜의 예를 들어보기로 하자. 지금 이 자리에 있는 나는 무한수, 즉 '연기'의 관계에 의존하여 살고 있다. 즉 나는 무한히 많은 은혜의 힘(연기)에 의하여 오늘도 여기 살고 있다. 나만이 아니라 모든 인간은 불가지의 무수한 힘(연기)에 의하여 살고 있다. 우리가 항상 무엇에나 감사의 마음을 가져야 한다는 윤리관도 이러한 연기의 관계를 생각할 때 보은의 관계로 설명될 수 있다. 무한히 큰 구름에서 '한마디'(帝網之目)의 위치를 차지한 '내'가 나의 마디 이외의 무한수의 마디와 상존관계에 있다는 것은 적극적인 윤리 면에서 볼 때는 나의 마디가 '마디'로써 완전한 구실을 못하면 전체 그물이 그물로써 완전한 구실을 못하는 것처럼, 무량중생과 연쇄관계에 있어서 살고 있는 내가 내 책임을 다 못하면 그 영향은 전체 중생에게 미친다고 말할 수 있다. '나'에 대한 '자각'의 문제도 여기서 일어난다고 본다. 따라서 무량중생 가운데서 어느 한 중생 (한 마디)이 지금 기근에서 고통을 받고 있다면 그 책임은 나에게도 있다는 윤리관계도 '연기'의 연쇄관계를 가지고 설명할 수 있다.

불타의 대비(大悲, mahā-karunā)도 '大'가 나타내는 의미가 '크다', '많다'는 뜻만 아니고 한역(漢譯)이 마하(摩訶, mahā) 나타내는 의미와 같이 '무량(無量)', '무변 (無邊)'의 뜻을 나타낼 때 대비의 의미도 크다고 본다. '무량'과 '무변'은 연기의 무한 연쇄 관계의 의미를 표시한다. 즉 무한한 연쇄 관계에 있는 무량중생이니까 자비(karunā)가 누구에게나 연쇄적으로 미친다는 의미가 '

42) 『徐廷柱 詩集』
43) 舟橋一哉 ; 原始思想 無我論 중에서.

大(mahā)' 있다. mahā를 앞에서 '보편(普遍)'의 뜻을 가지고 있다고 말한 일이 있다. 대비가 누구에게나 미친다고 할 때에는 보편의 뜻과 상통해진다. 무한대로 연장된 연기의 연쇄 관계가 있는 까닭에 불타의 대비는 오늘도 '나'에게 감격을 준다. 이러한 '덕(德)'이니까 '대비'라고 하였다. 이것은 수동적인 면을 말한 것이고, 적극적인 면에서는 '나'같은 범부가 불타의 대비뿐만 아니라 불타의 대지(大智, prajnā)까지도 깨달을 수 있는 가능성의 근거(根器)도 역시 무한으로 연장되는 연속 관계의 이법―즉 연기법―에 있다고 말할 수 있다. 유정(有情), 무정(無情) 일체가 불타의 대지를 깨달을 수 있는 근기를 가지고 있고 또 상호의존 관계에 있는 까닭에 서로가 '남[他]을 깨치[道]게 하는 근기'를 가지고 있다. 그래서 어느 선사는 기어가는 버러지(곤충) 한 마리를 물끄러미 바라보다가 문득 도의 이치를 깨달을 수 있었다. 선사나 버러지가 연기의 관계에 있었기 때문에 버러지는 선사가 오득(悟得)하는 계기가 될 수 있었다.

그런데 기어가는 버러지가 한 마리를 바라보다가 선사가 도의 이치를 오득했을 때 선사는 구체적으로 무엇을 오득했을까?

선사와 버러지는 선사가 오득할 수 있는 계기가 되었다는 말은 위에서 했다. 그러면 선사는 버러지와 자기의 관계를 어떻게 보았다[觀]는 말인가? 선사가 기어가는 버러지를 보았을 때 그가 본 것은―관한 것은―기어가는 버러지가 아니고 '버러지'를 있게 하고 또 산사의 목전에서 '기어가게 하는' 우주의 법 (연기법)이었다는 다른 말로 하면 선사는 기어가는 버러지 한 마리가 '기어가게 하기 위하여' 전체 우주가 다 관련되었다는―즉 우주가 무한 연쇄 관계에 있다는―연기관계를 보았다. 즉 선사는 기어가는 버러지에서 연기의 이치를 보았다. 극단으로 표현하면 선사가 본 것은 기어가는 버러지가 아니고 기어가는 '연기'였다. 그리고 기어가는 '연기'가 바로 기어가는 선사 자신임을 깨달았다. 선사라는 아(我, ātman)는 이미 없어지고[無我] 버러지가 되어버린 선사만이 있다. 선사와 버러지의 대립은 '연기 환원'됨으로써 없어졌다. 거기에는 선사도 버려지도 없고, 있는 것은 '연기'이다. 선사가 본 곳은 이 '연기'였고 오득한 것은 '연기'의 이법이었다.

우리는 위에서 색·수·상·행·식 혹은 안·이·비·설·신·의의 일체가 무상, 고, 무아임을 알았고 또 무상, 고, 무아임을 알았으며 또 무상, 고, 무아의 근거가 연기라는 것도 알았다. 그런데 '오온 혹은 육입처가 무상, 고, 무아라'고 하는 경에서는 반드시 다음과 같은 경문이 계속한다. 이와 같이 여실히 관하는 것을 진실한 인식(sammappanna)이라고 한다. 성제자 (聖弟子)는 이같이 관함으로써 색·수·상·행·식(안·이·비·설·신·의)에 있어서 해탈한 것이다.[44] 색·수·상·행·식이나 안·이·비·설·신·의가 무상, 고, 무아라는 것을 여실히 관(yathābhitā—)한다 함은 '일체가 무상, 고, 무아라'는 것과 또 '일체를 존재하게 하는 법이 색·수·상·행·식이나 안·이·비·설·신·의로 나타난다.'는 이중의 법을 독단적 추상(推想)설정치 않고 '있는 그대로' '현실에 즉(卽)해서 본다[觀]'는 말이다. 이것을 다른 말로 하면 형이상학의 편견을 버리고 무아의 입장에 서서 구체적인 현실을 그대로 받아드림으로써 구체적 현실의 성립 근거인 법—연기—을 관한다는 것이다. 그런데 경전은 '이와 같이 여실히 관하는 것을 진실한 인식'이라고 하였다. 무아의 입장에서 구체적 현실의 성립 근거인 연기법을 현실에 즉해서 관하는 것이 진실한 인식[지혜]이라는 말이다. 따라서 현실의 성립 근거인 '연기법'은 진실한 인식[지혜]의 근거는 아니고 진실한 인식에 의하여 '발견[지각]'되는 법이다. 즉 진리성(眞理性)의 근거가 연기법은 아니다. 연기를 관함으로써 진리를 관[如實智]하게 될 뿐이다. 그러면 연기법의 근거는 무엇인가? 연기법의 근거는 없다. 아무 것도 연기의 성립 근거가 될 수는 없기 때문이다. 그것은 '원본적(原本的)'으로 '주어진' 법이라고 할 수밖에는 없다. 그러니까 추구될 수는 없고 다만 발견되고 보여질 뿐이다[觀]. 그래서 불교용어에서 '본다[觀]' 함은 진리를 본다는 '지혜

---

44) 『잡아함경』 권1, 권8. '如是觀者 名眞觀者 聖弟子 如是觀者 於色解脫'

(prajñā)' 동의어가 되고 있다. '진리를 보는' 지혜는 불교에서 해탈을 의미한다. 즉 '연기'를 보는 것이 철학으로는 '지혜'이고 불교로는 '해탈'이다. 원시 이래 원본적으로 주어진 연기법은 일체 만물의 성립 근거로써 시간을 초월하여 있을 것이다. 그래서 불타는 '여래로 나오거나 나오지 않거나 연기는 있다.'고 설하였다.

b) 십이지연기 (十二支緣起, dviśata-anga pratitya-samutpāda)

무한히 연장되는 연기의 연쇄 관계상을 열 두 개의 범주로 구분하여서 설명하려는 것이 십이지 연기이다. 그것은 각지(各支)가 상의 상관 관계에 있는 것은 조건근거를 추구해가면서 열 두 개로 순서 있게 나열한 것이다. 십이지라고 한 것은 구체적 현실의 전체관계를 개념상 분석한 것이지 십이지의 각 부분이 실재해 있다는 뜻은 아니다. 개념상의 구분을 실재하는 것 같이 오해해 윤회설과 혼동하게 되었다. 연기는 어디까지나 논리적 상의 상관의 관계를 설명하려는 것이지 시간적인 인과관계를 설명하려는 것은 아니다. 우리는 위에서 여래는 나오거나 나오지 않거나 연기는 있다는 것을 알았다. 이러한 연기를 근거로 하고 의존 관계에 있는 현실상은 열 두 개의 부분으로 구분하고 각 부분 간을 조건과 귀결의 논리적 관계로 추구하여서 현실상을 알아내고 나아가서는 그 근저에 있는 연기법까지 보려[觀]는 것이 십이지연기의 의의와 목적이다. 이제 십이지연기를 하나씩 하나씩 고찰하기로 하자.

「노사 (老死, jarāmara)」

십이지연기의 추구는 노사로부터 출발한다. 여기서 노사는 중생이 노쇠하여 사망한다는 의미만은 아니다. 노사가 노쇠와 사망의 생리적 현상만을 의미한다면 노사의 멸관(滅觀)은 의학적 불사의 방법을 말하게 될 것이다. 노사를 말하는 경전[45]에서는 노사 다음에 '憂悲喪惱大患'이란 문구를 부가한다. 죽는 다는 고(苦, dukkha), 즉 무상고(無常苦)를 표시한다는 것을 알 수 있다. 무상고는 원시 불교의 근본사상으로써 처음에 논한 일이 있다. 최초의 원시 사상인 '무상고'가 십이지연기의 제 1 지인 '노사의 의미'로 다시 나타났다는 것은 우연의 일치는 아닐 것이다.

「생 (生, jati)」
'老死有緣也 老死有緣 老死何有緣 緣生有老死……'[46]. 전형적인 십이지 연기의 문답문이다. '노사에 연(緣)이 있다. 즉 생을 연으로 하고 노사가 있다.' 노사는 생을 연(paccayo)로 하고 있다는 말이다. 여기서도 노사가 무상고를 의미한다면 무상의 조건으로서의 생도 다만 생로사의 생리현상을 생과 노사로 구분하였다고만 볼 수 없다. 생(삶, jati, life)은 출생(jan, birth)으로서 비로소 '시작'한다. 그런데 삶은 무상을 의미하는 까닭에 '무상한 것'의 '시작'이 생의 의의이다. 무상은 시간적으로 변이함을 말한다. 시간적으로 변이한다 함은 어느 시점에서 '시작'이 있음을 예상한다. 시작이 없는 시간의 변이라면 무미 (無始)이다. 무시는 영원과 통한다. 영원은 무상과는 다르다. 인간이 노쇠하여 사망한다는 현상은 '생'이 없으면 있을 수 없다. 생은 노사의 시작이다. 노사는 생을 근거로 예상하고 비로소 시작한다. 다시 말하면 노사는 생을 연으로 하고 있다는 말이다.

「유 (有, bhava)」.
연유유생 (緣有有生, bhava, paccayā jatiti). bhava는 √bhū 'to be, sein, 있다, 존재한다'에서 파생한 추상명사이다. being, sein, existence, 생존, 존재 등으로 번역한다. '있다(有)'고 할 때 원시불교 사상에서는 언제나 시간적으로

---

45) 雜 12. 『長阿含大緣經』
46) 『大因經』

무상한 것으로 있는 것을 의미한다. 이렇게 되면 부단히 werden이 아닌 유는 없을 것이다. 시간적으로 부절(不絶)히 변이하면서 있는 것, 즉 시간적으로 있는 것—생존—을 가리킨다. 생존은 유정(有情) 전체가 시간적으로 변이하면서 있는 것(有)—즉 생활—을 말한다. 위에서 생(jati)은 무상의 시작이라고 하였다. 그러나 시작이라는 말은 여기서 인과 단계의 최초를 의미하는 것은 아니다. 탄생이 개인 생존의 시작이고 출발이 여행의 시작인 것처럼 어떤 과정이 처음 일어남(生)을 의미한다. 이러한 생(시작)은 시간적으로 있음(유)을 의미한다. 이러한 생 (시작)은 시간적으로 있음 (유)을 예상하지 않고서는 성립될 수 없다. 즉 시간적으로 있는 것의 하나인 계기(契機, moment)가 시작이다. 시간적인 존재인 인간의 생존의 계기의 하나가 탄생(시작)이 되는 것처럼.

유를 욕유(欲有), 색유(色有), 무색유(無色有)의 삼유(三有)로 나누어서 주석하는 것이 통례이다.[47] 욕유(kāma bhava)는 욕정적인 개개의 현상을 말한 것이고, 색유(rupa bhava)는 감각적 현실, 무색유(arūpa bhava)는 비감각적 현실을 말한 것이다. 이 세 가지는 생활하고 있는 인간생존의 세 가지 범위를 가리키는 것이지 바라문의 삼계설(三界說)같이 실조하는 공간적 구분을 의미하는 것은 아니라고 본다. 삼계공간설은 다만 종교적 요청으로 생겨났다. 종교적으로 요청된 대상은 연열(延列)한 신앙 때문에 실재화 하는 수가 많다. 소승불교의 삼세실유설(三世實有說)도 이러한데서 나오지 않았는가 한다. 유(有)의 개념이 공간적 삼계로 고정화 되니까 소승불교는 십이지연기도 성욕(性慾), 수태(受胎)의 과정을 말하는 태생(胎生)연기로 해석하게 되었다고 본다.

「취 (取, upādāna)」

'연취유유 (緣取有有, upādāna paccayā bhava iti upādāra)'는 취착(取着), 고집(固執)의 뜻이다. anhangen eyrassen(geiger) 등으로 번역된다. 취에는 욕

---

47) 『長阿含』, 大緣經

취(欲取), 견취(見取), 계금취(戒禁取), 유아취(有我取)의 사종취(四種取)가 있다고 한다.[48] 욕취(kāma-upādāna)는 욕에 대응하면서 정욕적 현실을 있게 하는 유(brava)의 근거가 되는 것을 말한다. 즉 정욕에 대한 집착이 아니라 정욕의 기초가 되는 집착을 의미한다. 견취(ditth-upādāna)는 불교에서 볼 때 그릇된 의견, 학설을 있게 하는 취착을 말하고 계금취는 그릇된 계행을 있게 하는 취착, 유아취는 아(我)가 있다고 하는 주장을 있게 하는 취착을 각각 말한다. '취를 인연으로 하고 유가 있다'고 한 것은 모든 '있는 것'은 취착되어서 '있다'는 말이다. 내가 어떠한 것에 취착되는 것이 아니고 나 자신이 취착되어져 있다는 뜻이다. 여기 망념(妄念)이 있다고 하자. 그것이 취착되지 않고서는 거울에 비친 물건처럼 곧 자취마저도 없어질 것이다. 취착이 있기 때문에 모든 것은 있게 된다. 그리고 취착이 없으면 시간적으로 변이하는 존재는 파악될 수 없다.

「애(愛, tanhā)」

연애유취(緣愛有取, tanhā paccayā upādāna). 애는 갈애(渴愛)를 의미한다. 충족을 바라는 긴장된 능동성(能動性)이다. 애는 색성향미촉법의 육애(六愛)와 욕애(慾愛), 유애(有愛), 무유애(無有愛) 또는 색애(色愛), 무색애(無色愛), 멸애(滅愛) 등 그 종류는 일정치 않다.[49] 색내지(色乃至) 법(法)의 육애는 육근(六根, 안이비설신의)의 육경(六境)에 향하여 작용하는 활동 과정을 말하고 욕(欲), 유(有), 무유(無有)의 삼애 가운데서 욕애는 욕취에 의하여 집착된 오욕(五欲)이나 정욕의 웅족을 바라는 갈애, 유애는 상견(常見)을 욕망하는 갈애, 무유애는 유애의 반대로 단견(斷見)의 실현을 가진 현세주의자의 갈애를 말하며, 색·무색·멸의 삼애는 색, 무색은 욕유(欲有)에 대응하고 멸은 무유와 대응한다고 생각한다. 취착은 변화상태의 전후(前後)를 고

48) 『中我含』, 大因經
49) 長部 大緣經

집취착 한다고 말하였다. 그러면 취착은 동적인 활동상태─즉 갈애─를 예상한다. 모든 것이 시간적으로 있기(有) 위하여서는 취착고집을 필요로 하고 취착은 그 근저에 유동(流動)상태를 예상한다.

그런데 십이지연기에서 애는 대개 무명(avijja)과 표리(表裏)의 관계에서 다뤄지는 수가 많다. '범부망상상(凡夫妄想相)'의 지적 방면이 무명이고 정의적(情意) 방면이 애라고 한다. 즉 올바른 인식을 가지지 못한 상태가 무명이고, 이 무명이 대외적으로 활동하려는 능동성이 애가 된다. 그러니까 무명은 내면적이고 수동적이라면 애는 외면적이고 능동적이라고 할 수 있다. 애가 취착의 근저가 될 수 있다. 그래서 불교에서는 '무명에 덮여있고 애에 긴박(緊縛)된 유정(有情)……'이라고 무명과 애를 함께 사용한 때가 많다.

「수(受, vedana)」

연수유애(緣受有愛, phassa paccayā vedana). 수는 수기(受器), 영납(領納)의 뜻으로 오온에서 해석한 바와 같은 의미로 여기서도 사용된다. 모든 것은 수에 의하여 감수(感受)됨으로써 비로소 있게 된다. 감수되지 않고서는 능동적인 갈애는 공허하고 공허한 곳에는 취착될 것은 아무 것도 없다.

「촉(觸, phassa)」

연촉유수(緣觸有受, phassa paccayā vedayā). 촉은 육입처에서 '안(眼), 색(色), 안식(眼識)' 등 삼사합일(三事合一)의 관계라고 하였다, 여기서도 같은 의미로 사용된다. 주석에서는 안이비설신의의 육촉을 말하고,[50] 또는 안, 색, 안식 내지 의(意), 법(法), 의식이 없으면 촉도 없다고 하였다.

---

50) Satapatha-Brāhmama XI, 2, 3, S. B. E. XLVI.

「육입(六入, Salāyatana)」

육입처의 의미와 같음.

「명색(名色, māmarūpa)」

불교 이전의 인도철학에서 명색의 '명'은 '말 (vāc)'이라고 하였다. 이 말은 '소리(음성)'보다는 그 말이 나타내는 '진미(眞味)'를 더 중요하게 보았다. 꽃이라고 할 때 꽃의 명(名)으로 불리는 특정한 대상의 의미가 곧 명(nāma)이다. 그런데 꽃의 명으로 불리는 내용은 꽃 자체가 아니고 꽃의 진미를 충족시키는 색(色, rūpa)이다. 명은 특정한 대상을 부르는 의미이고 색은 그 의미를 충족시키는 내용이다. 그러니까 명과 색은 서로 불가분리의 관계에 있다. 따라서 명색이 나타내는 것은(특정한 의미와 그 진미를 충족시키는 내용을 동시에 말한다) 한정된 특수한 대상이다.

불교에 와서 명색은 한정된 특수한 대상뿐만 아니라 대상을 한정하는 근거가 되는 것까지도 포함한다. 특수하게 대상을 한정하는 것을 정신 면으로 보고 한정된 특수한 대상을 물질 면으로 보았다. 그러니까 불교에서는 명색이 정신적 면과 물질적 면 양면을 함께 나타낸다. 십이지연기 식(識)—명색—육입의 계열에서는 육입의 근거로서 식에 의하여 요별(了別)된 구체적인 특수한 대상을 가리킨다.

「식(識, vinnāna)」

대상의 특수 한정은 식의 요별을 근거로써 예상하고 있다. 십이지연기 계열에서 식과 명색의 관계는 육입-촉(觸)과 관련해서 생각할 때 명색은 식의 대경(對境)으로 볼 수 있다. 이것을 『잡아함』12에서는 '身肉有此身 身外有名色'이라고 말하였다. 이렇게 생각하면 식-명색-육입의 순서는 식-경(境)-근(根)의 차례로 대치될 수 있다. 그래서 식·경·근의 삼사합일의 관계를 의미하는 촉을 식-명색-육입의 순서 다음에 배치하였다. 그런데 촉의 근거로서 육입(육입←촉)이 되어 있는 것을 삼사화합의 직접적인 장소(處, āyatana)가 육입처의 까닭이라고 해석한다.

식과 명색의 관계는 특별히 '동로(東蘆)가 서로 의존해 서있는 것 같다'[51]는 비유로써 양자의 관계를 강조할 만큼 십이지연기에서는 매우 중요한 의존관계에 있다. 위에서 논한 바와 같이 식→명색의 관계는 특수하게 한정된 '명색'은 '식'에 의한 요별을 언제나 예상한다. 아름다운 백합꽃은 요별되어서 있기 때문에 비로소 특수한 꽃의 명색을 가지게 된다. 전오식(前五識)의 통일로써 식이 있으니까 꽃은 꽃의 명색을 가진다는 말이다. 거꾸로 명색→식의 관계는 요별되는 것은 요별되어지는 특수성이 있기 때문에 요별될 수 있다. 모든 꽃이 각기 특수성을 가지고 있지 않고 전부 일률적으로 동일한 모양이라면 요별할 방법은 없다. 요별은 특수성을 근거로 하고 요별하는 것이다. 이리하여 식은 명색이 있어야 하고 명색은 식이 있어야 하는 동로같이 밀접한 상의상자 관계가 성립된다. 그래서 십이지연기에서는 식－명색의 관계는 특별히 '緣識有名色'이라고도 명시하고, 또 '緣名色有識'이라고도 명시함으로써[52] 순환관계를 설명했다. 명색의 근거가 식인 동시에 식의 근거가 다시 명색이라는 순환논리는 더 이상 조건근거를 필요로 하지 않는 것을 암시한다. 노사에서 시작하여 식 (명색)에서 끝나는 연기를 십이연기 혹은 식연기 (識緣起)라고도 한다.

「행(行, samkhāra)」·「무명(無明, aviyyā)」

애(愛)를 설명할 때 욕(慾)과 표리의 관계에 놓여 있는 것이 무명이라고 말한 일이 있다. '凡夫妄識'의 지적(知的) 면이 무명이고 정적(情的) 면이 애라고 하였다. '행'은 오온의 행과 같이 '위작(爲作)', '활동작용'을 의미하는데 무명-행-식의 관계에 있어서는 '식'의 활동작용—지적·정의적—을 말한다. 무

---

51) 漢譯은 '三蘆'로 되어 있다. '譬如三蘆 立於空地 展轉相依 而得竪立……'
52) S. N. XII 『잡아함』 권제12

명을 내상(內相)으로 하고 애를 외상(外相)으로 한 '식'의 활동이 행이라는 말이다. 무명(애) − 행 − 식의 관계에서 '식'은 오온의 '식'과 육입처의 '식'에서 발전하여 광범위한 의미를 내포하면서 십이지연기의 중심적인 위치를 차지하게 되었다. '무명'은 식을 '성(性)'으로한 '상(相)'이고 '행'은 식을 '성'으로 한 '용(用)'이라고 한다. 즉 '식'은 성(性)·상(相)·용(用)에서 가장 근원적인 '성'의 위치까지 발전하였다. 그런데 식을 성으로 무명과 수를 상으로 행을 용으로 한 관계란 구체적으로는 '有情凡夫'의 생활을 가리킨다. 이것은 수 − 취 − 유의 계열에서 '생존하고 있음'을 나타내는 '유'에 가까워진다. '생존하고 있음'을 위작하는 것이 행이다. 생존의 위작은 바로 '생활'을 의미한다. 행이 생활을 의미한다면 업(業, karma)의 의미와 아주 근접되어 간다. 행을 신(身)·구(口)·의(意)의 삼업으로 구분하는 것이 그 순서가 서로 정확히 대응되고 있다.

무명은 치(癡)라고 하고 무지(無知)·부지(不知)라고도 한다. 무명은 '어떤 것을 알지 못한다'(무지)는 뜻이다. 그러면 구체적으로는 무엇을 모른다는 말인가? 무지의 구체적 대상은 무상·고·무아의 근본사상이다. 즉 무상·고·무아의 이치를 깨닫지 못한 것을 무명이라고 한다. 그러면 또 무명은 무엇을 근거로 하고 있는가? 경전은 여기에 대하여 아무 말도 하지 않았다. 십이지연기는 노사로 시작하여 무명으로 끝난다.

"내가 미각(未覺)의 정려(靜慮)에서 선정을 하였을 때 '무엇을 연고로 해서 노사가 있을까?' 하는 생각이 떠올랐다. 여기서 순관(順觀)이 일어났다. 그리고 '무엇을 멸하면 노사가 멸해질까?'라고 생각하였다. 여기서 멸관(滅觀)이 일어났다." (『잡아함』 권12)

십이지연기의 의의는 이상으로 대개 끝났다. 그런데 연기설에는 멸관이 있다. 순관에서 조건과 귀결의 관계를 명백히 추구되었다면 그것은 멸하는 조건도 명백해졌을 것이다. 멸관은 노사를 멸하려면 생이 멸해져야 하고 내지 행을 멸하려면 무명이 멸해져야 한다. 무명이 멸해진다 함은 명이 열린다는 말이고 명이 열린다 함은 반야의 입장, 즉 지혜의 입장이 세워진다는 말이다. 또 무명 연기(십이지연기)에서 무명이 멸해지면 무명을 근거로 하고 상호의존 관계에 있는 '십이지'도 역순서대로 멸해질 것이다. 따라서 무명이 멸해지면 일체가 멸해지는 것이다. 일체가 멸해진다는 말은 아무 것도 없는 '허무'를 의미하는 것은 아니다. 이것은 『반야심경』에서 '색즉시공(色卽是空)'이 허공을 의미하지 않음과 같다. 일체가 멸해진다는 것은 일체가 부정되는 것과 동시에 다시 그 부정에서 의미를 가지게 되는 것이 연기의 멸관이다. 무명이 멸해진다 함은 무명이 자각(自覺, buddha)됨으로써 명의 입이 세워진다는 말이다. 그래서 멸(滅, nirodha)을 지양(止揚, aufheben)의 뜻으로 해석하는 학자도 있다.[53]

멸관은 사성제(四聖諦, catvāri-ārya-satya)에 속해 있다. 사성제와 연기설의 관계가 여기서 생긴다. 고·집·멸·도 가운데서 사실적 세계를 설명하는 고·락은 순관에 해당되고 이상적 세계로 향하는 길을 인도하는 멸·도는 멸관에 해당된다고 본다. 그런데 '사실적 세계가 어찌 되었는가?'를 설명하는 순관이 아무래도 논리적 이해만을 중요시하는데 반하여 이상적 세계를 실현하려는 멸관은 실천적 행위를 요구한다. 원래 종교적 인식은 논리적 이해로만 그치지 않고 실천적 신증(身證)을 요구한다. '무상법에 근거하고 있는 일체는 다 무상하다'는 것을 이해했을 때 종교적 신증의 입장은 '이러한 무상함으로부터 해탈을 실현'해보려는 실천적 행위를 요구한다. 이러한 해탈의 실현이 곧 '멸'이라는 '부정(否定)'을 의미하는 관행(觀行)으로 나타난다. nirodha는 ni + √ rudh (√rudh : stop, shut up, destroy)가 변화한 말이다.[54] 불교의 종교적 최고 요구는 해탈이다. 이러한 해탈이 멸이 의미하는 실천적 부정에서 완성된다는 데에 멸관 연기의 의의가 있다. 그러나 멸관에 의하여 멸해진 자리―즉 해

---

53) Geiger는 niodha를 aufheben으로 번역했다.

54) 주53 참조

탈의 경지—가 어떠한 광경인가는 분별식의 한계에서 벗어나지 못하는 범부의 언어로서는 표현이 불가능하다.

　오득한 불타(buddha)도 걸식하고 설법하고 병을 앓다가 돌아갔다고 한다. 그러나 이와 같은 불타는 범부의 입장에서 본 범부이지 열반을 오득한 불타의 입장에서의 불타는 아니다. 불타의 입장에서는 걸식이나 병사가 있을 리 없다. 불타는 스스로 걸식하고 병사를 신증 함으로써 무상·고·노사를 범부의 눈에 더욱 여실히 증명하려고 했을런지 모른다. 범부의 입장에서 보이는 병사는 무명이 멸해진 열반의 경지에서도 그대로 병사—고(苦)까지도—로 보이지는 않을 것이다. 불타에 의하여 설해진 것은 열반의 경계가 아니고 열반에 도달하는 '길'이라고 본다. 그래서 불타는 오득한 후에 걸식하였고 병사하였다. 열반을 향하여 추구하며 걸어가는 길(magga)을 보여주었다. 그 '길'은 희랍어의 methodos[55]가 의미하는 것 같이 더듬으면서 걸어가는 걸음이다. 그리고 여기서 '추구하는 걸음'이란 다만 논리적인 사유의 걸음이 아니라 사성제에서 '멸도'의 순서가 암시하듯이[56] '실천'의 걸음이다. 이것은 여래(如來, tathāgata : 如去라고도 함)의 뜻이 '길을 가는 것'을 가리키는 것처럼 추구하며 걸어가는 도리를 말한다. 열반은 다만 그 도정(道程)의 방향지표에 지나지 않는다. 열반(nirvāna)의 어의(語義)가 '멸(부정)'이라는 의의는 방향지표가 암암리에 '부정'(멸)을 표시하고 있음을 말해준다. 여기서 열반으로 가는 방향지표가 며로간의 '멸(nirodha)'의 도정과 부합됨을 알 수 있다. 그러니까 종교적 실천의 방향은 '멸'의 과정이다. 범부의 종교적 지표는 정진하는 긴장된 생활이 있을 뿐이다. 불타도 이 '멸'에서 자지자각(自知自覺) 성등정각(成等正覺)을 얻었다고 하였다.[57]

---

55) 주53 참조
56) 주5 참조
57) 『잡아함경』권제12, 'nirodho nirodhoti kho me bhikkhave……(我於此法 自知自覺 成等正覺)'

Synopsis

A Study on The Early Buddhism Thought

I

a) anitya(aricca), impermanent

All things are impermanent, everything is transcient, and so there is nothing permanent in this world. This is the dharma, the dharma of anitya.

b) dukkha, suffering

Yet the unlightened ordinary men desire to the permanent. The moment when the desire for permanent is not satisfied, gives the ordinary men the suffering(dukkha).

c) anātman(anattā), non-ego

The early Buddhist philosophy did not accept any fixed entity(fixed ego) as determining all reality, and the individual independent existence. The empirical ego is merely aggregation of various elements.

II

a) panca-skandha, five groups, five aggregates.

(ⅰ) rupa : form, senseous, quality

(ⅱ) vedanā : reception, feeling

(ⅲ) samjnā : perception, thought

(ⅳ) samskāra : action, mental activity, formation

(ⅴ) vijnāna : cognition

A Flower(rupa) be perceived(samjnā) through reception(vedanā) and cognized(vijnāna) by formation(samskāra).

b) sadāyatāna, six places of perception.

(ⅰ) eye - objective field of sight - color - vision

(ⅱ) ear - objective field of hearing - sound - hearing

(ⅲ) nose - objective field of smell - scent - smelling

(ⅳ) tongue - objective field of taste - feavour - smelling

(ⅴ) body - objective field of touch - physical feeling - touch

(ⅵ) mind - objective field of mind - mental plesant discernment

III

a) pratitya-samutpda : dependent origination, relativity

The Phenomena are happening and passing away and the main point of interest with Buddha was to find out "what being what else is?" and are happening in a series and we see that there being certain phenomena there become some others; by happening of some events others also are produced. This is called pratitya-samutpāda.

b) dvisata-anga-pratitya-samutpāda, twelve links dependent-realtivity

(i) jurāmarāna : old and death

(ii) jati : birth

(iii) bhava : existence

(iv) upādāna : grasping

(v) tanhā : desire

(vi) vedanā : reception

(vii) phassa : touch

(viii) sadāyatāna : six fields of senses

(ix) nāmarupa : name and form

(x) vijnāna : consciousness

(xi) samskāra : formation, action

(xii) avijjā : ignorance

한국불교사상사에 나타난 화(和)의 개념

I

화(和)라는 낱말은 20여 가지(大漢和辭典 : 諸橋轍次)[1]의 뜻을 가진 한자다. 원래 화란 말은 '소리를 낮추다, 소리를 고르게 하다, 소리를 부드럽게 하다' 등 고대에서는 음악용어 로 쓰인 것 같다. 요즘도 화성법(和聲法), 화음(和音) 등 음악용어로 쓰이고 있다. 이 같은 원래의 뜻으로부터 고르고 부드러운 기후의 온화, 부드럽게 주고받는 화어(和語), 온화한 분위기에서 화어에 의하여 이루어지는 화해·화평·화합·융화 등의 뜻으로 발전되었다. 화는 한마디로 둘 이상 여러 가지(소리·사상)가 부드러운 가운데서 고르게 하나가 됨을 의미하는 낱말이라고 할 수 있겠다. '하나가 됨'을 의미한다고 하여 사상이나 교리의 다양성을 부정하고 획일적인 방향에서 하나의 절대를 지향하려는 것은 아니다. 다양한 가운데에서 화합하여 하나로 되는 것, 즉 여러 가지 소리를 가진 부분으로 이루어진 합창단이 각 부분의 소리를 살려 가면서 하나의 화음을 이루는 예와 같다.

여기 「한국불교사상사에 나타난 화의 개념」이란 소론에서 화라는 낱말도 신라·고려·조선 등의 시대를 거치는 동안, 이웃 중국에서 전래된 여러 가지 불교종파와 여러 가지 불교학파의 소리(사상·교리) 등에 의한 화합과 융화를 의미한다. 특히 여기서는 중국에서 전래되어 이 땅에서 발전한 여러 가지 종파와 학파의 소리(사상·교리) 등을 지휘하여 하나의 아름다운 화음을 만들어 낸

---

1) 諸橋轍次, 『大漢和辭典』, 권2, pp.3489~3490.

훌륭한 지휘자의 창조적 업적을 사상사적 측면에서 고찰하고자 한다. 즉 여러 가지로 다양한 견해와 이론(異論)을 지양하여 하나의 화음을 형성한 각 시대의 대표적 사상가들의 저술을 근거자료로 삼고 화의 개념을 추출하고자 한다는 말이다. 그런데 여러 가지 종파와 학파의 사상들이 중국으로부터 전래되는 과정에서 고려해야 하는 몇 가지 문제가 있다.

첫째, 중국으로부터 수입되는 불교 전적(典籍)의 언어가 한문이고, 번역과정이 없었다는 사실이다. 당시의 한국 사상가들은 순한문으로 된 불교 전적을 한문 그대로 읽을 수 있었다. 또 중국인 못잖을 만큼 이해할 수 있었다. 중국 사상가들이 놀랄 정도의 명 논설을 순한문으로 저술한 국내 사상사도 더러 있었다. 한문 전적을 번역하지 않으려는 경향은 조선조에 이르러 한글이 제정 반포된 이후에도 계속되었다. 물론 전연 한글로 번역되지 않았다는 말은 아니고 번역된 전적의 수량이 미미하다는 말이다. 이것을 전적으로 중화의 문물만을 앙모하는 모화사상에만 기인한다는 단정은 회피하겠다. 불교 전적뿐 아니라 모든 한문 전적이 한글로 번역되기 시작한 것은 극히 최근의 일이다.

둘째, 많은 수량의 경전과 논소(論疏)들이 수입되었는데, 그 뜻을 이해하고 알기 쉽게 해석할 수 있는 한국측 인재의 수는 아주 적었다는 사실이다. 원효(元曉) · 의상(義湘) · 원광(圓光) · 자장(慈藏) 등 신라 고승같이 한문에 대한 어학 소양이 당대의 중국 고승을 능가할 만한 인재들의 수는 아주 적었고, 반면에 중국대륙으로부터 쏟아져 들어오는 불교관계 전적의 수량은 너무 많았다. 그래서 신라의 원효 같은 대가는 짧은 시일 동안 한꺼번에 밀려오는 불교 경전과 논소들을 일반인이 알기 쉽게 소개하기 위하여 20여 권에 달하는『종요(宗要)』를 저술했다. 종요란 한 경전의 사상을 요령 있게 간추렸다는 뜻이다.

셋째, 수용하는 창구는 좁은데, 밀려들어오는 경전 · 논소 등의 수량이 다양하고 많은 경우 수용하는 편의 학슬들은 다양한 경전 · 논소들을 정리하고 체계화 할 필요를 느끼게 된다. 동일 원전(原典)에 대한 한역이본(漢譯異本)이 많은 경우에는 5~6본(本)에까지 이를 때 체계적 정리는 반드시 필요하다. 그런데 모든 경전과 논소의 사상이 아무리 다양하더라도 한 부처님의 입에서 나왔다는 사실을 알았던 신라의 학승들은 일찍부터 다양한 경전·논소의 사상과 주장들을 한 부처님의 소리, 즉 하나의 화음으로 환원·귀일시켜 보려는 시도를 했었던 것 같다. 그래서 한국불교의 특징을 여러 가지 사상과 주장을 하나로 '통(通)하려' 한다고 하여 '통불교', 또 여러 가지를 여러 가지를 한데 융합한다고 항 '총화(總和)불교'라고 규정하는 현대 학자도 있다. 수용 후 번역된 경전과 논소의 다양성을 절충·융합하려는 경향은 중국불교계에서도 일찍부터 싹트고 있었다는 사실도 지적해 둔다.

II

시시각각 변천하는 개별적 현상보다는 그 배후에서 모든 개별적 현상을 한정한다고 상정되는 보편적 원리를 추구하려는 경향은 일찍부터 인도인들의 사유에서 강하게 나타났다. 인도인들은 고래로 여러 가지 다양한 개별 현상은 모두가 유일한 절대자의 현현(顯現)이라고 생각했다. 그리하여 인도철학에서 형이상학의 주류는 일원론(一元論)이었다. 형이상학정 일원론적 입장에서 모든 개별적 특수상(特殊相)을 관조하게 되면 현현되는 현실적 차별은 크게 문제시 되지 않는다.

B.C. 5세기경 부처님의 시대에는 많은 신흥 사상가들이 출현하여 각기 상반된 학설을 주장하면서 논쟁을 일삼고 있었다. 극단적인 고행주의를 주장하는 금욕파가 있는가 하면, 극단적인 쾌락주의를 주장하는 현세파도 있었다. 불교 경전에서는 95견(見), 즉 95종(種)의 학설이 논쟁을 했다고 기록되어 있는데 그 중에서도 육사외도(六師外道)라 하여 불교 이외의 여섯 사상가의 학설을 특히 주목하였다. 육사외도 가운데서도 자이나(jainism) 교도의 교주인 '마하

비라'는 '보는 관점'에 따라 구체적 사상(事象)에 관한 판단과 진술이 달라질 수도 있다고 주장했었다. 그래서 지나친 상대주의(相對主義)에 빠졌다는 비판도 받았다. 눈먼 소경들이 코끼리를 만진 다음 서로 논쟁했다는 비유도 이와 같이 백가(百家)가 쟁명(爭鳴)하는 지적(知的) 불확정시대에 상대주의가들이 고안한 이야기다. 군맹촉상(群盲觸象)의 비유는 그 연원이 인도에 있다.

당시 이 같은 지적 불확정시대에 가장 철저한 반성을 한 신흥 사상가 중의 한 사람이 불교의 교조 부처님이었다. 그는 여러 사상가들이 자기 학설만을 주장하면서 서로 싸우고 있는 사실을 보고 "그들은 자기의 견해에만 탐착(貪着)하고 있는 까닭이다."[2]라고 비판했다. 그는 이 같이 자기 견해만 고집하는 주장은 희론(戱論)에 지나지 않는다고 멀리 하였다. 그래서 그는 "자기의 학설만이 진리이고 너의 학설은 허망하다"[3]고 남을 비난하지 않았다. 그는 하나의 입장을 고집하면서 남과 논쟁하지 않는다. 그는 모든 논쟁을 초극(超克)한 경지에서 '내심(內心)의 적정(寂靜)'을 찾으라고 제자들에게 가르쳤다. 후대에 이르러 인도 대승불교도 타종파·타학파의 존재이유를 대승적으로 인정하였다. 특히 『법화경』계의 경전[4]에서는 모든 외도의 학설도 실은 제불(諸佛)여래(如來)가 중생을 가르치는 방편에 지나지 않는다고 했다. 모든 외도의 학설과 교설까지를 불교에 화합시켰다. 그래서 인도 불교사에는 이단을 파문하는 사건은 일어나지 않았고 도리어 저변에는 이단가지를 포섭하는 '화'의 흐름이 면면히 흐르고 있었다.

이 같은 화의 전통은 인도 불교를 수용한 중국 불교에 와서는 유교·도교와의 '절충융화'로 계승되었다. 중국 불교학승들은 수용 초기부터 불교 교리를 노장(老莊)사상을 매개로 하여 설명하려고 시도했다. 『반야경』의 '공(空)'은 노장의 '무(無)'와 동일하다고 설명함으로써 불교사상과 노장사상의 절충을 꾀했

---

2) Suttanipata p.891.
3) Suttanipata p.843.
4) 『大薩遮尼乾子所說經』, 『大般涅槃經』

다. 또 중국 천태종(天台宗)의 지의(智顗) 같은 고승은 그의『마하지관(摩訶止觀)』에서 '일체 세간에서 외도이 경서는 모두 불서(佛書)'라는『대반열반경』의 구절을 인용한 다음 "인자한 마음으로 남을 해치지 않으면 불살계(不殺戒)이고, 의양추렴(義讓推廉)하여 남에게 은혜를 베풀면 부도적(不盜賊)[5]이여……"라고 유교의 오상(五常)과 불교의 오계(五戒)의 절충융합론을 전개하였다. 당(唐)시대 이후에는 유교·도교·불교의 삼교를 절충·융합하려는 학설이 대두했다. 특히 선종 계에서 삼교의 평등을 말하는 학자가 나타나서, 유·불도의 삼교는 같은 것인가 하는 질문에 대하여 '사왈(師曰), 그릇이 큰 자는 자유자재로 사용하므로 같으나, 그릇이 작은 자는 국집(局執)하므로 다르게 본다……보는 사람에 따라 다르게 보일 뿐이지 삼교 자체에 이동(異同)이 있는 것은 아니다.'[6]고 대답했다. 이와 같은 유·불·도 삼교의 절충·융합사상은 후세에 와서 조선조(朝鮮朝)의 거승인 서산(西山) 등에 영향을 미치고 있다. 유교·도교 같은 타종교의 교설과의 절충·융합뿐 아니라 불교 내부에서 대립되는 학설 간의 절충·융합의 주장도 나타났다. 특히 서로 상반된 입장을 고집하는 교종과 선종의 '화합'을 역설한 당 시대의 규봉종밀(圭峯宗密)은 절충파의 대표적 인물이고 그의 교선일치론은 고려시대에 '교선 일원(一元)의 화(和)'를 주장하는 보조(普照)에게 이론적 뒷받침을 제공했다. "지도(至道)는 귀일(歸一)하고 정의(精義)에 둘이 없다. 지도는 한 변(邊)에 치우치지 않고 요의(了義)는 편벽하지 않는다. 따라서 하나로 화합해야 한다."[7]는 것이 규봉의 교선일치론의 요지다. 그리고 규봉은「도서(都序)」에서 교종과 선종을 각각 3종류로 분류하고 있으나, 결국 모든 것은 동일 취의(趣意)로 귀착한다고 해석했다. 학자들이 서로 대립하여 논쟁하는 것도 궁극에 가서는 서로 상대를 파괴하는 '상파(相破)'가 아니고 서로 상대를 성립케 하는 '상성(相成)'이라고 그의「도

---

5) 智顗 :『摩訶止觀』(大正 46)
6)「諸方門人參問語錄」,『頓悟要門』p.94)
7)『禪源諸詮集都序』上 p.33

서」에서 변호했다. 즉 논쟁에 의하여 양분되는 것이 아니고 대승적인 방향에서 하나로 '화'한다는 말이다.

III

신라의 원효(元曉)는 『십문화쟁론(十門和諍論)』이란 저서를 남겼을 만큼 '화쟁(和諍)'을 심각하게 생각한 사상가이다. 그는 서문에서 "부처님이 세상에 계실 때는 부처님의 원음(圓音)에 의항 중생이 혜택을 입었으나 시대가 흘러감에 따라 여러 가지 공론(空論)이 분분하며 자기주장만 옳고 남의 주장은 그르다고 한다……"[8]고 당시의 신라 불교사상계를 걱정했다. 한 부처님이 한 입으로 말씀한 교설이 중국을 거쳐서 오는 동안에 여러 가지 이설을 파생했고 그 이설들이 서로 자기 설만이 진실을 고집하며 갈라져서 논쟁하는 분열상을 원효는 직시했다. 그래서 모든 이론·이설들을 하나의 '불음(佛音)'으로 화합하기 위하여 『화쟁론』을 썼다. 그는 "다만 어둠이 아닌 지혜광명으로 법계를 두루 비치니 평등하여 무이(無二)로다."[9]라고 둘이 아니고 하나로 화합하여 원음으로 돌아갈 것을 강조하였고, "둘을 융합했으나 하나가 아니고 진(眞)과 속(俗)의 성(性)은 서지 않은 바가 없으며 염(染)과 정(淨)의 상(相)이 갖추지 아니함이 없다."[10]고 진과 속, 염과 정의 대립을 그의 '화쟁론'으로 포용했다. 둘로 갈라놓는 이분법적 사고를 지양하여 갈라진 둘을 하나로 융합하는 것이 화쟁론의 취의(趣意)다. 모든 분열현상은 하나를 둘로 갈라놓는 이분법적 사고에서 시작된다. 이분은 모든 분열의 본분열이다. 그래서 이분된 진과 속, 정과 염, 명과 암 등이 하나로 '화'해야 함을 주장했다. 그의 화쟁논리는 화쟁론뿐 아니라 『대승기신론소』, 『금강삼매경론』 등 모든 저술에서 중 테마로 전개되

---

8) '如來在世 己賴圓音 衆生等 雨驟 空空之論雲奔 或言我是 言他不是 或說我然 說他不然 遂成河漢矣'

9) '非唯無闇 有慧光明 遍照法界 平等無二'(『起信論疏』)

10) '融二 而不一故, 眞俗之性 無所不立, 染淨之相 莫不備焉. 離邊而非中故 有無之法 無所不作 是非之義 莫不周焉 爾乃無破 而無不破 無立 而無不立 可謂 無理之至理 不然之大然矣'

고 있다. 그는 화쟁사상가였다.

그런데 일방적 견해만을 고집하는 이분법적 사고를 지양하여 융합한 화쟁론을 전개한 원효도 위대하지만, 그의 화쟁론을 실제로 옮긴 무애행인(無碍 行人) 원효가 더 위대했다. 화쟁사상이 역사적 현실에서 구체적으로 실현되는 마당에서 보살의 무애행은 나타난다. 그는 말과 행도 화쟁론으로 일치시켰다.

어떤 사상이나 주의에도 얽매이지 않는 그는 심지어 불교 교단의 계율에도 얽매이지 않았다. 인간이 만든 일체에서 벗어난 무애인이므로 인간이 만든 계율조차도 그를 얽맬 수는 없었다. 계율을 지키는 지계(持戒)를 고수하면 이것과 대립하는 파계(破戒)가 있게 된다.

고려조에서 천태사상에 의하여 '회삼귀일(會三歸一)'을 주장한 의천(義天, 1055~1101)은 '고금(古今) 백가(百家)들의 쟁론들을 융화'한 화(和)사상의 대선배로 추앙하면서 원효에게 화쟁국사(和諍國師)라는 시호를 내리도록 했다. 그리고 의천은 화쟁에 대한 송구(頌句) '인심은 남과 북이 다르나, 불법은 고금이 꼭 같다. 진(眞)을 파괴하지 말고 속(俗)을 밝히라. 도리어 색(色)으로 인하여 공(空)을 분별하라. 유(幽)만 탐구하면 현상(現象)을 잃고, 본지(本旨)를 잃으면 어린아이처럼 어리석어진다. 집착이 있으면 쟁론하게 되고, 쟁론을 잊으면 융통한다'[11]를 그의 편저인 『원종문류(圓宗文類)』에 신고 원효의 화쟁이론을 칭송했다.

또 어떤 학자는 원효의 이름을 딴 원효종(元曉宗, 또는 海東宗)은 법성종(法性宗)·법상종(法相宗)·삼론종(三論宗)·화엄종(華嚴宗)이라고도 부르는데 원효가 신라에서 이 같은 여러 종파의 개창조사(開創祖師)가 되었기 때문이라고 한다.[12] 원효는 그때까지 전래된 여러 종파와 학파 및 견해를 융화하고 회통하였기 때문에 이 같이 여러 종파의 조사로 추앙되었지만, 원효 자신은 어느 종파에도 속하지 않은 것 같다.

---

11) "人心南北異 佛法古今同 不壞眞明俗 還因色辨共 探幽唯罔象 失旨倂童蒙 有著斯爲諍 妄情自可通"
12) 全映邃 ; 「五敎兩宗에 대하여」, 『震檀學報』 8호.

IV

선종(禪宗)은 처음부터 교외별전(敎外別傳)을 주장하면서 문자(文字)로 이루어진 일체 경전은 선과는 관계가 없다고 '불립문자(不立文字)'를 표방했다. 불설로 이루어진 경전과 관계가 없고 교설 밖에 별도로 전해진 것이라면 불교가 아니라는 설도 나올 수 있다. 그러나 선종은 곧 경전은 부처님의 입에서 나온 말이고 부처님의 마음을 전한 것이 선리라 하였다. 선의 세계가 교보다 더욱 심오하다는 이론으로 선이 불교가 아니라는 설을 비판했다. 그런데 '부처님의 마음을 전한다'는 뜻은 밀의적(密意的) 의식(儀式)을 요한다. 마음을 전하는 길은 적정(寂靜) 속에서 신비로운 암호에 의하여 이루어지는 수밖에 없다. 그래서 선종은 부처님으로부터 시작되는 사자상승(師資相承)의 전통을 확립했다. 신비스런 암호에 의하여 스승의 인가를 받은 제자에게 밀의는 은밀한 의식을 통하여 전승되는 것이다. 그래서 역대조사로 이루어진 선맥(禪脈)이 중요시되고 동시에 조사들의 어록이 경전과 동등한 비중을 가지게 된다.

당시 고려 불교계에는 부처님의 교설에 의지하여 최고의 지혜를 얻으려는 교종과 부처님의 마음(뜻)을 신비적 직관에 의하여 오득(悟得)하려는 선종 사이에는 서로 돈점(頓漸)과 우열을 놓고 논쟁이 심했다. 그래서 고려의 보조(普照)는 '교와 선의 일원론'을 강력히 주장하면서 교와 선이 화쟁론을 피력하였다. 그는 교와 선의 일원론을 전개하는 이론적 근거를 이통현(李通玄)의 저서 『화엄신론(華嚴新論)』에 두었다. 『화엄신론』 40권을 요약한 『화엄경절요』 3권의 서문에서 보조는 교선 일원론을 논술하였는데 이 논술에서 중국의 규봉종밀의 사상적 영향을 읽을 수 있다. '……마음은 지혜의 그림자요 이 세계 또한 그렇다. 지혜가 깨끗하면 그림자도 분명하며, 크고 작은 것이 서로 어울림이 마치 인드라 그물과 같다.'고 한 통현의 「화엄론초위(華嚴論初位)」에 대한 해석을 읽은 보조는 읽던 책을 덮고 길게 탄식하면서, "부처가 입으로 말한 것은 교요, 조사가 마음으로 전한 것은 선이다. 부처의 입과 조사의 마음은 필연코 서로 어긋남이 없는데, 어째서 그 근원을 궁구하지 않고 각기 제가 익힌 데에 안주하여 망령되이 논쟁함으로써 헛되이 세월을 보내는가."[13] 보조 역시 교는 부처의 말씀이고 선은 조사의 마음(뜻)이란 전통적 표현을 사용하고 있다. 따라서 교의 길과 선의 길이 궁극적으로는 한 부처에 도달할 터인데, 교와 선 사이에 차이가 있을 수 없다는 것이다. 즉 궁극적 자성불(自性佛)을 찾아내는 데에 전념하고 정진할 뿐, 교와 선의 우열과 돈점을 논쟁하는 일에 시간을 보내는 것은 허망한 일이라는 말이다. 보조는 정혜결사문(定慧結社文)에서 "……만일 말로 인해 도를 깨닫고 교로 인해 종지(宗旨)를 넓히며 법을 선택하는 눈을 갖춘 사람은, 비록 많이 들어도 명목과 상에 집착하는 생각을 일으키지 않으며……(그러나)만일 말을 따라 소견을 내고 글을 따라 앎을 지으며, 교를 좇고 마음이 미(迷)하여 손가락과 달을 분별하지 못하고 법을 설하는 사람을 제도하려는 것은 달팽이가 스스로도 더럽히고 남도 더럽히는 것과 같다. 그는 세간의 문자법사(文字法師)이니……"[14]라고 교에 치우친 문자법사를 날카롭게 비판하고 있다. 그리고 손가락은 어디까지나 달을 가리키는 지월(指月)의 구실만을 할 뿐이지 달은 아니다. 그런데 어리석은 가람들은 손가락을 달로 착각하여 달을 잃어버리고 손가락에만 집착하고 있다는 것이다. 손가락은 달의 방향을 정확히 가리키는 지혜는 갖추어야 한다. 달의 방향을 잘못 가리킨 손가락은 많은 사람들을 잘못된 방향으로 인도한다. 오득(悟得)의 방향이 아니고 혼미(昏迷)의 방향이다. 그래서 정확히 가리키는 손가락[指月]과 달[月]은 지월이 지시하는 방향선상에서 월(月)과 일치할 수 있다. 보조까지 포함하여 역대 선사들은 지월과 달의 관계에서 교와 선의 일치를 설명해 왔다.

그런데 한편 수행(修行)은 불퇴전의 정신적 긴장이 따르지 않으면, 혼미의

---

13) '又云身爲智影 國土亦然 智淨影明 大小相入 如因陀羅綱 境界也 於是置卷長歎曰 世尊說之於口 卽爲敎 祖師傳之於心 卽爲禪 佛祖心口 必不相違 豈可不窮根源 而各安所習 妄興諍論 虛喪天日耶'

14) '此各在當人 不可一向 若因言悟道 藉敎明宗 具擇法眼者 雖多聞而不起認名執相之念 雖利他 而能斷自他憎愛之見 悲智漸圓 妙契 中則誠當實行者也 若隨語生見 齊文作解 逐敎迷心 指月不分 未忘名聞 利養之心 而欲說法度人者 如濊蝸螺 自濊濊他 是乃世間文字法師 何名專精定慧不求名聞者乎'

세계로 와해될 위험이 있다. 혼미하고 불투명한 정신적 상황은 자아를 상실하고 공간적 의식과 함께 시간 의식마저 혼미해 간다. 그리하여 역사의식을 망각할 위험이 있다. 보조는 혼미에 빠지기 쉬운 선을 향하여 사회구제(중생제도)라는 사명의식을 고취하며 각성할 것을 촉구하였다. 이 혼미에서 깨어나게 하는 길은 투명한 논리밖에 없다. 체계적 교리의 추구에서 얻어지는 지혜의 빛만이 혼미의 구름을 제거할 수 있다. 그래서 보조는 선정과 지혜를 동시에 수행할 것, 즉 정혜쌍수(定慧雙修)를 강조했다. 그는 "선정은 내 마음의 본체요 지혜는 내 마음의 작용이다. 선정은 바로 지혜이기 때문에 본체가 작용을 떠나지 않는다. 지혜가 곧 선정이므로 이 본체를 떠나지 않는다. 두 가지가 다 없어지고, 두 가지가 서로 마주 비치면 두 가지가 다 존재한다. 두 가지 다 수행의 요지이며, 불교의 대지(大旨)다……"[15]고 절요에서 말하고 있다.

V

　조선조 시대에 이르러 한국불교는 선종 일변도로 흘렀다. 따라서 선을 우선하고 교를 버금으로 하는 경향이 농후하였다. 그리고 유교를 숭상하는 권력에 의하여 불교가 탄압받던 정치적 상황이 다소 작용하여 조선조의 선사들은 일찍부터 선교양종의 화합보다는 불교와 유교의 화쟁을 주장하고 나섰다. 유교 또는 도교와 불교의 화쟁을 '회통(會通)'이라고 불렀다. 여기서 회통이란 불교와 다른 종교, 주로 유교와 도교가 그 사상적 근원은 동일하므로 서로 융합할 수 있음을 말한다. 각 종교가 어떻게 다른가 하는 '차이'보다는 어떻게 서로 같은가 하는 '동일'의 방향으로 논리를 전개하려는 것이다. 이 같은 경향은 학식이 높은 중국불교계에서 일찍부터 싹트고 있었음은 이미 언급한 적이 있다. 그 영향이 조선조 선사 등에게 미쳤다. 선의 세계에서 말(言語)의 명시(明示) 기

---

15) '定是自心之體 慧是自心之用 定卽慧故 體不離用 慧卽定故 用不離體 雙遮則俱泯 雙照則俱存 體用相成 遮照無碍 此定慧二門 修行之要 佛祖大旨……'

능은 극단적으로 소량화되는 반면에 오득한 경지는 무한한 함의량(含意量) 때문에 무한한 다양성을 내포하는 반면, 말의 명시 기능은 극단적으로 소량화되어 가다가 끝내는 무화(無化)된다. 오득의 경지가 시어(詩語)로 상징되는 까닭은 내포함 함의량의 무한 때문이다. 육조(六朝) 이후 중국과 한국의 선종계를 지배하던 '불립문자'는 다양한 언어의 명시성(明示性)을 무화하고 직관적·찰나적으로 오득함을 말한다.

조선조 시대의 대표적 회통 학자로서는 유·불·선 삼교의 융합을 주장하고 현정론(顯正論)을 펴낸 함허(涵虛)를 먼저 들고자 한다. 함허는 「현정론」 말미에서 노자님은 '無爲而 無不爲, 當有爲而無爲'를 말하고 부처님은 '寂而常照 照而常寂'을 말했으며 공자님은 '無思也 無爲也'라고 말했다. 여기서 노자의 '무위(無爲)', 부처의 '적(寂)', 공자의 '무사(無思)'가 궁극을 표현하는 언표(言表)의 지시 방향에서 흡사하다고 그는 지적했다. 그러나 함허의 「현정론」에는 삼교의 화쟁을 주장하면서도 은근히 불교의 우위를 드러내는 호교적(護敎的) 입장도 견지하고 있었다.

서산(西山)은 그의 저서 『선가귀감(禪家龜鑑)』의 첫머리에서 '여기 일물(一物)이 있다'고 전제한 다음 '삼교성인(三敎聖人)'은 이 구절에서 나왔다고 언명(言明)했다. 사교의 이름은 각각 다르지만 그 극원(極源)은 같다는 이론이다. 그는 삼교가 교리상의 차이는 있으나 본래 심성의 계발과 인간의 수련을 위한다는 점에서는 상통한다고 했다. 그리고 '일물은 고불(古佛)이 출생하기 이전에 벌써 원만상(圓滿相)으로 있었다.'[16]고 하면서 부처님이나 공자님, 노자님 같은 성인들은 각기 여러 가지로 다르게 표현했을 뿐이라고 했다. 그는 또 불교가 말하는 '유심(唯心)'으로 유교사상을 설명하면서 회통론을 펴 나갔다. 고불의 출생 이전에 있었던 일물은 '不增生·不當滅·名不得·狀不得'이므로 언어적 표현을 초월한 것인데, 이를 굳이 명명한다면 불교의 '일심'이라

---

16) 『西山大師集』:『禪家龜鑑』, 동국역경원.

는 것이다. 그러므로 일심으로 유교사상·도교사상을 설명할 수 있을 뿐 아니라 삼교가 '일물에서 나와서 일심으로 돌아간다'는 주장이다. 삼교가 결국 하나를 의미하는 일물에서 시작하여 하나를 의미하는 일심으로 끝난다는 말이다. 그의 '알파도 하나'이고 그의 '오메가도 하나'다. 삼교의 소리를 하나의 화음으로 융합하려고 서산은 노력했다.

조선조 불교학계의 회통론은 이미 언급한 대로 당송(唐宋)시대의 중국 불교학계에서 일찍 거론된 일이 있었다. 그런데 중국 불교의 회통론도 불교가 왕권의 배불(排佛)정책 때문에 핍박받아 열세에 몰렸을 때 제기되었다는 점은 유의해야 한다. 이 같은 중국 불교의 회통론은 배불정책이 감행되던 조선조이 불교계에 쉽게 도입될 수 있었고 중국의 회통론을 직접 한문 원문대로 읽고 이해했던 조선조 고승들은 중국의 회통론을 인용하면서 당시의 배불론을 주장하던 권력층 유신들과 대론을 폈다. 그래서 조선조 고승들의 회통론을 읽어보면 중국의 회통론을 그대로 복사한 복사판 같은 느낌을 준다.

여러 종교가 중생이 사는 사회를 위하여 존재하므로 사회에 사는 중생들을 향하여 어떻게 사는 길이 가장 바르고 옳게 사는 길인가를 제시하는 사회적·윤리적 실천강목에는 서로 공통되는 일부도 있을 수 있다. 그렇다고 하여 공통되는 일부를 확대하여 근원적으로 회통한다는 화쟁이론은 논리의 비약을 초래할 위험이 따른다. 불교 내부에서 선종과 교종의 화쟁도 오랜 세월을 두고 시도하였으나 아직도 선교양종 간의 융합은 원만히 이루어지고 있지 못한데, 교리와 신조를 달리하는 타종교와의 화합이 회통론을 통하여 쉽게 이루어진다는 기대는 한갓 기대로만 끝날 공산이 크다. 그러나 여러 가지 종파의 소리를 하나의 화음으로 모아 보려는 이론적 노력은 한국 불교에서는 처음부터 줄기차게 계속되어 왔다.

『제3회 국제학술회의 논문집』, 한국정신문화연구원, 1985.

현대불교와 정치참여

—

한 젊은 여승(女僧)의 육체가 타고 있다. 그 여승 스스로 휘발유를 자기 몸에 뿌리고 성냥을 켜 댄다. 불길은 삽시간에 전신을 휘감는다. 이글이글 타 들어 가는 육체의 고통은 얼마나 심한가마는 단정히 두 손 모아 합장한 채 서 있는 젊은 여승의 표정은 지극히 평화롭다.

한참 있다가 여승은 그 자리에 조용히 쓰러진다. 불길이 꺼진다. 곁에 서 있던 노승(老僧)이 여승의 몸에 휘발유를 뿌리고 성냥을 켜 댄다. 불길은 다시 누워있는 여승의 육체를 태운다. 이때부터 여승을 지켜보고 있던 군중들은 하나둘 무릎을 꿇고 앉더니 불타고 있는 여승을 향하여 합장하고 절을 하기 시작했다.

이 글은 최근 월남(越南) 후에라는 불교 도시에서 벌어졌던 여승 분신(焚身)의 현장을 그대로 그려본 것이다.

그런데 외신에서 '분신자살'이라는 보도는 잘못이다. '분신'이면 그만이지 자살은 아니기 때문이다. 분신은 종교적 차원으로 승화된 자기헌신의 의식이다. 그럼으로써 가장 엄숙한 종교의식이 된다. 물론 겉으로 보기에는 자살임에 틀림없다. 그러나 민족이나 조국을 위하여 폭탄을 안고 적진으로 뛰어 들어가서 산화한 용사의 죽음을 아무도 자살이라고는 부르지 않는다. 역시 자살임에는 틀림없으면서도 오히려 민족이나 조국이라는 보다 큰 대의를 위하여 숨진 거룩한 희생이라고 부른다. 그렇다면 민족이나 국가의 차원보다 높은 '영원한 의미'를 위하여 젊은 목숨을 희생한 자기헌신을 자살이라고 부를 수 없다.

한때 이 거룩한 자기헌신의 종교의식인 분신을 바비큐(불고기)에 비유하면서 미치듯이 조롱한 월남의 귀부인도 있기는 있었다. 이미 민심을 잃은 부패정권이건만 빼앗기기 아까워서 권좌를 뒤흔드는 승려의 분신에 대하여 그 귀부인은 발악에 가까운 독설을 퍼부었다. 그러나 바비큐라는 비인도적 발언을 마지막으로 그 독부(毒婦)의 정치생명도 끝이 났다. 영원을 지향하는 종교적 차원에서 인류의 고통을 짊어지고 스스로 분신하는 소수의 순교자의 죽음은 설체(泄滯)하기 쉬운 종교사에 새로운 활기를 준다.

二

불교 승단(僧團) 생활에는 공양(供養)한다나는 말이 자주 쓰인다. 한국 승단 안에서는 점심을 먹었느냐고 묻는 말도 "점심 공양을 하였느냐?"고 한다. 밥만 아니고 차(茶)공양, 과자공양, 떡공양 등 여러 가지 공양이 있다.

공양은 범어 Pujana를 번역한 말이다. 그리고 Pujana의 어근 Puj는 '경배하다, 예배하가, 숭배하다'라는 뜻을 가지고 있다. 그러므로 공양은 원래 경배, 예배, 숭배 같이 종교적 신앙을 표현하는 예배를 나타내는 말이다. 그런데 종교적 신앙은 언제나 어떤 물질적 헌공(獻供)에 의하여 예배의식으로 나타난다. 사원 안에서 모든 물질적인 것은 반드시 불상을 묀 불단 앞에 헌공한 다음 처분된다. 불단 위에 공양한 다음 먹게 되기 때문에 그 음식을 공양이라고 부른 것 같다.

자기의 종교적 신앙을 표현하는 예배의식을 위하여 헌공하는 유형적 물질에는 여러 가지가 있다. 먹는 것으로부터 의류 그리고 금전에 이르기까지 그 종류는 인간의 일상 쓰는 물질의 종류만큼 많다. 그 가운데서도 가장 고귀한 유형적 헌공은 인간의 목숨을 바치는 일이다. 인간의 전부인 생명까지도 바쳐서 종교적 신앙을 표현하는 모습은 그대로 거룩한 성인의 상이다.

분신은 바로 이 같이 인간의 생명을 공양하는 종교적 헌신이다. 육신을 불태우면서 헌신함을 소신(燒身)공양이라고 불전(佛典)에서는 말하고 있다. 그러니까 이 소신공양을 그 젊은 여승은 불퇴전의 종교적 신앙을 간증한 것이다.

그리고 자기의 육신을 불태움으로써 종교적 신앙을 간증하는 수동적 신앙은 불교의 불상생계(不殺生戒)가 내포하고 있는 종교적 의미와 서로 통한다. 모든 생물을 죽이지 말라는 불상생계는 그 존재이유가 분명치 않은 미생물에 이르기까지 살생함을 금하고 있다. 따라서 이성이 있다고 하는 고급동물인 인간의 생명을 살해하거나 상해할 수 있는 이유는 어떠한 경우에도 성립하지 않는다. 사상이나 주의가 서로 다르다거나 피부빛깔이 다르다거나 또는 종교가 다르다는 이유만으로 상대를 미워해야 하고 그에게 폭력을 가해야 할 이유는 없다는 말이다.

그러므로 어느 정부(政府)가 아무리 독재적 강압정책을 펴서 불교를 박해한다고 해도 그 독재정권에 대항하여 저항은 하지만 그 방법이 폭력수단이어서는 안 된다. 어디까지나 비폭력의 종교적 감화력에 의하여 극복되어져야 한다. 그야말로 무저항의 저항이다. 무저항의 저항이라고 하는 역설적 저항도 하나의 저항임에는 틀림없다. 차라리 폭력수단으로 저항을 시작했더라면 일이 일찍이 끝나버렸을 것을 비폭력의 무저항 방법 때문에 도리어 피해를 입을 때가 있다. 그렇다고 성급하게 폭력 수단에 호소한다면 무저항의 저항이라는 불교정신은 자취를 감추고 만다.

정말 종교적 희생과 신앙의 힘을 요구하는 것은 폭력적 저항이 아니고 비폭력적 무저항의 저항이다. 폭력에 의하여 강압적으로 직행하지 않고 무한한 자비의 언어와 인내에 의하기 때문에 보다 위대한 신앙의 힘과 용기가 필요하다. 상대가 폭력수단으로 나오더라도 끝까지 자기희생의 각오를 가지고 불살생의 계율은 굳게 지켜야 한다. 상대가 폭력이란 것은 무의미하고 궁극에 가서는 무력한 것임을 깨달을 때까지 무저항의 저항 방법에 의하여 싸워야 한다. 아직 상대가 폭력의 허망함을 깨닫지 못하고 있다면 그것의 나의 헌신적 신앙심이 약하기 때문이라고 참회해야 한다. 나의 용기와 힘이 너무나 미약함을 참회해야 한다는 말이다.

끝끝내 폭력이 스스로의 무의미를 깨닫기는커녕, 도리어 포악으로 변할 때면, 무저항의 저항이라는 역설논리는 위대한 종교적 세계로 승화된 차원에서 최후의 길을 택해야 한다. 이 길이 바로 스스로의 육신을 불태우는 소신공양의 길이다. 상대의 포악을 도저히 자비의 힘으로는 돌이킬 수 없었던 자기의 신앙을 극한으로 철회하는 종교적 의식이다.

三

불전 가운데 『유마경』에 이런 말이 있다. 주인공인 유마거사는 언제나 자리에 누워서 앓고 있다. 하루는 부처님의 제자인 문수보살이 앓고 있는 유마거사를 찾아간 일이 있었다. 유마거사의 방에 들어서서는,

"거사님! 무슨 병을 그리 오래 앓고 계십니까?"

라고 물으니, 유마거사는 누워있는 채로

"모든 중생이 다 고해에서 앓고 있으니 나는 중생의 아픔을 아파하지 않을 수 없소. 그러므로 중생의 병이 다 낫는 날 나의 병도 깨끗이 나을 것이오. 그것은 마치 외아들이 병을 앓으면 그 부모도 함께 앓고, 그 아들의 병이 나으면 부모의 병도 나음과 마찬가지요."

라고 대답하였다. 중생이 고통에서 벗어나는 날 그도 고통에서 벗어난다는 대승불교의 보살정신을 아주 요령 있고 알기 쉽게 설명한 유마의 한 구절이다.

모든 사람이 고통에서 신음하고 있는데 나 혼자만이 고통을 벗어난 경지에서 안일을 취하고 있는 대승보살은 보살이 아니다. 이 지구에서 전쟁 때문에 시달리는 고통이 사라지는 날까지 대승보살의 고통은 사라지지 않는다. 그리

고 이 지구에서 굶주림이 없어지는 날까지 보살의 굶주림은 없어지지 않는다. 인류의 고통을 곧 나의 고통으로 그대로 직감하면서 언제나 앓고 있는 것이 바로 대승보살의 자비이다.

그런데 20여 년 동안 전쟁 때문에 갖은 고통을 겪어온 불우한 민족이 있다고 하자. 그 전쟁도 거의 타율적인 강요에 의하여 하는 수 없이 받아들여진 전쟁이다. 그거도 전선이 확연히 형성되어 있고 후방이 따로 있는 전쟁이 아니고 땅덩어리 전부가 싸움터로 번져있는 전선 없는 전쟁이다. 상반된 정치이념은 가련한 약소민족의 허약지대에 와서 무력의 대결로 터졌다.

이와 같은 전 지역에 전쟁이 벌어지고 있는 지역에서 살아야 하는 인간들의 고통을 한번쯤 상상해 보자. 20여 년 동안 싸움터에서 총성만 들으며 살아왔건만 이 전쟁은 언제 끝이 날지 앞날이 막연하기만 하다. 어제는 살았고 오늘도 아직까지는 살아있으나 내일은 어떻게 될는지, 살아간다는 희망보다는 불안이 앞선다. 그들의 인간성이 약해서만은 아니다. 20여 년 내려온 과거의 쓰라린 유전(遺傳) 때문이다. 강대국으로부터 현대무기로 장비된 대규모 병력이 소탕작전을 전개할 때 그 지역에서 살아야 하는 토착민들이 겪어야 하는 비극은 인간의 상상할 수 있는 한도를 넘어선다. 죽은 어미의 시체 곁에서 배고파 울고 있는 어린이의 참상쯤은 놀랄 일이 못된다.

모든 중생이, 동일민족의 이 같은 비극을 고통하고 있는 현실에 함께 살고 있으면서도 이 비극에 무감각한 종교가 있다면, 그것은 종교가 아니다. 종교의 화석은 될지 모르지만. 더구나 모든 인류의 고통을 내 고통처럼 고통하는 대승불교 보살이 이 같은 비참한 중생의 고통을 목격하고도 화석 같이 가만히 있을 수는 없다. 비극의 현장에 있으면서도 너무 무력하여 현장에 없는 것처럼 가장하는 현장부재의 종교가 되어서는 안 된다. 알리바이가 성립되는 종교라면, 거기에는 무표정한 석불과 빈 사원 건물만이 남는다. 빈 석불과 사원 건물 때문에 불교가 있는 것은 아니다. 비극의 현장에서 동족의 비극을 함께 고통하면서 역사적 현실을 증언하기 위하여 불교는 존재한다. 참말 위대한 반야의 자비는 남의 고통을 내 고통처럼 아파하면서도 역사적 현실을 여실히 증언하는 냉정은 잃지 말아야 한다.

이리하여 세계의 이목을 끌면서 월남 불교는 천 여 년 묵은 오랜 침묵을 깨고 역사적 현실에 참여하는 고조(高潮)된 자세를 지니게 되었다. 불교의 이상인 보살정신을 구현하기 위하여 그들은 일어섰다.

四

그러나 한 종교가 현실에 참여한다고 할 때, 종교는 언제나 종교의 한계를 분명히 의식하면서 슬기로운 판단을 게을리 해서는 안 된다. 정치적 태도가 과잉한 국제정세라고 해서 종교가 현실참여에 과열한 나머지 너무나 지나치게 정치적으로 과속하면 종교 본연의 자세를 잃기 쉽다.

더구나 철저한 비폭력의 무저항의 저항을 계율로 삼는 불교가 아닌가. 적의 포악이 극한에 이르렀을 때에도 포격은커녕, 분신이라는 자기희생이 극한적 신앙의 힘에 의하여 적에게 폭력이 허망함을 깨우쳐 주라는 것이 불교정신이다. 그런데 어느 월남 지도승(指導僧)은 이따금씩 불교의 한계를 넘어선 정치적 발언을 일삼는 것 같다. 지나친 과열상태에 빠진 것이 아닌가 생각한다. 한 여승의 신앙적 자기헌신인 분신을 외국 대통령에게 그 책임을 추궁하는 과격한 발언은 약삭빠른 정치인의 입에서는 나올 수 있을지 모르지만, 종교집단을 지도하는 고승의 입에서 나올 수 없다고 본다. 그 여승은 외국 대통령에게 책임을 추궁하기 위하여 분신의 길을 택한 것은 아니다. 소신공양의 의식은 자기 참회의 계기가 되는 동시에 상대방에게도 참회의 동기를 마련하여 준다. 상대방에게 분신의 책임을 추궁하는 것이 아니고 참회의 동기를 준다는 말이다. 거룩한 여승의 분신을 정치적 도구로 사용한다면 종교적 모독도 이보다 더 할 수는 없다. 과거 가톨릭교가 득세하던 프랑스 식민정시치대에 불교가 받았던 모욕보다도 더욱 심한 모욕을 이번에는 불교 자체가 불교에게 주었다. 불교적 신앙의 간증으로 종교적 차원에서 이루어진 사건은 언제나 종교적인 언어로 그 의의가 주석(註釋)되어져야 한다. 세속적 정치발언으로 이용될 때 그 사건은 분신 같은 가장 거룩한 종교의식이더라도 아주 보기 흉한 만화에 그치고 만다.

소신공양이라는 종교적 의식을 가운데 놓고 어떤 정치적 흥정을 꾀할 때 소신공양은 가장 신성한 종교적 의미는 잃어버리고, 정말 먹을 수도 없는 바비큐의 희화(戲畵)로 전락되고 만다. 분신의 종교적 희생을 정치적인 색안경으로 구경할 때는 바비큐의 의미밖에는 보이지 않는다.

그러나 소신공양의 불교적 의미가 올바르게 생명 있는 정신으로 살아날 때 불교적 사회참여와 저항은 새로운 원동력으로 20세기의 무대에 등장할 것이다. 경제적 원조가 아니면, 무력폭압에 의하라는 그릇된 정치철학이 무너지려면 무저항의 저항이라는 역설적 불교논리가 다시 평가되어서 새로운 가치체계를 형성해야 한다.

무저항의 저항이라는 역설적 논리가 아주 소극적이고 퇴영적인 패배주의자의 변명구실로 둔화되어서는 안 된다. 목숨이 아까워서 사건현장을 회피하는 비겁한 무리의 자가 해명을 위한 논리가 아니다. 오히려 폭력을 휘두르는 적극적 저항보다는 몇 곱절 비범한 용기를 필요로 하는 역설적 논리다. 그래서 몇 만인의 테러집단보다도 한 사람 간디의 무저항운동은 보다 위대한 힘을 나타냈음을 우리는 안다. 간디는 마지막까지 종교운동의 지도자로서 그의 생애를 마쳤다. 그는 끝끝내 정치활동에는 적극적으로 참여하려고 하지 않았던 인물이었다.

종교가 정치활동에 참여하지 말라는 법은 없다. 인류의 구제를 궁극적 이상으로 하는 종교이므로 인류사회와 가장 밀접한 관계가 있는 정치에 무관심할 수는 없다. 오히려 적극적으로 정치에 참여해서 그들에게 가는 길을 제시해 주어야 한다. 그러나 정치의 방향이 그릇된 길로 달음질 칠 때는 단호히 아니라고 발언해야 한다. 그릇된 길로 달음질치는 정치의 방향을 저지하기는커녕, 질질 끌려가는 종교라면, 이 같은 종교는 완전히 부재(不在)의 종교이다. 부재의 종교로서 역사의 주류에서 소외되겠거든 차라리 폭력을 휘두르는 용기나마 보여주기를 바란다. 비겁의 윤리보다는 차라리 만용의 배리(背理)가 오히려 남성적이다.

그러나 불교의 계율인 불살생을 으뜸으로 한다. 따라서 모든 전쟁은 악으로 단언한다. 그렇다고 전쟁의 절대악을 막기 위한다는 이유 때문에 폭력을 사용하는 파계는 용인되지 않는다. 전쟁을 막기 위하여 폭력을 휘두른다는 것은 또 다른 전쟁을 의미하기 때문이다. 전쟁의 악순환이다.

그러므로 어디까지나 무저항의 저항이라는 역설적 논리가 불교적 참여의 전제가 되어야 한다. 이 역설적 논리가 영원(永遠)의 방향으로 승화하지 못하고 세속의 방향으로 퇴색할 때, 불교 승단은 기존 정치세력의 부패를 타협하거나 아니면 정치세력에 대항하기 위한다는 구실로 또 하나의 정치단체를 꿈꾸면서 불설(佛說)을 설법해야 하는 고승들의 입에서는 정치 같은 발언이 튀어나온다. 종교 본연의 자세를 망각한 불교의 타락이다. 그래서 소신공양의 종교적 헌신마저도 정치적 도구로 사용하려고 든다. 가장 위험한 종교의 모험이다. 앞날이 주목된다.

『세대』, 1966. 8.

부처님과 당시의 정치, 경제, 사회

I

부처님이 탄생하신 2500여 년 전 인도 사회에는 정치, 경제, 문화 등 여러 분야에서 괴도기적 현상이 일어나고 있었다.

이 시기에 서양의 희랍에서 소크라테스가 태어났고 동양의 중국에서 공자, 노자 등이 태어났음은 우연한 시간적 일치 이상의 의미를 시사해준다.

우선 경제적으로는 농업경제가 발달하여 자유 경작자의 출현, 각자 토지를 소유하는 중·소지주가 생겨났다. 특히 비옥한 갠지스 강 유역의 풍부한 농작물 생산은 부유한 농민층을 형성했다.

그들은 Veda 후기의 부족 내에서 목축에 종사하여 경제적 기반을 구축했던 카스트의 제3계급인 바이샤를 대신하여 고대적 부족사회의 존재에서 서서히 이탈하여 자유 경작에 종사함으로써 농작물을 비축할 수 있었던 신진 농민층이었다.

한편 풍부한 농산물과 농기구, 장식품, 일용품들과의 교역은 시장경제의 유통과 함께 상업발달을 초했다. 이리하여 부유한 농민층과 유복한 상인층이 대두하였고 갠지스 강 유역의 여러 도시들이 축재한 상인들에 의하여 형성되었다. 이 상인층을 당시 슈레슈틴이라 불렀다.

슈레슈틴은 당시 은행업까지 겸하고 있었고 상인 중심의 길드[組合]를 주관하는 우두머리의 자리에 있었다. 옛날의 슈레슈틴은 부족의 촌장 도는 씨족집단의 장을 가리키는 낱말이었다. 당시 이미 화폐가 유통되고 있어 상업발전을 크게 촉진시켰다.

그런데 부처님은 이 화폐의 출현에 대하여 적지 않게 경계했음을 초기 계율 제정에서 읽을 수 있다.

제2차 결집(結集)에서 논란의 대상이 되었던 금은은 이 화폐와 같은 가치의 금은보석의 가짐을 비구·비구니들에게 금하도록 한 조항이었다.

부처님은 그의 예민한 윤리감각에 의하여 화폐의 축적이 가져올 부패와 타락을 예견하였다.

하여튼 슈레슈틴은 부처님 당시의 시장 상권을 장악하고 금융거래를 좌우하며 경제권을 장악하고 있었다.

그런데 이 슈레슈틴이란 용어와 함께 새로운 의미를 지닌 그리하파티가 등장했다. 글자대로의 의미는 가장(家長)인데 고대 베다 시대에는 제사의식의 주인으로 희생물을 바치는 중요한 지위에 있었다. 그리하파티가 이 시대에는 주로 상업, 수공업, 농업에 의한 수익을 장악하고 처분하는 가부장적 지위에 앉게 되었다. 동시에 그리하파티는 씨족의 제사의식까지 사제(司祭)하는 권위를 가지고 있었으므로 물심양면으로 씨족 성원의 존경을 받고 있었다.

슈레슈틴적 지위와 그리하파티적 권위를 한 몸에 지니고 등장한 인물이 『유마경(維摩經)』의 주인공인 유마거사였다. 『유마경』은 부처님과 동시대 갠지스 강의 유역 바이샤리를 무대로 하여 이루어진 대승 경전이다.

유마거사는 출가한 비구승은 아니고 결혼하여 처자까지 거느린 재가신도로서 술도 마시고 도박까지 하는 인물이었다. 그리고 바이샤리의 도시국가에서는 왕까지 존경하는 유력인사로서 그의 명망은 승속의 구별 없이 높았다.

갠지스 강의 수송편리를 빌어 상업도시로 발달한 바이샤리에는 다른 도시에 비하여 언론의 자유가 보장되었고 자유분방한 분위기가 감도는 신흥도시였다.

부처님을 신앙하며 불교 교단에 자진하여 지대한 정사(精舍)를 기증한 암바

팔리는 이 바이샤리의 고급 사교계에서 미모와 춤과 노래로서 명성을 독차지
했던 여인이었다.

부처님과의 공양 약속을 어김없이 지키기 위하여 왕의 초대를 거절할 만큼
암바팔리의 위력은 당당했고 또 개인의 자유가 허용되었던 도시가 바이샤리
였다.

부처님 당시의 인도 동부 갠지스 강 유역에는 바이샤리 같은 도시가 도시국
가마다 적어도 하나씩은 있었다. 그 중에서도 갠지스 강 남쪽에 위치한 마가다
국의 라자그라하[王舍城]와 북쪽 코살라의 슈라바스티는 바이샤리보다 더욱
크고 번창한 도시들이었다. 부처님의 일생은 지리적으로는 출생지 카밀라의
부근에 위치한 슈라바스티와 바이샤리 그리고 카아시 국의 바라나시와 라자
그리하 등을 중심으로 이루어졌다.

II

최초의 정사인 죽림정사는 마가다 국의 왕과 왕비의 기증에 의하여 이루어
졌다. 당시 제일가는 강대국이었던 마가다 국의 빔비사리 왕이 부처님께 귀의
했다는 사실은 초기 불교 교단의 교세가 크게 신장할 수 있는 계기를 마련했
다.

초기의 부처님은 주로 라자그라하와 그 주변을 중심으로 중생교화를 폈다.
그러다가 누닷타라는 대단한 그리하파티의 귀의와 희사에 의하여 갠지스 강
북쪽 슈라바스티에 기원정사가 이루어짐으로써 부처님의 교화범위는 급격히
확장되었다.

수닷타는 당시 손꼽히는 슈레슈틴이었으며 동시에 그리하파티였다. 그는 사
업차 라자그라하를 방문했다가 부처님을 만나게 되었다. 부처님의 교설을 듣
고 감격한 슈닷타는 그 자리에서 고향인 슈라바스티에 정사를 기증할 것을 약
속하면서 부처님의 슈라바스티 왕림을 간청하기에 이르렀다. 적당한 장소를

물색하던 수닷타는 마침 왕자인 제타의 소유지가 가장 적합한 동산임을 알고 왕자와 교섭하였다.

왕족의 토지를 구입할 수 있을 정도로 그는 상당한 거부였으며 또 왕족과 직접 토지 거래를 교섭할 만큼 권세가 도도했다. 여러 가지 우여곡절이 있었으나 정사를 위한 토지는 마련되었다.

당시 슈라바스티에는 부처님과 그 교단을 적대시 하는 지나 교도와 찰바카 교도 등이 있었다. 슈다바스티에서 왕권의 비호를 받고 있던 지나 교도들은 찰바카 교도와 합세하여 부처님의 슈라바스 방문을 완강히 반대하고 나섰다. 그러니까 부처님 당시 소위 육사외도(六師外道)의 기세도 당당했던 것을 짐작할 수 있다. 특히 지나 교의 교세는 불교 교세와 자웅을 가리기 어려울 정도로 득세하고 있었다. 슈라바스티에서 굴지의 재벌로 행세했던 수닷타가 제타 왕자의 토지까지 구입하여 훌륭한 정사를 마련하여 부처님을 영접한다는 소식은 지나 교도들에게는 커다란 충격을 주었을 것이다.

부처님이 제자들과 함께 슈라바스티에 나타났을 때 예상한 대로 지나교도와 찰바카 교도들은 부처님 앞으로 나오더니 그의 법력을 시험할 목적으로 어려운 문제를 제기했다.

당시에 위대한 종교인의 법력을 시험하는 방법은 기적을 나타낼 초능력이 있는가 없는가 하는 데 있었다. 지나 교도와 찰바카 교도들은 부처님의 기적을 시험했다. 그들의 숨은 의도를 알아차린 부처님은 순식간에 수천의 부처님으로 화현(化現)했다. 유명한 슈라바스티의 기적이다.

인도 아잔타 석굴에는 이 슈라바스티 기적이 사실적으로 묘사된 벽화가 있고 간다라 불적지에도 슈라바스티의 기척을 조각한 작품들을 볼 수 있다.

한분의 부처님이 천불로 화현했다는 기적의 소문은 삽시간에 슈라바스티 성에 퍼졌다. 이리하여 부처님은 수닷타가 기증한 기원정사에 주석케 되고 불교교단의 교화는 갠지스 강 북쪽의 코살라에까지 미치게 되었다.

초기 불교 교단과 이 교단 사이의 대결은 슈라바스티의 기적으로 막을 내렸다. 지나교를 옹호하던 코살라 왕도 불교에 대하여 깊은 관심을 쏟게 되었다.

그러나 마가다의 라자그라하와 마찬가지로 슈라바스티에서도 종교의 자유는 누구에게나 충분히 보장되었다.

이슬람의 침입 이전 고대 인도에서 종교의 자유가 왕권에 의하여 정치적 목적 때문에 억압된 기록은 극히 드물었다. 정치권력이 개입되어 특정 종교를 이단으로 몰아부쳐서 박해하는 사례가 거의 없었다는 것이다. 고대 인도에서 여러 종교는 평화스런 분위기 가운데 공존하고 있었다. 종교신앙의 차이 때문에 전쟁하는 소위 종교전쟁 같은 것은 없었다는 것이다. 그렇다고 도시국가 간의 이해의 상충에서 야기되는 전쟁마저 없었다는 말은 아니다.

III

어느 시대에나 사람들은 평화를 염원했다. 그러나 평화보다는 전쟁의 역사가 더 오래다. 부처님의 시대에도 군소(群小)도시 국가 사이에서는 전쟁이 그칠 날이 없었다. 그래서 부처님 자신이 중재에 나섬으로써 두 나라 사이의 전쟁을 미연에 방지한 일도 있었다. 당시 국가의 재원은 주로 농산물이었다. 보다 많은 농산물의 수확을 위해서는 더 많은 토지를 획득해야 했다.

이리하여 군소 국왕들의 사심(邪心)은 부단한 전쟁을 도발했다. 국토를 확장하기 위한 정복전쟁에는 훈련된 직업 군대가 필요했다. 막강한 군대를 양성하려면 더 많은 재정적 수입이 있어야 하며 따라서 정복의 전쟁 범위는 더욱 넓어질 수밖에 없다. 여기에다 상술에 능한 슈레슈틴이나 그리하파티 같은 대상인들의 이해(利害)까지 겹쳐서 보다 중요한 판도의 지배를 위한 통일군주국가의 출현을 앞두고 정복전쟁을 더욱 극렬해졌다.

군소 도시국가의 정치체제는 이른바 공화제(共和制)였다. 여러 씨족장들의 회의에서 성주(城主)를 선출하고 모든 공사(公事)는 이 회의의 의결을 거쳐서 진행되었다.

이 회의제의 회의를 상가(Sanga)라 불렀다. 오늘의 승가제도는 이 상가에 기원을 두고 있다. 그래서 승가에서 모든 공사는 대중들의 공의를 거쳐 이루어진다. 부처님 자신이 청소년 시절에 체험했던 카빌라의 공화제가 가장 이상적 제도였다고 생각한 듯 하다.

그래서 카빌라의 공화제는 불교 교단에 도입되어 상가를 형성했다. 통일군주체제에서의 모든 정무(政務)는 군주의 명령에 의하여 결정되고 집행된다. 권력에 집착한 군주 한사람의 우치(愚癡)에 비롯된 일방적 명령제보다는 중지(衆智)를 모아 의결하는 공화제가 근대적 정체제도에 가깝다.

부처님은 공화제도를 이상적으로 생각하였으나 당시의 주변현실을 통일군주국가를 촉진하는 정복전쟁이 계속되고 있었다.

한번은 마가다 국 빔비사라 왕을 계승한 아자타사트투가 이웃 나라를 정복하는 전쟁을 시작하고자 한 일이 있었다. 아자타사트투는 왕권의 조기 탈취를 위하여 부왕(父王)을 감옥에 유폐시키므로 라자그리하의 비극을 빚어낸 야심가였다. 앞의 잘못됨을 참회하고 부처님께 귀의한 그는 정복전쟁을 일으키기 직전 때마침 라자그리하에 계시던 부처님에게 자문을 청하게 되었다. 전쟁도발의 뜻을 청취한 부처님은 정복하려는 상대국에 대하여 몇 가지 질문을 했다. 그러나 백성의 단결력, 나라의 질서, 종교신앙의 정도, 경제사정 등을 물은 후 아자타사트투의 진군을 만류했다.

나라의 질서가 잘 잡히고 국민간의 신앙심과 단결력이 강하면 외침이 있어도 능히 막아낼 수 있다는 논리였다.

부처님이 표방하는 교설은 어디까지나 평화이지 전쟁은 아니었다. 열반적정(涅槃寂靜)에서 적정에 해당하는 '샨티'란 원어는 평화를 의미한다. 따라서 불교가 지향하는 궁극의 이상이 적정이 의미하는 평화다.

부처님의 입멸 1세기 후 통일제국을 이룩하기 위하여 수많은 정복전쟁을 되풀이 하다가 칼링카 전쟁의 비극을 목격하고서 '전쟁포기 선언"을 한 아쇼카 왕은 부처님이 교시한 Dharma(진리)에 의한 정치를 펴나갔다.

진리에 의한 정치는 곧 전쟁이 아니고 평화를 지향하는 정치다. 아쇼카 왕은 진리에 의한 정치를 선포함과 동시에 실천을 옮겼던 명군(名君)이었다.

부처님은 적정의 길, 즉 평화의 길을 교시하여 그 길을 걸으셨지만 당시의 주변정세는 군소국가 사이의 부단한 전쟁으로 점철되고 있었다. 부처님이 제시한 불국토이상이 현실적으로 곧 실현되지는 않았다.

부처님의 고국인 카빌라 국마저 강대국 코살라에 의하여 정복되고 부처님의 재세시에 카빌라의 역사는 끝나고 만다.

그러나 카빌라가 코살라에 의하여 정복 되었다고 해서, 즉 카빌라의 역사가 끝났다고 해서 부처님이 교시한 평화의 길도 끝나는 것은 아니다.

오늘날 전쟁은 계속되고 있지만 인류가 염원하는 이상은 여전히 평화의 길이다.

『해인』 1986. 4.

정화의 소용돌이 25년

1.

1937년 소위 중일(中日)전쟁이 일어난 후 1949년 제2차 세계대전의 발발을 거쳐, 1945년 8월 15일 해방에 이르는 동안, 일본총독부는 유례가 드문 무단(武斷)정책을 식민지인 한국땅에서 자행하였다. 한민족의 언어말살을 기도할 문화정책을 넘어서 창씨개명(創氏改名) 정책에 의하여 한민족 자체의 말살을 의도한 일제의 학정에서 그 일단을 엿볼 수 있다.

이 같은 민족사의 암흑기를 한국불교는 어떻게 보겠는가. 극한에 마주치면 대개 그렇듯이 불교계도 크게 나누어 세 가지 유형으로 이 시기를 넘겼다. 첫째 유형은 시세(時勢)를 교묘히 타고 일본총독에게 갖은 아첨을 다하며 권세를 누리던 친일승려들이다. 자신을 위한 아집의 연장으로는 상책일지 모르지만, 한국에서 가장 오래고 큰 종교인 불교 전체에 끼친 독소적 영향은 심대하였다. 특히 친일층들이 대부분 당시 지도급 고승들이었다는 사실은 불교계의 장래에 어두운 그림자를 던졌다. 게다가 그들이 일제말엽 불교계를 주름잡던 권승(權僧)이었다는 점에서 한국불교의 방향은 크게 오도(誤導)될 위험이 농후하였다. 둘째 유형은 이 같은 친일승을 비판하고, 일제식민지 종교정책에 대항하여 호교(護敎)와 애국을 위하여 꾸준히 저항운동을 계속하여온 젊은 지성적 승려들이다. 호교와 애국을 동일차원에서 혼동한 착오는 인정하지만, 그래도 일제의 압정에 목숨을 건 항거정신은 높이 평가되어져야 한다. 8·15해방의 날까지 그들은 감시와 탄압을 견디어가며 부우한 환경을 살아갈 수밖에 없었다. 셋째 유형은 모든 일에 적극적 참여를 기피하고 오로지 깊은 산중에서 자기수도에만 정진하던 납자(衲子)들이다. 역사의식에 둔감하여 사회참여를 외면한 약점은 있지만, 부처님의 비명(悲命)을 고수하고 조계종의 전통을 조용히 지켜 내려온 그들의 거룩한 뜻은 장하다 하겠다. 첫째 유형과 둘째 유형에 속한 승려가 대부분 대처(帶妻)한데 반하여 셋째 유형의 납자들은 끝내 대처를 거부하고 독신수도로 청정의 길을 걸었다. 일제말엽 첫째와 둘째 유형에 속한 인사들은 깊은 산속에서 조용히 참선에만 정진하는 납자들을 가리켜 현실을 외면하고 세속에 사는 대중을 등진 무리로 날카롭게 비판하였고, 납자들은 그들을 지나치게 속화(俗化)된 파계(破戒)의 무리라고 쏘아댔다. 그러나 이 같은 비판과 반비판의 싸움은 8·15해방까지는 심하게 노출되지 않고 안으로 가열되고 있을 뿐이었다.

2.

8·15해방은 이 땅에 자유와 환희를 가져다줌과 동시에 혼란과 고통도 함께 가져다주었다. 자유와 해방이 민족의 자주적 투쟁에서 얻어진 것이 아니고 제2차대전에서 일제가 연합국에 항복한 결과 주어진 것이었기 때문에 외래세력의 개입이 당연시되어 혼란은 한층 더 심하였다. 따라서 이 민족이 겪어야 할 고통도 그만큼 더했다.

이 같은 주변사회조건은 직접·간접으로 해방후의 불교종단에도 여러 가지 양상으로 영향을 미쳤다. 불교종단은 우선 해방된 그 해 곧 불교중앙총무원총회(佛敎中央總務院總會)를 개최하여 교정(敎正)에 박한영(朴漢永), 원장(院長)에 김법린(金法麟)을 선출하여 자체정비에 착수하였다. 친일적 보수계 인사들이 후퇴하고 반일적 순수파 인사들이 등장한 것이다. 우후죽순같이 여러 가지 사회·정치 단체가 일어나는 주변풍조를 타고 종단 안에도 각양각색의 단체가 생겨났다. 그 가운데는 상당히 과격한 혁신적 구호까지 외치는 단체도 있었다. 따라서 이 혁신세력을 견제하고 은근히 제거하려는 보수세력도 나타나기 마련이다. 그러니까 해방직후의 불교종단은 좌우 양파의 대립이 심각하였던 당시의 사회상을 그대로 옮겨놓은 축소판이었다고 할 수 있겠다. 1947년에는 드디어 혁신동맹(革新同盟)의 간부들이 경찰의 수색을 받고 구속되는 사태까지 벌어졌다.

혼란기에 처하여 있으면서도 자각(自覺)한 선구자의 발상에 의하여 불교의 현대적 포교를 위한 문화활동은 눈부신 것이 있었다. 월간지만 하더라도 그동안 휴간되었던 『불교(佛敎)』지를 재발간하고, 따로 『신생(新生)』지가 얼굴을 보였다. 이 밖에도 역어(譯語)의 중요성을 절감한 인사들은 해동역어원(海東譯語院), 호국역어원(護國譯語院)을 창설하고 역어의 필요성을 강조하며, 경제적 뒷받침이 허락하는 한도에서 역어에도 손을 뻗쳤다. 그리고 일찍 후진양성에 착안한 불교종단은 또 사찰 임야(林野)를 증자(增資)하여 혜화전문학교(惠化專門學校)를 동국대학(東國大學)으로 승격하는 일에 성공하였다.

그런데, 1948년 5·10선거를 맞이하였을 때, 종단은 한차례 파동을 치러야 하였다. 20명에 가까운 불교계 인사들이 정계에 투신하기 위하여 출마를 선언하였을 때, 파동은 내부적으로 일기 시작하였다. 더구나 출마 인사들이 대부분 종단이 주는 정재(淨財)의 장학금에 의하여 해내(海內)·해외(海外)에서 대학과정을 이수한 불교계의 지도급 인물들이고, 또 실질적으로 출마 당시 불교중흥의 선각자로 선구적 활약을 하고 있었던 유능한 인재들이었다는 점에서 종단에 미치는 손실은 컸고, 따라서 파동의 진폭도 그만큼 넓었다. 그들의 정계 출마가 자신들의 세간적 영달을 위한 아욕(我欲)의 연장에서 오는 결심이었는지, 아니면 불교중흥의 길을 외적인 정치권력에서 찾으려고 하는 의도였는지는 분명하지 않으나, 출세간적(出世間的) 종교의 차원과 세간적 정치차원을 혼미케 한 유산은 그 후 오늘까지도 불교종단의 방향결정을 흐리게 하여주고 있다. 세간적 정치의 길이 옳다고 한번 출마하여 승단을 떠났으면 끝까지 그 길에서 종단을 위하여 진력하여 줄 것이지, 정치의 길에서 영달의 기회가 막혔다고 하여 도루 종단 안으로 들어와 정치생활을 연장하였기 때문에 종단 안에 더욱 더 극심한 혼란을 조장하여 왔다.

3.

총선거에 종단인사들이 출마하므로 불교계가 인적 자원의 손실을 입고 있었던 다음해, 즉 1949년 6월 <농지개혁법(農地改革法)>이 공포됨과 동시 종단은 막대한 경제적 손실을 보게 되었다. 일제시 불교사원의 경제운영은 거의 토지수입에 의하여 도시에 포교당과 종립학교(宗立學校)를 설립, 운영하고 또 해외에나 해내에 종비유학생(宗費留學生)을 파견하여 도제(徒弟)양성도 할 수 있었다. 본산 가운데는 그 사찰이 위치한 지방에서 대지주로 행세하는 사원이 많았다. 농지개혁법에 의하여 사원토지 소유가 대폭 줄어들게 되므로, 사원의 경제적 기반은 흔들리기 시작하였다. 지가증권(地價證券)으로 분배된 토지가 보상되었으나, 이 증권 역시 혼란기의 기업투자에 거의 낭비되고 말았다.

토지분배에 의한 불교종단의 상흔이 아물기도 전에, 6·25전쟁은 불교계를 다시 한 번 강타하였다. 6·25의 민족적 비극은 불교계에도 극심한 피해를 입혔다. 더구나, 산중에 위치한 사원들의 피해는 다른 어느 피해보다도 막심하였다. 전쟁 동안 상실된 고귀한 문화재의 수량은 말할 것도 없고, 물질적, 인적 손실도 헤아리기 힘들만큼 많았다. 그래도, 부산피난 당시, 불교계는 동국대학을 종합대학교로 승격시켜 4개 단과대학을 신설했다.

그러나, 해방 후 오늘까지 불교계에서 가장 큰 사건을 들라면, 누구나 서슴지 않고 소위 <비구대처분쟁(比丘帶妻紛爭)>을 첫째로 손꼽을 것이다. 그만큼 비구대처의 분쟁은 불교계 안팎에 적지 않은 파문을 일으켰다.

원래, 모든 종교사는 언제나 정화(淨化)와 반정화의 투쟁으로 점철되어 왔다. 종교가 한편으로는 <청정한 성(聖)>을 지향하면서도 다른 한편으로는 세속에 살면서 중생을 제도하여야 한다는 이면불적(二面佛的) 존재이기 때문에 세속적 오염을 부정하는 정화운동과 세속적 오염의 합리를 주장하는 반정화 운동 사이에 마찰은 일어나기 마련이다. 이 같은 마찰과 투쟁이 없는 종교는 세속적인 방면으로 아주 주저앉아 잠들어 버린 조물적(造物的) 존재밖에 안 된다. 이 정화와 반정화의 마찰이 한국불교계에서는 비구와 대처의 분쟁의 양 상으로 표면화된 것이다. 그러므로, 정화와 반정화의 투쟁 자체를 부정하고 나 무랄 수는 없다. 문제는 이 투쟁이 어떻게 어느 방향으로 전개되어 나가는가 하는데 있다. 정화운동의 방법과 과정이 문제된다는 말이다. 따라서 가령 비구 측 정화운동이 소기(所期)의 목적대로 끝났다고 하여 <정화사(淨化史)>가 다 끝난 것은 아니다. 시간이 흘러가면 세속에 때 묻은 또 다른 반정화의 장벽 이 나타나는 것이다.

4.

1954년 5월, 고 이승만 대통령의 소위 <불교정화에 관한 유시(諭示) 제1호> 로 표면에 노출되었다는 것뿐이지 정화의 역사는 훨씬 거슬러 올라간다. 1920 년대의 선학원(禪學院) 창설까지 소급할 수 있다. 그 후, 백용성(白龍城) 스님 은 건백서(建白書)를 통하여, 일본총독에게 한국종단의 부패를 조장하지 말 것을 건의한 일이 있었다. 그러나, 이 대통령의 한마디 "대처승은 사찰에서 물 러가라"는 정치적 발언은 즉각적으로 전체 불교계를 심상치 않은 소용돌이 속 으로 휘몰아 넣었다.

우선, 전국 비구승들은 최고 권력자의 유시를 듣고, 깊은 잠에서 깨어난 듯 정화의 횃불을 높이 들고 일어섰다. 여기서도 여전히 정치권력 구조와 함수관 계에 얽혀있는 불교종단의 생태를 관찰할 수 있다. 정화의 횃불을 높이 들고 일어선 비구승단은 여러 가지 방법으로 정화이념을 단시일내에 실현하고자 조급히 서둘렀으나, 뜻대로 만사가 진척되지는 않았다. 권력자의 유시가 연발

되었어도 반정화의 아성은 쉽사리 무너지지 않았다. 도리어 비구승단은 조계사(曹溪寺), 대처승단은 법륜사(法輪寺)를 각각 근거지로 폭력사태까지 번지게 되므로 정화이념은 흐려지고 사회적 분쟁으로 양상을 달리하였다.

그러다가 1960년 4·19의거로 민주당의 집권, 그리고 다음해 5·16혁명을 거쳐, 동년 8월 문교부가 적극적으로 이 분쟁조정에 개입하였으나 분쟁해결의 실마리는 여전히 풀리지 않았다. 그러나, 1961년 12월과 1962년 1월 비구대처 양측에 불교재건위원회를 구성할 것과 재건위원회 구성 후, 한 달 안으로 종회를 구성하여 새로 탄생될 통일종단의 종헌을 검토하라는 통첩을 보냈다. 이에 따라 비구측 5명과 대처측 5명으로 불교재건위원회가 구성됐다.

이 위원회는 양측에서 15명씩 도합 30명의 의원으로 구성되는 30인 종회를 1962년 소집하고 새 종헌 초안심의에 착수하였다. 이 종헌초안 심의과정에서 양측은 팽팽하게 맞섰다. 특히, 승려자격을 규정하는 제9조항 심의에서 대처측은 강경한 반론을 제기하였다. 정화의 제9조항은 승려자격을 ① 대처승의 기득권은 인정하나, 실질적으로 사찰에 화신(化身) 상임(常任)하며 수도 교화에 전력하는 자, ② 가족부양의 책임을 지지 아니한 자 ③ 범속인(凡俗人)과 같은 생활을 하지 않는 자로 규정하였다. 이 세 가지 항목을 그대로 이행할 수 있는 대처승은 거의 없었다. 따라서, 대처승 측은 이 제9조항을 <대처 측의 승려자격을 박탈하려는 규정으로 볼 수밖에 없다>고 심의통과를 강력히 반대하였다. 그러나, 문교부의 종헌통과 독촉에 못 이겨 표결에 부쳤더니, 가(可)표 15, 부(否)표 14, 무효 1표로 양측이 각각 상반된 법리론을 주장할 근거를 주었다. 즉, 비구승은 표결의 합법성을 주장하는데 반하여 대처측은 무효를 주장하며 대립하였다. 드디어 대처측이 이때 통과된 종헌은 '무효다'라고 통고문을 발송하게 되자, 30인 종회는 사실상 결렬되고 만 셈이 되었다.

그 후, 양측에서 각 5명, 문교부가 지명한 사회인사가 5명, 도합 15인 종회가 구성되어 종헌을 다시 심의하였으나, 여전히 제9조항 승려자격 규정에서 암로에 부딪혔다. 그러나, 비구측은 더 지체할 수 없어 사회인사 5명의 찬성을 얻어 종헌을 통과시킨 후 새 종헌에 의하여 종정을 추대하고 총무원장, 그리고 각 부장까지 선출한 다음, 50명으로 구성되는 종회를 개최함으로써 통합종단의 기틀을 굳혔다. 그러나, 종회의원 구성 비율에서 18석밖에 얻지 못한 대처 측은 총무원장 임석진(林錫珍)의 사표를 제출하므로, 비구측과 결정적 분열을 선언한 후, 15인 종회의 불법을 법정에 고발하였다. 이 소송은 1심에서 대처 측이 승소하고 고등법원에서 비구 측이 승소하는 등 반전하다가 1969년 12월 대법원의 확정판결에서 비구측의 승소로 끝났다.

그렇다고, 이것으로 정화를 둘러싼 분쟁이 종결된 것은 아니다. 대내적 종단의 정화가 자각한 자주(自主)의 힘에 의하여서가 아니고, 관권의 개입을 허용한 타율적 힘에 의하여 촉발되고 진행되었기 때문에, 관권이 대처측을 비구측과 그 종헌·종통(宗統)·종사(宗史)가 유사한 종파로 등록을 승인하였을 때에도 비구승단은 이를 조지하지 못하였다. 관권의 개입을 자율적으로 저지못한 역사는 이번 정화투쟁에서 비롯한 것은 아니다. 일제시대나 해방후이나, 불교종단은 항상 정치권력의 개입으로 자각과 자주의 입장을 잃어가고 있었다. 4반세기를 겪어 온 종단의 고난사(苦難史) 역시 자각과 자주의 발판을 잃어버린 자체의 흔들림 위에서 엮어졌다. 자각의 기반을 잃은 자체의 흔들림이 계속하는 한, 고난의 극복은 어려울 것이다.

『법륜』 1970년 8월호

불교적 인생

거울은 자기의 주인마님이라 하여 예쁘게 비
쳐주지도 않고, 호들갑을 떠는 이웃집 마님이
라고 하여 못생기게 비쳐주는 법이 없다. 방에
들어오는 도둑놈의 얼굴이라고 하여 그 표정을
더 험상궂게 비쳐주지도 않고, 보살의 얼굴이
라 하여 더 자비롭게 비쳐주지도 않는다.

한국불교 현대화의 제문제

일시 : 1966년 5월 10일

장소 : 불교신문사 회의실

참석자 : 김기석 교수, 오종식 선생, 법정 스님, 이기영 교수, 서경수 교수

사회 : 황산덕 불교신문사 주필

본사 : 이한상 사장, 박경훈(편집국장), 임유식(업무국장)

기록 : 목철우, 조영원

지난 10일 본사는 한국불교 현대화 문제에 대한 간담회를 가졌습니다. 한국불교가 세계의 뒤안길에서 묵은 '선정'에 집착하고 있는 낡은 의상을 벗어버리고 세계의 지붕에 황금의 빛을 전달하려는 운동이 일어나고 있지만 비현실적 문제가 많습니다. 그러므로 본사는 한국불교가 직면하고 있는 당면 과제가 무엇인가를 알고 이를 시정하려는 의욕에 차 있습니다. 본사 이한상 사장께서 간담회 인사에서 밝힌 바와 같이 한국불교가 고유성을 지니고 있는 것은 사실이나 비현실적 테두리에 얽매어 있음도 사실입니다. 그러므로 한국불교가 현대에 선도적인 역할을 하려면 수도승과 교화승을 분리, 교화에 적극적으로 참여하는 승려가 나와야 한다고 강조하였습니다. 오늘 우리나라의 불교는 역사의식의 결핍과 사명감의 회피로 불교가 하여야 할 의무를 망각하고 있다는 것은 슬픈 일입니다. 불교가 행동하여야 할 것은 자각적인 사회참여입니다. 사회정화의 운동도 불교 자체의 현대화가 아니라 불교를 하는 사람이 현재를 선도하는 사상과 포용력을 지녀야 한다고 모두가 말하고 있습니다. 쉬운 경전, 노래 등으로 사회와 접근하는 율동적 감동적인 움직임이 대중 속으로 스며드는 힘

으로 보는 것입니다.

황주필 : 불교의 국제적인 교류가 빈번한 이 때 오직 한국불교만이 유아독존 격으로 침체하고 있는 듯합니다. 이러한 한국불교가 외국에 대한 면 목을 유지할 수 있도록 현대화를 위해 우리 불교가 반성하고 시정할 일이 무엇인가 제시하여 주었으면 합니다.

김기석 : 영국, 독일, 일본 불교는 너무 서구화 되어 불교 본연의 모습이 퇴보 되어 마치 사진의 사본처럼 본래의 생리를 상실한 것은 일본사람 高 楠 씨의 영향이 아닐까요. 그래도 불교의 순수성을 지니고 있는 곳은 한국이라고 생각해요. 불교의 현대화란 것이 다만 서양화시키는 데 만 목적이 있다면 불교 본연의 불교 본연의 모습과는 먼 거리에 있게 될 것입니다.

황주필 : 월남은 불교가 대중의 생리에 수용되어 불교적으로 호흡하고 있습 니다. 그러나 우리는 불교를 대중 속에 불어넣지 못하고 대중은 불교 를 외면하려 합니다. 어떻게 하면 불교가 행동의 폭을 넓히고 대중에 게 어필할 수 있는 산 종교를 만들 수 있을까요?

오종식 : 윤리적, 도덕적 면에서 보면 종교가 선도력이 제일 강합니다. 종교가 선도력이 있다 하여도 불교는 소극적이고 은둔적입니다. 견성(見性) 에만 치우친 출가승이 현대불교를 도외시하고 회피하는 일은 슬픈 일입니다.

3·1운동은 불교인의 적극적인 사회참여가 있었으나 요즘은 불교 청 년인구가 있는지 없는지 모를 정도입니다. 불교 청소년활동은 조직

만 해놓고 눈에 띄는 활동이 보이지 않고 있으며 부인들의 종교 활동이 토속신앙과 결합된 것은 고쳐야 할 것입니다. 이제는 거리로 나오는 불교를 이룩하여야 하는데 승단의 의욕 부족으로 불교의 대중화가 차단되는 기미를 보이고 있는 것은 승단이 반성해야 할 것입니다.

이기영 : 서구나 일본불교가 근본에서 벗어났다는 김기석 선생의 말씀에 동감합니다. 그렇다고 한국불교가 건전하다고는 볼 수 없습니다. 옛날과 같은 수행의 자세가 존속하고 있음은 순수한 점이 될지 모르나, 불교의 중심은 스님인데 우리 속인들이 불교를 걱정하는 것부터가 불교의 위기를 알려주는 '바로미터'가 아닐까요.

법 정 : 오늘의 한국불교가 부자연하게 있는 것은 오늘 이 모임에서 많은 양복 중에 먹물 옷이 하나 끼어있는 것처럼 조화를 깨트리고 있습니다. 한국불교가 그 사명을 다 못하고 주저앉고 있다는 의견들에는 저도 동의합니다. 승단에는 훈고학(訓詁學)적인 한학(漢學)공부는 하고 있으나 시대적 사명감이나 역사의식을 상실하고 있음은 종교의 본질을 자각시키는 '종교 교육'이 없는 증거입니다. 출세간에 있는 사람이 앞장서서 역사의식이나 사명감을 제시하여 세간적 혼미를 제거해야 할 텐데 말이죠. 한마디로 한다면 보살의 원(자비)이 없기 때문일 줄 압니다.

오종식 : 기독교는 남을 위하여 기도하고 참회를 하는데 한국불교는 나만을 위하여 기도하고 견성하려 합니다. 이것은 이타자리(利他自利)한다는 자비의 원칙을 무시하는 것이 아닌지요. 이타적인 기도와 이타적인 참회는 종교 본질의 목적이 될 것입니다. 나 자신에 충실함보다 사

회와 국가를 위하는 마음으로….

김기석 : 일반인과 승려와의 사이가 먼 것은 대중을 친화하려는 스님이 없는
까닭 때문입니다. 큰스님이 있다지만 일반 신도가 접근할 수 없어요.
종교적 무드 속에서 자기를 고백할 수 없는 불교는 양심의 가책, 자비
의 희열을 느낄 수 없지요. 세속적인 탐닉에서 탈피하여 종교 본연의
실상을 자각시키는 운동이 일어나야 합니다. 이것은 순수하고 자비
스러운 승풍(僧風)을 살리고 그 승풍에서 부각되는 종교적 인간성이
요구되는 것입니다.

법 정 : 종교가 독선을 행할 때 그것은 종교일 수 없습니다. 무엇보다도 종교
는 사회에 공헌해야 한다는 사명감이 있어야 할 것입니다.
옛날 부처님 시대의 생생한 사상으로 돌아가 사회를 구제한다는 원
시불교적인 의욕이 필요할 것 같습니다. 불교적이 아닌 모든 요소를
제거하여야 한다는 것은 재가(在家)신도나 출가승이 반성하고 자각
해야 만이 한국불교가 재생 하리라고 봅니다.

서경수 : 불교는 본래의 모습으로 환원되어야 한다고 하지만 어떻게 환원되
어야 할지는 난문제(難問題)입니다. 한국불교가 샤머니즘과 야합하
여 불교 아닌 다른 것으로 변태된 것은 주지의 사실입니다. 할머니들
은 부처님께 비는 그 마음으로 칠성·시왕전·성황당에도 빌고 있으
니 기복(祈福)의 신앙에서 반성하여 볼 문제입니다. 불교적인 것을
자각하여 불교적인 생활태도를 갖게 하는 주체의식 확립을 강의하는
강좌가 대중에게 공개되어야 합니다.

황주필 : 우리나라의 고유 민족성은 풍류정신이 강하여 모든 것을 섭입(攝
入)하려 하였으나 근세에 와서는 파쟁(派爭) · 도피 · 주술에 기울게
되었습니다. 시비 분별심이 예민하여 자기 것이 아니면 배척하고 하
는 일이 되지 아니하면 포기하고 하는 나쁜 습성이 굳어져 고질이 되
고 있습니다.
이것은 비뚤어진 사고와 생활의 타격에서 온 것인데 이것을 고칠 수
없는 지요.

오종식 : 현대적 우치(愚癡)를 제거하고 역사적 편벽(偏僻)을 반성하여 밝은
역사 생명의 코스를 정할 필요가 있습니다. 유교적인 파쟁이나 불교
적 도피는 역사를 밀고 갈 힘이 아니라 암이 되고 있습니다. 이것을
정립하는 지혜의 힘이 믿음으로 나와야 합니다.

이기영 : 근본불교, 원시불교로 돌아가야 한다는 말에는 부처님이 현실로 있
어야 된다는 전제가 필요합니다. 원시불교로 돌아가는 것보다 대승
불교 안에서 정당한 불교의 교화생활을 발견하는 것이 더욱 의의가
있다고 봅니다.

법 정 : 그 원시불교의 정신과 행동으로 돌아가자는 것은 부처님 재세시로
돌아가자는 것이 아니라, 순수하고 청정한 종교적 자세로 돌아가자
는 의미입니다.

황주필 : 현대인에 '어필'할 수 있는 불교로 되어 가자면 어떤 점이 시정되었
으면 할까요?

오종식 : 탁발 정신이 왕성해야지요. 탁발정신이란 구걸정신이 아니라 희생
회향의 정신입니다. 절제·검박하는 경제관이 탁발정신입니다. 이것
은 진리를 구함에 철저하고 평등의식에 사는 장신상태를 말합니다.
사색이 안 되는 화두를 안고 있는 것보다 활동적인 회향을 할 수 있는
종교로 승화하는 자세를 갖는 것이 중요합니다.

법 정 : 세속을 부정하고 출가한 사람이 종교의 본질을 망각하고 안일에 빠
져서 자기만을 위해 스스로의 탑을 쌓는 것은 무서운 우리나라 '큰 스
님'한테서 풍기는 체온입니다만…. 출가시의 의지와 신념이 도중에
좌절되고 있는 것은 교단을 어둡게 하고 자아를 매몰하게 됩니다. 출
가승은 출가의 의지를 지속시키는 데 그 생명이 있을 텐데….

김기석 : 경전은 세계적 경전이지만 이를 활용할 수 없어 사장된 감이 듭니
다. 한글장경이 나왔으나 그도 또한 난해하여 읽히기 어렵습니다. 대
장경을 발췌하여 손쉽게 볼 수 있는 것이 나왔으면 하는데, 불교문학
고승 견성가 등을 만들어 율동적 감정적으로 불교를 전달하여야 합
니다. 불교는 노인층의 것이라는 인상이 짙은 염불·송주(誦呪)는 청
년층에 접근하기가 힘든 것입니다.

황주필 : 16세기에 구교도(舊敎徒)는 사회 구조에 합당치 않음을 자각한 교
인들이 종교개혁으로 새로운 종교를 만들었습니다. 이 개혁된 종교
가 서양사회의 발전에 기여한 것이 현저한데, 우리 한국불교도 조계
종전(曹溪宗典)을 만들어 그 종전에 의거하여 불교인을 선도하면
어떨까요?

오종식 : 급작스레 제도를 변혁하는 것은 정치혁명에서는 가능하지만 종교는 이상과 현실을 내성에서 일치하는 운용이어야 합니다.

그러므로 무리한 것으로 개혁함이 아니라 자각의식에서 발생하는 변화가 있어야 합니다. 나의 유감은 스님들의 설득력이 부족하고 종교적 사명감에 살고 있지 않다는 것입니다. 동상 설법은 정적인 설법이므로 대중에게 공감을 주는 것이 약합니다.

법 정 : 전달 수단의 현대화, 불교의식의 현대화는 시급합니다. 법을 전달하는 그 형태와 방법에 따라서 그 법이 지니고 있는 본질까지도 달라질 수 있기 때문에 부처님의 육성이 오늘의 말씀으로 들려야 한다는 것은 현대 감각의식에 앞선 사상이 있어야 합니다. 경전도 문학이라면 부처님 말씀도 우선 감동을 주어야 할 것입니다.

서경수 : 부처님도 '네 자신의 움직임에 따라 네 자신을 형성한다.'고 하였습니다. 오늘 우리들이 어떻게 움직이는 것에 따라 우리의 불교가 형성될 것입니다. '도그마'가 따로 있는 것이 아니라 우리가 도그마일 수 있습니다. 이러한 도그마를 탈피하는 움직임이 불교를 현대화 할 것입니다.

황주필 : 긴 시간 불교 부흥의 여러 가지 점을 말씀하여 주셔서 감사합니다.

『대한불교』 1966년 5월 15일

젊은 불교를 말한다

참석한 분들(경칭 생략)
법정(法頂) 스님(해인사)
김인봉(金仁峰) 원음각(圓音閣) 사장
고익진(高翊晉) 동대 불대(佛大) 2학년
조정숙(趙貞淑) 대학생불교연합회 부회장, 수도여사대(首都女師大) 음대 3학년

사회 : 서경수 본사 주필
기록 : 이병남(李炳男) 본사 기자
일시 : 1967년 6월 6일 오후 3시

사 회 : 오늘 좌담회의 제목을 '젊은 불교'라고 정하여 보았습니다. 이미 오
　　　　래 전부터 우리 불교를 '늙은 불교'라고들 말하고 있는데 그 원인은
　　　　무엇이며 또 젊어지려면 어떻게 해야 하는가 등에 대해서 고견을 말
　　　　씀해 주시기 바랍니다.

왜 불교는 늙었나?

고익진 : 물론 불교가 오늘날 늙었다는 인상을 받는 것은 사실이지만 이제 와
　　　　서 그걸 새삼스럽게 지적할 필요는 없다고 생각하는 데요….

사 회 : 다른 의미가 아니라 우리 민족정신을 리드해온 불교가 오늘날 근대
　　　　화에 얼마나 자극을 주었는가? 다시 말해서 한국불교는 조국 근대화

를 막았느냐 아니면 전진시켰느냐 하는 문제죠….

고익진 : 막았다고는 생각지 않습니다.

사 회 : 루터 정신은 서구를 개화시켰는데 동양 측 불교가 들어온 나라는 오
늘날 모두가 후진국임을 면치 못하고 있는데 도대체 그 이유는 무엇
인가요?

고익진 : 불교가 있는 나라는 대체로 후진성을 띠었다고 말씀하셨는데 그건
현 시점에서 평가할 때 그렇고 오히려 당나라 때는 동양이 서양보다
훨씬 선진했고 높았지요. 오늘날 물질적인 면에서는 서양에 뒤떨어
졌지만 정신세계는 결코 뒤지지 않았다고 생각하며 또 물질 면도 앞
으로 앞서리라고 믿습니다.

사 회 : 바로 그 점인데요, 7~8세기 당대에는 흥했던 동양이 오늘날에는 후
진을 면하지 못하는 이유는 곧 불교가 낡았다는 말과 관련되지 않을
까요?

김인봉 : 아니, 그건 역사를 길게 봐야 합니다.
불교의 본질은 자력갱생에 있습니다. 내가 볼 때는 불교가 본래의 명
목대로 받아들여지지 않고 재래적이고 토속적인 것, 곧 불상·염주·
조각 등과 일체가 혼합된 타력적인 것이 본질보다 더 강하게 받아들
여짐으로써 비뚤어진 불교가 되었다고 봅니다.
신라 때는 불교가 아주 젊었고 흥했습니다. 그건 그 때 불교를 본질적
으로 파악한 사람, 이를테면 원효대사 등이 있었기 때문입니다. 그런

데 그 뒤 본질을 시대에 따라 개혁 발전시키지 못하고 도중에서 중단
해 공백기가 생겼는가 하면 엉뚱하게도 타력에 의한 것이 강해져 국
민의 자주성이나 창의성이 없어져 정신적 풍토가 말할 수 없이 퇴폐
되었기 때문입니다.

왜 오늘날 불교가 기복 불교로 화했습니까? 불상에다 수백만 원씩 들
여 개금하는 것보다는 굶주림에 떠는 중생들을 먹여 살리는 게 불교
의 본질이 아니겠어요?

사　회 : 인봉 씨는 불교의 본질은 나를 깨치는 것인데 샤머니즘적 요소가 들
　　　　어와 타력적인 것이 강하게 되어 우리나라가 후진성을 면치 못했다
　　　　는 견해이신데, 인도에서의 미륵신앙이나 미타신앙은 자력보다 타력
　　　　을 더 중하게 보는데요.

김인봉 : 물론 미숙한 지능을 가졌을 때는 그런 불상·염주 등이 필요했을 겁
　　　　니다. 그러나 현대인은 지능이 아주 발달되었기 때문에 그런 것이 오
　　　　히려 우상시되는 경우도 없지 않습니다.

법　정 : 불교를 흔히들 낡았다고 하는데 그건 불교 자체가 아니라 그 구도(
　　　　求道)가 낡았다고 봅니다. 구도적 염원이 항상 빛을 발해야 하 터인
　　　　데 그렇지 못하고 구도관이 낡은 때문입니다.

사　회 : 구도자는 구도의 의지를 항상 잃지 않아야 되며 또 구도자는 자기도
　　　　구도하지만 남에게도 부단히 구도의 의욕을 북돋아 주어야 합니다.
　　　　마치 부처님이 자기도 가면서 남에게도 가는 길을 가르쳐 주듯이….

법　정 : 부처님의 말씀이 원전가(原典家)의 주석 없이 그냥 무비판적으로 받아들여져 잘못 전해졌기 때문입니다.

사　회 : 주석(註釋)이 나오다말다 해서 공백기가 생겼고 또 원전에 대한 주석이 없이 중국어로 들어와 변질된 것을 우리는 또 받아들였기 때문입니다.

김인봉 : 생명력 있는 약동하는 본질적인 것이 받아들여지지 않고 상징적인 불상·염주 등에만 너무 치우친 때문에 오늘날 토목공사적인 불교에 지나지 않는 것입니다.
승려란 혁명적 사상을 가진 엘리트들입니다. 그러므로 승려들은 모든 것을 다 알아야 됩니다. 그런데 승려들은 수천 년 전의 표의문자에만 집착한 채 산속에서만 살기 때문에 오늘날 불교가 그 본질들을 망각하고 늙은 채 소극성을 버리지 못하고 있는 것인 줄 압니다.

조정숙 : 불교가 늙었다는 것은 젊은 것이 아쉽다는 얘기겠는데요. 사실 신라 때는 문화 정도가 제일 높았다고 봅니다. 그건 그때 전성(全盛)을 이루었던 불교가 젊고 싱싱했었기 때문이라고 봅니다. 그런데 그 뒤 공백기가 생기고 또 최근 서구문명이 홍수같이 밀려닥치는 속에 타종교의 급속적인 수입으로 고자세만 지키던 불교가 뒤지지 않았나 생각 합니다. 그리고 오늘날 불교가 너무 한쪽에만 편재되어 있다고 봅니다. 스님과 일반과의 거리가 멀고 불교의 생활화가 안 되어 있지 않아요? 누구나 절감은 하면서도….

법　정 : 좋은 말씀들을 많이 하셨는데, 인봉 씨 말을 들으면 한반도에서 곧

문화혁명이라도 일어날 것 같습니다(일동 웃음).

언제나 승려가 비난의 대상이 되고 있는데 물론 그 책임을 회피하지는 않겠습니다. 하지만 교단은 비구, 비구니만으로 이루어진 것은 아닙니다. 불교에서 무엇인가가 잘못되었다면 그 책임은 출가승이나 재가신도가 다 같이 져야합니다. 각자가 다 자기 할 일을 다 한다면 문제는 생기지 않으니까요.

김인봉 : 신라 때 사원은 교육기관이었습니다. 출가승은 깨친 자, 곧 붓다의 진리를 배워 그것을 중생들에게 가르칠 의무마저 있는 것입니다. 그런데 오늘날은 어떠합니까?

법　　정 : 하지만 불교가 낡게 된 원인은 교단 전체에 있는 것이지 출가승에게만 있는 것은 아닙니다.

사　　회 : 낡은 원인은 제가 볼 때 첫째, 원음(圓音)의 정신이 오래 되고 또 중국을 거쳐 들어오는 동안에 굳어버렸기 때문이라고 봅니다. 그러니까 우리는 중국에서 화석화된 붓다 이전의 본래의 붓다로 돌아가야 될 줄 압니다. 둘째로는 불교의 본질이 부처님 그 당시의 정신이 아닌 비본질적 요소가 앞섰기 때문이죠.

왜 과학을 배제했나

고익진 : 얘기가 좀 빗나간 것 같은데요, 불교지역인 동양이 이렇게 정체된 것은 불교 자체의 영향이라기 보기보다는 역사적인 이유라고 봅니다.

오늘날 서양이 앞섰다는 것은 종교가 아니고 과학입니다. 그건 그 지방의 사상적인 것보다 역사적인 이유가 아닐까요? 사상적인 토대를 찾자면 기독교보다 불교가 훨씬 앞섰으므로 오늘날 문화가 동양이 앞서야 할 것입니다. 그런데 불교에서는 과학적인 요소를 제거시키고 또는 주석가들이 과학적인 요소를 등한시 하고 다른 부분(선비적인 것)만 강조했기 때문에 과학이 뒤졌다고 봅니다.

법 정 : 결국 사상 자체에 정체성이 내재해 있는 것이 아니라 받아들이는 사람들이 잘못했습니다. 불교에는 향내(向內)적인 것과 향외(向外)적인 것이 있는데 중국에서는 향내적인 것만 받아들였기 때문이라고 봅니다.

젊어지려면 어떻게

사 회 : 그러면 이제 불교가 젊어지려면 어떻게 해야 하는가에 대해서 의·식·주 별로 말씀을 해주셨으면….

김인봉 : 붓다란 진리를 깨우친 사람을 말한다고 봅니다. 그런데 모든 인간은 다 깨칠 바탕은 가지고 있습니다. 그러니 깨친 사람은 민중 속을 파고 들어가서 그들로 하여금 깨치도록 하여야 합니다.

고익진 : 어떻게 하면 불교를 젊게 하느냐 하는 문제인데 그건 한마디로 말하면 근본불교, 곧 부처님 정법으로 돌아가는 것, 부처님의 근본정신을 찾는 것 그것입니다. 그걸 찾자면 깊은 사색이 필요합니다. 그래야만 이 현대화도 가능합니다.

사 회 : 오늘날의 사회는 극단적으로 과학화, 세속화, 공업화 되어 가고 있습니다. 따라서 생활모양도 도시화 되어 가고 있습니다. 이렇게 급속

으로 변천해 가는 시대에 사원경제 생활방식은 옛날대로 있다면 어떻게 불교가 젊어지겠습니까?

법 정 : 부처님처럼 깨달아버리면 되겠습니다만 그렇지 못하니까 우리는 경전에 의지하는 수밖에 없습니다. 그러니 우리는 주역(註譯)을 그대로 받아들일 것이 아니라 원전(原典)에 충실, 원래의 인도정신을 재생시켜야 되겠죠.

고익진 : 우리 불교에는 불사가 참 많습니다. 그러나 그중에서 가장 큰 불사는 근본을 깨닫는 것이라고 생각 합니다. 경전을 보아도 그냥 볼 것이 아니라 비판적으로 보아야 할 것입니다. 그러기 위해서는 경전을 깊이 연구해야 할 터인데 그런 뒷받침이 전혀 없습니다. 불교가 현대화하기 위해서는 경전연구소가 필요하다고 봅니다. 또 불교도서관도 만들어 경전 연구에 만전을 기하도록 해줘야죠.

김인봉 : 불교사상을 생명력 있는 사상으로 만들어 내는 데 있어서는 연구가들이 논리적 이론적으로 연구해야 그 속에서 새 세대에 맞는 무엇이 나올 것이 아니겠어요?

사 회 : 자, 그럼 이제 의복문제를 얘기해 봅시다.
지난번 불교대회 때도 의제(衣制)를 개량하자고 했지만 구호에만 그쳐서는 안 될 일이고 하루 속히 개량해야 할 터인데 그 문제는 어떻게들 생각하시는지요?

법 정 : 우리 승려들은 대개 옷을 보름만에 빨게 되는데 그것도 사실은 문제

입니다.

경제문제나 그 밖의 조건으로 화학섬유는 못 입는다 하더라도 보름 만에 빨아 입는 것을 감안해서 잘 처리해야 할 것입니다.

일시적이고 즉흥적으로 개량할 것이 아니라 입기 좋고 활동에 편리 하도록 가격, 색깔 등을 고려해서 깊은 연구를 거쳐야 할 것입니다. 연구기관 같은 것을 두어서 옷감의 질보다도 수행포교에 알맞도록 디자인부터 고치되 엄격한 통일을 기해야 되겠어요. 그렇다고 편리 한 것만 생각할 것이 아니라 승려의 품위도 고려해야 되고….

사　회 : 그리고 법의는 수도할 때와 포교할 때 입는 옷을 구별해야 될 거예 요.

김인봉 : 내 생각은 좀 다릅니다. 불교를 넓고 크게 볼 때 의제가 어떻고 식사 가 어떻고 하는 것은 극히 지엽적인 문제라고 봅니다. 품위도 좋고 수 도복 포교복 화학섬유 하는 얘기도 좋지만 적어도 승단이 혁명적 엘 리트들의 대집단이라고 본다면 그러한 일체의 대립적인 의상이나 제 도는 버리고 새로운 시대에 맞도록 혁신해야 됩니다.

법　정 : 근본적으로 따지자면 사실 외적인 옷이 문제될 이유는 하나도 없지 요. 하지만 법복이란 하나의 유니폼이니까….

조정숙 : 김 선생님은 모든 것이 갑자기 싹 변했으면 하는 말씀이신 모양인데 그러나 그렇게 한다면 너무 위험하지 않을까요.

사　회 : 다음은 식사문제를….

법　정 : 종교인의 위치에서 볼 때 지금 먹고 있는 음식도 사실은 호강입니다. 그러나 수도를 위해서는 좀 더 개량했으면 합니다. 그렇다고 뭐 육식을 해야 한다는 말이 아니라 채식이라도 좀 더 스태미나가 생기도록 합리적으로 연구해서 영양관리에 힘써줬으면….

김인봉 : 승단 자체가 너무 비생산적입니다. 앉아서 얻어먹는 종교가 아니라 종교 자체가 생산하고 직접 만들어 먹는 종교가 되어야 합니다. 그래서 승려들도 자신이 만들어 먹고 중생들을 제도하도록 해야 한다고 봅니다.

사　회 : 그럼 승려들의 주거 문제는 어떻게 생각하시는지….

법　정 : 불교가 정체되어 있는 것은 주거의 구조 자체가 정체되어 있기 때문입니다. 침대생활이나 의자생활이 아니고 온돌생활이니까 특히 겨울 같으면 한없이 게을러지고 그런 것이 누적되어 오다 보니 오늘날 불교가 뒤지고 소극적으로 되지 않았나 봅니다. 그런 의미에서 앞으로 이 주거문제도 구도생활과 긴밀하게 연구 검토해야 할 줄로 압니다. 그리고 제가 제일 절실하게 느낀 것은 한 방에 많은 사람들을 집어넣으니까 개성 있는 수도인이 나올 수 없다고 봅니다.

역경(譯經)은 어떻게 해야

사　회 : 이번에는 역경문제에 관해서….

조정숙 : 물론 붓다의 정신에 입각해서 경전을 원전 그대로 번역하는 것도 중요하겠지만 그보다는 처음 보는 사람들도 알기 쉽고 누구나 동감할

수 있도록 현시대에 맞도록 역경을 했으면 해요.

고익진 : 참다운 역경이란 대각자(大覺者)만이 할 수 있다고 봅니다. 그러나 현재 그런 역경이란 어렵죠. 오늘날 『대장경』을 가지고 수도의 거울 삼기는 어렵고, 다만 그 속에 무엇이 적혀 있는가 보고 또 그것대로의 의미가 있을 뿐이라고 봅니다.

사 회 : 감사합니다. 이쯤에서 마치도록 하겠습니다.

『대한불교』 1967년 6월 11일 좌담회

『불교신문』을 말한다

『대한불교』 지령 300호 기념 방담

참석자

윤임술(尹壬述) 신아일보 편집국장

김용구(金容九) 한국일보 논설위원

법정(法頂) 스님 본사 논설위원

사회 : 서경수 본사 논설위원

기록 : 이병남(李炳男) 편집부 차장

곳 : 본사 회의실

때 : 1967년 4월 28일 하오 3시

사 　회 : 5월 18일은 본 「대한불교신문」이 지령(紙齡) 300호를 맞는 날입니다. 햇수로는 8년. 당초 월간으로 시작했다가 주간으로 발전시켜 오늘에 이르기까지 많은 애로를 극복하면서 험난의 길을 걸어왔습니다.

이에 본지에서는 그 300호를 맞는 기념잔치의 하나로 윤임술, 김용구 두 선생님과 법정 스님을 모시고 좌담회를 갖기로 했습니다. 이름하여 '불교신문을 말한다.' 특히 두 선생님께서는 현재 언론계에 종사하고 계시며 본 불교신문에도 각별한 관심을 가지고 계시므로 하실 말씀도 많을 줄 압니다. 가차 없는 채찍질과 냉정한 비판, 그리고 조언

충고의 말씀 해주시기 바랍니다.

그럼 먼저 우리 신문의 성격부터 말씀 드리죠. 이미 아시다시피 불교계 유일의 신문으로서 이 신문은 첫째 신앙단체를 위한 특수지입니다. 둘째는 물질적인 것을 떠나 정신적인 면만을 추구하는 종교지입니다. 셋째의 특성으로는 주간지라는 점을 들 수 있겠습니다. 뉴스에 민감한 일간지도 아니요 거대한 논설만을 중점적으로 다루는 월간지도 아닙니다.

이상의 몇 가지 점을 참고하시면서 앞으로 좋은 말씀을 해 주셨으면 합니다. '젊은 불교에로의 전환의 교량지'라고 할 수 있는 본지의 '방향과 사명'이라고나 할까요? 즉 종교 교양지이면서도 신문인 까닭에 비판정신이 앞서야 하겠는데 불교의 현대화, 대중화를 위해서 얼마만큼 헌신해 왔으며 사명을 완수해 왔느냐 하는 점에서 우선 김 선생님부터 한 말씀….

문제의식 자기고 크고 깊이 있게 다뤄야

김용구 : 사회자가 말씀하셨듯이 「불교신문」은 불교계 유일의 포교지입니다. 그러니까 그 자체가 벌써 하나의 특징을 얘기하는 게 되겠죠.

그 어마어마한 불교계를 혼자서 모두 대변하고 있으니 그 짐이 얼마나 무거우냐 하는 것은 가히 짐작이 가고도 남는 일입니다. 그러나 그건 좋게 말한 것이고 다른 면에서 나쁘게 보자면 그 넓은 불교계를 독점하고 있어서 안일한 생각에 흐를 경향도 없지 않습니다. 경쟁지가 없기 때문에-.

그러니 여기서부터 얘기하면 되지 않을까 생각합니다. 이율배반인지는 모르나 장점과 단점으로 나눠서 말입니다.

사 　 회 : 김 선생께서는 '이것이 하나밖에 없는 신문이 그만큼 사명이므로 크다. 또 밖으로는 유일의 대변지요 안으로는 계몽지다. 그러나 반명 경쟁지가 없기때문에 안일에 흐르기 쉽다.' 이렇게 말씀해 주셨는데 참 좋으신 말씀입니다. 아까도 말했지만 일반 독자에게 어떻게 부처님 말씀을 전해주느냐, 즉 포교의 미디어로서의 역할을 어떻게 하면 다 할 수 있게 하겠느냐 하는 게 우리의 당초부터의 사명입니다.

윤임술 : 그런 점보다 신문의 성격 면에서 먼저 봐야 하지 않을까요? 신문이지만 주간지인 이상 일간지와는 달라야 된다고 봅니다. 일반 시사적인 것보다는 문제의식을 가지고 크고 깊이 있게 다뤄야 한다고 봅니다. 그런데 제가 볼 때 현재 불교신문은 뉴스 중심인 느낌이더군요.

사 　 회 : 주간지이니 어떤 큰 문제를 세부적으로 다뤄달라 그런 말씀이군요.

윤임술 : 그런 점도 있고요, 또 그 주에 일어난 어떤 큰 문제를 한 가지 정도씩은 크게 그리고 깊이 다뤘으면 하는 얘깁니다. 뉴스 밸류에 따라서-.

법 　 정 : 일반 사회문제를 불교적 안목으로 재정비 하는 것이 필요하다는 말씀이군요.

윤임술 : 그렇죠.

사 　 회 : 일본의 「중외일보(中外日報)」가 그런 식으로 하고 있더군요. 그런 것이 주간지로서는 오히려 좋지 않겠느냐는 말씀이죠?

윤임술 : 그렇습니다.

사   회 : 김 선생님은?

김임술 : 문제 파악이 집약적으로 되었다고 봅니다. 교계 단신이라든지 사찰
     안내, 기타 친절한 안내도 잘 해 주고 있더군요. 사찰 안내 같은 것은
     사실 불교신문에서는 비중이 상당히 큰 겁니다.
     그리고 가끔 사상문제도 다루고 시나 수필 소설 같은 것도 다루고 있
     어 참 좋습니다. 그런데 한 가지, 1면에 사설과 단평(短評)란이 있는
     데 그 보단 주간지이니 어떤 두드러진 평론이 있어야 하지 않을까 생
     각합니다.
     물론 일반 신문이 가져야 할 것은 다 가졌습니다만 이건 주간지니까
     집약적인 평론이 중심이 돼야겠습니다. 단평은 어떤 사건을 꼬투리
     로 잡아서 평하는 것이지만 평론란이면 그때그때의 실마리 없이도
     할 수 있습니다.
     일반적인 쟁점을 가지고도 이론을 펼 수가 있으니까요. 다만 그 평론
     을 어디에 중점을 두느냐? 즉 불교적인 교리나 교단에 관한 것에만 국
     한하느냐? 아니면 일반 종교적인 것으로 크게 하느냐? 그것도 아니면
     더 크게 일반 문화, 경제, 정치적인 문제까지 범위를 넓히느냐가 문제
     겠죠.

사   회 : 두 분이 같은 내용의 말씀을 하시는데요, 우리 신문에서도 그런 걸
     하고는 있지요. 그 면의 초점난입니다. 또 때대로 논단도 싣고요, 초
     점난은 일반 사건을 불교적 입장에서 풀이한 것입니다. 그러나 역시
     두 분께서 말씀하시는 방향으로 되기가 어렵더군요. 게다가 요즘엔

초점이 가끔 빠지고요 내적으로 필진과 그들의 필치가 문제입니다. 아무튼 저희들도 느끼는 점을 잘 지적해 주셨습니다.

김용구 : 평론의 기능면 얘기신데, 체제를 말하면 일간지와 다르죠. 논단이 더러 있긴 합니다만 그건 신문의 입장에서 만이더군요. 제가 말씀드리는 평론은 그런 것이 아닙니다. 우리나라의 일반적인 폐단인데요, '평론'란이 없어요. 외국에서는 사설, 만화, 기명 평론, 독자편리, 독자 만화, 기타 등을 넣어 평론란을 따로 만듭디다. 즉 평론란을 한 곳에 집중시켜서 독자들에게 제공하고 있죠. 그러니까 그 면은 완전히 평론란으로 되는 거죠. 그런데 우리나라는 평론란이 따로 없고 여기저기에 평론을 분산시켜 싣고 있습니다. 앞으로 체제를 바꾼다니까 참고하려면 일반지에서 못 하고, 안 하는 평론란을 효시로 해주셨으면 합니다.
그리고 평론을 쓴다면 신문사 내외에서 기명으로 써야 합니다. 그래야 내용도 다양하고 읽을거리도 많게 되지요. 사회적 공기(公器)로서 신문사 내외에서 기명으로 쓰도록 특히 권고 드립니다.

사　회 : 감사합니다. 충분히 참고하겠습니다.

윤임술 : 김 선생님도 지금 얘기하셨습니다. 다만 저도 전부터 늘 느껴왔습니다. 그래서 우리 신아일보에서 우선 한번 해 봤습니다. 일가지 입장에선 그런대로 가능합니다. 사설보다도 때로는 내용이 좋은 글이 남아 돌아갑니다. 세론(世論) 말입니다. 그러나 주간지에서는 한 면을 다 채우기 힘들 겁니다. 제 가 보기로는 일반 독자의 기명(記名)을 싣는 난이 별로 없는 것 같습니다. 불교계서 무슨 일 났을 때 투고하는 이

를 별로 못 봤습니다. 그러니 한 면을 평론만으로 채워야 할 테니 그러면 너무 딱딱합니다. 또 원고 수집도 어렵구요. 그러니 신문사에서 문제 나왔을 때 '터치'하고 또 일반 독자 글도 실어야 합니다. 현재 4면을 가지고 다양하게 하려고 애쓰고 있는데 그 중에서 한 면을 통째로 평론으로 채우긴 어렵죠. 그러니 종교계 내에서 무슨 문제가 있을 때 그 주 그 주의 문제를 종교 안에서 보는 것과 자체 내에서 보는 것으로 해서 다뤘으면 합니다.

사　회 : 사실 주간이라서 매일매일의 문제를 다 다루지 못합니다. 주간지인 때문에 어차피 시간적으로는 늦으므로 교리, 경전 등에 중점을 둬야겠다고 늘 생각은 해왔습니다만 그렇게 못 되고 뉴스에 너무 민감한 느낌이 없진 않습니다.

윤임술 : 그렇더군요. 그러니 각 면이 모두 특별한 성격을 갖도록 해야 합니다.

불교 현대화, 대중화 위한 미디어로서의 사명 막중

사　회 : 지금까지는 우리 신문의 성격과 사명에 대해서 말씀을 해주셨습니다. 주간지이며 종교, 계몽지라는 특수성을 잃고 일간지적이었다는 점, 뉴스에 너무 민감하다는 점, 그리고 김 선생님은 평론에 중점을 두어 한 면을 평론란으로 하여 그 효시가 되어보라는 말씀 등···.
그러면 이번엔 화제를 바꿔 불교의 현대화, 대중화를 위해서 우리 신문이 해야 하고 할 수 있는 일이 무엇인가에 대해서 말씀들을 해주시죠.

김용구 : 신문의 사명은 보도와 평론, 계몽인데요. 그러나 독자는 누구나 자기가 보고 싶은 면만을 보게 됩니다. 따라서 신문 4면이 모두 어떤 독자에게나 좋아질 수는 없는 겁니다. 그러니 각 면에 독특한 성격과 특징이 있어야 합니다. 그리고 이 신문 역시 신문이니까 보도, 평론, 계몽의 역할을 다하는 데 신문의 가치가 있는 것입니다. 사회자가 말씀하신 불교의 현대화, 대중화를 위하는 길도 역시 독자에게 무엇을 어떻게 전해주느냐, 즉 부처님 말씀을 보다 쉽고 흥미 있게 읽을 수 있도록 전달해 주는 것이 이 신문의 목적과 사명일 것입니다.

또 의견도 피력해 주고 문제의 방향도 제시해 주어야 합니다. 또 하나, 이 신문뿐 아니라 각 신문의 공통성인데, 익명성, 다시 말해서 성격이 없어요. 사상적, 종교적, 불교적인 문제를 다루는 불교신문이라면 그런 류의 성격이 뚜렷이 나타나야 합니다. 요즘은 사건 과잉상태에서 살고 있기 때문에 사건에 크게 관심을 두지 말아야 합니다. 세련되고 정선된 사건을 안목을 통해 면밀히 취사선택해서 다뤄야 합니다. 10년이고 100년이고 오래 오래 두고 기록해둘 만한 사건 말입니다.

윤임술 : 불교의 현대화, 대중화 얘기신데 우리가 입만 가지고 아무리 부르짖어도 안 먹혀들어갑니다. 그러므로 신문의 역할이 대단히 큽니다. 이 신문은 절에서 하는 일은 빠짐없이 잘 나는 편인데 일반적인 것이 거의 없더군요. 예를 들면 불교어린이들이나 학생들의 모임, 행사 등은 잘 빠지더군요. 그런 것이 일반 사회성도 띠면서 생활화, 대중화해 가는 하나의 수단 방법입니다.

사 회 : 사건이 불교 내부에서 일어난 것이지만 그것이 일반 사회와 밀착될

수 있는 것을 다뤄라 그런 말씀이군요.

윤임술 : 그렇죠. 그렇게 되면 불교가 일반사회와 가까워지고 그게 바로 대중
화, 생활화인 것입니다. 어린이들, 특히 학생들이 불교 노래를 배우고
부른다, 법회를 본다 하는 모습을 내놓으면 그게 근대화에 크게 도움
되는 것이 아니겠어요? 또, 다른 어린이에게도 모범 · 시범이 되며 그
방법이 매번 되풀이 되는 것이 아니고 자주 개선될 때 안 보이는 중에
대중화가 되죠.

사　회 : 좋으신 말씀입니다. 그럼 법정 스님께서 여담으로서 한 말씀….

법　정 : 저희들도 가장 안타깝게 생각하는 점을 두 분께서 잘 말씀해 주셨습
니다. 사실 개성이 거의 없고 사명의식이 결여되어 있지 않나 생각되
어 일을 거들면서도 성에 차지 않습니다. 비판정신은 곧 종교정신인
데 그저 헐뜯는 것으로만 알고 있으니까요. 행정 하는 이들을 비판하
면 안 좋아하거든요. 그건 밀고 끌고 아끼는 의미에서 하는 일인데 그
뜻을 이해 못하고 피상적인 것만 보고 싫어합니다. 그래서 곧 비판정
신의 결여로 지면이 그렇게 되고 있습니다. 또 하나는 내적인 이념을
제시해 주고 안으로는 침체된 불교계를 이끌어줄 사명이 주어진 것
인데 그러한 사명감의 결여와 머리의 부족, 여건의 불비로 제 구실을
다 못해왔습니다. 다시 말씀 드려서 이 신문은 한국불교의 얼굴이면
서도 건전한 비판정신을 갖지 못하고 있다고 보겠습니다. 이제 300호
부터는 훨씬 더 잘해보자고 다짐하고 있습니다마는.

사　회 : 비판정신의 결여와 신문에 대한 몰이해로 결국 무딘 글, 안이한 글을

쓰게 했고 따라서 사회의 목탁, 불교계의 얼굴 역할을 다 못했다는 말
씀이군요.

어떻습니까? 동계지로서 개신교계의 신문과 비교한다면? 기독교에
여러 개의 신문이 있는데 그 쪽은 꽤 비판적이라고 보는데….

김용구 : 다 일장일단이 있겠죠.

윤임술 : 불교계에도 여러 파가 있죠, 그렇다면 신문도 여러 개가 있을 수 있
겠죠. 그렇게 되면 차라리 멋지고 알찬 신문이 되지 않을까요? 기독교
에 여러 개의 신문이 있는데 모두 알차고 개성 있습니다. 그런데 신도
수를 보면 우리가 월등 많은데도 신문은 단 하나라서 할 일이 너무 벅
찬 동시에 무사안일에 흐르기 쉽죠.

김용구 : 여기서 얘기하고픈 것이 몇 가지 있군요. 첫째는 단신(短信) 정도의
서평이 아닌 서평란이 있어야 하겠어요.

사   회 : 전적인 서평란을 두자는….

윤임술 : 그렇죠. 다른 데서 안 하는걸 특히 더 내야죠. 본격적인 서평이라야
만 합니다. 또 하나는 대중화란 명제를 내세웠는데 주간지인 만큼 그
때그때의 문제를 내놓아 캠페인을 벌여야 한다고 봅니다. 좋은 예로
불국사 복원불사가 났고 1면 톱에 사설까지 났으니 이런 경우 그걸
가지고 한 면 정도 불국사 특집을 할 수 있지 않겠어요?

불국사란 불교 것만이 아니고 온 국민의 것이니 특집으로 보다 자세
히, 보다 알차고 친절하게 하면 일반 독자도 얼마나 좋아하겠어요. 그

것도 하나의 캠페인이지요. 뉴스를 단서로 잡은 캠페인이지요. 그런 식으로 교리나 경전에서 실마리를 잡아 캠페인으로 해서 독자에게 뭔가 한 아름 담뿍 안겨다 줘야합니다. 그것이 대중과 호흡하는 중요한 방법의 하나지요.

사　회 : 좋으신 말씀입니다. 그런데 캠페인은 우리 불교 집안에서는 조금 이르다고 봅니다. 그리고 곤란도 하고요.

그런데 한 번 캠페인에 성공한 게 있어요. 작년에 했는데, '부처님 오신날' 말입니다. 석탄절이니 불탄절, 성탄일 등 제각각 부르던 이름을 본사에서 캠페인을 벌인 결과 이젠 완전히 통일이 됐습니다. '부처님 오신날'이라고요. 물론 일반 노인들 층에서 일부 반대도 있었긴 하지만요. 그래 이제부턴 그때 그때 적절한 캠페인을 벌이도록 해보겠습니다.

구체적인 해설 아쉬워

윤임술 : 제가 한 말씀 드리죠. 뭐 이제 원리원칙은 다 얘기 했고-. 방법과 기술 면에서 얘기하죠. 우선 이 신문에는 해설이 없더군요. 무슨 문제가 생기면 더 구체적이고 세밀하게 해설을 해줘야 합니다.

사　회 : 그런데 주간지라서 시기적인 애로점이 좀 있죠.

윤임술 : 주간지니까 더 깊이 있게 친절하게 해줘야죠. 해설이 평론식으로도 되고 캠페인도 되는 것이니까요. 김 선생이 말씀하신 불국사 복원 특집건도 그렇죠. 그 경우 1면 톱으로 하고 특집 해설로 더 자세하게 더 광범위하게 쓸 수 있거든요. 쉽게 그리고 자세하게 알려 주는 게 대중

과 직접 밀착시키는 일이 아니겠어요?

사　회 : 알겠습니다. 충분히 참고하도록 하죠. 그럼 다음은 신문의 체제 면에 관해서 좀 말씀해 주실까요. 요즘 각 신문사와 마찬가지로 우리도 한자를 많이 줄이고는 있습니다. 그러나 원래 불교엔 한자가 많아서…. 우리 신문의 제호부터 한문인데 이걸 과감하게 한글로 고칠 생각입니다만…. 문장도 옛날투고 낡고 어려운 글이란 인상이 안 드십니까?

윤임술 : 전 뭐 그다지 낡고 아주 뒤진 느낌은 안 듭디다. 그리고 한자나 한글 어느 쪽을 전용하고 어느 쪽은 쓰지 말아야 한다고는 않습니다만 이 신문에서 당장 한글로만 쓰기에는 어려운 일이 아니겠어요?

김용구 : 한글이 많아지는 건 어쩔 수 없는 경향이지요. 현재의 추세이니까-. 그런데 문제는 한자로 안 써도 알아볼 수 있는 것은 구태여 한자로 쓸 필요가 없지 않겠느냐는 점입니다. 또 하나는 문투 말씀인데 평론란에 보면 상당히 세련된 말도 있는 반면에 영 고투적인 것도 있더군요. 한자가 아니고 한글로 썼는데도 말입니다. 그런 건 상당히 거리감을 느끼게 되더군요. 그 다음 어느 종교고 마찬가지겠지만 신도보다는 신도 아닌 사람들을 상대로 하는 계몽지가 돼야겠습니다. 그러기 위해서는 신도 아닌 일반 독자들을 상대로 한 계몽란을 고정적으로 뒀으면 합니다. 그리고 독자 질의란이 있긴 합니다만 해답에 대한 내용이 영 엉망입니다. 내용도 빈곤하고 문장력도 아주 서툴러요.

윤임술 : 그렇더군요.

김용구 : 그런 건 한 페이지 정도 '해설란'으로 해서 알기 쉽고 자세하게 해줬

으면 합니다.

사　회 : 그럼 현재 우리 신문의 각 면을 설명하죠. 우선 1면은 뉴스와 사설이 있고 무공저, 천수천안 등 단평이 있습니다. 2면은 금주설법, 초점, 경해설, 독자질의 등으로 사실상 비중이 제일 큰 면입니다. 그리고 3면은 1면과 함께 보도면입니다만 기획물을 좀 다루고 또 노른자위라고 할 수 있는 여시아문(如是我聞)란이 있습니다. 현재 '종립학교 순례'란은 전에는 '사찰순례'란이었습니다. 4면은 좀 다양하게 돼있죠. 서평, 영화평, 문화재 소식과 소설 시 수필 등을 다루며 가정, 학생, 문화일반, 불교문화별로 매 호 바꿔가면서 다루고 있습니다.

그러면 이젠 일반신도 즉 밖에서 바라는 것이 무엇인가에 대해서 좀 말씀을….

불전(佛典), 고승전 등 재미있게

윤임술 : 일반인이 바라는 것이라면 구체적으로 예를 들어 '사찰순례' 같은 것이 아닐까요? 일반적이면서 불교와 관련이 된 것이기 때문에 일반인들이 관광과 공부를 겸해서 할 수 있을 테니까요.

김용구 : 그렇죠. 그리고 다음 과거의 불전얘기인데요, 한국의 명저 같은 것을 보면 거개가 다 불교적이라고 해도 과언은 아닐 거예요. 그러니 그런 것들을 잘 소개해주면 합니다. 스크랩해서 붙일 수 있도록 해주면 대인기일 거예요. 더 나아가서는 일본 것이나 중국 것도 소개해주면 더욱 좋죠. 그 다음은 인물 중심으로 고승전을 실으면 그것도 좋고요.

윤임술 : 전에 고승전이 나오긴 하더군요.

김용구 : 그런 이광수 식의 글이 아닌 평전으로 말입니다.

사　회 : 그리고 국보순례도 하고 있는데요….

윤임술 : 너무 간단해요. 지금 하는 것보다 훨씬 더 세밀하고 자세하게 해야
죠. 그래서 다른 신문에서 이 신문을 인용하도록, 그리고 또 이것만
보면 훤히 다 알 수 있게 해야죠.

김용구 : 또 하나 여러 가지로 수도하는 것을 해설로 하면 그것도 좋을 거예
요. 그리고 국내의 경향각지 문제만 보도할 것이 아니라 동남아 각 불
교국의 움직임을 고정란으로 해서 매번 다뤘으면 참 좋으리라고 생
각하는데요. 자매결연 등으로 유대를 맺어 움직이는 불교계의 국내
외 소식을 훤히 알 수 있도록 말입니다.

윤임술 : 해외불교도 불교지만 우리나라도 신도회가 여러 개인 모양인데 그
걸 모두 해설로 설명해 주었으면 합니다.

사　회 : 일본, 중국 등의 국보순례 인도 등의 문화재 등도 다루면 좋겠죠.

일　동 : 그렇죠.

윤임술 : 이건 여담으로 들으셔도 되는데요. 지난번 크게 문제된 동대(東大)
불대학장 이기영 씨 글이 난 걸 못 봤습니다. 불교신문에서 먼저 더
자세하게 냈어야 할 터인데-.

사　회 : 내긴 냈죠.

윤임술 : 크게 내야죠. 그런 걸 크게 안 내니까 순 어용신문이란 평을 듣죠.

법　정 : 그런 식으로 사건을 알면서도 회피하는 경우가 종종 있는데요. 그건 이 신문의 기관지적 성격이 나쁘게 작용한 때문입니다.

윤임술 : 물론 무슨 문제든지 다 잘 다루기란 무척 어려운 일입니다. 그러나 잘 요약해서 다루면 재미도 있고 실효도 거둘 수 있지요.

김용구 : 그렇지요. 그리고 무엇보다도 계몽 면에 안목을 넓혀야 합니다. 요즘 일본에서도 한국사상을 연구하는 경향이라던데 한국사상이란 결국 불교사상이 아니겠어요? 그러니 일반 철학자들도 초청해서 대담도 나누고 하면 참 좋겠어요. 그리고 또 기독교, 가톨릭, 천도교, 유교 등 타 종교인들과 같이 앉아서 공통의 과제를 내놓은 채 대화의 광장을 열어도 좋고요. 사소한 문제가 아니라 크고 공통의 문제를 놓고 말입니다. 예를 들면 '소년범죄 문제'라든지 '섹스 문제'와 같은 것, 이런 건 일반 문제만이 아니지 않아요? 모든 종교에서 다 같이 고민하고 있고 또 다룰 만한 성질의 문제가 충분히 되지요.

일　동 : 그렇죠.

독자는 여러 층, 모든 독자의 구미 다 맞출 수는 없어

사　회 : 뭐 더 하실 말씀….

윤임술 : 신문을 해보니 알겠더군요. 즉 독자의 층은 여러 가집디다. 싫다는
　　　　이가 있는가 하면 좋다는 이도 많고…. 그러니 신문을 모든 독자의 구
　　　　미에 맞도록 만들기란 어려운 일입니다. 아니 전연 불가능한 일입니
　　　　다. 그런데 이 신문은 특수지입니다. 그래서 어떤 특수층이 대부분 독
　　　　자가 되겠지요. 허나 그렇다고 너무 차원이 높은 사상적인 것만 다룬
　　　　다면 오히려 곤란할 겁니다. 그보다는 오히려 작은 기사들을 많이 실
　　　　음으로써 교계의 움직임을 더 많이 알려주는 게 독자들에게 더 유익
　　　　할 겁니다.

법　　정 : 제가 볼 땐 현재도 작은 기사가 너무 많은 것 같은데요.

윤임술 : 아니 그러니까 무조건 작은 기사를 많이 넣으라는 얘기가 아니라 일
　　　　반 독자와 늘 벗이 될 수 있는 교계의 움직임을 늘 실어달라는 말입니
　　　　다.

일　　동 : 그렇죠. 그거 꼭 필요합니다.

법　　정 : 그리고 윤 국장님께서 '독자는 여러 층'이라는 말씀을 하시니까 말
　　　　입니다만 사실 그래요. 우리 신문에서도 보면 어떤 이는 <영험록>을
　　　　'옛날 호랑이 담배 먹던 시절의 이야기'라고 싫어하는가 하면 때로는
　　　　비난, 항의까지 합니다. 그러나 반대로 할머니들은 또 그걸 무척 좋아
　　　　하거든요. 그래서 실무자들이 무척 애를 먹습니다.

윤임술 : 그럴 겁니다. 그렇기 때문에 신문 전 4면이 모든 독자들에게 맞도록
　　　　만들 수는 없다는 얘기입니다.

사　회 : 특히 우리 신문은 독자층의 굴곡이 심합니다. 어린이로부터 대학교수, 팔십 노인에 이르기까지 여러 층입니다.

김용구 : 그러니까 여러 층인 독자들을 위해서도 불교의 대중화란 사명을 다하기 위해서 사회 여러 층에서 활동하는 사람들, 단체 등을 초청, 좌담회를 갖는 것도 좋죠. 불교인 중심으로 하는 법조인 · 정치인 · 실업인 등 기타 여러 가지 그룹이 많을 줄 아는데 그들을 모아놓고 얘기를 하다 보면 좋은 말이 많이 나올 겁니다. 그걸 신문에는 재치 있게 다뤄주면 일반 독자들에게 많은 도움이 될 겁니다.

일　동 : 그렇죠.

재정적 뒷받침 충분해야

사　회 : 그럼 이제 말씀을 맺도록 할까요.

김용구 : 결론적으로 말해서 특수지이면서도 역시 신문이니까 보도 · 평론 · 뉴스의 사명을 다해야죠.

윤임술 : 그렇죠. 종교 계몽지로서의 특성을 살리면서 역시 신문이니까 일반 신문에 가까워져야죠. 그래야 일반 대중과도 가까워지게 되니까요. 그러나 사실 이렇게 말하기는 쉬워도 그걸 실천하기란 상당히 어려운 일입니다. 실무자들이 최대한도의 능력을 발휘해서 앞서 말한 것과 같은 신문을 만들도록 하자면 무엇보다도 첫째 재정적 뒷받침입니다. 충분한 재정적 뒷받침이 절대적으로 필요하죠.

일　동 : 그렇습니다.

윤임술 : 문제는 신문에선 돈을 많이 들여야 합니다. 원고료도 많이 줘야 좋은
　　　　글을 청탁해서 실을 수 있고 기타 좋은 행사도 많이 할 수 있으니까
　　　　요. 돈을 아끼면 신문은 엉망입니다.

일　동 : 그렇죠.

사　회 : 오랫동안 참으로 좋으신 말씀 많이 해주셔서 감사합니다. 원래 실무
　　　　자들의 계획은 사장님도 모시고 좌담회를 가질 계획이었다는데 마침
　　　　해외에 나가셔서 당초 계획대로 안 됐습니다. 그럼 오늘은 이만 하겠
　　　　습니다. 감사합니다.

시대사조와 합리적 운용

1

"계정해(戒定慧)의 삼학(三學)은 불교의 근본이념이며 전체의 법상(法相)이다. 계학(戒學)은 율(律)이요 정학(定學)은 선(禪)이요 혜학(慧學)은 교(敎)이니, 선은 불심(佛心), 교는 불언(佛言), 율은 불행(佛行, 身)이다. 이 세 가지는 범자(梵字), 이자(伊字)의 모양처럼 부즉불리(不卽不離)하여야 한다. 정과 계가 없는 혜는 건혜(乾慧)요, 계와 혜가 없는 정은 고선(枯禪)이요, 정과 혜가 없는 계는 편협한 소절(小節)에 불과한 것이다.

경(經)이 우주의 진리를 설파한 것이라면 논(論)은 체계적인 이론을 갖춘 것이고, 율은 실천도덕을 강조한 것이다. 삼세불법이 섭심(攝心)으로서 계를 삼으니, 계는 계율운 그 터전[根本]이 되어서 계행을 인(因)하여 정력(定力)이 생겨나고 선정으로 말미암아 지혜가 일어나게 된다."

약 10년 전 출판된 『사미율의(沙彌律儀)』의 서문 전반부이다. 계·정·혜 삼학이 부즉불리의 관계에 놓여 있음을 강조하면서도 '계율은 터전, 극 근본'임을 밝히고 있다.

정과 혜가 건물의 기둥과 벽과 지붕이라면 계는 기초라는 것이다. 아무리 건물이 훌륭하게 보이더라도 기초가 약하면 사상누각의 신세를 면하지 못한다. 마찬가지로, 계가 없는 정과 혜는 고선과 건혜를 면치 못한다. 근본이 되는 계가 같이 뿌리박고 있지 못하기 때문이다.

반면에 서문은 '정과 혜가 없는 계는 편협한 소절에 불과함'을 지적하고 있다. 계만 고집하는 율사(律師)의 일방통행을 경고한다. 계에만 철저하였던 어느 중국 고승의 얘기가 있다.

"옛날 어느 중국 고승이 중병에 걸려 위독한 지경에 이르렀다. 술이 치병(治病)에 좋다는 의사의 처방에 따라 여러 스님들은 술을 그에게 권하였다. 그러나 '치병에 술을 써도 좋다는 율문(律文)이 없으므로' 거절하였다. 그래서 하는 수 없이 미음을 끓여 드렸더니, 마침 정오가 지났다는 이유 때문에 그것도 거절하였다. 인도의 수행자는 계율에 따라 정오가 지나면 식사를 못하게 되어 있다. 하는 수 없이 이번에는 꿀을 어름에 녹여 마실 것을 권하였더니 그것이 계율상 허용되는지 알고자 율장(律藏)을 펴보고 있는 동안 그만 임종을 보게 되었다."

그러므로 계·정·혜 삼학을 <사미율의>의 서문에서 말한대로 '불교 전체의 법상'으로 부즉불리하여야 한다

그런데 선은 부처님의 마음이라 하여 마음의 자유자재하고 무정형(無定形)함을 과장한 나머지 '사교입선(捨敎入禪)' 또는 '불립문자(不立文字)'를 표방하는 혜취(慧趣)는 이해되나 계율에 대하여 초월한 듯한 자세는 자칫하면 파계(破戒)의 책임까지 문제삼지 않는 경향을 빚어낸다. 부처님을 훼방만 하여도 무서운 파계에 해당하는데 불상을 불에 태웠다면 그 행위는 어떻게 해석되어야겠는가.

선가(禪家)에는 때때로 이 같은 기상천외의 사건이 일어난다. 그러나 종교적 천재가 일상적 판단작용을 초월한 직관적 지혜에 의하여 도달된 절대경계(絕對境界)의 장된 행위나 발언이 미망(迷妄)에 가린 범부(凡夫)들에게 아집의 합리화를 위한 상대적 의미를 안이하게 받아들여질 위험이 있다는 것만은 명심하여야 한다고 본다.

종교적 절대행위나 발언이 상대적 세계에서 안이하게 다루어질 때 그 교단의 계율은 해이하여지고 계율이 해이하여지면 교단의 타락은 뒤따르게 마련이다.

2.

각설하고, 필자에 청탁된 제목이 또한 일상적 판단을 초월한 느낌을 준다. 그 제목이 내포한 의미가 '둥근 삼각형' 같이 몹시 불합리한 내용을 담고 있기 때문이다. '현대에 있어서 합리적인 계의 운용방법'이란 제목에서 '현대'와 '합리적', '계'의 세 낱말이 아무래도 서로 이질개념(異質槪念)같은 인상을 풍겨주고 있다. 도대체 '계'란 것이 고대가 다르고 중세가 다르고 현대가 다를 수 있다는 말인지. 또 계 자체의 변혁은 없이 합리적 운용방법이 있다고 생각한 발상부터 어딘가 크게 어긋나지 않았는가 한다. 현대에 있어서 계가 어떤지 합리보다는 불합리하게 보이는 것은 숨길 수 없는 사실이다.

그렇다면, 불합리하게 보이는 계 자체를 과감히 합리적으로 개혁하는 작업이 선행하여야 한다는 것이 필자의 솔직한 의견이다. 합리적으로 제정된 계율이라면 얼마든지 합리적으로 운용될 수 있는 방법이 있다. 그러나 불합리한 계에서 합리적 운용방법이란 둥근 삼각형처럼 찾아내기 거의 불가능하지 않을까. 여기 역사적 사실(史實)을 들추어가면서 설명하여 볼까 한다.

옛날 중국 총림(叢林)은 상주 대중이 천 명이 넘는 수가 있을 만큼 규모가 컸다. 그런데 왕권의 비호를 받든지, 재상의 파격적 지원이 없으면 같은 산중에서 총림이 유지되는 길은 하나밖에 없다. 즉 '자급자족'의 길 하나밖에 없다는 말이다. 식량과 그 밖에 일용물자를 그들은 그들의 힘으로 확보하여야만 총림은 유지되었다.

이같은 자급자족의 경제적 필요성은 선승들에게 노동을 강요하기에 이르렀다. 특히 식량과 부식의 자급을 위하여 농사에 종사하지 않을 수 없었다. 중국 총림이 생산경제와 직결된 것은 이때부터이다.

그런데 특히 중국의 기후풍토가 불교의 발상지인 인도와는 다르다는 점에 유의하여야 한다. 인도의 사두(수행자)들은 종일 자연 과실 몇 개라는 최소한도의 식량으로 끼니를 때우고들 방석 위에서 명상에 잠기는 수가 많다. 일년

중 겨울을 모르는 인도의 풍토에서는 의보의 걱정도 그다지 심하지 않다. 반나체의 모습을 한 사두는 오늘날에도 인도에서는 종종 볼 수 있다. 인도의 사두들은 최소한의 식량과 최소한의 의수(衣數)로 수행하는데 지장을 받지 않는다. 그러나 동북아시아 지역의 풍토조건은 전혀 다르다. 인도의 승원(僧院)보다 중국의 승원은 훨씬 많은 식량과 물자를 필요로 한다.

노동을 모르는 인도의 사두는 거의 하루 한 끼니로 끝나지만, 노동까지 하게 된 중국의 선승은 노동량에 비례하여 식량을 자급하여야 한다. <백장청규(百丈淸規)>에 의하면 아침은 죽 한 그릇, 점심은 밥 한 그릇 하루 두 끼니로 규정하고 있다. 오늘날 한국 선방에서는 '약석(藥石)'으로 묵인되고 있는 저녁을 들지 않는, 즉 오후불식(午後不食)을 지키는 선승들이 있다.

이리하여 인도의 사두처럼 노동을 멀리하면 중국의 초기 선승들은 총림의 운영 유지를 위한 자급자족의 방법으로 생산에 종사하여야 한다는 놀라운 변화가 일어났다. 육조 혜능 대사가 오조 홍인 대사의 총림에 들어왔을 때 처음 방앗간에서 방아를 찧는 노동 임무를 맡았다는 사실은 널리 알려진 이야기다. 누구나 노동임무를 완수하지 않으려면 총림의 상주(常住)는 초기하여야 한다.

'일일부작(一日不作) 일일불식(一日不食)'의 금언은 이 같은 풍토조건에서 백장에 의하여 발언된 것이다.

그런데 농업생산을 하려면 아무래도 토지를 개간할 수밖에 없다. 즉 땅을 파지 않을 수 없다. 그러나 계율은 '若比丘 自手堀地 敎人 堀地者 波逸提', 즉 만일 비구로서 자기 손으로 땅을 파거나 남에게 땅을 파게 하면 파일제 죄에 해당한다는 것이다.

그렇다고 파일제에 대한 파계가 총림에서 심각하게 제기되지 않을 수 없다. 기후풍토적 여건 때문에 노동을 당연시하므로 계율을 어긴 사태가 안이하게 넘어가지는 못한다. 한 가지 계를 아무 저항없이 안이하게 무시한다는 사고방식이 연장되면, 한 가지 계만 아니라 모든 계를 무시할 수도 있다는 데까지 몰고 갈 수도 있다. 과연 백장 문하에서도 파계에 대한 신랄한 질문이 그에게 날아 왔다.

"초목을 베고 땅을 파헤치게 되면 죄보(罪報)의 상(相)이 있습니까, 없습니까?"

"반드시 죄가 있다고 할 수도 없고 또 반드시 죄가 없다고 할 수도 없다. 유죄·무죄는 본인에게 달렸다."

백장의 답변에는 전통적 계행을 부정하려는 의지가 엿보인다. 자수굴식을 하든지 못하든지 두 가지 선택이 있을 뿐 땅을 파기도 하고 안파기도 한다는 제3의 입장은 개입할 여지가 없다.

따라서 땅을 파는 생산노동을 정당화 하려면 자수굴지의 파일제법은 부정하지 않을 수 없다. 수정(修正)도 변혁도 있을 수 없다. 땅은 어느 땅을 파든지 반드시 살생하게 마련이기 때문이다.

3.

이렇게 생각할 때 계 자체의 변혁이나 포기가 없이 합리적 운용을 모색한다는 혜취부터가 잘못되었음을 다시 깨달을 수 있다.

현실을 위하여 '안이한 합리화'가 작용하여 타협이 가능한 운용방법이 안출되었다면 현실을 규제하여야 하는 계가 도리어 현실적 규제를 받는 전도(顚倒)된 결과가 나타난다. 계가 현실의 규제를 받아야하는 불가피한 사태하면 차라리 기선(機先)을 제(制)하여 계 자체를 변혁하는 것이 계의 권위를 위하여도 온당하다. 한번 결정한 계는 그 전통이 길면 길수록 권위와 질서를 위하여 안이한 합리화란 있어서는 안 된다.

'살생하지 말라'고 하면 이것은 절대적 명이다. 어떤 특수한 경우에는 살생도 가(可)하다는 합리화 과정이 묵인되기 시작하면 계의 권위는 무너지는 것이다. '살생하지 말라'는 계는 인도, 중국, 한국 어디서나 절대명령이고, 계를 제정하면 부처님 시대나 오늘에도 역시 절대명령이다.

따라서 '때에 따라서는 가려서 살생하라'는 <세속오계> 중의 하나인 '살생유택'은 계가 될 수 없다. 살생하지 말라는 계가 주어진 현실에 타협하기 위한 합리화를 빙자할 때 계의 절대권위는 무너지고, 계의 권위가 무너지기 시작할 때 그 종교 교단도 함께 무너진다. '살생유택'이란 합리화된 계가 '불살생계(不殺生戒)'를 능가하고 정당시될 때 한국불교사는 이미 그 절정에서 내리막길을 걷기 시작하였다는 것이 필자의 주장이다.

'불살생계'를 부득이 어겨야 한다면 안일한 합리화로 변명의 혀를 놀려 살생유택을 빙자하지 말고, 깨끗이 파계하고 고통하는 것이 종교인다운 자세다. 오직 계를 엄수하는 '지계(持戒)'가 있고 계를 어기는 '파계'가 있을 뿐이지 살생유택 같은 상대적 호도(糊塗)는 있을 수 없다. 계는 '절대적'인 것을 요청하기 때문이다. 그러므로 파계의 비통은 그만큼 심각하다. 심각한 파계의 비통과 회오(悔悟)에서 종교적 참회가 우러나온다.

어쩔 수 없이 파계할 수밖에 없었던 '자신에 철저한 자기부정'이 곧 참회다. 진정한 종교인에게는 엄격한 지계와 각골(刻骨)의 참회가 있을 뿐이다.

진실된 신앙생활이란 지계와 참회의 반목일는지 모른다. 만인이 공노할 죄를 저지르고도, 즉 파계를 하고도 참회의 빛이 추호도 없다면 그는 종교인이 되기를 스스로 그만두는 것이 종교의 위신을 위하여서도 바람직하다.

불살생계를 지키려면 살생보다도 굳센 용기가 요청된다. '살생'의 의미를 '폭력'으로 확대해석한 인도의 간디는 '진리파지(眞理把持)'를 위한 모든 행위는 비폭력, 즉 불살생으로 이루어져야 한다는 것이다. 폭력은 약육강식의 동물 세계에서 벌어지는 비극이라고 한다. 그런데 어떤 폭력에도 비폭력, 다시 말하여 무저항으로 대하는 데에는 폭력보다 몇 천배 강한 용기가 있어야 한다. 비폭력 즉 무저항이라 하여 비겁하게 후퇴하는 것은 파계에 비등한 악덕이다. 그래서 지계가 파계보다는 강한 용기를 필요로 한다는 말이다. 용기가 없을 때 지계도 아니고 파계도 아닌 '적당한 합리화'가 안이한 값으로 거래되는 법이다.

끝으로 '계의 합리적 운용'보다는 계 자체의 변혁을 대담하게 시도하기를 요망하고, 또 그와 같은 변혁을 위한 준비단계로서 계에 대한 현대적 해석을 보다 추구하는 작업이 앞서야 한다는 소신을 피력하고자 한다. 이 글에서 계에 대한 현대적 해석을 위한 시도의 일부가 보였다면 필자의 의도는 어느 정도 적중한 셈이다.

1974년 4월 28일 『대한불교』 '부처님 오신날' 기념 특집
'계·정·학 삼학의 재음미' 중에서.

거울의 의미

유식(唯識)사상 계통을 공부하여 내려가다가 아주 재미있고 뜻이 깊은 술어를 찾아냈다. 「거울의 지혜」라는 술어다. 거울의 의미는 불교학에서 여러 가지로 사용되고 있다. 모두 번뇌의 파도가 깨끗이 가라앉은 마음의 상태를 맑은 거울에 비유한 대목은 자주 경전에 나타난다.

그런데 유식사상에서는 거울의 의미를 체계 있게 분석하면서 설명하고 있다.

첫째, 거울은 흔들리지 않는 것을 본바탕으로 하고 있다. 그러나 거기에는 끊임없이 모든 것이 있는 그대로 나타날 수 있는 무한한 가능성을 가지고 있다.

둘째, 거울은 언제나 비어있음을 본성으로 하고 있다. 그것으로 움직이는 존재는 움직이는 동작 그대로 아무런 꾸밈없이 나타난다. 그리고 앞에서 떠나면 즉시 도로 비어있는 본성으로 되돌아간다.

셋째, 거울은 그 자신이 '나를 위하여 하겠다(self-interest)'는 이기적 생각이 없기 때문에 모든 현상을 여실히 받아들일 수 있다. 나를 위한다는 생각이 있으면 거울 표면이 이그러져서 현상을 이그러지게 받아들이게 된다. 이그러진 거울에는 아주 단정한 미인이 얼굴도 이그러진 모양으로 비치는 것이다.

넷째, 거울에는 장소나 시간의 제한이 없다. 거울 자신이 언제, 어디서 자기를 위하여 무엇을 하겠다는 의도가 없기 때문에 장소와 시간의 제한을 받을 필요가 없기 때문이다. 거울은 밖에 있는 모든 것의 움직임을 움직이는 그대로 받아들이다가도 떠나가 버리면 또 아무 미련도 없이 비어있는 상태로 되돌아오는 도인의 마음이다.

거울은 자기의 주인마님이라 하여 예쁘게 비쳐주지도 않고, 호들갑을 떠는 이웃집 마님이라고 하여 못생기게 비쳐주는 법이 없다. 방에 들어오는 도둑놈의 얼굴이라고 하여 그 표정을 더 험상궂게 비쳐주지도 않고, 보살의 얼굴이라 하여 더 자비롭게 비쳐주지도 않는다.

자기를 아껴주는 주인의 얼굴이라 하여 밖으로 나간 후까지도 그 모습을 그대로 간직하고 있는 일도 없다. 거울 앞을 떠나는 순간, 그 물체의 모습은 깨끗이 없어지고 비어 있는 상태로 되돌아간다. 그래서 불교에서는 거울의 의미를 자주 강조한다. 거울이 그대로 도인의 마음이라는 것이다. 모든 것이 다 고요한 적정의 경지를 구체적으로 말하라면 그것은 바로 거울이다.

『법시』, 1967. 8.

종교의 세속화

속물들이 사는 세속

세속하면, 얼른 머리에 떠오른 것은 속화(俗化)된 세계, 범속한 세계, 따라서 지지리 못난 속물들이 사는 세계다. 그리고 천대받는 무리들이 서로 어울려 사는 세계다. 어느 시대에나 천대받는 속물의 계층은 천대하는 양반계층보다 그쪽이 훨씬 넓고 깊다.

그래서 속물의 '무리'라고 표현해 보았다. 한자로 나타난 俗 자가 사람의 무리가 빽빽이 살고 있는 골짜기를 상형하고 있음도 주목을 끈다.

천대를 이람는 소수의 지배층은 어떻게 바뀌든, 흙과 함께 속화된 속물의 무리들은 대대손손 지렁이처럼 끈질기게 살아왔다. 엘리트를 자칭하고 선민(選民)임을 자랑하는 양반층을 그다지 부러워하지도 않는다.

그들은 자신의 분수를 소박한 마음으로 받아들인다.

만평생 그 숱한 벼슬자리 하나 못하고 그 많은 훈장하나 못 받아서 신문지상에 이름 한 번 나본 적이 없다고 해서 별로 서운하게 생각지도 않는다. 요즘 항간에 나도는 아파트 특혜 같은 것은 그들과는 아무 무관한 구름위의 사건쯤으로 여긴다. 그들 가운데에도 이 나라의 앞날을 우려한 나머지 비분강개하여 소주 한 잔 마신 기분으로 사회의 부조리를 큰 소리로 규탄하는 비범(非凡)을 가미한 속물도 더러 있다. 그러나 아주 무능한 남편으로 지탄하는 아내의 면전에서 꼼짝 못하는 위인도 바로 이 비분강개파에 속하는 속물이다.

인생의 슬픔과 기쁨, 고통과 즐거움 등이 세속에서는 가식 없이 원색적으로 노출된다. 복잡한 예의나 체면은 양반이나 교단의 권위를 유지하는데 필요할 런지 모르지만, 소박하고 단순한 사고를 좋아하는 세속에선 필요 없다. 체면이 외면되면 세속에서는 종종 파렴치행위도 눈에 띤다. 그러나 어찌할 수 없는 처지에서 저질러진 파렴치행위이므로, 세속의 동정을 받는다. 또 인생의 음지에서 시달려온 습성이 몸에 배어서 때로는 아주 비굴해지기도 한다. 파렴치하고 비굴한 행위를 저지르다가도 지렁이처럼 꿈틀거리는 양심이 있다. 성스러움을 가장하는 일부 직업적 성직자의 굳어버린 양심에 비하면 세속의 양심은 그래도 아직은 부드럽다.

『법륜』 1983년 9월호 「권두수상」

『선사상*』역자 후기

'선(禪)'하면 흔히 신비스럽고 이상한 종교적 수도행위를 예상하는 사람들이 있다. 번잡한 세속을 등지고 깊은 산속에서 적막을 벗 삼아 고요한 가운데 명상에만 전념하는 수도승만을 선승(禪僧)이라고 생각하는 사람들이다. 그래서 정상적인 궤도를 벗어나 초탈(超脫)한 비범의 세계를 추구하는 것을 선으로 알고 있다.

그러나 선은 신비도, 이상(異常)도, 더구나 초탈한 비법을 추구하는 것도 아니다. 도리어 선은 범범(凡凡)한 상식으로 적나라한 현실을 '바로 있는 그대로' 보는 방법을 가리킨다. 우리는 반드시 한번 죽는 시간을 향하여 죽어가고 있음도 하나의 주어진 적나라한 현실이다. 그런데 사람들은 자신의 죽음을 실감하지 못하고 죽음은 마치 타인의 사건으로만 생각한다. 세상에 태어날 때 이미 한번 죽게 마련인 현실을 외면한다고 하여 외면하여 지는 것도 아니다. 차라리 죽는다는 현실을 바로 보고 그대로 바라보는 것이 지혜의 길이다. 죽음이 나를 죽이는 고통의 죽음이 아니고 내가 죽음을 죽어주는 태연한 죽음이다. 그래서 옛날 선승(禪僧)들은 평상시부터 죽음과 함께 살아가며 언제 어디서 죽음이 오더라도 선뜻 그 죽음을 웃어가며 죽어갔다. 그들은 죽음의 방향에서 인생의 진상을 보려고 했다. 일정한 주처(住處)가 없는 그들이 죽은 시체를 버리는 묘지에서 시체와 함께 하룻밤을 지내는 까닭이 여기에 있다. 시체와 함께 자면서 선승들은 인생의 진실을 보고 동시에 적나라한 자신의 참모습을 보기

---

* 한국불교연구원에서 발간한 목탁신서(木鐸新書)의 제6권(1984년). 야나기다 세이잔(柳田聖山)이 지었고, 서경수 교수와 이원하(李沅河)가 공동번역 했다.

때문이다. 또 태어날 때 아무 것도 가진 것이 없는 '무소유' 그대로 살아가므로 선승의 몰골은 형언하기 어렵다. 의관(衣冠)의 정제(整齊)를 훈계하는 '신사(紳士)'의 눈에는 거슬려 비칠지는 모르지만 운수(雲水)의 마음은 오히려 남루한 누더기가 홀가분하고 유쾌하기만 하다.

그래서 세파(世波)를 요령 좋게 잘 타는 신사의 상식은 이 같은 선승들은 '미친 것'으로 단정 짓기를 주저하지 않는다. 미친 사람의 눈에는 미치지 않은 사람이 도리어 미친 사람으로 보인다고 한다. 외눈박이만 사는 세상에서는 두 눈 가진 사람이 도리어 병신이 된다던가, 여하튼 이같이 미친 사람들의 명단에 한산(寒山)도 습득(拾得)도 끼어 있다고 이 책의 저자는 말하고 있다. 선승의 피를 받고 절에서 태어난 저자는 나름대로의 안목에서 예리하게 선의 진수를 파들어가고 있다. 그의 깊은 학식은 문장의 흐름에 논리적 체계를 주어 설득력이 있다.

역자(譯者) 서경수 합장

『인도 그 사회와 문화』 서문

내가 인도의 수도 뉴델리의 공항에 내린 것은 밤 10시. 드디어 오랫동안 벼르고 별러오던 인도 땅에 발을 들여 놓게 되었다. 낯설고 물선 외국에 왔다는 느낌보다는 그리던 땅에 왔다는 느낌이 앞서는 까닭은 감개가 너무 무량했던 탓이리라. 트랩을 내려 인도 땅에 첫 발을 디디자 피부에 닿는 것은 2월에 불어오는 뜨거운 바람이었다. 듣던 대로 과연 더운 나라로구나 하는 것을 강하게 느꼈다.

세관 통과가 한국만큼 엄했다. 외국산의 수입을 엄격하게 규제하는 인도 정부의 시책이 여기 통관 절차에 그대로 나타났다. 흰색 터번에 검은색 수염을 한 시크교(敎) 세관 관리의 위엄 있는 풍채에 우선 압도되었다. 어린아이는 울음을 그칠 만큼 무서운 표정 앞에 어지간한 심장이 아니고선 금지품을 밀수할 엄두도 못낼 것이라고 생각했다. 세관 관리에게 인도를 방문하게 된 사유를 전한 다음, 인도 정부 관리가 밖에서 기다리고 있으니 연락을 바란다고 부탁했더니 한참 내 패스포드를 뒤적이다가 전화를 건다. 힌두어로 몇마디 하고는 나에게 전화를 바꾼다. 상대방이 영어로 정부에서 마중나온 관리라는 말을 듣고 나는 우선 안도의 숨을 내쉬었다. 서울에서 예정보다 출발 시일이 많이 늦어서 연락에 차질이 있어 마중나온 관리가 없지 않을까 하여 걱정했던 터였단 때문이다.

인도 정부의 관리가 밖에서 기다린다는 사실이 확인되어서인지 통관절차가 간단히 끝났다. 마중나온 인도 관리와 악수하면서 그의 이름이 '라오'임을 안

후 우리 일행 네 명은 그의 차를 타고 뉴델리 시내로 향했다. 이름 그대로 '뉴델리'여서인지 거리가 신흥 도시의 인상을 준다. 새 것이 있으면 헌 것도 있을 것이라는 것을 생각하며 거리를 달렸다. '굉장히 넓다'는 느낌이 오관으로 침투한다. 길은 넓고 길과 길 사이도 넓고 길과 건물, 건물과 건물 사이도 넓다. 하늘도 넓고 하늘과 땅 사이도 넓은데 길도 넓으니 마음도 한결 넓어진다. 앞좌석에 앉은 라오는 지나가는 거리의 이름을 일일이 말해준다. 아크바르, 샤아쟈한 같은 무갈 왕국의 왕 이름이 있는가 하면, 틸라크 같은 독립투사의 이름, 거기다가 귀에 선 영국 이름까지 튀어나온다. 좀 의아스런 느낌이 들었다.

지정된 호텔에 짐을 정돈하고 간단한 인도 입국 축하 파티를 가지려고 호텔에 맥주를 주문했더니 팔지 않는다는 회답이 왔다. 늦어서 그러느냐고 물었더니 늦어서가 아니고 원래 맥주를 팔지 않는다고 하며 도리어 나를 이상하게 생각하는 듯 했다. 무엇인가 다르구나 하는 것을 직감하면서 '꿩 대신 닭'이라고 맥주 대신 콜라 한 잔씩으로 조촐한 파티를 마치고 자리에 들었다. 한국과의 시간차이 때문인지, 또는 그리던 인도에서 첫날밤을 잔다는 흥분 때문인지 얼른 잠이 오지 않는다. 그래서 뉴델리 공항에서 여기까지 온 역정(歷程)을 생각하며 뉴델리의 지도를 펴보았다. 1947년 독립 후 건설에 박차를 가한 수도인 만큼 도로의 정돈도 바둑판처럼 잘 되어 있다. 그리고 아직 '여백(餘白)'이 충분히 남아 이는 것이 답답하지 않은 느낌을 일으킨다. 여백이란 낱말이 떠올랐을 때 인도의 지리를 공부하고 싶은 생각이 문득 떠올랐다. 과연 얼마나 큰 땅덩어리이기에 이렇게 많은 여백을 남겨 놓았을까. 인도를 소개한 책자의 첫 장에서 면적을 읽어보니 대개 남북을 합친 우리 한반도보다 15배나 되는 넓이임을 알 수 있었다. 독립 이전, 그러니까 파키스탄, 스리랑카까지 합치면 얼마나 넓은 대륙이었을까. 좁은 땅에서 자라 살아온 나로서는 그 넓이를 상상하기 힘들었다. 그래서 여백이란 낱말이 떠올랐다.

거리 이름에는 더러 귀에 익은 인물들의 이름을 따온 것이 많았다. 그런데,

분명히 영국 사람의 이름 같은 거리의 이름도 눈에 띄었다. 영국 식민지에서 그토록 오랫동안 시달리면서 피나는 독립투쟁을 하여 온 인도의 수도 뉴델리의 중심가에 독립 후 영국 저명인사의 이름에서 따온 거리가 그대로 남아 있다는 것은 얼른 이해가 안 갔다. 다음 날 인도인 교수를 만날 기회가 있으면 이 사실에 대한 질문을 제일 먼저 하리라고 마음먹었다. 그런데 외국인용 호텔에서 맥주를 팔지 않는다는 사실은 아무래도 불가사의하다. '술을 마시지 말라'는 종교적 계율과 깊은 관계가 있지 않을까 연상하였다. 그렇다면 종교가 생활을 강력하게 지배하고 있는 나라이다. 종교가 정치나 경제보다 일상생활에 가장 밀착되어 그 생활을 규제하는 사회, 그것도 눈에 띄게 강제로 규제하는 것이 아니고 오랜 전통과 관습에서 저절로 규정된 사회, 따라서 세속적 모든 이익을 버리고 히말라야의 산속에서 수도하는 수도자가 가장 존경받는 나라를 몽상하다가 잠에 들었다.

서경수 선생을 그리며

"육친을 잃었을 때도 담담했었는데, 서경수 교수와 헤어지고부터 세상을 살아가는데 아무런 의미를 못 느꼈다. 서 선생만 생각하면 눈물이 흐르고 밥이 먹히지 않았다. 넋이 빠진 사람처럼, 희망을 잃은 사람처럼 지내다가 가끔씩 진관사 계곡을 찾아가서 선생의 유해가 뿌려졌던 장소에 앉아 선생이 생전에 들려준 말을 돌이켜 음미해 보곤 했다."

근대 불교 연구의 틀을 제시한 서경수 거사

이민용

1. 들어가는 말

학자들의 활동 주기를 지적하는 농담 섞인 말이 있습니다. "책을 출판하라(또는 논문을 발표하라), 그렇지 않으면 사라진다(Publish or Perish)." 학자의 생명은 끊임없이 연구하고 그 결실을 발표하는 데 있다는 점을 지적하는 말입니다. 그리고 한 번 발표한 논문의 효력이나 그 영향 주기도 10년을 넘지 못하는 것으로 되어 있습니다. 근자에는 한 걸음 더 나아가 인문학의 위기를 말하며 "출판을 하고도 망각된다(Publish or Perish)"는 말이 유행하고 있습니다. 정신적인 영역에 종사하는 전문인의 사회적 위상을 자조적으로 표현한 말이 되고 있습니다. 모든 것이 물량화 되는 세계적인 현상을 적나라하게 드러내기도 하지만 더욱 격변하는 한국의 정신적인 영역의 변질은 이미 인문학 분야에 속하는 전문인의 위상을 흔들고 있으며 위기감을 느끼게 합니다.

이런 시점에서 20세기를 빛낸 한국 불교의 재가인을 선정하는 가운데 일개 교수에 지나지 않는 서경수 교수를 선발했다는 사실에 나는 일종의 경악을 감출 수 없었습니다. 그리고 다시 이분과 맺었던 생전의 인연을 돌이켜 볼 수밖에 없었습니다.

겉으로 드러난 객관적인 사실을 볼 때 이분이 많은 저술과 논문을 써 후학을 압도하고 그들에게 큰 영향을 끼친 것도 아니었습니다. 그리고 이분이 쓴 논문과 에세이류의 글이 당시에 그토록 광범위하고 심도 있게 학계나 불교계에 영향을 미쳤다고도 생각되지 않습니다. 또, 불자 교수로서의 여러 행적이 있지만 당시의 대학생 불교연합회를 위시한 젊은 불자들을 인도한 교수를 거명하면 오히려 황산덕 교수, 이기영 교수, 서돈각 교수이거나 박성배 교수를 전면에 내세우게 되지 서경수 교수를 불교학생 지도교수의 첫 명단에 올리게 되지도 않습니다.

이런 이차적인 위상을 지닌 서경수 교수를 지금 우리는 재가불자 3인 가운데 대표적 불교학자로 부각하려 하는 것입니다. 그것도 이분이 입적한 지 거의 4 반세기를 지난(1986년 입적) 지금, 그에 대한 재평가 내지 그를 음미한다는 것 은 심상한 일이 아닙니다. 앞서 말한 출판하라 그렇지 않으면 사라질 망각의 주기를 3번이나 지나서 말입니다.

어떻게 보면 이제 불교계에서도 지나간 우리 교계의 인사들을 보는 시각이 다변화되고 있으며, 과거에 남긴 깊은 의의를 오늘날 다른 각도에서 짚어보고 또 그 의미를 되살려낸다고 볼 수 있습니다.

한 분의 생전의 이야기 곧 한 분의 행장(行狀; Biography)은 다양한 인생의 굴곡을 거친 다채로운 에피소드이기만 한 것이 아니라 완결된 하나의 텍스트 (Text)와 같은 것입니다. 텍스트는 읽는 사람과 교감을 하며 그 내용을 현시합 니다. 읽는 사람의 관점과 경험을 따라 이 텍스트는 달리 읽히고 또 상황에 따 라 달리 해석될 수 있습니다.

이제 새삼스럽게 이분의 감추어졌던 어떤 부분이나 미처 파헤치지 못했던 부분을 드러내려는 의도는 없습니다. 따라서 이분을 미화하거나 영웅시하는 평전을 쓰려는 의도는 전혀 없습니다. 이미 이분이 돌아가셨을 때 변선환 교수 이거나 우종창 선생(당시 주간조선 기자)의 추모문을 통해 이분이 살아오신

생애와 행적은 잘 알려져 있습니다.

그리고 제자 중의 한 분인 김인수 선생은 '서경수 평전'을 위한 자료를 오랫동안 수집했고 집필 목록까지 작성하였습니다. 그리고 이용부 선생은 금년 봄부터 이 분의 학술적인 글은 물론 에세이류의 모든 문필을 집대성한 전집을 준비하는 것으로 알고 있습니다. 이제 비로소 한 분의 불교학자이며 거사인 서경수 교수의 전모가 남김없이 밝혀지리라 기대합니다.

그러나 나의 지금의 시안적인 서경수론은 오히려 이런 평전과는 달리 서경수 교수의 생애를 하나의 텍스트로 삼고 이 텍스트에 대한 나의 이해와 해석을 시도하려 합니다. 곧 "텍스트는 맥락적으로 읽힐 수밖에 없다(Text is contextual)"는 전제 아래 이분의 학문적 행적에 대한 해석을 시도합니다. 이런 해석이 앞으로 나올 서경수 평전 집필에 도움이 되었으면 하고 기대합니다.

2. 기상(奇想)의 질문과 천외(天外)의 답변

서경수 교수는 다면불(多面佛)과 같은 사람이었습니다. 학자로서의 일면이 전면에 나타난 면모라면 곧바로 불교수행자라는 일면이 그를 그림자처럼 좇고 있습니다. 스님들, 특히 고승들을 부지런히 찾아뵙고 있으나 정작 절에 가서 스님들을 뵈올 때면 스님들을 경배하거나 스님들의 가르침을 열심히 좇는 것처럼 보이지도 않았습니다. 그리고 오히려 스님들의 행태를 눈여겨보는 한편, 우리 젊은 수련학생들에게 스님들을 잘 관찰할 것을 권고했습니다. 그리고 학식이 없는 스님들의 행적을 강조하였습니다. 한문은 물론이고 한글마저 깨우치지 못한 노스님들의 일거수일투족을 관찰할 것을 강조하고, 그런 예화(例話)를 알려주었습니다. 그 자신은 고도의 지적인 작업을 추구하고 있지만, 동시에 문자를 떠난 종교적 행위의 현장을 강조하는 양면성을 보인 것입니다.

혜월 선사의 이야기이거나 옷을 갈기갈기 찢어 한 조각씩 나누어 준 수월 선사 노승의 이야기, 또는 만공 스님의 이야기는 대표적이었습니다. 소위 종교적 예화(스토리텔링)가 가져다주는 무시간성과 영원과의 소통을 위한 종교적인 체험을 주기 위해 고승들의 기행에 열심인 것 같지도 않았습니다. 이 고승들의 일화가 줄 수 있는 의미의 다변성을 강조한 것은 사실이지만 오히려 그보다는 그것이 철저한 한국적인 불교적 행위를 드러내고 있으며 또 한국적 사유를 가능하게 한다는 점을 강조했습니다. 이분의 전공이 철저한 서구 문헌학적·철학적(philological/philosophical) 접근이어서 그의 학위 논문마저 『존재와 비존재(Abhava와 Bhava)에 관한 연구』인 것을 생각할 때 우리 땅의 산사를 다니며 고승의 일화를 수집하고 이분들의 행태를 기술한 이분의 태도는 분명히 서구의 근대적 정통 불교학 연구와는 성격을 달리했습니다. 그분의 학적, 종교적 행위는 이율적인 성격을 띠고 있었으며 일견 양면성을 지니는 것입니다.

그것을 지금 이 시점에서 회고해보니 오히려 그분의 창의적 발상이라고 이야기하고 싶습니다. 이러한 발상은 결국 후에 「한국 불교 100년사」 자료 수집에서 중요한 몫을 담당하게 합니다. 곧 스님들이 입적하면 우리의 귀중한 불교 자료는 또 한 번 망실된다고 귀에 못이 박히도록 말했습니다. 지금은 역사학에서 구술사의 중요성과 그 역할이 일반화되었지만 당시에 스님들을 살아 움직이는 자료로 본 그의 혜안은 이런 구술사의 중요성을 이미 간파하였던 것입니다.

살아 움직이는 자료라는 측면에서의 전통 사찰과 수행처로서의 사찰은 우리 젊은 학생들을 사찰로 이끌었고 그것은 지적 충동과 동시에 수행이라는 양면을 충족시키는 일이었습니다. 그러나 그것은 나중에 터득하였지만 근대 불교학이 빠진 모순을 극복하는 계기가 되었다고 생각합니다.

잘 알려진 사실로 근대 불교학, 특히 서구적 불교학이 빠진 모순은 불교를 학문적 대상으로 삼을 때, 그것은 문헌적·역사적 연구로 이끌어 불교를 박물관적 대상으로 떨어뜨립니다. 곧 불교를 문헌 속의 불교로 만들어 불교 연구에서 살아 움직이는 현장을 배제하고 있습니다.

곧 현장을 배제한 불교는 경전 속의 역사나 문헌 속의 역사로 변신함으로써 근대 서구 불교학 연구는 철저한 언어 문헌학적 연구의 역사로 일관하게 됩니다. 불교를 문헌 속에서 색출함으로써 그것은 자칫 책상 위의 상상력으로만 작동하고 그런 특징이 서구 불교학의 큰 맹점으로 노출된 것입니다. 곧 불교는 서구적 취향을 따라 창안되고 따라서 불교는 서구적 틀에 따라 분류하고 (taxonomical) 다루는(manageable) 대상이 됩니다. 불교의 현주소는 동양이었기 때문에 동양에서는 현행의 종교지만 서구에서는 서구 학자들의 수집·번역·출판이라는 문헌적 과거(Textual past)로부터 출현하였고, 서양의 동양학 도서관과 연구소, 그리고 그곳에 소장된 문헌들 속에만 존재합니다. 곧 불교학 연구는 학문적 범주화, 패러다임화의 과정을 거치며 '골동품 애호적'인 지식이나 '유물관리적 지식(Curatorial Knowledge)'으로 변했습니다. 에드워드·사이드가 지적하는 '패러다임적 화석화(Paradigmatic Fossilization)'가 이루어진 것입니다. 우리는 이런 불교학을 일본을 통하거나 서구에서 직접 수입하여 학문적인 도구로 삼고 살아 움직이고 재활되는 불교를 망각하는 것입니다.

서경수 교수의 학문적 정향(Orientation)이 이런 근대적 불교학 연구, 특히 인도사상을 배경으로 한 폭넓은 문헌적·언어학적 연구였지만 그는 그것이 지닌 모순에 빠지지 않았습니다. 이런 현상은 신기하게도 평생의 학문적·수행상의 반려자이었던 고 이기영 교수와도 상통하는 '서구 극복'의 훌륭한 예가 되고 있습니다. 이기영 교수는 현대 서구 불교학계에서 '대체가 불가능한 (Irreplaceable)' 문헌학적 연구의 대가인 에띠엔느·라모뜨(Etienne Lamotte) 의 제자이면서도 이분은 '불교 연구원'을 설립하고 그 중요한 기능을 구도회에 두었던 것입니다. 곧 실천 수행과 과학적 학문의 결합이었습니다. 서경수 교수가 불교연구원의 중요한 역할을 담당한 것은 물론 생애의 마지막까지 이 연구원에 동참했습니다. 서경수 교수 나름대로의 학문과 수행의 이율적 결합은 우연의 일치만은 아닌 근대 서구 불교학 방법론의 모순을 극복하는 하나의 확고한 틀이 되고 있습니다.

등짐을 지고 산사를 찾는 서 교수의 일행들 — 젊은 구도회 학생들은 언제나 선(禪)적인 질문에 속수무책으로 지적 작업과 수행적 지혜와의 게임을 해야 했습니다. 산사를 향하다 시골 길가의 음식점을 들릅니다. 무얼 먹겠느냐고 식사를 주문할 때 또 한 번 기상천외(奇想天外)의 대화가 등장합니다.

"아. 참 자네들은 3가지만 못 먹지." 모두 호기심에 차서 수련하러 가는 불자들이니 소고기, 돼지고기 등을 지레짐작합니다. 그러나 주문은 엉뚱합니다. "아, 이 친구들, 없어 못 먹고, 주지 않아 못 먹고, 없어 못 먹을 뿐이니 이 세 가지만 아니면 다 되오" 합니다. 궁벽한 시골길의 주막집에서 무엇이든지 먹을 수밖에 없는 상황을 이렇게 풍성한 선택의 여유로 돌변시킵니다. 없는 것은 제로(0)만이 아니고 무에도 종류가 있음을 설파합니다.

한때 지리산 동계 등반할 때였습니다. 중간 휴게소는 나타나지 않고 눈은 무릎까지 빠지고, 이미 깊은 산에는 저녁 어둠이 깔리고 있습니다. 무거운 짐을 진 등반 리더가 실족하여 눈 속 깊이 빠졌습니다. 대장 격인 서 교수 입에서 날카로운 소리가 나옵니다. "xx야, 니 짐 속에 있는 술병 깨진다." 후에 이 등반 리더가 회상하며 한 말은 의외였습니다. 리더의 몸보다 술병을 중요시한 이 위기의 순간의 발설은 어떤 선어(禪語)보다 그를 자극했다고 합니다.

불교신문사 주필로 계셨기 때문에 글 쓰는 일을 항상 중요시했습니다. 그리고 다른 사람들에게 글 한 편 쓸 것을 부탁할 때 세심했습니다. 후배이거나 제자들일 경우는 "종이의 하얀 부분은 백지이고 검은 부분이 글인 것은 아니다"고 경고를 하며 "너는 해가 어느 쪽에서 뜬다고 생각하느냐?"고 묻습니다. 이미 정답을 기대하고 묻는 질문이 아닙니다. 해가 동쪽에서 뜨고 서쪽으로 진다는 명확한 사실을 새로운 사건이나 되는 양 글의 내용으로 삼는다면 그것은 이미 글이 아니라고 못 박고 있습니다. 특징 없고 개성 없는 일반론은 더 이상 언급하거나 글로 쓸 필요가 없다고 단정합니다. 공부하는 젊은 학생으로서 상식선에서 생각하고, 행동하는 일, 심각한 자기 고민 없이 참여하는 일을 거부하였습니다.

이분은 말합니다. "상식의 언어는 상식의 한계를 벗어날 수 없다. 상식이 상식대로 남아 있는 한 상식은 안주할 수 있는 장소일 뿐이다. 상식인의 안주처에는 낙후와 침체와 부패밖에 없다."

더 이상 부연을 중지하겠습니다. 잘못 말했다가는 또다시 방망이가 떨어질 것 같은 느낌입니다. 이분의 과거 일거수일투족은 이분과 밀접한 관계를 가졌던 분들, 이 자리에서 사회를 보는 분을 위시한 대학생불교연합회의 법우들 한 사람 한 사람씩 각자가 간직한 에피소드가 있을 것으로 알고 있습니다. 물론 나만의 에피소드도 있습니다.

이분의 행위 하나 마다 위트와 지혜가 번득였습니다. 아시다시피 이분은 달변은 아니었고 어떤 면에서는 어눌하였고 말솜씨는 급했습니다. 그러나 이분의 기지에 찬 말을 두고 우리는 "모어록(毛語錄)"이라고 했습니다. 한참 중국에서 모택동 어록을 암송하며 정치적 금과옥조로 삼았던 소식을 듣고 이분의 별명인 털보 선생(곧 毛선생)을 따라 그분의 기상한 질문과 천외의 답변을 모어록이라 불렀던 것입니다. 분명히 이분은 새터리스트(Satirist)여서 서술적이거나 긴 설명의 말이 없고 풍자적 단편의 발설을 즐겨 썼습니다. 발설하는 말하나, 쓰는 글 하나 어떤 것도 소홀한 것이 없었으며 그것들은 우리를 일깨우는 말들이었습니다. 일종의 선(禪)적 긴장감이라고 할까 평범한 가운데 무엇인가 곤두서 있게 하는 태도였습니다.

분명히 이분은 선적인 것을 몸에 체득하고 있었으며 그것을 나름대로 우리에게 전달했다고 생각합니다. 불교를 연구하고, 수련까지 겸행하는 교수들을 수없이 접하고 있으며 오늘날 불자교수회라는 모임까지 있습니다. 그러나 나로서는 이 분이 지닌 불교적 독특성(uniqueness)은 지적인 욕구에 차 있는 젊은 사람들을 알게 모르게 불문(佛門)으로 이끌었다고 생각합니다. 나 역시 그런 사람 가운데 한 사람이었습니다.

불교는 결코 사회적으로 뒤처진 사람들이나 시대에 뒤떨어진 노인층이 따르는 종교가 아님을 몸으로 현시했습니다. 지적 긴장감이 없이는 한시도 불교를 접할 수 없다는 것을 알았습니다. 대학생불교연합회의 지도교수로서 항상 젊은 층과 격의 없는 대화를 나누고 함께 행동했습니다. 지금은 뉴욕 주립대 교수로 계신 박성배 교수와 함께 두 축을 이루며 지도하였습니다. 박 교수의 형님 같은 따뜻하고 친절한 가르침과는 달리 이분은 차고 냉혹했으며 예측을 불허하는 가르침이었습니다.

이분이 쓴 어느 수필의 제목같이 이분의 행위와 말씀은 기상(奇想)의 발상이고 예측을 넘어선 천외(天外)의 언설이었습니다. 이분만의 선(禪)적 어록이었던 것입니다.

3. 불교의 근대적 각성

1) 근대 불교 연구의 선구적 역할

한국 불교에서 불교 근대화론이거나 근대 불교에 대한 담론을 언급할 때 우리의 머리에 먼저 떠오르는 것은 서경수 교수일 수밖에 없습니다.

지금은 여러 학자들이 공유하며 근대 불교에 관한 연구를 활성화하고 있어

적지 않은 논저를 산출하고 또 학문적 논의를 전개하고 있습니다.

정광호의 「근대 한일 불교 관계사 연구」, 박경훈의 「근세 불교 연구」, 김광식의 「한국 근대 불교사 연구」, 김경집의 「한국 근대 불교사」, 김순석의 「일제시대 조선 총독부의 불교 정책과 불교계의 대응」 등 심도 있고 중후한 저술들이 출간되었습니다. 그러나 이런 저술들의 선구적 역할을 한 것이 서경수 교수의 근대 불교 연구였다고 생각합니다. 근대 불교 연구를 위한 불교백년사편찬위원회라는 제도적 설립은 덕산 이한상 거사의 재정적 지원과 의지에 힘입고 있지만 자료 수집과 편찬 작업은 정광호, 박경훈, 안진오를 비롯한 서경수 선생의 발안과 작업이 아니었으면 오늘날 학적 전개에 상당한 어려움을 겪었을 것으로 생각됩니다.

아마 연배상으로도 이분이 나이가 많았고 또 학문적 각성에서도 주도적이었다고 보입니다. 앞서 언급한 스님들의 구술을 중요시한 것이라든가, 고찰에서 소멸되는 불교 자료를 수집한 일들은 서 교수를 위시한 백년사편찬위원회의 공적이 아닐 수 없습니다.

후에 출간된 실적으로 볼 때 서경수의 논저가 그 양에 있어서 뒤떨어지는 것은 사실이지만 문제 제기는 오히려 이분의 것이 핵심적이었다고 생각됩니다. 그는 누구보다도 백년사편찬에 대한 의의를 학문적 근거와 함께 거의 하소연에 가까운 심정적 주장까지 하였던 것입니다.

"옛날 것은 그렇게 억세게 보존하기를 애쓰는 사람들이 어찌하여 오늘에 가까운 백년 동안의 문서 자료에 대하여는 그렇게 무관심한지 이해할 수 없다. 여기에는 역시 복고사상이 깃들어 있는지 모르겠다. 백년사의 자료는 그럭저럭 미비한 대로 모아보았다. 이제 분석과 정리 작업이 남았다. 그동안 모은 기록문서 자료와 구두 자료들을 분석 정리하여 이 글을 엮어볼까 한다. 이 방면에 뜻을 둔 동학이나 후학들이 많이 나와 주기를 바란다."

한국 불교사 연구의 초점이 고대 신라, 백제이거나 중세 고려시대에 집중되어 있고 근대 불교 연구가 백안시되는 것에 대한 하나의 항변이었습니다. 그것은 앞에 보았던 산사를 다니며 만나본 고승들, 이분들의 증언이 사라져가고 있으며 문헌 자료나 고찰들이 변조되는 것에 대한 우려에서 나온 것이었습니다. 불교사에서의 구술사의 중요성을 누구보다 먼저 인식하였고, 영세한 불교 자료를 보완할 필요성을 절감했던 것입니다.

이러한 문헌·역사 자료상의 문제도 중요하였지만 그보다도 이분에게는 더 깊은 역사의식이 작동하고 있었다고 보입니다. 곧 그의 주저라 할 「한국 불교 100년사」의 본격적 논문을 작성하기 전에 『불광』지를 통해 학계에서 근대 불교를 중요한 소재로 다루지 않는 이유를 제시하는 것입니다. 그 발언은 본격적인 근대 불교 담론이 형성되기 이전의 논의여서 별로 학계의 주목을 끌지 못한 듯합니다. 앞서 인용한 확장된 심도 있는 논의를 펼친 다수의 논문들이 시대적으로 앞서 있는 이 서 교수의 관점을 거의 묵살하거나 주변화시키고 있습니다. 그리고 상당 부분 불교 근대화 담론의 틀을 그가 만들고 있으며 다른 논문들은 알게 모르게 그 영향 아래 전개되고 있습니다. 그런데도 그의 이름을 거론하는 데는 무척 인색합니다. 심지어 김경집의 「한국 근대 불교사」는 근대 불교의 기점과 전개를 한 장에 걸쳐 논의하면서 그의 이름조차 언급하지 않고 있습니다. 물론 그의 틀이 항상 옳은 것은 아니지만 적어도 불교근대화 담론의 방향과 소재를 전면에 부각한 것은 서경수 교수가 분명합니다. 곧 이분은 역사학계에서 식민지 근대성 담론이라는 뜨거운 감자와 같은 이슈를 불교학계가 함께 논의할 것을 제안하고 있습니다. 지나치게 실증사학으로 나아가고 있는 역사학계에 대해 일단 근대 불교 자료를 제시하며 일제 강점기의 현실의 암담함을 직시할 것을 요구하는 것이었습니다. 오히려 현장과 근접해 있는 100년의 불교계를 보며 그 역사를 고발할 학자적 용기의 결여를 통박하는 것이 이분의 근대 불교 연구였습니다. 그것이 후에 근대 불교 연구를 과다하게 친일/반일의 이분법적인 방향으로 이끌었지만 말입니다.

그러나 실제로 그는 식민지담론에 몰두되지 않고 오히려 종교사적으로 접근하고 있습니다. 곧 모든 종교는 복고적이고 과거에 원형을 두고 태초로 소급하려는 경향이 뚜렷함을 지적합니다. 기독교의 태초의 낙원이나 불교의 정법시대의 원형은 과거에서 완전함을 찾고 있으며 현재는 타락과 말법의 시대로 규정합니다. 따라서 고대 불교사에서 완전한 원형을 찾고 영겁 회귀적 이상 상을 추구하는 점을 비판하고 있습니다. 지금도 사정은 마찬가지이지만 당시에 이미 한국 종교학계의 중요한 쟁점인 밀세아·엘리아데(Mircea Eliade)의 영겁 회귀 신화에 대한 역사의식의 부재라는 문제를 불교사적으로 비판하고 있습니다. 식민지 청산을 위해 근대 불교를 연구 하는 것이 아니라 종교사의 원형의식의 탈피라는 점에서 근대를 연구하고 종교인의 현장 참여의식을 고취하기 위해 근대는 중요하다고 갈파한 것입니다.

그리고 또 그는 역사 해석에 대한 실증사학의 객관성의 한계를 지적합니다.

"현대를 외면한 역사학이란 엄격한 의미에서 오래갈 수 없다(지탱할 수 없다)는 법이다. 고대사에 열중하여 고대의 사실만 다루고 있는 학자라 하여도 그가 처해 있는 시대는 오늘이다. 즉 현대이다. 오늘을 살고 있는 모든 역사가의 실존 시간은 현대라는 말이다. 신라사를 연구하고 신라 불교에 열중한다고 하여 아무도 그 역사가를 신라인으로 보지는 않는다. 객관적 사실을 아주 객관적으로 다룬다고 하는 과학적 학문 입장에 서 있다고 하더라도 사실의 선택과 해석에서 오늘을 사는 그 역사가의 주관이 전연 거세(去勢)된다고 할 수는 없다……사관을 달리하는 까닭도 여기에 있다. 시간이 단절된 진공관 속에 서식한다고 하더라도 그 진공관이 놓여 있는 때와 곳은 바로 오늘이고 바로 여기이다. 그런 의미에서 모든 역사는 현대사에서 시작한다는 말도 수긍이 간다."

일종의 불교사론이며 역사관을 피력하는 발언인 것입니다. 그의 이런 관점은 거대담론이 빛을 잃고 식민사론의 극복을 주장하는 오늘날 역사 해석의 문제이기도 합니다. 과거 사실을 어떻게 재현(Representation)하느냐 하는 문제와도 맞물려 있습니다. 그는 모든 역사는 현대사일 수밖에 없다는 포스트 모더니즘적 역사관을 지니고 있었음은 물론 종교사관의 의미론을 끊임없이 천착한 것입니다. 그리고 그의 물음은 아직도 유효한 것입니다. 유효할 뿐 아니라 지금의 우리를 향한 현재형의 질문인 것이니 그의 관점은 거의 예언적인 호소였습니다.

분명히 근대 불교의 이슈는 서경수에게서 시작되고 있으며 실제로 이분이 설정한 근대 불교 시대 구분이며 불교사 사건은 아직도 훌륭한 개념 어휘로 사용되고 있습니다. 특히 근대 불교의 시기를 어떤 시대, 어떤 사건에 기점을 둘 것인가라는 시대 구분의 문제 제기는 1970년대의 불광지(26·29호)에서 초략하게 발제되고 있습니다. 2장의 문제가 시대 구분으로 가급적 불교사 자체의 계기에서 발전되는 불교 자체의 내재적 시대 구분을 바람직한 것으로 여기고 있습니다. 그러나 현실적으로 근대 한국 역사의 소용돌이 속에서 불교가 수동적으로 변화된 모습을 보이기 때문에 역사학계의 시대 구분과 조응시킬 수밖에 없는 점을 지적합니다. 곧 절충적인 점을 보입니다.

"교단의 자발적 운동이 사회로 번져 역사적 사건을 일으킨 사실은 거의 없고 도리어 교단은 언제나 외부의 정치·사회적 변동에 민감하게 반응하는 수동적 자세에 있었다. 따라서 불교 백년사의 시대 구분도 교단 내부의 사건보다는 외부의 획기적 사건에 구분의 기준을 둘 수밖에 없다."

그리하여 그는 잠정적으로 시대 구분의 시안을 마련하고 근대 불교 100년간의 중요한 계기를 가져다준 사건들을 법제, 인물, 사건으로 묶어놓았읍니다. 그것들은 근대 불교를 서술하는 중요한 틀과 개념어의 역할을 담당하게 되었고 이후의 나타난 근대 불교 저술들에서 관용어(Cliche)로 즐겨 사용하게 되었습니다. 나의 단견인지는 몰라도 이 시안을 앞서는 어떤 제안을 알지 못하고 결국 이 틀 안에서 논의합니다. 물론 이 시안이 정당성을 지닌 것은 아니고 하나의 논의의 발단이 될 뿐입니다.

곧 서경수에게 있어 본격적인 「한국 불교 100년사」는 『불광』의 불교 근대사 연구의 의의를 밝힌 서두를 실은 이 초안적인 스케치를 효시로 이후 성곡논총(1973. 8)에 실린 「한국 불교 100년사」, 『불교학보』(1982년)에 나타난 「일제의 불교 정책 - 사찰령을 중심으로」와 다시 『불교학보』(1985.10)에 한용운을 다루면서 일제 강점기 불교 정책을 재조명한 「한용운의 정교분리론에 대하여」와 말년에 종합적으로 근대 불교를 다룬 「수난의 승가」(불교 철학의 한국적 전개에 수록)가 있습니다.

곧 5편의 논문을 통해 한결같이 근대 불교의 모습을 조명했습니다. 이 논문에서 나타난 개념 어휘들, 사찰현행세칙, 사찰령 7조와 시행규칙, 조선 사찰 관리 사찰령 반포를 전후한 조선 불교의 실세, 사찰령에 대한 반응, 일본 종파의 조선 사찰 관리 등의 사찰령이 미친 영향을 다각도로 다루고 이회광의 망동, 원종 종무원, 임제종의 성립 등 불교 진흥 운동을 문제시합니다. 이후 유신회 운동, 교무원 시대, 조선 불교 선교 양종의 승려대회, 백용성의 건백문과 선학원 등 일제 강점기의 불교에 관한 제반 이슈를 끄집어냅니다. 특히나 이동인과 경허 등 개화기 시기의 한국 불교 승려들이 미친 영향을 인물 중심으로 논의합니다. 지금은 이런 키워드들이 학계의 상식으로 되어 있지만 그것을 학술적 키워드로 등장시키는 작업에 착수한 것은 바로 서경수 교수였습니다. 물론 한 개인에게만 돌릴 수 없는 역사적 자료에 내포된 어휘들이고 동시에 함께 활동한 정광호, 박경훈, 안진오 등 백년사편찬위원들의 공동된 논의를 거쳐 선정되고 정착된 어휘들이었겠지만 앞서 지적했듯이 근대 불교 연구의 중요성을 갈파한 이분의 역할을 우리는 강조하지 않을 수 없습니다. 근대 불교 연구는 많은 진척을 보고 있으며 다변화되어 있어 서경수 교수의 해석들이 오늘날까지도 정당하다는 것은 아닙니다. 그러나 문제 제기, 방향 설정에서 우리는 그 틀 속에 있다고 해도 과언이 아닙니다.

2) 호국 불교의 종교적 문제에 대한 지적

한국 불교의 특질을 호국 불교로 규정짓는 일에 우리는 익숙해 있습니다. 그리고 고대의 왕조사와 불교사가 상당 부분 일치하는 일에 대해 불교사가들은 일종의 긍지를 느끼고 있습니다. 현대에 이르러서는 불교의 현실 참여라는 이름 아래 정치와 밀착되거나 정치에 종속적인 불교 교단의 행태를 봅니다. 따라서 호국 불교는 한국 불교 성격의 중요한 모습으로 비칩니다. 그러나 호국 불교가 지닌 근본적 종교상의 문제점을 지적한 것도 역시 서경수 교수라고 말하지 않을 수 없습니다.

호국을 표방하며 전쟁에 참여하거나 국가의 이익에 부응하는 현세적인 이익을 추구할 때 불교는 그것이 본래 있어야 할 자리에서 일탈합니다. 곧 반교리적이고 불교의 가르침과는 상반됩니다. 곧 호국과 호법은 동일선상에 위치하지 않고 서로 배제하는 기능을 갖게 됩니다. 종교사에서 흔히 나타나는 현상입니다. 즉 정교분리가 아직 발달되지 못한 원시적 형태일 수도 있습니다. 그러나 오늘날 정교분리가 분명한 이 시점에서 아직도 호법과 호국을 혼동하거나 자의적으로 두 개념을 혼성시킨다면 논리적 모순임을 지적하고 나아가 한국 불교계의 세속성을 통박합니다.

"한국 불교사상이 발전한 단계에 이르러서도 아직 호법·호국이 한계를 의식 못한다거나… 비평이 법도(法刀)를 내리지 못했다면 역설적으로 전래 초기의 반교리가 결국 한국 불교사에 관한 한 반교리가 아니었다고 변증할 수밖에 없다. 그러면 호법과 호국의 동일률(同一律)은 한국 불교의 역설적 특이성이 되고 만다"고 갈파합니다. 호국·호법이 한국 불교계에 가져올 수 있는 초세속적 종교의 자기모순에 대한 신랄한 비평입니다. 이 논지는 결국 조선조의 한국 불교 역사를 '순교 없는 박해사'로 규정하고 있습니다.

조선조 억불 숭유의 긴 억압받는 시기를 통해 한국 불교는 과연 세속적인 세력에 대항하여 어떤 종교적 가치를 표방했는지를 묻고 있습니다. 서양의 기독교국이거나 동양의 불교국에서 세속적 박해와 왕권적인 억압이 있을 때는 흔히 종교지도자들 가운데 순교자들이 속출하였습니다. 아니면 적어도 왕권에 대해 사문불경(沙門不敬)의 결연한 자세를 표명했습니다. 그러나 조선조 억불의 부당성과 박해받은 역사가 되풀이되었지만 순교의 역사, 곧 저항의 역사가 부재했음을 지적합니다.

이런 해석의 패턴이 한국 불교사 규정에 적합한 것이냐 아니냐 하는 학문적 논란과 이의가 제기될 수 있습니다. 바로 이런 도전적 발언과 제안은 그 반대되는 의견을 제시하며 우리 자신의 종교적 자세와 학문적 위치를 검토하게 하며 계속 성찰하게 만듭니다. 이분의 많지 않은 논문들은 그 한 편 한 편이 이렇게 학자의 실존적 현안의 문제점들을 내포하고 있습니다. 이분의 드물게 쓴 고대 한국 불교를 다룬 논문에서도 역사적 사료 분석이 중요한 위치를 차지하지 않습니다. 「삼국시대 초기의 불교 교단 형성에 관한 연구」라는 초기 불교 수용 형태를 다룬 논문이 있습니다. 그는 먼저 초기 불교 전래가 곧 교단 형성이라는 등식이 성립하지 않음을 지적하고 있습니다. 그러나 당시 학계의 경향은 불교 전래 = 교단 형성으로 간주하고 인도 불교, 중국 불교의 어떤 교단과의 연관성이 있느냐에 집중되어 있습니다. 지역적 성격이나 문화적 성격의 습합을 고려하며 수용 과정에서 변형된 점을 무시한 것을 지적합니다. 곧 불교의 한국에서의 토착화 문제를 내세우며 한국적 변형을 상정합니다. 기성의 인도적 종파, 중국의 일정한 종파와 교단의 이차적 전개로서의 불교수용을 다룬 학계에 대한 의문을 제기한 것입니다. 곧 한국적 변용의 상정은 우리 문화의 특질을 드러낼 수 있는 것이기 때문입니다. 인도, 중국과도 다른 이차적인 변형이 있다면 그것이야말로 한국적 불교의 수용과 변용일 수밖에 없다는 전제일 것입니다. 지금도 유효한 발언인 라이샤워(E. Reischauer)의 "불교가 중국을 변모시킨 것보다 중국이 불교를 더 변모시켰다"는 전제를 한국적인 여건에서 검토하는 문제이기도 했습니다. 지나친 중국 중심의 불교 해석의 돌파할 수 있는 하나의 가능성을 마련하려는 시도였겠습니다.

3) 여행기를 통한 역사의식과 현장의식

서경수 교수의 글은 에세이류이고 본격적인 논문이 적다는 평을 합니다. 어느 일면 이분의 글의 성격을 잘 지적한 말입니다. 이분의 글들에서 우선 전문 용어이거나 해석·번역이 안 된 학술적 용어를 찾기가 힘듭니다. 모든 글은 쉬운 평이한 말로 전개됩니다. 산스크리트, 한문 등을 다루면서도 모두 풀어 쓰고 있습니다. 또 가급적 주해(註解)를 달지 않았습니다. 현학적으로 보이거나 다른 사람의 중요한 논문을 인용하는 것을 자제합니다. 그 결과 이분이 쓴 글들은 논문과 에세이의 경계선에 서 있어 논문의 영역을 허물고 있습니다. 따라서 보는 관점에 따라서 그의 글은 가벼운 수필류의 글이라고 비판합니다. 나의 입장에서 볼 때 이 글들에서 나는 오히려 긴 한 편의 논문의 무게를 느낍니다. 실제로 이분의 논문들은 그것에 선행하는 에세이들이 있습니다. 「한국 불교 100년사」를 논문으로 작성하기 전에 간략한 형태로 여러 편의 글을 썼고 그 이후 본격적인 근대 불교론을 쓰고 있습니다.

그리고 또 고승들의 전기는 이분이 힘들여 쓴 새로운 장르의 글이라고 생각합니다.
수월, 혜월, 만공, 경허 스님의 천의무봉적인 행적을 쓰고 있었습니다. 현대

고승전을 집필하는 듯이 보입니다. 실제로 근자에 수없이 나온 현대 고승전들의 효시가 되기도 합니다. 어떻건 이 전기들은 보시(布施)이거나 분배, 불교와 정치 등의 수필과 논문 속에 다시 나타납니다. 고승들의 전기 자체가 소재가 아니고 이분들의 행적의 종교적 사회적 문화적 맥락에서의 의의를 제시합니다. 어떤 사건, 인물이건 완전히 '자기 것화'하고 그것을 이 글 저 글 속을 누비며 새로운 맥락(Context)으로 다시 살아나게 하는 것입니다. 외형상 똑같은 사례가 여기저기서 중복되는 경우가 많지만 그 글의 맥락은 전혀 다른 것입니다.

서경수 교수가 쓴 글 가운데 주목할 또 하나의 특징은 여행기입니다. 주지의 사실로 이분은 국내의 사찰을 탐방한 일은 물론 해외여행을 많이 했습니다. 특히 인도 여행기는 이분의 트레이드마크와 같이 되었습니다. 오늘날 인도 여행은 하나의 유행이 되었으며 정신적 수련을 시도하는 사람들은 즐겨 인도 지역을 여행합니다. 서경수 선생은 1972년에 첫 인도 여행을 한 이후 부처님의 족적을 남긴 곳을 샅샅이 찾았고 그 인상기를 남겼습니다.

그러나 이 글들은 과거를 소급하여 탐색하거나 종교적 감흥에 젖는 글들은 아닙니다. 아마 그런 글들의 특징은 유시화류의 글이나, 법정 스님의 글에서 찾으면 될 것 같습니다. 거지도 도인으로 둔갑하고 눈감고 어느 지역을 방문해도 그 지점은 곧 성지로 화하는 그런 인상기는 아닙니다. 현실을 투시하고 현재와 과거의 간격, 종교적인 세계와 현실의 세계를 함께 대비해 서술합니다. 곧 현장의식을 떠나지 않았던 이분은 항상 역사 속에 자신을 두었습니다. 이분을 모시고 처음 인도 정부 초청(Indian Council for Cultural Relations)으로 여행을 하며 나는 인도는 종교의 나라이거나 도인의 나라, 불교의 나라이기에 앞서 식민지의 경험에 시달리고 있는 동양적 근대를 지향하는 나라로 볼 수 있었습니다. 그것은 온전히 서경수 교수의 가르침이었습니다. 그는 인도라는 정체성을 정치적 지역주의적 시각에서 파악하는 것을 부정합니다. 벵골 지방, 편자

브 지방은 존재해도 인도라는 지역은 그 어느 곳에도 실존하는 것이 아니라고 말합니다. 곧 인도는 서구 제국주의의 창안이고 그 산물이라는 것입니다. 이분은 인도를 사랑했지만 나의 이해에 의하면 부처님의 나라이기 때문은 아니었습니다. 영원과 통하는 초시간성과 역사적 질곡을 겪은 철저한 현실성의 공존, 그리고 문화적 다양성의 공인들이 이분을 매료시킨 것입니다. 갈브레이스가 "당신은 짧은 시간 동안에 인도를 파악할 수 없다. 그렇다고 긴 시간을 인도에 머문다고 하여 인도가 파악되는 것도 아니다"라고 했듯이 끝없이 펼쳐지는 세속의 다양성과 끝내 세속적으로 파악될 수없는 영원 지향의 인도를 사랑한 것입니다. 이분이 네루대학에 한국어과를 개설하고 그곳의 교수로 장시간 상주한 것은 이런 인도상을 지닌 그분의 희구의 결실이었습니다.

어떻게 보면 그의 이런 역사의식과 현장의식은 학자적 관심에서 나온 결실만은 아닙니다. 그 자신이 식민지적 지성의 희생물이라는 의식이 깊이 뿌리박고 있는지 모르겠습니다. 젊은 후배들에게 한 번도 자신의 일제치하의 경험을 이야기한 적이 없었습니다. 일제의 고문 때문에 그에게 치명적인 신체적 결함까지 있다는 사실을 오히려 이분과 같은 연배의 동료 교수를 통해 간접적으로 들었을 뿐입니다. 그의 논설문이건 에세이 글이건 또는 기행문이건 이렇듯 자신의 몸을 통해 쓴 글들이며 현장과 역사의식의 산물들이었습니다.

4. 나가는 말

한 개인의 생애를 텍스트로 삼는다는 일은 결국 그 생애를 어떻게 읽느냐에 달려 있습니다. 그리고 그것은 맥락적일 수밖에 없습니다. 또 서경수 교수 자신이 언급했듯이 과거는 현재의 시각의 반영일 수밖에 없습니다.

현재의 불교의 현장을 중요시했고 미래를 걱정하고 전망했기 때문에 이분은 근대 불교 100년에 그토록 천착했던 듯합니다. 이분이 써놓은 글들의 제목들은 지금의 우리 불교의 현장을 그대로 짚어주고 있습니다. 어느 것 하나 25년 전에 쓰인 것이라 믿어지지 않습니다. 현장을 날카롭게 짚은 그의 혜안이기도 하지만 아직도 우리 불교의 현실과 현장이 이분이 지적한 상황을 크게 벗어나지 못하고 있다는 사실을 반영합니다. 그는 아직도 우리 젊은 불자들, 아니 이미 늙어버린 우리에게 아직도 선배 거사로서 웅변하고 있는 듯합니다.

지금 서경수를 어떻게 조명하고 이해하느냐 하는 것은 결국 나 자신의 반영이고 나에게 투사된 서경수 교수의 재현(representation)일 뿐입니다.

그러나 돌아가신 지 4반세기를 지난 지금 20세기의 뛰어난 한 분의 거사로서 교수 서경수를 천거한 일은 이분이 남긴 깊이와 폭이 그만한 검증을 거쳤다는 이야기입니다. 앞에서 언급했듯이 객관화된 서경수 평전은 불가능할지 모릅니다. 그러나 우리 각자에게서 재현되는 우리 하나마다의 서경수 거사의 이미지가 있을 것입니다.

그분이 말했듯이 객관적인 과거가 존재하는 것이 아니듯, 과거는 현재 속에서 재현됩니다. 역사(평전)의 해석은 그것을 어떻게 우리에게서 재현하는가 하는 문제일 것입니다. 이 모임을 통해 수많은 서경수 교수가 우리에게서 다시 나타나기를 기대해봅니다.

2009년 9월 8일 대한불교진흥원 주최 〈거사 불교 조명 세미나〉 기고문

혜안 서경수 선생의 삶과 사상

세 흐름의 상호 교섭[*]

황용식[**]

　서경수 선생의 삶과 사상은 실존적, 종교/불교 · 철학적, 정치 · 경제 · 사회적인 세 흐름의 상호적 교섭으로서 이해될 수 있다. 그의 삶에서 '길'에 대한 그의 탐구와 행로는 실존적, 그가 평생 동안 중생구제를 위해 연구하고 노력한 것은 종교적, 그리고 그의 일제에 대한 항거나 정부에 대한 비판은 사회적이었다.

　삶과 세계를 비추고 반영하는 사상이란 전일하고 총체적이어서 그 안에서 모든 것은 자연스럽게 갈등과 조화를 수반하며 상호적으로 교섭한다. 그의 삶과 사상의 이러한 복합적인 역동성은, 그의 특유의 실존적 열정, 그의 무주처(無住處) 보살적인 원행(願行), 그리고 이 세계의 한 구성원으로서의 그의 위치와 관심이 빚어낸, 상당히 '인간적인' 것이었다.

　그는 자타를 구제하려는 통찰력 있는 자비로운 관점을 일관되게 유지했으며, 이는 앞으로도 그의 삶과 사상을 접하는 사람들에게 영감을 줄 것이다. 지금 여기에서 그의 사상에 부족한 점들이 보인다면 그것은 우리 자신에게 앞으로의 과제가 될 것이다.

※ 이 논문은 인도철학회에서 발행하는『인도철학』제42집(2014, 61~103쪽)에 게재된 것이다.
* 이 논문은 이전에 발표한「서경수 교수의 업적과 현대 인도철학에의 한 전망」을 변화, 발전시켜 주로 그의 사상의 세 흐름의 상호적 교섭을 중심적으로 탐구한 것이다. 발표문에 포함되었던 현대 인도철학에 관한 부분은 분량이 넘치기에 여기에서는 다루지 않았다.
** 철학 · 명상 연구자. yoshwang@chol.com.

들어감

이 글에서는 한국 인도철학 50주년 회고와 전망이라는 큰 주제 아래에서 한 원로학자인 혜안(慧眼)[1] 서경수 선생의 삶과 사상에 대한 이해를 시도해보고자 한다. 1986년 그가 갑작스레 타계한 후 그에 대한 그의 삶과 사상에 관해서 여러 추모의 글들과 함께 몇몇 저작집 및 연구가 축적되어 왔다. 필자는 기존의 그러한 글과 자료들을 모으고 몇몇 관계된 분들을 만나거나 얘기를 들으면서 그의 삶과 사상에 대한 접근방법과 이해를 발전시켜갈 수 있었다. 이 논문은 그러한 탐구에 대한 한 보고서라고 할 수 있겠다.

혜안의 사상, 즉 '서경수 사상'에 대한 탐구는 일종의 순차적 발견의 과정이었다. 처음에는 자연스럽게 주로 그의 종교, 즉 불교에 관련한 내용이 눈에 띄었지만, 논문 작업이 본격화되면서 그것의 아래를 흐르는 저류(底流)로서 실존(철학)적 흐름이 파악되었다. 그리하여 내용을 수정하며 마무리하려 할 때 이번에는 정치·경제·사회적 흐름이 눈에 들어왔다. 간명한 것 같으면서도 사실은 다소 복잡, 다기(多岐)하고, 그 전모의 파악이 쉽지 않은 혜안의 사상은 적어도 실존적, 종교적 및 사회적인 이 세 흐름으로 이루어진 복합적인 성격의 것으로 볼 때 보다 잘 이해될 수 있다. 이러한 세 흐름이 자연스럽게 서로 갈등하거나 어울리면서 그의 삶과 사상을 이루어왔다고 볼 수 있는 것이다.

그렇게 구체화된 이 논문의 본론은 네 부분으로 나뉘어진다. 제1장에서는 혜안의 삶과 사상에 대한 기존의 이해 및 접근방법을, 그리고 제2장에서는 그의 삶과 활동을 살펴보았다. 제3장에서는 '서경수 사상'의 세 흐름을, 그리고 제4장에서는 서경수 사상의 세 흐름의 상호 교섭을 다루었다.

I. 혜안 서경수의 삶과 사상에 대한 기존의 이해 및 접근방법

먼저 혜안의 삶과 사상에 대한 연구를 본격적으로 진행하기 위해서는, 앞에

---

1) 혜안(慧眼)은 날카로운 눈을 가졌던 서경수 선생에게 전 조계종 종정 성철 스님이 내린 법명이다.

서 언급한 것처럼, 우선 그의 삶과 사상에 대한 지금까지의 이해를 살펴보고, 그것에 따라 적절한 연구계획과 방법을 구상해야 할 것이다. 혜안의 학문적 업적에 관한, 비록 다소 짧기는 해도, 어쩌면 가장 이른 시기의 명시적 언급은 혜안의 유고인『불교철학의 한국적 전개』(1990)에 붙인 정병조의「편집후기」에서 보이고 있다. 그는 혜안의 업적을, "첫째 인도불교의 중요성 제고, 둘째 용수의 卽·中 논리 확립, 셋째 근대불교연구의 개척 등"으로 꼽고 있다.

그러나 혜안의 삶과 사상에 대한 보다 본격적인 언급과 연구는 이민용으로부터 나오고 있다. 그는 서경수 선생과는 특히 종교학의 배경을 공유하고 있고, 동국대, 한국불교연구원, 1972년의 첫 번째 인도여행과 사찰 탐방 및 대불련 등의 활동에 동참하고 그의 학문적 영향을 많이 받았다는 점에서 그러한 이해와 연구에 있어서 상대적으로 보다 유리한 입장에 있는 것으로 보인다. 그리하여 그는「근대 불교 연구의 틀을 제시한 서경수 거사」(2009),「발간사」(『불교를 젊게 하는 길 : 서경수 저작집 I』, 2010), 그리고「[이기영·서경수] 역사와 현실에 참여하는 불교를 고민하다」(2012)의 세 편의 글을 내어놓고 있다.

먼저「근대 불교 연구의 틀을 제시한 서경수 거사」[2]는 대원 장경호, 백봉 김기추와 함께 "한국 불교를 빛낸 재가불자 3인을 조명"하는 맥락에서 발표된 것인데, 여기서 저자는 그 내용을 크게 '기상(奇想)의 질문과 천외(天外)의 답변'과 '불교의 근대적 각성'의 둘로 나누고, 후자를 다시 1) 근대 불교 연구의 선구적 역할, 2) 호국 불교의 종교적 문제에 대한 지적, 3) 여행기를 통한 역사의식과 현장의식의 셋으로 나누어 살펴보고 있다. 그리고 특히 "문헌적·역사적 연구" 중심의 서구적 불교학의 장점을 취하면서도 "종교적 행위의 현장을 강조"하며, 이기영 교수와 함께 "실천 수행과 과학적 학문의 결합"[3]을 통해 서구적 불교학의 모순을 극복하는 측면을 강조하고 있다. 이러한 관점이「서구 불

---

2) 이민용(2009).
3) 이민용(2009), p. 31.

교학의 창안과 오리엔탈리즘」[4)]과 같은 자신의 그동안의 일련의 연구에 바탕을 두고 있는 것은 물론이다.

『불교를 젊게 하는 길 : 서경수 저작집 I』[5)]의 「발간사」[6)]에서 그는 "혜안 서경수 박사의 사상과 업적"을 (1) 기상(奇想)의 질문과 천외(天外)의 답변, (2) 구술사의 중요성과 서구 불교학의 극복, (3) 한국불교근대화의 담론, (4) 에세이적 논문과 논문적 에세이의 넷으로 나누어 거의 감동적인 필치로 서술하고 있다. 그는 "혜안 서경수 교수의 행적을 좇다 보면" "불교적 수행과 현실참여, 또 불교를 공부하는 행위는 거의 삼위일체적으로 서로 긴밀히 연관된 총체적 행위라는 것을 알게"[7)] 되고, 따라서 "불교적 행위가 뒷받침된 학문의 내용이 불교학이고 불교를 공부한다는 것은 삶의 하나의 양식(A way of life)일 수밖에 없다는 것을 깨닫게"[8)] 되며, "혜안 선생을 통해 이런 불교학의 삶의 모습이 그대로 현시"[9)]됨을 증언한다.

「[이기영·서경수] 역사와 현실에 참여하는 불교를 고민하다」[10)]라는 제목의 가장 최근의 글에서 그는 그 주된 내용을 '과거의 부정, 과거의 긍정', '현장의식의 재현', '전통의 거부와 정통으로의 복귀'의 셋으로 나누어 살펴보고 있다. 달리 말하자면, 그는 두 학자의 공유성을 "불교의 근대성론", "현장성", 그리고 전통과 정통에 관련된 승가의 재해석의 주장으로 보고 있는데, 이는 다시 불교의 현대화, 불교의 현실참여, 그리고 서경수 교수가 항변하듯이, 승가가 "정통

---

4) 이민용(2007).
5) 이용부의 전언에 의하면, 이 서경수 저작집은 한국불교연구원 구도회 안의 김재희 등의 '서경수교수 사랑 모임'("잿밥 모임")과 이민용, 이용부, 신대현을 포함한 '서경수 저작집 간행위원회'의 주도로 추진되었으며, 현재 마지막으로 제III권의 작업이 진행되고 있다고 한다.
6) 서경수(2010a). I, II권의 발간사는 동일하다.
7) 서경수(2010a) p. 9.
8) 서경수(2010a) p. 9.
9) 서경수(2010a) p. 9.
10) 이민용(2012).

의 승가인 세계 인류와 뭇 생명의 이익을 도모하는 자세로 바뀔 것"[11]에 대한 주장이기도 하다. 이민용의 이 세 작업을 통해서 혜안의 삶과 업적의 대체적인 윤곽은 이미 드러나지 않았나 생각된다.

그러나 이미 앞에서 시사된 것처럼 혜안의 삶과 활동에 관해서는 대부분의 사람들이, 단순한 학문적 접근을 넘어서, 그의 학문을 사람됨 및 삶과 관련하여 회고하고 있다. 이러한 시각을 가장 적절하게 가질 수 있는 학자는 아마도 그와 많은 활동을 함께 한 불연(不然) 이기영 선생일 것이다. 먼저 한국불교연구원에서 출간한 「서경수 교수를 기리며 : 서경수 교수 수상집」[12]에서 그는 혜안을 "스승도 없고 친구도 없는 적막 속에서 적막과 공(空)의 묘미(妙味)를 몸소 체험하며 살아"왔으며, "강인하면서도 자상하고, 이지적이면서도 퍽이나 다정다감했"으며, "수준높은 현대적 교양"을 갖추고 있어서, 그의 글들은 "주제의 다양성, 사고의 깊이와 날카로움, 특유의 윗트 등이 그의 인품을 잘 말해주"고 있다고 평하고 있다. 유고들을 모아 낸 『불교적 인생』이라는 소책자의 서문에서 그는 혜안의 또 다른 면모를 드러내고 있다.

시간성에 바탕을 둔 글들에는 언제나 시간적인 한계가 있게 마련이지만 여기에 실린 서교수의 글들에는 그런 제약이 없다. 무엇을 보고 무엇을 말하든지 항상 그는 영원한 現在에 서서보고 말했기 때문에 언제 어디서 들어도 살아 있는 유익할 글들로 남게 되었다. … 그는 인도의 성지들을 샅샅이 찾아 나섰다. … 그는 간디의 숭배자였고, 아힘사의 실천자이었다. … 서교수의 일생을 '길에서 길로' 다니다 가버린 영원한 순례자(巡禮者)였음을 지적한 일이 있다.[13]

불교계에서 어쩌면 가장 가까웠던 이들 세 학자의 이해에 더하여, 이제 혜안에 대한 두 추모문은 우리에게 그의 또 다른 면모를 드러낸다. 우종창 기자는 「

---

11) 이민용(2012) p. 270.
12) 서경수(1988a) pp. 3-5.
13) 서경수(1990a) pp. 3-5.

고 서경수교수의 학문과 인간」의 내용을 '고문 후유증 한쪽 폐 도려내', '6·25 이후 불교로 개종', '재야인사 낀 '삼각관계' 유명'으로 나누어 사실적으로 서술하고 있다. 변선환은 그를 "평생 큰 죽음의 연습, 절대부정의 연습을 하면서 생사를 초월한 무애인으로 사셨던 나의 벗, 위대한 영혼의 소유자(mahatma) 서경수형!"이라고 부르며, 다음의 네 가지를 언급하고 있다.

첫째로 형은 … 나에게 언어와 사유 저 너머에 있는 침묵의 세계를 보라고 말없이 몇 번이나 참대 막대기로 나를 때렸습니다. 둘째로 형은 … 서구의 형식논리에 사로잡혀 있는 나에게 "S는 P가 아닐 뿐만 아니라 본래 무일물(本來 無一物)이다"라고 … 가르쳐 주셨습니다. 셋째로 형은 … 원효의 화쟁사상을 통하여서 한국의 얼, 한국불교의 얼을 화(和)에서 읽는 길, 한없이 열려진 대화에의 길을 가르쳐 주셨습니다. 원효의 해석학적 원리였던 '종요(宗要)'를 가지고 '입장이 없는 입장'에 서셨던 무애인, … 넷째로 형은 언제나 민족을 사랑하는 순정을 가지고 나의 잠든 양심을 깨우치곤 하였습니다. 간디를 사랑한 형은 … 이 나라 민족을 사랑하였고 부처님의 진리를 사랑하며 중생을 사랑하면서 '사랑하면서의 투쟁(ein liebende Kampt)'을 계속하셨던 위대한 영혼 …[14]

이제 마지막으로 혜안으로부터 상당한 영향을 받았다는 박성배의 글을 보도록 하자. 그는 「서경수 선생님…」[15]에서 다음과 같은 언급을 하고 있다.

선생님의 비판정신이 기억납니다. 서울대 종교학과의 학풍은 너무 서구 중심적이고 기독교 일색이라는 것, 물론 기회 있을 때마다 동국대 불교대학의 학풍도 거침없이 비판하셨습니다.[16] … 앞으로는 기독교인이나 불교인이나 모두 달 가리키는 손가락 보는 데에 그치지 말고 직접 달을 보도록 애써야겠습니다. 그러면 두 개의 다른 종교를 믿으면서도 둘은 웃으면서 함께 살 수 있을 것입니다. " … 저는 앞

---

14) 변선환(1988) pp. 254-55; 서경수(1988a).
15) 박성배(2010) pp. 487-94.
16) 박성배(2010) p. 489.

으로도 계속 서 선생님의 비판정신을 마음속에 깊이 간직하고 이 세상을 살아가겠습니다."[17]

우리는 지금까지 여러 사람들에게 혜안의 삶과 학문이 어떻게 보이고 있는가를 보았다. 여기에는 무언가 공통된 면이 있으면서도 상당히 다채로운 이해가 나오고 있다. 그렇다면 이러한 이해의 다양성은 어떻게 이해할 수 있을까? 그것은 아마 혜안의 사람과 삶과 활동의 다면성을 드러내는 것이겠지만, 또한 그를 보는 각자의 지평과 입장의 다양함이 반영된 것이기도 할 것이다. 그렇다면 이제 그의 삶과 글의 내용을 어떻게 이해할 것인가? 필자는 무엇보다도 두 가지 점을 고려했다. 첫째는 혜안의 경우도 그의 저작이 비록 상대적으로 소규모이기는 하지만 장차 다양한 활용이 용이하게 되는 하나의 문고로서 준비될 필요가 있다는 것이다. 둘째는 영원과 함께 시간, 따라서 역사에 예민한 의식을 갖고 있던 그의 작업은 변천하는 역사사회적 상황과 긴밀하게 연관되어 전개되어 갔을 수 있다는 점이다. 이러한 점들을 고려하여 그의 작업들을 그 산출의 순서대로 읽어본다면 어떨까? 그런 경우 아마도 그 텍스트들을 통한 혜안의 삶과 사상에 대한 이해는 가능한 한 최적의 추체험으로서 주어질 수 있을 것이다. 이런 견지에서 필자는 부록에 붙인 것처럼 우선 '혜안 서경수 선생의 작품·활동 연보'를 작성한 후 필요한 자료들을 수집하고 읽기 시작했다. [18]

그렇게 읽으면서 처음에는 그 텍스트의 내용에 대하여 다소 느슨한 의미의 '명상적·현상학적' 방법을 중심으로 한 접근을 시도했다. 여기에서 '명상적'이라는 말로써 필자는 주어진 대상, 즉 여기에서는, 텍스트에 대한 주의 깊은 집중을 통하여 그 내용을 통찰하거나 통찰적으로 이해함을 의미한다. '현상학적'이라는 것은 의식과 관련하여 어떤 대상, 즉 텍스트의 내용의 본질적인 구조나

---

17) 박성배(2010) pp. 490-94.
18) 혜안 작품들의 연대적 읽기는 실제에 있어서는 주로 『세속의 길 열반의 길』과 『불교를 젊게 하는 길』 및 『기상의 질문과 천외의 답변』으로 대표되는 그의 글들의 모음들을 차례로 읽는 것이 되었다.

연관을 통찰하거나 또는 통찰적으로 이해한다는 다소 느슨한 일반적인 의미이다. 이 두 과정은 필자로서는 실제로 자연스럽게 서로 융화된다. 아무튼 이러한 방식의 독해는 결코 그리 쉽지 않았고, 그것은 동시에 필자 자신에 대한 탐구와 이해를 수반하기도 하는 것이기도 했다.[19] 마침내 그의 주요한 작품들을 대부분 읽어 보았을 때 그의 삶과 사상에 대한 대강의 윤곽이 그려지게 되었고, 점차로 그 내용으로 더욱 깊게 파고들어갈 수 있게 되었다. 그러나 지금의 관점에서 되돌아보면, 그러한 방법은 주로 제3장 제2절에서 종교/불교·철학적 흐름의 내용을 파악하는데 주로 활용되었다. 실존적 흐름이나 정치·경제·사회에 관한 내용은, 어쩌면 당연하겠지만, 마침내는 일반적인 연구방법을 통해 보다 종합적인 방식으로 파악되게 되었다.

II. 혜안의 삶과 활동

혜안 서경수 선생은 1925년에 함경북도 경성에서 태어났다.[20] 목사의 아들로 태어난 그는 "4세 때부터 큰아버지 밑에서 종아리를 맞아가며 2년간 한문"을 익혔다.[21] 그는 경성의 중학 2학년 때부터 "하늘을 볼 처지가 못"된다고 땅만 보고 다니다가 "불령선인(不逞鮮人)으로 지목을 당"했다. 이듬해인 40년 그는 판매금지된 이광수의 『흙』을 독서회에서 읽다가 일경에 체포되어 일본군에 끌려가 물고문을 받고 끝내 한쪽 폐를 도려내게 되었다.[22] 서울대 이과에서 기독교에 심취해 있던 그는 본과에서는 종교학과에서 공부하였으나, 개신교 목사 출신 교수가 미국냄새를 풍기고 서양우위론을 강조하는 것을 혐오했다.[23] 이 무렵 국민당 정권의 초청으로 중국 유학을 갔다가 패주하는 국민당을

---

19) 그 과정에서 인도에서의 시간을 함께 보낸 아내 이양순도 간혹 나름대로 약간의 의견을 보태기도 하였다.

20) 『길에서 길로』 등에는 그가 함경북도 경성에서 태어난 것으로 기록하고 있다.(p. 256)

21) 우종창(1986), p. 250.

22) 우종창(1986) pp. 248-49.

23) 우종창(1986) p. 249.

따라 쫓겨 귀국하였지만 "동양적인 것에 대해 많은 관심을 갖게 되었다."[24]

6·25가 터지자 통역장교로 입대한 그는 술자리에서 정부에 비판적인 발언을 하다가 잡혀가서 "며칠간 고문을 당하고 수감돼 있다가 미군부대 독일인 상관이 보증을 서준 덕분에 간신히 풀려나올 수 있었다."[25] "군복을 벗은 그는 요양차 절에 들어가 있으면서 이때 불교에 크게 심취했었다"고 한다.

58년에 그는 동국대 대학원 불교학과에 입학하여 두각을 나타내고 이때 「원시불교사상」이라는 뛰어난 논문을 산출했다. 60년에 벨기에 루뱅대에서 학위를 한 이기영 교수가 동국대 전임강사로 취임하고, 전북대 강사로 가 있던 서경수 교수는 "1963년 인도철학과 신설과 더불어 동국대에 돌아왔다."[26] 그는 같은 해에 「Bhāva(존재)와 Abhāva(비존재)의 문제 : Nāgarjuna의 Madhyamika-Kārikā에서」[27]라는 제목의 그 당시로서는 선구적인 언어학적·문헌학적·철학적 접근을 취한 논문으로서 정식으로 석사학위를 받았다. 그는 이기영 교수가 창설한 한국대학생불교연합회와 "한국불교연구원(74년 창립)을 이끌며 공동연구·공동수련·공동참여를 통해 불교인재를 키우는 데 앞장섰다."[28] 산사에서 수련대회를 갖기도 한 그때의 대학생들은 당시 장경호, 이한상 거사 및 백봉 김기추 거사 등의 활동과 함께 한국불교를 중흥하는 데 큰 역할을 하였다.

혜안은 또한 65년부터 당시 이한상 거사가 창립한 삼보학회의 간사로 있으면서 『한국근세 불교 백년사』 편찬부를 발기하여 편찬작업을 진행하였다. 그러나 한국 근대불교사에 관련된 귀중한 사료들은 기강해이, 전시체제에서의 손실, "정화파동으로 인한 인계인수의 불확실 등 많은 수난사 속에서" 상당수

---

24) 우종창(1986) p. 249.
25) 우종창(1986) p. 250.
26) 우종창(1986) p. 250.
27) 서경수(2010b) pp. 354-84.
28) 우종창(1986) p. 250.

가 파손, 소각, 분실되고 있었다.[29] 그나마 남은 사료들을 긁어보아 그 편찬팀은 그 내용을 ① 승단년대(僧團年代) ② 승단본산(僧團本山) ③ 법식년대(法式年代) … ⑤ 사회참여 ⑥ 선방년대(禪房年代) … ⑧ 교육년대(敎育年代) … ㉔ 일본불교 등의 항목으로 분류하여 편년체로 정리하였다.[30] 이 편찬 작업은 1969년에 제2차 감수회를 갖기에까지 이르렀다. 그러나 여러 가지 복합적인 이유로 이 작업은 결코 정식으로 출판되지 못하고 일부가 빠진 내용이 등사판으로 준비되어 있다가, 1994년에 민족사에서 두 권으로 합본으로 영인한 것이 일부 비공식적으로 유통되고 있는 것으로 보인다. 합하여 거의 천오백면이 넘는 듯한 이 방대한 자료를 구득하여[31] 열람한 것은 필자의 이번 작업에서 하나의 의미 있는 계기가 되었다. 현재는 신대현이 이끄는 팀이 그 내용을 한글화하는 작업을 진행 중이라고 한다. 혜안을 포함한 여러 사람들이 이룬 이 작업은 당시의 한국불교근대사연구를 개척한 중요한 역사적 역할을 한 것으로 보인다.

66년에 혜안은 그동안 써온 글들을 모아서 그의 대표적인 에세이집『세속의 길 열반의 길』을 출간했는데 이 수필집은 그 당시의 많은 젊은 지식인들을 불교로 이끄는데 주요한 역할을 했다고 한다. 67년에 그는 불교신문사의 주필로 활동을 시작했다. 72년 초에 그는 이민용을 포함한 일행들과 그의 첫 번째 인도여행을 하였고 그 여행기는 79년에『인도 그 사회와 문화』로 기록되었다. 76년에 그는 두 번째 인도 여행을 하여 인도 뉴델리에 있는 네루대학에서 인도 불교학을 연구하다가, 77년부터 일 년 동안 그는 네루대학 한국어과 초대 교환

---

29) 活불교문화단(2011) p. 75.

30) 活불교문화단(2011) p. 75.

31) 혜안의 업적으로서 한결같이 높은 평가를 받는 이 중요한 자료는 수소문 끝에 삼보정사의 김민식 이사의 친절한 설명과 안내로 마침내 신대현 사찰문화연구원 대표가 소장, 작업 중이던 것을 빌려 볼 수 있게 되었다. 자리를 함께 한 이용부 전 종무관으로부터는『덕산 이한상』자료집 등을 얻으면서, 아울러『서경수 저작집』출간, 이한상 거사의 활동 및 대학생불교연합회 활동 등에 관한 이야기도 들을 수 있었다.

교수로서 학생들을 가르쳤다. 80년에 그는 세 번째로 인도에서 같은 네루대학교 한국학과 교환교수로 있었다. 이후 귀국한 그는 85년에 동국대학교 인도학술조사단에 참여하여 고대인도 문화 조사연구를 하였고, 같은 해에 김미영과 결혼했다가, 이듬해인 86년에 윤화(輪禍)로 타계하였다.

그 후 다양한 추모의 글들과 함께 여러 그의 글모음들이 출간되었는데 그 중 중요한 것은 『길에서 길로 : 서경수 교수 수상집』(1988), 『불교철학의 한국적 전개 : 서경수 교수 유고논문집』(1990), 『불교를 젊게 하는 길 : 서경수 저작집 I』(2010), 『기상의 질문과 천외의 답변 : 서경수 저작집 II』(2010) 등이다.

Ⅲ. '서경수 사상'의 세 흐름

혜안은 강연이나 인도와 붓다와 간디 등의 주제에 관한 상당한 수의 TV 등의 녹화를 포함한 말해진 작품들을 남기기도 했지만, 그의 작품의 대다수는 글로 쓰인 것이기에 텍스트의 성격을 지닌다. 그런데 그의 사상을 살펴보기에 앞서 먼저 그의 글쓰기의 스타일을 살펴볼 필요가 있다. 에세이적 성격을 지니는 그의 글쓰기를 이민용은 "에세이적 논문과 논문적 에세이"[32]로 적절하게 특징 짓고 있다. 주해와 인용이 절제된 그의 글들은 "논문과 에세이의 경계에 서 있어 규격화된 논문의 영역을 허물고" 있기에, 오히려 그의 "번뜩이는 창의성과 직관을 감지하고 진정한 의미의 '논문의 무게'를 느낀다"[33]고 그는 토로하고 있다. 동의한다. 그의 글은 곧바로 주제적인 접근을 취하여 그 핵심적인 내용을 적절한 맥락 속에 드러낸다. 필자는 혜안의 이러한 글쓰기 스타일을 '종요적 에세이'로 부르고자 한다.[34]

앞에서 언급했듯이 서경수 사상은 다음과 같이 실존(철학)적, 종교/불교 · 철학적 및 정치 · 경제 · 사회적인 세 흐름으로 이루어진 것으로 볼 수 있다.

---

32) 이민용(2010a), pp. 13-14.
33) 이민용(2010a), p. 14.
34) 서경수(1966e), p. 213 참조.

1. 실존(철학)적 흐름

혜안의 삶과 세계는 앞에서 기존의 다양한 이해가 보여주듯이 대체로 종교
적, 즉 불교적이고 또한 부분적으로 인도철학적이기도 하다. 그러나 그 아래에
는 아래에서 보듯이 '실존적'이라 부를 만한 어떤 저류가 흐르고 있어서 그의
삶과 사상에 상당한 영향을 준 것으로 보인다.

① 북녘 날씨가 몹시 싸늘하던 초겨울 해질 무렵, 난데없이 日人 정복 경관 세 명
이 학교에 나타났다. 한마디 묻지 않고 다짜고짜 내 손목에 쇠고랑을 채웠다. … 길
이 보이지 않는 것이 아니고 길이 끊어졌다. … 그럭저럭 한 세상을 살아오는 동안
길은 끊어진 것도 아니고 그렇다고 막혀버린 것도 아님을 깨달았다. 도리어 길은
한 길 뿐이 아니고 여러 갈래로 갈라져 있음을 알았다. 그래서 선택해야 하는 무거
운 不安을 인간은 짊어지게 되는지 모른다. … 영원을 추구하는 <열반의 길>과 육
체의 문으로 들어가는 <세속의 길>이 실은 하나의 갈림길에서 갈라졌다. … 길은
있다. 그런데 그 길이 한 길이 아니고 여러 갈래로 갈라져 있다. 어느 길을 선택하고
가느냐 하는 것이 문제인 것이다.[35]

② 그런데 현대에 와서 자유의 개념도 정의할 수 없는 수수께끼 같은 것을 새롭
게 등장시켰다. … 자유의 밑바닥은 없다. 자유의 논리적 근거는 「나」라는 개체의
논리적 근거와 마찬가지로 「無」이다. … 그러나 「無」를 근거로 한 자유는 언제나
불안이 그림자처럼 따라다닌다. … 행위하지 않을 수 없다. … 선택의 자유는 나에
게 있다. 자유의 근거는 「無」이기 때문이다. 따라서 모든 사유나 말이나 행위의 책
임은 나에게 있다. 그러므로 자유인은 불안하다. … 제한된 독립의 안정보다는 그
래도 불안한 자유가 한결 낫다. … 불안이 따르지 않는 자유를 종교는 역설한다. …
인간은 … 허무와 불안이 주는 고통을 더 진지하게 고통하면서 죽는 시간까지 살아
가는 수밖에는 없다.[36]

①은 주로 사르트르류의 실존철학의 시각에서 종교적 추구를 포함하는 자

---

35) 서경수(1966e), pp. 5-6.
36) 서경수(1966e), pp. 199-200. 밑줄은 필자.

신의 삶의 역정을 돌아 본 것임을 알 수 있다. ②는 실존철학의 내용을 소개하고 종교에 대한 부정이 뒤따른다.[37] 혜안의 이러한 면모는 어떤 점에서 그의 지배적인 이미지와 배치되는 것이기도 하다. 결국 혜안에게서는 실존적인 저류가 보다 표면적인 종교적/불교적 흐름의 밑바닥을 흐르면서 그것과 더불어 교섭하면서 그의 삶과 사상을 이뤄왔다고 볼 수 있을 것이다.

2. 종교/불교 · 철학적 흐름

1) 종교/불교의 역사적 이해 : 한국종교사, 한국불교사, 한국근대불교사

이제 이러한 실존적 흐름에 바탕을 두거나 그것을 포함하기도 하는 그의 사상의 주요한 영역은 대체로 종교와 역사[38]로 나누어진다고 본다. 이는 주제로는 영원[39]과 시간[40]으로 대표되는데, 영원의 다른 표현은 무한[41] 그리고 절대[42], 시간의 다른 표현은 유한, 그리고 상대가 될 것이다. 그런데 그는 영원과 시간이라는 주제를 가장 선호하는 것으로 보인다.[43] 이는 한편으로는 무상(無常)을 기본으로 하는 그의 불교 이해[44]와 맞물리고, 다른 한편으로는 하이데거의『존재와 시간』(1927)[45]을 연상시키기도 하지만, 보다는 1920년대 후반에 인도 칼캇타 대학의 다스굽타 밑에서 인도철학을 공부하고 리쉬케쉬에서 요가를 수련하기도 한 엘리아데의『영원회귀의 신화: 우주와 역사』(1949)[46]를 연상시키기도 한다.

---

37) 사르트르(2012) 참조.
38) 서경수(1966e), p. 135.
39) 서경수(1966e), p. 274, p. 318.
40) 서경수(1966e), p. 115.
41) 서경수(2010a), p. 101; 서경수(2010b), p. 80.
42) 서경수(1966e), p. 143.
43) 서경수(1985g), p. 30.
44) 서경수(1959), p. 3; 서경수(1966e), p. 119; 서경수(2010a), p. 154.
45) 하이데거(1998).
46) Eliade(1974).

아무튼 그의 원초적인 우주 무대에는 영원과 시간이 있는데 그 두 차원에 걸쳐서 인간[47]과 그들이 모여 사는 사회[48]가 있다. 따라서 영원, 시간, 인간, 사회는 그의 일관된 관심의 주제와 영역이 된다. 이제 한 문화적 형성체가 있어서 영원을 대표하면서 시간 속을 사는 것이 바로 종교이다.[49] 따라서 그의 기본적인 관심 영역은 종교이다. 그런데 종교가 시간 속을 살아갈 때 인간이 이루는 사회의 시간은 역사로서 나타난다. 따라서 종교와 역사는 그의 일관된 기본적 관심사이다. 그런데 불교에 대한 그의 이해에 따르면 "인간이 모든 것의 주인임을 자각하는 것이 불교의 교리다. 주인임을 자각하는 '나'를 불교는 강조한다."[50] 물론 그러한 나란 결국 나 아닌 나이겠지만 … 이 나들, 즉 우리는, 결국은 자연스럽게는 우리 민족이자 한국을 의미한다.[51] 생래적으로 강한 민족의식에 덧붙여진 이러한 강렬한 자부심과 자각은 이 땅, 이 민족에 대한 한없는 관심으로 드러나는 것으로 보인다. 한국종교사라는 영역은 종교, 역사, 그리고 한국에 관한 세 관심의 결합에 의해 드러난 관심 영역으로 보인다.

이 한국종교사에 대한 첫 시도를 그는 『세속의 길 열반의 길』의 제2부 「한국종교사 서설을 위한 에세이」에서 전개하고 있다. '빛의 시대', '때묻은 가사', '칼 앞에 선 종교', '십자가의 비극'에 이어 '왕조사의 종막'으로 끝나는 이 에세이를 그는 제5막에서 끝나는 것으로 보고 있다.[52] "또 <영원한 세계>의 <寂靜>을 찾아 고요히 살아가던 禪師도 있었다. 아무리 한국의 종교사가 비극의 흙탕물 속을 걸어 왔다고 하더라도 <영원히> 반짝이는 별은 언제나 꺼지지 않고 이 땅의 하늘에서 반짝이고 있다."[53]라는 그 나름대로의 하나의 전형적인 표현

---

47) 서경수(1966e), p. 120.
48) 서경수(1984b), p. 101.
49) 서경수(1966e), p. 115.
50) 서경수(2010a), p. 142.
51) 서경수(1985g), p. 77.
52) 서경수(1966e), p. 378.
53) 서경수(1966e), p. 381.

으로써 이 탐구를 끝맺고 있다. 앞으로 이 영원히 반짝이는 별에 관해서는 앞으로도 자주 만나게 되겠지만, 아무튼 법정 스님은 그의 특유의 민감함으로써 서경수 교수의 시선(視線)을 느끼며, 이 「한국종교사 서설」을 "일찍이 시도된 바 없던 특이한 종교사관에서 다루어진 주목할 만한 글이다. 사계(斯界)에 하나의 문제를 던질 줄 믿는다."[54]라고 평하고 있다. 우리는 여기에서 그의 종교사 서설의 세세한 내용을 살펴보지는 않겠지만, 적어도 그의 이러한 한국종교사적인 이해가 한국불교에 대한 그의 접근과 이해에 있어서 언제나 배경으로 자리 잡고 있다는 사실만큼은 분명히 인식하고 있을 필요가 있을 것이다.

혜안은 언제나 종교적 접근을 하는 경향이 있지만, 그를 만족시키는 종교는 바로 적나라한 중관적이고 선적인 불교다. 따라서 많은 경우에 그로서는 종교가 바로 불교를 의미한다. 아무튼 그렇게 그는 한국불교사에 많은 관심을 갖는다. 『세속의 길 열반의 길』의 주요한 부분이 이미 사실상 한국불교사였지만, 그의 유고집인 『불교철학의 한국적 전개』(1990) 또한 한국불교사의 성격을 지니고 있다고 보겠다.

그런데 한국불교사에서도 그가 가장 관심을 갖는 것은 바로 한국근대불교사이다. 저 『한국근세불교백년사』 자료집이나, 그것에 바탕을 둔 연구인 「한국불교 100년사」(1971)나, 그 후속작인 「일제의 불교정책—사찰령을 중심으로」(1982)와 같은 작업들에서는 그만의 어떤 특별한 에너지가 느껴지는 것 같다. 그것은 그러한 근세백년이 바로 우리의 지금 여기의 상태를 규정하고 있기 때문이다. 그리고 그로 하여금 고문을 당하게 하고 고향을 떠나 살게 만든 그 역사의 오류를 우리 모두가 되풀이 하지 말아야 우리의 바람직한 역사와 사회를 이루어갈 수 있기에 그런 것이다. 따라서 그의 관심은 마침내는 지금 여기의 현장[55]인 것이 드러난다.

---

54) 서경수(1966e) p. 383.
55) 서경수(2010a), p. 154.

562 서경수 선생을 그리며

2) 구제론적 진리 구현의 전범(典範) : 석가모니, 고승들(원효, 혜월), 간디

그렇다면 이러한 구제론적 진리 구현의 전범(典範), 즉 이른바 모델이 있는 가? 있다. 그것은 무엇보다도 그가 "부처님"이라고 부르는 25세기 전의 역사적 인물, 즉 붓다이다. 그리하여 부처님의 발자취, 또는 그 영향을 찾아서 그는 온 인도와, 더 나아가서 아프가니스탄까지도 여행을 하는 것이다. 가방에는 현장의 『대당서역기』를 지니고, 그리하여 그는 부처님이 길에서 태어나고 한평생 길에서 중생들의 고의 현장을 찾아서 스스로 먼저 그들을 찾아 움직이시다가, 마침내 길에서 열반하셨노라고 외우다시피 하면서.[56]

그는 또한 많은 불교학자들이 그러하듯이 원효를 높게 평가하고 있다. 그는 원효의 논소(論疏)태도를 중요적으로 보고 있는데,[57] 필자는 사실 혜안의 글쓰기도 상당히는 중요적이라고 느끼고 있다. 그가 "元曉의 논리는 開合의 방법에 의하여 宗要를 밝히는 和諍의 논리이다. 그리고 元曉는 그 시대, 중국 불교 사상계에서 명성을 떨친 한국의 高僧 僧朗(三論宗)과 圓測(唯識宗)의 사상을 보다 근본적이며 전체적인 입장에서 융합시킴으로써 장차 전개하여야 할 한국불교, 더 나아가서는 전체불교사상에 올바른 방향을 제시하여 주었다."[58]고 언급하는 부분은 철학사상적으로도 상당히 흥미롭다. 그는 원효의 화쟁의 논리를 철저한 무애(無碍)의 입장으로서 "입장이 없는 입장", 즉 自由自在의 입장으로 이해한다.[59] 그리고 그의 기이한 행위도 무애의 행으로서 너그럽게 이해하는 듯하다.[60]

경허(鏡虛)에 관해서 그는 엄청난 중요성을 부여하고 있다. 한국근대불교의 중흥조로 보고 있기 때문이다. 따라서 그러한 "위대한 종교적 천재"의 "실존적

---

56) 예를 들면 서경수(2010a), p. 192.
57) 서경수(1966e) p. 213.
58) 서경수(1966e) p. 214.
59) 서경수(1966e) p. 215.
60) 서경수(1966e) p. 215.

정립"[61]을 위해 그의 「경허 연구」(1969, 70)[62]의 전반부를 '종교적 질적 전환'[63]을 중심으로 한 종교학적·종교철학적 해설에 할당을 하고 있다. 그러나 그는 또한 경허에 관해 회자되는 초상식적인 이적(異蹟)의 이야기들에는 그가 "도술을 쓰는 술사로 낙하되는 위험성"[64]이 남아 있음을 경계하기도 한다.

그런데 혜안을 거의 주체할 수 없을 정도로 끌어당기고 있는 종교적 영웅은 바로 경허의 제자 혜월(慧月)이다. 그는 「혜월선사」[65]라는 글을 세 차례 게재했을 뿐만 아니라, 특히 그의 천진한 인간성과 순진무구한 거침없는 행에 한없이 매료되어 도처에서 그를 우리 사바세계의 어른들을 구제해줄 어린 왕자와 같은 빛나는 별로 앙모하여 인용하고 있다. 그는 혜월선사의 비문을 인용한다.

24세에 경허선사의 법문을 들은 다음 크게 발심하고 의정을 내어 지게를 지나 밭을 매나 의정을 보고 의정으로 가며 맹렬한 정진을 계속하고 7일이 되는 때 마침 미투리를 삼다가 크게 깨쳤다. 이후 38년 동안은 덕숭산에서 그대로 지내시다가 51세 2월에 남방을 유랑하면서 이르는 곳마다 크게 선풍을 일으키다. 통도사, 내원사, 미타암, 범어사, 선암사, 안양암 등을 두루 돌아다니면서 도제양성과 중생교화에 힘쓰시다가 서기 1937년 6월 16일 부산 선암사 밑바위 앞에서 솔방울이 가득 찬 자루를 어깨에 메고 선 채 그대로 열반에 들다. 그때 나이 76세. 승랍 62세. 수법제가가 20인이 있다.[66]

이에 혜안은 언급한다. "큰 바위가 서 있는 곳에 이르렀을 때 스님은 그 자리에서 동상처럼 우뚝 선 채로 움직이지 않는다. 그대로가 한 폭의 불화이다. 그는 이 같은 자세를 지닌 채 이 윤회의 사바와 인연을 끊었다. … 이리하여 영원

---

61) 서경수(2010a) pp. 291-92.

62) 서경수(2010a) pp. 291-308.

63) 서경수(2010a), pp. 298-302.

64) 서경수(2010a), p. 308.

65) 서경수(2010a), pp. 337-65; 서경수(1966d).

66) 서경수(2010a) p. 365.

한 어린아이는 어린아이처럼 살다가 어른들의 세계를 아무 미련도 없이 떠났다."[67]

혜안으로서 또 다른 모습의 역사적 구현의 전범은 바로 간디이다. 그는 사실 간디에게서 보살의 모습을 본다.[68] "동양적 불교에서 다만 不殺生계로만 알려지고 있던 아힝사아는 간디의 위대한 인격을 통하여서 <종교적 사랑>으로 변질되었다. … 그리하여 印度 종교에서 가장 낡은 교훈이었던 아힝사아는 간디 같은 정신적 지도자에 의하여서 오히려 가장 박력 있는 종교술어가 되고 말았다."고 그는 역설한다.[69] "간디는 그의 행동을 수동적 저항으로부터 구별하기 위하여 '진리파지(眞理把持, Satyagraha)'라는 지표를 세웠다. '옳을' 때에는 어떠한 환경조건 밑에서도—자기의 목숨이 위태한 일이 있더라도—서슴지 않고 '옳다'고 말하는 것이 간디의 '진리파지'이다."[70]라고 그는 이해한다. 이를 좀 더 깊게 생각해 보면 그것은 문자 그대로 진리 또는 진실(Satya)을 꽉 그러잡고 사랑의 힘으로 견뎌내는 것이다. 그렇게 함으로써 그 진실, 즉 어디에나 있는 보편적인 있음(Sat) 자체가 그 스스로의 힘을 드러내게끔 하는 것이라 볼 수 있다. 그것은 상대적인 영역에서 절대적인 존재론적 원리가 작용하게 하는 우리의 개인적이고 집합적인 최적화의 행법인 것이다.

3. 정치 · 경제 · 사회적 흐름

혜안에 있어서 실존적으로 중요한 의미를 지니는 두 가지 일, 즉 그가 어떤 면에서 일제에 항거하다가 고문을 받고 폐 하나를 제거하게 된 일, 그리고 그가 6 · 25때 통역장교로 일하다가 정부를 비판하고는 그 여파로 군복을 벗고는 마침내 가서 쉬던 한 사찰에서 불교에 눈을 뜨게 된 일은 둘 다 상당한 정치 · 사

---

67) 서경수(2010a) p. 365.
68) 서경수(1966a), p. 166.
69) 서경수(1966e) p. 61.
70) 서경수(2010a) p. 81.

회적 맥락에서의 실존적이고 또한 종교적 의미를 지니는 일들이다. 또한 그가 아마도 일제 시대에 북한에서의 생활상을 그린 것으로 보는 그의 「로동에 따라 분배받네」라는 제목의 시[71]를 통해서는 경제 문제에 대한 그의 오랜 관심을 엿볼 수 있다. 하지만 실제로는 이러한 영역에 대한 그의 연구는 그다지 활발하지 않았던 것으로 보인다. 그러나 지혜와 자비의 종교인 불교가 세속을 사는 중생을 진정으로 위하고자 한다면, 그들의 삶에 압도적으로 영향을 미치는 그 세계, 그리고 그 중에서도 정치 · 경제 · 사회에 대한 관심이 어찌 적을 수 있겠는가? 과연 그의 삶이 후기에 이르면서는 이러한 세속적 영역에 대한 그의 관심과 이해가 증대하는 경향을 보이고 있기에 이를 실존적, 종교적인 흐름과 구별되는 또 하나의 흐름으로 설정하여 파악하는 것도 의미가 있는 일이리라 생각한다. 그런데 그의 이러한 견해가 첨예하게 드러나는 것은 그가 다음과 같이 현대 사회에 대한 관찰과 분석을 하는 경우이다.

1) 현대세계에 대한 이해

우리는 다음과 같은 「분배」(1975), 「고도산업사회에 있어서의 불교」(1978)라는 제목의 글에서 현대세계에 대한 그의 견해를 볼 수 있다.

① 분배가 사회문제로 등장할 만큼 현실은 불균형, 불공평, 불평등 상태에 놓여 있다. … 부와 부 사이의 거리가 좁혀지려면 공평한 분배가 이루어져야 한다. … 또 사회 안정이 흔들리고 모든 사람이 불안을 느낄 때 자유민주주의의 기초도 불안하다. … 자유와 평등의 적절한 조화가 가장 바람직하다. 자유와 평등의 조화를 유지케 하는 열쇠중의 하나가 공평한 분배다. 여기서는 이 분배의 종교적 근거를 불교의 초기교단에서 알아볼까 한다.[72]

② 2. '메커니즘' 시대의 종교기능 고도산업사회란 한 마디로 고도로 '기술'산업

---

71) 서경수(1981a).
72) 서경수(2010a), pp. 238-43; 서경수(1975c).

이 발달한 사회를 가리킨다. … 고도로 정밀화된 '메커니즘'이 정치·경제·군사 등 문화 분야에 골고루 침투하여 모든 관계를 기능적으로 조절하고 조작하는 주동적 역할을 하고 있는 것이 오늘의 사회다. … 더구나 모든 정보를 수집 판단까지 하는 '컴퓨터'까지 등장함으로 기계시대도 또 절정에 이른 느낌을 준다. … 그런데 이 같은 한계상황에 가장 민감하게 대응하며 부정적 불신론을 제기할 때는 대개 종교나 논리가 앞장선다. … 3. 기계시대의 문제점 기계만능사조는 인간에게 '심각한 소외감'을 가져다주었다. … 나를 상실한 인간이 바로 로봇이다. 둘째, 라디오, TV, 신문 등 매스커뮤니케이션의 의도된 시청각적 자극은 사고방식마다 획일화하고 … 셋째, 컴퓨터 조작에 의한 기계적 생산은 '다량'을 산출한다. 다량 생산하는 제작화정에서 단일노동을 해야 하는 인간은 규격화된 생산품과 함께 획일화된 대중 속으로 용해된다. … 그래서 황금이 모든 만족을 가져다준다고 망상하는 대중은 이윤추구에 혈안이 된다. … 그래서 도박과 투기가 대중사회에서는 성행한다. … 나는 여기서 금은 같은 재화를 멀리하는 부처님의 교훈을 반성해 본다. 4. 잃어가는 자연 고도산업이 기계화되어 다량생산이 쏟아져 나오므로 자원 고갈과 함께 자연이 심각한 도전을 받고 있다. … 산천초목에까지 불성이 있다는 불교의 가르침이 다시 되새겨질 때가 왔다. 인간은 소중한 '나'와 함께 지구까지 잃어버릴 한계상황에 직면하고 있다. … 끝으로 고도산업이 일방적 자본축적을 가속화한다면 사회에 부의 편재로 인한 양극화 현상을 일으키고 이 양극화현상은 사회구조를 근본적으로 뒤흔드는 불안을 안겨다 주게 된다. … 못나서 가난하게 살아가는 서민층을 위하여 서민들과 함께 살아가는 것이 대승보살이 나갈 길이라고 생각한다. 그러나 재산에만 집착하여 사회의 안정과 균형을 깨고 있는 재벌에 대한 날카로운 비판과 설복도 잊지 말아야 한다.[73]

우리는 이런 텍스트를 통해서 본다면 현대세계에 관한, 특히 정치·경제·사회에 관한 그의 이해는 다소 일반적인 면이 있다. 그는 현대사회나 세계에 대하여 그는 다소 단순하게, 그리고 어느 정도 부정적으로 보는 경향이 있고, 결과적으로 현대세계의 복잡한 문제에 대하여 다소 단순한 종교적인, 즉 불교적 해결책을 내놓는 경향이 있다. 그리고 그는 현대세계의 문제에 대하여 붓다 당

73) 서경수(2010a), pp. 141-44; 서경수(1978k).

시의 인도사회를 살펴보고 거기에서의 그의 지혜와 행적에서 영감을 얻어 해
결하려는 경향을 보이고 있다.

2) 붓다 당시의 인도사회에 대한 이해

그러면 그는 부처님 당시의 인도사회를 어떻게 보고 있는가? 그가 그의 생애
의 마지막 해에 쓴 「부처님과 당시의 정치, 경제, 사회」라는 흥미 있는 글은 그
러한 물음에 대한 답을 제시한다.

부처님이 탄생하신 2500여년전 인도 사회에는 정치, 경제, 문화 등 여러 분야에
서 과도기적 현상이 일어나고 있었다. … 우선 경제적으로 농업경제가 발달하여 자
유 경작자의 출현, 각자 토지를 소유하는 중, 소지주가 생겨났다. … 한편 풍부한 농
산물과 농기구 장식품, 일용품들과의 교역은 시장 경제의 유통과 함께 상업발달을
초래했다. 이리하여 부유한 농민층과 유복한 상인층이 대두하였고 간지스강 유역
의 여러 도시들이 축재한 상인들에 의하여 형성되었다. 이 상인층을 당시 슈레스틴
[śreṣṭhin]이라 불렀다. … 옛날의 슈레슈틴은 부족의 촌장 또는 씨족집단의 장을
가리키는 낱말이었다. … 그런데 부처님은 이 화폐의 출현에 대하여 적지 않게 경
계했음을 초기 계율 제정에서 읽을 수 있다. 제2차 결집(結集)에서 논란의 대상이
되었던 금은은 이 화폐와 같은 가치의 금은보석의 가짐을 비구 비구니들에게 금하
도록 한 조항이었다. 부처님은 그의 예민한 윤리감각에 의하여 화폐의 축적이 가져
올 부패와 타락을 예견하였다. … 그런데 이 슈레스틴이란 용어와 함께 새로운 의
미를 지닌 그리하파티[grhapati]가 등장했다. 글자대로의 의미는 가장(家長)인데
고대 베다시대에는 제사의식의 주인으로 희생물을 바치는 중요한 지위에 있었다.
그리하파티가 이 시대에는 주로 상업 수공업 농업에 의한 수익을 처분하는 가부장
적 지위에 앉게 되었다. … 슈레스틴적 권위와 그리하파티적 권위를 한몸에 지니고
등장한 인물이 유마경(維摩經)의 주인공인 「유마거사」였다.[74]

---

74) 서경수(1986a), p. 26.

아마도 다른 연구들의 도움을 받았겠지만 아무튼 그가 유마거사를 그 당시 등장하던 슈레스틴과 그리하파티의 두 권위를 한몸에 지닌 것을 보는 점은 상당히 흥미롭다. 즉 그의 정치·경제·사회적인 흐름에 대한 이해는 적어도 이런 맥락에서는 마침내 그것과 관련하여 부처님과 불교의 가르침을 끌어내려는 예비적인 준비의 의미를 지니고 있는 듯하다. 그러나 이제 우리의 관심을 끄는 것은 우리가 연구의 편의상 다소 인위적으로 구별해낸 이러한 흐름들이 그의 사상에서 실제로 서로 어떻게 교섭하고 있는가를 보는 것이다.

Ⅳ. 서경수 사상에서의 세 흐름의 상호 교섭

1. 실존(철학)적 흐름과 종교/불교·철학적 흐름의 상호 교섭

앞에서 이미 살펴보았듯이 혜안이 그의 『세속의 길 열반의 길』의 序에서 자신의 삶의 역정을 매개로 하여 열반과 세속의 길에 관한 그의 깨달은 바를 밝히는 것은 그가 얼마나 실존성과 실증성, 즉 삶의 체험을 중시하는가를 보여준다. 즉 여기에서는 실존과 종교의 흐름이 한데 어울리고 있다. 그런데 이러한 면은 그 후 그가 한국근대불교사 자료집을 편찬하거나, 한국 근현대의 고승전을 준비하며 답사를 통해 구술자료를 수집하거나, 몇 차례의 사실상의 불교순례여행을 통해 현장을 중시하는 연구를 해나간 데서도 더욱 확증된다. 그러나 실존(철학)적 흐름과 종교/불교·철학적 흐름의 교섭의 갈등적인 모습은 다음에서 보듯이 그의 사상에서의 '어린 아이' 상징의 이중성의 문제에서 극적으로 부각되어 드러난다.

1) '어린 아이' 상징의 이중성 : 미숙 대 순수

'어린 아이'는 혜안의 세계에서 상당히 중요한 상징성을 지니고 나타난다. 이제 다음의 텍스트들을 보도록 하자.

① 불안이 따르지 않는 자유를 종교는 역설한다. 佛教의 「空」이나, 基督教의 절대자에 대한 「歸依」는 一時의 의심도 없이 신앙만을 의지하는 어린아이나, 어린아이와 같은 사람들에게는 불안 없는 자유의 희열을 줄는지도 모르겠다. 그러나 광명이 있으면 그림자가 있음을 미리 알고 있는 人間들에게, 종교적인 불안 없는 자유란 아무래도 要請만에 지나지 않는다고 본다. 인간은 「나」의 궁극적 근거가 「無」라고 하는 데서 오는 「虛無」와, 「自由」의 궁극적 근거가 「無」라고 하는 데에서 오는 「不安」을 양쪽 어깨에 걸머지고 허무와 불안이 주는 고통을 더 진지하게 고통하면서 죽는 시간까지 살아가는 수밖에는 없다.[75]
② 종교는 가장 순진하고 맑은 것이기 때문에 이 사회의 거울이다. 세속의 인간들이 정말 자기 자신을 투철히 비쳐볼 수 있는 것은 종교라는 이름의 거울이다. … 인류의 역사에 하나의 위대한 종교인이 끝까지 그의 종교인다운 순백한 거울의 사명을 잃지 않고 죽을 때 우리는 아직도 정의의 불꽃은 꺼지지 않고 있음을 재확인한다. … 혜월스님이야말로 현대불교사를 빛내주는 보살이었다. 영원한 어린아이로서 살아간 이 도인 때문에 불교는 새로운 별을 또 하나 얻었다. … 그의 행장은 그대로 한폭의 아름다운 종교화이다. 혜월사는 자연 그대로 진이며 선이며 미이다.[76]

이제 우리가 혜안이 사용하기를 즐기는 '길'의 상징을 사용해본다면, ①에서 "「不安」을 양쪽 어깨에 걸머지고 허무와 불안이 주는 고통을 더 진지하게 고통하면서 죽는 시간까지 살아가는 수밖에는 없다"는 길이 '실존의 길'이라면, ②는 어린아이 적 이상을 지닌 '종교의 길'이다. 그런데 흥미로운 것은 ①은 ②를 부정하고 있다는 점이다. 다시 말해서 혜안은 그의 주된 상징 중의 하나인 '어린 아이'에 대해 상호 배제적인 이중적인 의미를 부여하고 있는 것이다. ①의 어린이가 미숙(未熟)을 나타낸다면, ②의 어린이는 본래적인 진선미의 완전성을 나타내는 듯하다. ①과 ②의 텍스트에서의 어린아이를 보는 그의 어른의 시선은 실존의 성숙(成熟)과 범속의 퇴락으로 분열되어 있는 듯하다. 우리는 ②에서의 '종교의 길'에 대한 그의 확신에 찬 역설에 마음이 움직이지만, 그

---

75) 서경수(1966e), pp. 199-200.
76) 서경수(2010a), pp. 361-62; 서경수(1966d).

러면서도 여전히 우리의 일상의 삶과 세계를 보다 새롭게 볼 필요가 있다는 앞에서의 언급은 여전히 유효할 것 같다.

2. 정치 · 경제 · 사회적 흐름과 종교/불교 · 철학적 흐름의 상호 교섭

1) '세속'의 의미와 위상: 종교/불교적 대 사회적 시각의 배치(背馳)

우리는 이제 서경수 사상에서 정치 · 경제 · 사회적 흐름과 종교/불교 · 철학적 흐름의 교섭의 한 전형적인 예를 그의 초기와 후기의 두 텍스트에 나타난 '세속'에 대한 대조적인 이해의 차이에서 살펴보도록 하자. '세속'은 그의 대표적 에세이집인 『世俗의 길 涅槃의 길』의 첫머리에 나올 정도로 중요한 주제어이다. 따라서 그의 사상에 있어서 이 세속의 개념이 사용되는 양태를 추적해보면 그의 사상이 전반적인 상황을 파악하기가 용이하게 된다.

③[77] 열반의 世俗化를 막는 길 <영원> (열반)을 찾아서 世間 輪回를 단절할 때 佛教的 否定은 시작한다. 世間을 단념한 出家者에게 세속的 일체는 무의미한 것 뿐이다. … 佛教의 논리는 열반 <즉> 세속의 방정식으로 두 개의 모순 개념사이에 <卽>을 위치시킴으로써 두 개념이 서로 모순 대립관계에 있는 것이 아니고 하나처럼 되어 있다고 전개한다. … <즉>의 의미를 直線的으로 긍정하면 열반의 경지는 직선적으로 전략되어 세속화되기 마련이다. … <열반>에조차도 住處를 부정한 보살의 否定的 결단만이 <열반>이 직선적으로 세속화라는 타락을 막을 수 있다.[78]

④ 당당해진 세속 … 교권이나 정권의 계승보다 세속에 사는 속물들의 계층의 폭이 훨씬 넓고 깊기 때문에 민주주의는 세속의 편이다. 세속은 절대 다수(多數)다. … 편집광(偏執狂)적 자기중심주의에 도취된 지배층에 비하면 비굴해지리만큼 허약한 세속은 오히려 순수하다. 그래서 세속의 순수한 소리에 귀기울이는 것이다. … 이승에서만 아니고 저승에서까지도 세속만세를 부를 때가 왔다. 종교의 최종목적은 종교가 필요없는, 따라서 직업적 성직자도 필요 없는 세상을 만드는데 있다.

---

77) 비교를 위한 연번(連番).

78) 서경수(1966e), pp. 31-43.

… 그래서 종교의 세속화는 더욱 절실하게 요망된다.[79]

③에서 혜안은 세속에 대한 종교적, 즉 불교적 접근을 하고 있다. 세속은 곧 世間 輪回이고 그것은 일차적으로 단절되고 부정된다. 그것이 다시 받아들여지는 것은 열반을 매개로 한 보살의 중생제도의 일환으로서 일 뿐이다. 적어도 이런 맥락에서는 '세속', 즉 종교적 범주화 이전의 '세계' 또는 '세상'에 대한 관념 또는 이해는 찾아보기 어렵다. 이글은 앞에서의 ②와 마찬가지로 1966년에 쓰인 글로서 그의 전형적인 종교로서의 불교적 시각을 잘 보여주고 있다.

1983년에 쓰인 이 글 ④에서 그는 세속을 적극적으로 긍정한다. 그는 이제 종교를 매개로 하지 않고 곧바로 세속에 접근한다. 그리고 여전히 혼탁하고 비굴하기까지 하지만 이제 거기에서 순수를 본다. 그리하여 "세속만세"를 부르면서 당당해진 종교는 그 목적에 충실하게 종교 자신을 필요 없게 만들기까지 한다. 이 글 ④는 어떤 면에서 ①의 실존적 접근을 사회적인 영역에서 더욱 적극적으로 계승한다. 그리고 ①에서 슬쩍 보이는 종교에 대한 온건한 부정은 여기에서는 더욱 본격화된다. <열반>, 즉 종교의 세속화라는 타락을 막아야 하는 것이 아니라, 종교는 이제 오히려 절실하게 세속화되어야 한다.

이제 문제가 제기된다. 이러한 다양한, 때로는 서로 배치(背馳)되기도 하는 언급들을 어떻게 이해할 수 있을 것인가? 분명한 것은 그에게는 처음부터 '실존적', '종교적', 그리고 사회적인 세 흐름이 있어왔다는 것이다. 서로 상이한 성격의 이 세 흐름은 때로는 서로 어울리기도 하고 때로는 서로 부정하기도 한다. 아무튼 글 ④는 그의 후기에 있어서 세속의 위상이 급상승했음을 보여준다. 외부적인 영향을 차치한다고 하더라도, 그의 사상 내부적으로도 보살의 시선으로부터 주로 구제의 대상 영역으로 보이던 세속이 종교라는 문화적 형성체 이전의 그 자체로서 본래적인 가치를 인정받는 것은 오히려 바람직하다. 다

---

79) 서경수(1983b), pp. 12-15.

만 그가 도처에서 거의 청교도적인 기세로 부정하고 비판하던 '세속'의 삶이나 인도 밀교에 관한 그의 이해는 보다 깊고 넓은 지금의 거의 전복적으로 혁신적인 시각에서 새롭게 수정되어야 할지도 모른다.

2) 종교의 대사회적 기능에 있어서의 문제와 해결 : 호국 대 호법, 영합 대 참여

종교가 세속에서 그 진리를 구현하려 할 때에는 그 대사회적 기능이 문제가 된다. 그 중에서도 종교와 국가 또는 정치체제 사이의 위계가 실제적인 문제가 될 수 있다. 이 문제에 관해서 혜안이 볼 때에는 영원과 무한 및 절대의 영역을 대표하는 종교와 시간과 유한 및 상대의 영역을 나타내는 국가 또는 정치인 사이의 위계는 이미 전자가 후자보다 우위에 있다.[80] 따라서 사문이 왕에게 예경하지 않는 인도의 모델이 적절할 것이다.[81] 그런 의미에서 중국의 동진(東晉)의 승려 여산혜원(廬山慧遠)이 천자에 맞선『사문불경왕자론(沙門不敬王子論)』을 이해할 수 있을 것이다.[82] 그런데 문제는 "이 같은 기도는 일찍이 무너지고 불교교단은 항상 국왕의 통치하에 있으면서 국왕과 그의 왕권을 위하여 시봉적 지위에서 봉사하여 왔다."[83]는 것이다. 이렇게 호국불교로 변질된 불교가 한반도의 삼국에 들어와서 무비판적으로 수용되었을 때 문제가 일어났다고 보는 것이다.[84]

그 대표적인 예가 원광(圓光)의 이른바 "세속오계"로서 특히 네 번째 임전무퇴(臨戰無退)와 다섯 번째 살생유택(殺生有擇)의 계가 절대적인 성격의 불살생계를 깨뜨린 것으로 보는 것이다.[85] 그가 볼 때 "종교인은 어느 시대에

---

80) 서경수(1966e), p. 380, 서경수(2010b), p. 215.
81) 서경수(2010a), pp. 165-66.
82) 서경수(1990b), p. 122.
83) 서경수(2010b) p. 70.
84) 서경수(1990b), p. 96.
85) 서경수(1990b), p. 115.

나 승과 속의 갈림길에서 항상 비장한 결단을 강요받고 있"⁸⁶⁾는데, "이 갈림길에서 얼마만큼 고민하며 어떻게 결단지었는가 하는 것이 그의 종교적 인격을 가늠하는 기준이"⁸⁷⁾ 된다고 보는 것이다. "그리고 한 가지 보다 중대한 문제는 자장이나 원광의 종교인적, 승려적 자세와 결단을 후세의 불교교단은 어떻게 받아들여 왔는가 하는 데 있"고, "이것은 한국불교사의 방향을 결정짓는 중대한 물음이 될 수도 있"⁸⁸⁾다.

"그러나 신라의 불교교단 전체가 호법과 호국을 동일시하였다면 한국불교는 전래 초기부터 반교리적(反敎理的) 방향으로 오도(誤導)되었다고 할 수밖에 없"⁸⁹⁾다는 것이다. 그리고 그 후에조차도 한국불교계가 "아직도 호국과 호법의 근본적 한계를 의식 못하고 예리한 비판의 법도를 내리지 못하였다면 역설적으로 말하여 전래 초기의 반교리(反敎理)가 적어도 한국불교사에 한하여서는 반교리가 아니었다라고 변증할 수밖에 없"⁹⁰⁾고, "그렇게 되면 호법과 호국의 동일률은 한국불교의 역설적 특이성이 되고 만다."⁹¹⁾고 그는 본다. 이리하여 한국불교사에서는 "『사문불경왕자론(沙門不敬王子論)』 같은 호법론(護法論)은 나온 일이 없"⁹²⁾고, "'종교와 국가' '승가와 왕권' 등이 하나의 교리적 문제로 대두된 적이 없는 것이 한국불교사의 특성"⁹³⁾이라고 보는 것이다. 이는 실로 한국불교사의 현실에 대한 종교학적 원론에 충실한 신랄한 성찰적 비판이다.

혜안은 종교는 그 본질, 즉 그 출세간적인 면을 그대로 유지하면서도, 중생이 고(苦)로 시달리고 있는 이 세계의 현실에 적극적으로 참여해야 한다고 본

---

86) 서경수(2010b) p. 73.
87) 서경수(2010b) p. 74.
88) 서경수(2010b) p. 74.
89) 서경수(2010b) p. 75.
90) 서경수(2010b) p. 75.
91) 서경수(2010b) p. 75.
92) 서경수(2010b) p. 75.
93) 서경수(2010b) p. 75.

다.[94] 그렇다고 그냥 현실에 몰입해 버리면 스스로 타락되어 구제라고 하는 본래의 사명을 다할 수 없게 되고,[95] 현실을 외면하게 되면 인간과 사회를 위함이라는 종교의 존재이유 자체가 없어져 버리게 된다는 것이다.[96] 그리하여 "유한한 인류조직의 한계를 벗어나지 못하는 정치권력과 무한을 지향하는 종교 사이에는 일정한 거리를 두고 서로 보완적 관계를 유지하는 것이 이상적"[97]이라는 중도적 이해에 도달한다. 그리하여 "권력에 도취한 정권이 부당히 폭력을 휘두를 때, 강하게 저항할 수 있는 것은 종교교단"이며, "세속적 권력을 초월한 세계, 즉 무한하고 영원한 세계가 있"기에 "인간이 세속적 출세에 눈이 어두워서 맹목적으로 권력지향적으로 치달릴 때 제동을 걸 수 있는 것은 종교밖에 없다"고 그는 본다.[98] 그리고 그것은 "非暴力의 종교적 감화력에 의하여 극복"되는 "無抵抗(무저항)의 抵抗"이어야 한다고 보았다.[99] 이러한 면을 포함하여 그는 "'나'를 깨쳤다는 내면적 질적 전환을" 인류와 사회에 대한 폭포 같은 '자비'를 통해 사회의 방향으로 전환할 것을 역설한다.[100] 그리하여 "오늘의 불교는 부처님의 위대한 말씀을 가장 훌륭하게 불러서 만인의 가슴을 감동케 하는 가수", 즉 "오늘의 대승보살"로서 현실에 임할 것을 역설하는 것이다.[101]

3) 현대세계에 대한 불교의 처방

아울러 이 두 흐름의 교섭에 관해서 「분배」(1975), 「불교와 현대, 오늘을 슬기롭게 사는 길」(1979), 그리고 「부처님 당시의 정치, 경제, 사회」(1986)라는 제목의 세 글의 텍스트 중 일부도 또한 살펴보도록 하자.

---

94) 서경수(1966e), p. 296.
95) 서경수(1966e), p. 328, pp. 337-38, pp. 342-44.
96) 서경수(2010a), pp. 155-56.
97) 서경수(2010a), p. 138.
98) 서경수(2010a), p. 138.
99) 서경수(1966k), p. 70.
100) 서경수(2010a), p. 145.
101) 서경수(2010a), p. 145.

⑤ 3. 현대의 분석과 불교 현대의 두드러진 특징은 첫째, 지극히 세속적이란 점이다. 현대는 종교가 제시하는 '영원한 이상'보다는 '세속적 현실'에 가치를 부여한다. … 그래서 둘째, 무한보다는 유한에 모든 삶의 의미를 부여하는 현대인간은 현실적 자기만의 만족을 추구한다. 지독한 자기중심적 아집이 극단적으로 조장된다. … 그리고 셋째, 세속적 현실에서 자기중심적 아집에 안주하려는 욕구는 그 욕구를 순간적으로 충족시켜 줄 수 있다고 생각되는 황금지향으로 달리기 마련이다. … 따라서 넷째, 현대는 인간들이 자기 자신의 추구보다는 인간의 문제와 고통을 밖에서 찾으려는 헛된 탐욕을 조장하는 시대다. … 잃어버린 '나'를 자기 내부에서 찾으려 하지 않고 어떤 대상에 몰입함으로써 찾으려는 헛된 수고만을 되풀이하는 어리석은 군상이다. 불교가 현대에 제시할 수 있는 것은 '나'를 '나' 안에서 찾는 길을 보여주는 일이다. '나의 주인은 나다'라는 『법구경』의 의미가 다시 살아 나와야 한다.[102]

⑥ 승가의 공평원칙 원시교단 즉, 상가(僧伽, Saṅgha)에는 일관된 경제윤리가 있다. … 탐욕과 보시 불교에서 가장 미덕은 보시라 하고 가장 악덕은 탐욕이라 한다. … 탐욕의 반대는 보시다. 보시의 논리는 분배로 연장된다. 탐욕의 사회가 삭막한 사막이라면, 보시의 사회는 즉, 분배의 사회는 푸른 초원이다. 탐욕은 사회의 평등을 무너뜨리고 자유를 위협하지만, 분배는 사회의 평등을 온전케 하고 자유의 뜻을 되살린다.[103]

⑦ 부처님이 표방하는 교설은 어디까지나 평화이지 전쟁은 아니었다. 열반적정(涅槃寂靜)에서 적정에 해당하는 「샨티」란 원어는 평화를 의미한다. 따라서 불교가 지향하는 궁극적 이상이 적정이 의미하는 평화다. … 아쇼카왕은 부처님이 교시한 Dharma(진리)에 의한 정치를 펴나갔다. 진리에 의한 정치는 곧 전쟁이 아니고 평화를 지향하는 정치다. … 부처님은 적정의 길 즉 평화의 길을 교시하여 그 길을 걸으셨지만 당시의 주변정세는 군소국가 사이의 부단한 전쟁으로 점철되고 있었다. 부처님이 제시한 불국토이상이 현실적으로 곧 실현되지는 않았다. … 그러나 카빌라가 코살라에 의하여 정복되었다고 해서 즉 카빌라의 역사가 끝났다고 해서 부처님이 교시한 평화의 길도 끝나는 것은 아니다. 오늘은 전쟁은 계속되고 있지만 인류가 염원하는 이상은 여전히 평화의 길이다.[104]

---

102) 서경수(2010a), pp. 148-50; 서경수(1979j).
103) 서경수(2010a), pp. 240-43; 서경수(1975c).
104) 서경수(1986a), p. 28.

여기서 ⑤의 글은 '현대의 분석'이라고 하지만 이미 그것은 불교적 처방을 예비한 분석이다. 그 점에서 그것은 세계와 불교의 상호 교섭의 성격을 지니고 있다. 그런데 혜안의 사상에서의 정치·경제·사회적 흐름과 종교/불교·철학적 흐름의 이러한 교섭으로부터는 우리는 다음과 같은 이해를 얻게 된다. 현대 세계에 대한 혜안의 진단은 상당히 부정적으로 보인다. 얼마 후에 나타나는 세속에 대한 보다 긍정적이고 적극적인 시각은 이런 텍스트에서는 아직 잘 보이지 않고 있다. 그러나 그는 전쟁이 끊이지 않는 역사적 현실을 보면서 단순한 역사적 흥망을 넘어서 영원을 바라보는 종교의 긴 호흡으로서 특히 붓다가 제시한 진리와 평화의 길을 우리 모두가 초연하게 걸어가기를 강력하게 권한다. 다소 근본주의적으로 보이기도 하는 이러한 제시는 실로 놀라운 것이며, 우리가 그것에 대해 깊게 음미할 때에 여느 세속적 이해로서는 얻기 어려운 귀한 통찰과 평화를 얻을 수 있으리라 생각한다.

3. 세 흐름의 총체적 상호 교섭

이 삶과 세계는 실로 총체적인 가없는 장(場)이다. 여기에서 온갖 일들이 생겨나고 머물다가 사라져가기도 한다. 우리가 앞에서 파악한 실존적, 종교적, 사회적 흐름들도 여기에서 상호적으로 교섭하고 있을 것이다. 이제 자연스러운 이러한 총체적인 상호 교섭을 다음과 같은 주제로써 간략하게 살펴보도록 하자.

1) 종교적/불교적 진리의 실존적·역사사회적 구현
: 고(苦), 자유 및 구제

여기에서 우리는 혜안의 관심의 핵심적인 영역으로 진입한다. 모든 것이 무상(無常)하고 온갖 원인들과 조건들에 의해 다양한 현상들이 연기(緣起)한다.[105] 이 연기를 그는 용수를 따라 무자성(無自性)이고 따라서 중도(中道)로 이해한다. 유명한 연기 = 무자성 = 공의 등식이 성립한다.[106] 일반적으로 그는 종교를 포함한 문화 현상을 그것을 기록한 기초적인 언어의 현상에 주목하는 것으로부터 시작하는 경향을 보이고 있다. 그것이 언어라면 그는 산스끄리뜨이든 한문이든 구문론을 포함한 언어학과 사유방식, 그리고 철학 또는 사상을 상호연관시키는 특출한 안목을 선보이고 그런 방식을 필요할 때마다 거의 자유롭게 활용하고 있다.[107] 논리를 중시하고 필요에 따라 동원도 해가면서.[108] 그러나 중관(中觀)의 안목답게 이 언어, 이 논리의 한계를 그는 거의 언제나 보고 있다.[109] 그래서 그 침묵, 붓다의, 그리고 선적(禪的)인 침묵[110]의 소리를 늘 크게 듣고 있는 듯하다. 그러한 침묵의 영역에서는 언어가 그 좁은 한계 안으로 내파(內破)됨을 그는 잘 이해하고 있는 듯하다.[111] 그리하여 그로서는 바이샬리의 유마힐 거사는 한없이 매력적인 인물로서 그를 끌어당기는 듯하다. 그는 마침내는 그의 존재를 인도에서 "슈레스틴적 지위와 그리하파티적 권위를 한 몸에 지니고 등장한 인물"[112]로까지, 즉 인도에서의 당시의 정치, 경제, 사회적 상황과 구체적으로 연관시키면서 파악하기까지 한다.

그리하여 열반과 세속 사이에서 끝없이 왕래하는 정처 없는 무주처(無住處) 보살의 이상[113]에 그는 흥분한다. 그는 불교의 핵심을 쉽게 자각(自覺)으로 이해했다.[114] 무상이란 영원이 이 순간에 단절되는 것으로, 따라서 말하자면 순

---

105) 서경수(2010a), p. 171.

106) 서경수(1978e), p. 67.

107) 서경수(1966e), pp. 123-24, pp. 140-42; 서경수(2010a), p. 253.

108) 서경수(1966e), p. 43, p. 214.

109) 서경수(2010b), p. 112.

110) 서경수(2010b), p. 411.

111) 서경수(1966e), p. 307.

112) 서경수(1986a), p. 26.

113) 서경수(2010a), p. 216, p. 222.

114) 서경수(2010a), p. 142, p. 213.

간적인 죽음으로 이해했다.[115] 따라서 자각이란 삶 속에서 이러한 순간순간의 죽음을 받아들이는 것이다.[116] 순간순간 죽음으로써 살아감이 되는 그러한 깨어 있는 삶을 그는 바랐던 것 같다. 그러려면 나의 중심을 확고히 잡고 있어야 한다. 따라서 그는 한편으로는 대상을 경계했던 것 같다. 그는 특히 TV와 같은 미디어에 지나치게 휘둘리는 것은 '나'를 상실한 로봇이 되는 것이라고 생각하기도 했다.[117] 이러한 연기나 무상의 기제에 깨어 있지 않으면서 별 생각 없이 대상들을 보게 되면 그것들을 보이는 그대로 있는 것, 즉 실체로 보게 되어 집착을 하게 된다고 이해했던 것 같다. 그리고 이러한 이치를 모르는 생명 있는 존재들, 즉 중생이 바로 고(苦)를 겪게 된다고 생각하였던 것 같다.

따라서 이제 그에게는 무상·연기·공·중도 그리고 자각이라는 종교적, 즉 불교적 진리의 구현이 문제가 된다.[118] 그것이 이 '나'의 실제의 삶에서 먼저 문제가 되고 해결이 되어야 한다는 점에서 그것은 우선 실존적이다.[119] 그러나 그것은 동시에 시간을 살아가는 우리의 모두에게 문제가 된다는 점에서는 또한 역사사회적이기도 하다.[120] 따라서 종교적/불교적 진리의 실존적·역사사회적 구현이 그에게 상존하는 과제로 주어지는 것이다. 진리로 보면 구현이 과제가 되겠지만, 고로부터의 건짐으로 보면 그것은 구제(救濟)의 문제가 되는 것이다.[121] 자각의 상태가 자유이고, 따라서 그는, 적어도 의식적으로는, 끊임없이고, 자유,[122] 그리고 구제의 문제와 씨름하고 있는 것이다. 이러한 맥락에서 그

---

115) 서경수(2010a), p. 154.
116) 서경수(2010a), p. 154.
117) 서경수(2010a), p. 142.
118) 서경수(1966e), p. 162; 서경수(2010a), p. 107, pp. 190-92, p. 357.
119) 서경수(2010a), p. 190.
120) 서경수(2010a), p. 190, p. 192.
121) 서경수(2010b), p. 112.
122) 서경수(1966e), pp. 134-35, p. 162; pp. 198-99.

는 「성도의 의미」(1969)[123], 「범성일여」(1976)[124]와 같은 빼어난 통찰을 담은 글들을 내어놓기도 했다.

그런데 그의 불교 이해에 있어서 우리가 주목해야 할 점은 다음의 텍스트에서 볼 수 있듯이 그의 표현대로 하자면 "이면불(二面佛)"적인 종교의 성격과 자타의 구제의 움직임에 있어서의 부정의 적극적 역할이다.

① 종교는 역시 二面佛이다. 한편으로는 <絶對>를 추구하여 무한히 올라가려고 하면서(上求菩提), 또 다른 한편으로는 <相對>的 세계로 내려와서 衆生을 제도해야 한다(下化衆生).[125]

② 涅槃은 부정으로 향하는 방향에 있다. 불타가 최초로 말씀하셨다는 苦集滅道의 四聖諦中 解脫 涅槃의 길로 인도한다는 滅(nirodha)의 의미가 부정을 나타내는 까닭도 부정(涅槃)의 길로 인도하는 것은 부정밖에 없기 때문이다. … 세간에 대한 부정인 출가로부터 시작하여 부정의 의미밖에 없는 涅槃으로 향하여 「否定(滅)하면서 가고 있는 길」이 불타가 보여주신 「解脫」의 방법이었다.[126]

③ 그런데 보살에게는 안식할 住處가 없다고 한다. … 그는 衆生을 위하여 열반을 부정해야 하고, 또 열반을 위하여 世間을 부정해야 한다. 그의 삶은 否定의 되풀이다. …[127]

④ 본래부터 아무것도 없다고 하는 無一物의 否定論理는 여러 祖師들에 의하여 여러 가지 방식으로 기발한 대화 속에서 표현되었다. … 無一物의 禪的 立場에는 P라고 하는 述部뿐만 아니라 言語 S마저도 부정한다. 그야말로 <아무 것도 없다> … 부정의 방향을 다시 부정하고 현실로 되돌아오는 선이라야 살아 있는 眞禪이다. 돌아서 현실에서 움직이고 있는 생명 있는 禪이라야 한다는 말이다. … 다만 달라진 것은 나이다. 집착의 迷路에서 방황하던 내가 覺悟의 밝음을 얻었다. … 禪的 覺悟를 가지고 현실에 참여할 때 禪은 현실에서 가장 생명 있는 종교

---

123) 서경수(2010a), pp. 230-32.
124) 서경수(2010a), pp. 213-14.
125) 서경수(1966e), pp. 38-39.
126) 서경수(1966e), p. 121.
127) 서경수(1966e), pp. 39-40.

가 될 것이다.[128)

이제 이 두 가지 부정을 우리의 세 흐름과 연관시켜본다면 그것은 아마도 다음과 같을 것이다. 즉, 한 사람이 이 세속에서 단순히 세상의 흐름에 휩싸여 여느 사람처럼 산다면 그것은 단순히 범속(凡俗)한 것이다. 그러나 그가 순전히 개인적 선택과 책임으로써 현실에 마주쳐 나간다면, 그는 실제로는 실존적일 것이다. 이제 그가 세속에 대한 근본적인 부정을 통해 그 궁극으로 향한다면 그는 불교적이라는 의미에서 종교적이다. 그러나 그가 종교적으로서도 자기 중심성을 탈각하고 그 부정을 다시 부정하면서 이 세속의 동료 중생들에게 돌아온다면 그것은 새롭게 사회적인 것이 될 것이다.

아무튼 여기에서 혜안이 종교로서의 불교의 '이면불'적인 성격과 함께 초기 불교로부터 보살도를 거쳐서 선에 이르기까지의 부정의 구제론적인 역할을 강조하는 것은 그로서는 전형적이다. 더구나 그가 선에서의 부정의 부정을 얘기할 때는 대긍정이나 화합을 얘기할 법 하기도 하다. 그러나 그의 삶이 후기로 접어들면서 그의 정치·경제·사회적 흐름이 활발해지기 시작하고, 그가 세속을 보다 긍정하게 되면서 비로소 '和'[129)와 '화합'[130)과 같은 보다 원만한 주제에 대한 그의 이해와 표현이 더욱 적극성을 띠게 된 것으로 보인다.

4. 서경수 사상의 복합적 역동성과 그 의미

혜안은 그 스스로 다면적일 뿐 아니라 그의 사상에 있어서도 논리와 감성의 어울림, 현상학적 냉철 대 구제론적 열정과 같은 면모를 보이고 있다. 그리고 이제 그의 사상은 적어도 실존적, 종교적 및 사회적으로 대표되는 세 흐름이 상호적으로 교섭하는 가운데 형성되고 전개되어온 복합적인 성격의 것으로

---

128) 서경수(1966e), pp. 50-57. 이하 모든 밑줄은 필자 (언급 생략).
129) 서경수(1985c) 참조.
130) 서경수(2010a), pp. 197-98; 서경수(1985e).

드러나고 있다. 이러한 상호관계의 모습은 때로는 배척과 부정의 긴장과 간극으로, 때로는 수용과 긍정의 편안한 융화의 모습으로 나타나기도 하였다. 그러한 세 흐름이 서로 교섭하며 이뤄간 그의 삶과 사상은 근본적으로, 한 개인으로서 잠재력을 최대한 실현해가려는 그의 특유의 실존적 열정, 그의 삶과 사상에 세속과 초월의 모습이 다 비춰지게끔 이끈 그가 의식적으로 지향한 무주처(無住處) 보살적인 원행(願行), 그리고 이 세상에 대한 그의 한 구성원으로서의 위치와 관심이라는 세 흐름이 빚어낸, 상당히 '인간적인' 역동적 모습이었다고 생각된다.

아무튼 그의 삶과 사상에 있어서 온갖 다채로운 모습과 변이에도 불구하고 그가 근본적으로 불교적 시각과 실천에서 자타를 구제하려는 통찰력 있는 자비로운 관점을 계속 유지하며 노력하고 있는 것은 놀라운 일이며, 이는 앞으로도 그의 삶과 사상을 접하는 많은 사람들에게 상당한 영감을 주리라 생각한다. 그가 떠나고 어언 삼십년이 가까운 지금, 계속되는 지식혁명의 흐름을 타고 발전된 보다 유리한 시각에서 보이는 그의 사상의 문제점이나 부족한 점이 있다면, 그것은 바로 근본적으로 뜻을 같이 하는 우리 자신에게 앞으로의 과제로 주어지는 것임을 알 수 있을 것이다.

맺음

우리는 지금까지 혜안(慧眼) 서경수 선생의 삶과 사상을 그 세 흐름의 상호교섭을 중심으로 살펴보았다. 우리의 탐구에 의해 점차로 그 모습을 드러낸 그의 사상의 세 흐름이란 각각 실존적, 종교/불교 · 철학적, 정치 · 경제 · 사회적, 즉 실존적, 종교적, 사회적인 흐름이었다. 그의 평생에 걸친 '길'에 대한 탐구와 그 행로가 실존적이었다면, 그가 평생 동안 중생구제의 이상을 실현하려고 연구하고 노력한 것은 종교적, 그리고 그가 나름대로의 방식으로 일제에 항거하고 정부를 비판한 것과 같은 행동은 사회적이었다고 볼 수 있겠다. 사람의 삶과 세계를 비추고 반영하는 사상이란 근본적으로 전일(全一)하고 총체적이어서 그것을 구성하는 모든 것이 상호적으로 작용하고 교섭한다는 것은 자연스러운 것이다. 따라서 우리가 편의상 인위적으로 분리해낸 그러한 실존적, 종교적 및 사회적 흐름들도 그의 사상 안에서 자연스럽게 서로 교섭하며 때로는 상호적인 갈등과 부정으로, 때로는 어울림과 긍정의 모습으로 드러나기도 했다. 결국 그의 삶과 사상의 이러한 복합적인 역동성은 근본적으로, 그의 특유의 실존적 열정, 세속과 초월의 전체적 모습이 그의 삶과 사상에 다 비춰지게끔 이끈 그의 무주처(無住處) 보살적인 원행(願行), 그리고 이 세계의 한 구성원으로서의 그의 위치와 관심이 빚어낸, 상당히 '인간적인' 것이기도 했다.

아무튼 그의 삶과 사상의 온갖 다채로운 모습과 변이에도 불구하고 그가 근본적으로 불교적 시각과 실천에서 자타를 구제하려는 통찰력 있는 자비로운 관점을 일관되게 유지하며 노력한 것은 놀라운 일이며, 이는 앞으로도 그의 삶과 사상을 접하는 많은 사람들에게 영감을 주리라 생각한다. 계속되는 지식혁명의 흐름을 타고 지금의 발전된 보다 유리한 시각에서 보이는 그의 사상의 문제점이나 부족한 점이 있다면, 그것은 바로 근본적으로 뜻을 같이 하는 우리 자신에게 앞으로의 과제로 주어지는 것임을 알 수 있을 것이다.

참고 문헌[131]

변선환(1988). 「혜안 서경수교수의 죽음을 애도함」, 서경수.『길에서 길로: 서경수 교수 수상집』. 서울: 한국불교연구원, pp. 253-55.

박성배(2010). 「서경수 선생님…」, 서경수.『불교를 젊게 하는 길 : 서경수 저

---

131) 필자가 지난번에 발표한 논문 「서경수 교수의 업적과 현대 인도철학에의 한 전망」에 포함되었고 (『한국 인도철학 50년의 회고와 전망』 자료집, pp. 113-21), 이 논문의 앞의 제I장에서 접근방법과 관련하여 언급되기도 한 '혜안 서경수 선생의 작품·활동 연보'는 실제로는 분량이 넘치는 관계로 마침내 이 논문에 포함되지 못하였다. 아무튼 각주와 이 참고문헌에서 연도에 알파벳을 부가하여 문헌을 표기한 것은 그 '연보'에서의 표기에 맞춘 것이다.

작집 I』. 서울: 活 불교문화단, pp. 487-94.

사르트르(2012).『존재와 무』. 정소성 옮김. 서울: 동서문화사.

서경수

1959 「원시불교사상」. 동국대학교 대학원.

1966e『세속의 길 열반의 길』. 서울 : 원음각.

1966k「현대불교와 정치참여」. 서울 :『세대』, pp. 69-73.

1978e『인도불교사』. 서울 : 한국불교연구원.

1981a「로동에 따라 분배받네」.『장백산』. No. 2. 서울: 서우얼출판사, p. 68.

1983b「종교의 세속화」.『법륜』. 서울 : 월간법륜사, pp. 12-15.

1984b「불교문화와 한국인의 윤리관」. 나학진;서경수;이한구. 서울: 한국정
신문화연구원, pp. 82-126.

1985c「한국불교사상사에 나타난 和의 개념」. 이종익 외『한국사상논문선
집(237) - 한국불교사상사의 특징(1)』. 서울: 불함문화사.

1985g『續·인도 그 사회와 문화』. 현대불교신서 55. 서울 : 동국대학교 역경원.

1986a「부처님과 당시의 정치, 경제, 사회」. 특집/인도철학에의 인식. 합천 :
해인사, pp. 26-28.

1988a『길에서 길로: 서경수 교수 수상집』. 서울 : 한국불교연구원.

1990a『불교적 인생』. 현대불교신서 65. 서울: 동국대학교 역경원.

1990b『불교철학의 한국적 전개: 서경수 교수 유고 논문집』. 서울 : 불광출판부.

2010a『불교를 젊게 하는 길: 서경수 저작집 I』. 서울 :活불교문화단.

2010b『기상의 질문과 천외의 답변 : 서경수 저작집 II』. 서울 :活불교문화단.

우종창(1986).「서경수 교수의 학문과 인간」. 서경수.『길에서 길로 : 서경수 교
수 수상집』. 서울: 한국불교문화연구원.

이민용(2009).「근대 불교 연구의 틀을 제시한 서경수 거사」.『한국불교를 빛낸
재가불자 3인을 조명한다』. 서울: 대한불교진흥원, pp. 26-46.

이민용(2010a). 「발간사」. 서경수.『불교를 젊게 하는 길 : 서경수 저작집 I』. 서울: 活불교문화단』, pp. 5-15.

이민용(2012). 「[이기영·서경수] 역사와 현실에 참여하는 불교를 고민하다」.『불교평론』50호 기념 특집: 한국불교개혁을 꿈꾸다. 서울: 만해사상실천선양회, pp. 250-73.

하이데거(1998).『존재와 시간』. 이기상 옮김. 서울: 까치

活불교문화단(2011).『불교의 등불, 사회의 목탁 덕산 이한상: 신문기사 자료집』. 서울: 活불교문화단.

Eliade, Mircea(1974). The Myth of the Eternal Return or, Cosmos and History. Trans. from French by Willard R. Trask. Princeton: Princeton University Press.

Abstract

The Life and Thought of Hye-an(慧眼), Prof. Kyung Soo Suh: Mutual Negotiations of Three Streams

Hwang, Yong Shik
Independent researcher on philosophy and meditation

We have so far investigated on the life and thought of Hye-an(慧眼) Kyung Soo Suh with special reference to the mutual negotiations of three streams. The three streams that have been gradually uncovered by the investigation of present writer are existential, religious/Buddhist-philosophical, and political-economic-social stream respectively. Whereas his lifelong search for the 'Way' and his actual course of life are existential, it is religious that he researched on and strived to actualize the ideal of saving living beings throughout his life, and it is social that he resisted the Japanese imperialism in his own way.

Thought that shed light on and also reflect human life and the world are basically so holistic and totalistic that it is only natural that everything that constitute it mutually interact and negotiate. Accordingly, the three existential, religious and social streams that are artificially separated for convenience's sake mutually negotiates with one another and thus appeares sometimes in the form of mutual conflict and negation, and sometimes of harmony and affirmation.

Eventually the complex dynamism of his life and thought is basically molded out of his unique enthusiasm, his aspiration and action befitting a nonabiding bodhisattva that led the whole appearance of the secular and the transcendent shone on his life and thought, and his place in and concern with the world as its member. It was also considerably 'human.'

Anyway it is surprising that despite all the variegated appearances and transformations of his life and thought he managed to consistently maintain the insightful and compassionate stand to save his own self and the others together under the basically Buddhist perspective and through its practice. And this fact will surely inspire a number of people who will come in contact with his life and thought in future. If there is a problem or deficiency in his thought from the present viewpoint of advantage riding the tide of continuing knowledge revolution, we will be able to realize that it is given as task to us who share the same intent.

Keywords: Kyung Soo Suh, three streams, existential, religious, social, saving, complex, dynamism, nonabiding bodhisattva

투고 일자 : 2014년 11월 24일
심사 기간 : 2014년 12월 8일 ~ 12월 18일
게재 확정일 : 2014년 12월 19일

올올하셨던 선생님

김재희

峨 峨(아 아)

차가운 듯
너무 따뜻했습니다.

廻光返照,
雙鷄쌍계에서 이름 받고
智異지리를 넘으며
무거워서 울었습니다.

지리(실상, 쌍계) 조계(선암, 송광) 가야(청암, 해인) 영취(통도) 오대(월정)
황악(직지) 경주(불국, 토함, 칠불)를 두루........
삼각(진관) 도봉(망월)에 노닐면서.
잿밥에 까지.

그렇게 그 속에서
언제나
兀兀올올하셨습니다.

마하반야바라밀!!

김재희 합장

588   서경수 선생을 그리며

스승과의 인연

김춘송

나는

인연 이라는

이

말 인가

단어 인가

개념 인가

생명실체를 아우르는

어떤

작용 일까.

하는 명제들을

70 이 넘은 나이에

나의 스승을 기리며

또

그때로 돌아가서 회상할수 밖에 없는 인연 ....

1965년 에서 1967년까지

동국대학교 불교대학 인도철학과 에서

1주일에 4시간

산스크리트 어와 빠알리어 강의를 들은 인연

1966년 내가 한국대학생불교연합회 일을 맡으면서

1966년 7월말 전남 순천 송광사에서의 대불연 제6차 하계수련대회와

연이은 8월 2일에서 6일 까지의 전남 구례 화엄사에서의 간부수련대회와

1966년 12얼 28일에서 1967년 1월 5일까지의

전남 해남 두륜산 대흥사에서의 제7차 동계수련대회에서의 인연.

학교 강의시간에서는

산스크리트어와 빠알리어의 공이라는 개념을

우리의 언어체계로써는 설명이 되지 안으신지

프랑스 시인 쟝꼭도의 시를 인용하시면서

그래도 심에 차시지 앉으신지

창밖을 한참이시나 바라보시던

그 모습 .

대학생불교연합회 하계 동계수련대회는 꼭꼭 참석해 주셨읍니다.

스님들 지도교수님들 여러분들 계셨지만

선생님께서는 한번도 강의를 하신 적이 없었읍니다.

그져 그져

떠들지 말아라   조용 조용해라.

그져 학생들 사이를 누비시면서

이름들을 불러 가며

천방지축 젊은 혈기들을 다독거리셨음을

이 나이 70이 넘고서야 고개가 끄떡여 집니다.

1963년 9월 한국대학생불교연합가 창설되고

1964년. 1965년은

경희대 김기중. 동국대 이용부외 몇몇 법우들의 열성에 의지해 지탱해 오다가

덕산거사의 불교신문사 인수와

서경수교수님의 불교신문사 관여하심에 따라

대학생불교연합회도 변화의 물결이 입니다.

1966년 부터

학생은 학업에 전념하라는 교시에 따라

대학생불교연합회의 일반사무는 간사직을 두어 전담케 해서

초대 간사에 동국대 불교대학원에 재학중인 최동수 선배가 선임됩니다.

이후로

대학생불교연합회가, 가사, 휘장, 회기마크를 공모 하지만

채택된 작품이 없어

서경수 교수님께서

가사는 조지훈 시인께,

작곡은 김희조 작곡가 님에게

평소의 친분을 살려서 의뢰해서 이루어진걸로 안다.

이 모든 일은 간사의 노고가 있었음일겠이다.

동계수련대회때 회가를 교수님께서 직접 가르쳐 주셨다.

이 대목은 폴테 시시모로 힘차게

이 대목은 스타카토로 딱딱 끊어서 하라고

직접 선창으로 하시면서 가르쳐주셨다.

또

아침, 저녁예불의

오분향례의 운율도 합창을 시켜 가면서 연습시켰다.

이때는 사중 대중스님들도 동참하셨다.

이일은 광덕스님의 주문이 많았으리라고 생각된다.

첫째. 학생은 공부에 전념해야 한다는 원칙하에서

　　　대학생불교연합회에 모든 사무를 전담하는 간사직을 신설해

　　　초대 간사에 동국대 불교대학원 재학생인 최동수 선배가 선임됩
니다.

구도회 수련회와 서경수 교수님에 대한 단상

문홍식

1974년 10월 27일 한국불교연구원이 창립되면서 신행단체로서의 우리 구도회가 함께 창립됐다. 초대회장 임병현 선생은 임기 중에 미국으로 이민을 떠났고, 부회장 김길조 님과 진은순 님은 별로 활동을 안 하셨다. 그리고 2대 회장 김병권 선생은 공직에 있어 바빴던 데다가 또 임기 중 작고 하셔서 이기영 원장님과 지도교수들의 지시를 받을 사람이 나뿐이었다. 이 때문에 열심히 일했다고 생각된다.

1년이면 몇 번씩 진행된 기초교리강좌와 매주 진행된 토요강좌의 강당 정리와 회원 안내 및 회비관리 등이 내가 맡았던 일이었다. 강의실이 없어 을지로 2가의 청소년 회관을 주로 사용했다. 행사가 있을 때는 원장님이나 목정배 교수의 지시로 시내 혹은 서울 근교 사찰을 소개받아 준비하고 회원들에게 연락도 하였는데 언제나 기쁜 마음으로 했다.

그 때 모두들 회관의 필요성을 절실히 느끼게 되었다. 국민은행에 300만원 3년짜리 상호부금을 들어 구도회 몫의 기금으로 하였고, 결국 그것이 그 뒤 논현동으로 이전하는 발판이 되지 않았나 생각한다.

당시 구도회원들 모두들 한결같이 느낀 것이겠지만, 제1회 기초교리강좌와 통도사 수련회를 하면서 우리들은 비로소 인생을 알게 되었던 것 같다. 또 불교를 알면서 모든 생각이나 행동이 달라졌고 가족들도 잘 따라주었다.

불교 교리는 너무 어렵고 딱딱했지만 사찰의 수련회만큼은 아주 좋았다. 사회와는 너무 다른 사찰 안에서의 생활이 재미있었다. 저녁 식사후의 참선 때는

596   서경수 선생을 그리며

몸이 피곤해 잡념이 가득하고 졸기도 했는데 그때마다 '털보 교수님'인 서경 수 선생님의 견책 죽비에 깜짝 놀라 자세를 바로잡곤 했다. 그럴 때면 죽비 소 리와 함께 내 자신을 새로 발견하는 것 같았다.

수련회를 갔던 사찰들을 꼽아보면 양산 통도사, 김천 직지사, 경주 기림사, 지리산 쌍계사, 남원 실상사, 평창 월정사와 상원사, 원주 구룡사, 속리산 법주 사, 양양 낙산사 등이 떠오른다. 그 중에서도 비록 그 뒤로도 계속 이어지지는 못했지만, 1976년 11월 정읍 내장사의 제1회 사찰 순례는 정병조 교수의 지도 하에 우리 구도회원들만의 행사로 열려 주지스님의 법문과 사찰 측의 설명과 이어서 경내 산책 등이 이어졌다. 순례를 마치고 상경하면서 김제 금산사도 둘 러보면서 돌아왔다. 서경수 교수님께서 해인사에 가면 성철 큰스님을 친견 하도록 해 주시겠다 하여 버스를 대절해 갔으나 홍제암까지만 가게 되어 백련 암에 있던 성철 스님을 만나 뵙지는 못 했고, 일타스님의 법문으로 대신할 수 밖에 없었다.

통도사 수련회 후에는 마침 스님들의 결제가 끝나서 스님들이 만행할 때 우 리 임원들과 회원들도 만행을 함께 했었다. 경주 남산 칠불암에서 1박한 다음 불국사, 석굴암 그리고 동해의 대왕암을 거쳐 해인사에 가서 드디어 성철 큰스 님을 3천배 없이 친견할 수 있었다. 그리고 다음해 선암사 수련회가 끝난 후에 는 밤에 산을 넘어 순천 송광사로 가 구산스님을 친견했다. 구산스님은 우리가 한국불교연구원에서 왔다하니 "불교는 연구해서 되는 게 아니야!" 하시면서 손수 차를 끓여주시며 사진촬영에도 응해주시던 모습이 잊히지 않는다.

한번은 김천 청암사에서 수도산을 넘어 가야산 해인사를 갔었다. 서경수 교 수님이 우리와 같이 가실 수 있다고 하여 함께 갔는데 서경수 교수님과 김미영 씨가 도중에 넘지를 못해 두 분은 거창의 산골 마을에 머문 적이 있다. 그때 우 리는 서 교수님과 김미영 씨가 서로 가깝다는 것을 알았고, 얼마 후 서경수 교 수님과 김미영 씨의 결혼이 발표됐었다.

이제 돌아보니 30~40년 전의 추억들이 너무나 아름답게 떠오르고 그때의 감정들이 지금도 계속되고 있다. 5·18이 일어나면서 나는 하던 사업이 여의치 못하게 되어 부천으로 옮겨 사업장을 바꾸었으나 그마저도 잘 되지 않아 구도회에 자주 나가지 못했다. 그때의 빛바랜 사진들을 보면서 추억을 떠올렸으면 하는 마음이다.

문홍식 합장(2대 구도회 부회장 1976.11~1980.11)

털보 서경수 교수님

박 춘

짝! 짜짝! 자짜작!!

내가 죽비경책을 체험한 것은 30대 중반 1978년 여름 쌍계사 수련회에서였다. 절집에서 잠자는 일, 식사하는 일 등 모든 행동거지가 처음 겪는 일이어서 서툴고 어색하기 그지없던 때었다. 수련 첫날 저녁 공양 후 불연 이기영 선생님의 강의가 있고 곧바로 참선 수련시간이 이어졌다. 수련회 사간 계획이 촘촘하게 짜여지기도 하였지만 참선 분위기가 적요하고 모두들 진지하여 엄숙하기까지 했다.

서툰 참선자세에 저녁 공양 식곤증으로 잠시 깜박 졸았던 것 같다. 그런데 번쩍이는 큰 머리에 수염을 무릎까지 드리운 한 산신령 같은 털보 영감이 죽비를 들고 내 앞에 턱 와서 어깨를 툭툭 치시면서 합장을 하는 거였다.

쭈그려 엎드리라는 것이다. 나는 졸음을 쫓아 주기 위해 자비롭게도 효자손으로 등을 시원하게 긁어 주시려나 하고 다소곳이 엎드렸다.

그런데 짝! 견딜만 했다.

그리고 짜짝! 어이쿠 무척 아픈 거였다.

계속 자짜작!! 바람을 일으키며 내리치는데 숨이 턱 막힐 것 같은 고통이었다. 참 나쁜 영감이었다.

초입생 신고식인가? 왜 이리도 야박하게 폭행을 한단 말인가? 그런데 정신을 차리고 살피니 여기저기 돌아다니시면서 그 같은 폭행을 자행하고 있었다.

공인된 폭행, 반항 할 수 없는 폭행을 모두들 감수하고 있는 거였다. 5박 6일

수련 기간 내내 참선시간이면 영감의 정성스런 폭행은 계속 되었다.

그런데 묘하게도 나는 그 폭행에 조금씩 익숙해지기 시작했다. 참선시간이 되면 별로 졸립지도 않은데 손을 들고 미리 그 죽비경책을 맞아 두는 거였다.

겹겹이 쌓여있는 업장덩이를 두드려 틈새를 내 주신 털보 교수님의 정성스런 폭행, 죽비경책 배려로 나는 세속의 삶에서 열반의 삶 속으로 한 걸음씩 걸어가게 되었다.

수련 끝나는 날, 나는 '慧劍'이란 법명을 받았다. 증도가 중에서 골라주신 것 같다.

"大丈夫秉慧劍, 般若鋒兮金剛焰, 非但能摧外道心, 早曾落却天魔膽"

(대장부가 지혜의 칼을 잡은 것은, 반야의 칼날이요 금강의 불꽃이로다. 비단 능히 외도들의 마음을 꺾을 뿐만 아니라 일찍이 천신과 마구니들의 간담을 떨어뜨리네.)

반야지혜와 금강의지로 외도들을 조복시키라는 소명으로 주신 것 같은데 내가 지니기에 검이 너무 무겁다.

교수님이 바로 죽비다. 그 정성스러운 죽비경책이 그립다.

그립다!

나무털보 혜안(慧眼) 교수 보살 마하살!

혜검(慧劍) 합장

하나

우상덕

● 하나

●(점) 하나
빛과 어둠도 ● 하나
우주 만물 그 이치도 ● 하나
서경수 그리는 우리들 마음도 ● 하나

우상덕 합장

곡

곡(哭)

이동준 합장

서경수 평전을 왜 쓰려고 하는가

김인수

　1986년, 불의의 교통사고로 천화(遷化)한 서경수 선생은 우리나라 사람들이 "색즉시공(色卽是空)"은 그만두고, "불교"라는 말 그 자체를 입에 담기 민망하게 여기며 오로지 서구에서 입수한 문화와 눈앞에서 어른거리는 물질의 소유에 정신이 팔려 이리 뛰고 저리 뛰던 1960년대에 "세속"과 "열반"이 어떻게 다른가를 귀띔해 줌으로서 과거의 성찰과 미래의 비전을 준비할 수 있도록 우리에게 생각할 수 있는 기회를 부여한 불교학자이다. 그러나 서경수와 아주 가까운 위치에 있던 선생의 가족이나 그와 각별하게 사귀었던 이기영 박사와 몇몇 지인들은 그의 진면목을 읽었겠지만, 그와 관점(viewpoint)을 달리하여 먼 위치에 있었던 사람이나 입을 열기가 바쁘게 그의 특이(特異)를 천착하며 범연(汎然)과 기행(奇行)을 모두(冒頭)에 놓고자 하는 사람들은 그가 즐겨 썼던 전모(氈帽)와 다른 기억을 토대로 해서 선생을 폄훼(貶毁)하고자 실제와 다른 모자를 선생의 머리에 얹어 놓을 수도 있는 일이다.

　물론 모든 존재에는 전면과 배면이 있으며, 그것의 조명에 포인트를 잡도록 하는 빛도 명암으로 엇갈리듯, 서경수 교수가 갖추었던 "있는 그대로의 생애"를 있는 그대로 조명하기란 쉬운 일은 아닐 것이다. 그러나 서경수 선생이 갖추고 있던 세계관이나 가치관이 퇴색되지 않도록 함은 물론 그의 범연과 전모의 가치가 기행으로 폄하되어 선생에 대한 우리의 기억을 흐리게 할 수는 없는 일이라고 생각한다. 초탈과 범연으로 자기 앞의 생애를 설계했던 서경수 교수와 같이 과감한 인격은, 밝은 관점을 기틀로 하여 가감 없는 붓으로 그의 생애를 조명하는 과정이 뒤따르지 못한다면 사실과 다른 인간으로 투영되기 쉬운 일이라고 생각한다. 더구나 우리나라 사람들처럼 진상을 진상으로 인식하기를 뒤로 미룬 채, 여염에서 떠도는 이야기에 부화뇌동하기 좋아하는 정서구조와 감각체계로서는, 서경수 교수처럼 극적인 생애를 영위한 학자에 대한 평가를 올곧게 내리리라고 기대하기 어렵다.

물론 서경수 교수에 대한 일반인의 인식의 폭이 넓어지게 된 동인이 그가 보여준 범연과 특이와 전모에 다름 아니라는 데에 극구 반대할 생각은 없다. 그러나 그의 보다 질적인 차원의 진상은 깊이가 있는 생각과 위선을 싫어하는 행동의 과감에 있다는 것을 망각할 수 없다.

그는 1960년대에, 헝가리 출신의 유태계 영국 소설가 아더 쾌슬러가 주창했던 홀론(holon: 전체라는 의미의 그리스어 holos와 부분이라는 의미의 on을 통합한 합성어)을 자주 언급했었다. 그런 연후에 "나야말로 독립성과 의존성을 동일한 수준으로 함장하고 있는 알 수 없는 존재자(存在者)"라고 큰 소리로 외쳤다. 일반인도 하기 어려운 말을 그는 아무렇지 않게 계속했다. 서경수 교수가 만일 특이와 범연을 사랑할 줄 몰랐거나 자기잠식효과(cannibaliation effect)가 두려워 바른 말을 기피하는 학자였더라면 겉모양은 그럴듯하게 가꾸어 학자연하면서 뒤로는 강남에 대형아파트를 마련하고자 온갖 잡학(雜學)에 손을 디밀었을 것이다. 그렇지만 서경수 교수는 돈이 되는 일보다는 돈이 안되는 일, 만인의 행복에 보탬이 될 수 있는 일만 골라서 자기의 기능을 쏟아 부었다.

서경수 선생의 자당(慈堂)께서 천화하셨을 당시, 인도철학이 무엇인지도 모르면서 선생의 주변을 어지럽혔던 몇몇이서 선생과 나란히 자당님의 산역(山役)에 동참 했던 일이 있다. 뚜렷한 봉분이 서고 봉분 주변의 조경이 어느 정도 틀을 잡았을 때였다. 서경수 교수는 자당의 봉분 위에 냉큼 올라서더니 그의 독특한 음색으로 노래를 부르기 시작했다. 선생의 십팔번인 독일 민요였다. 당신 혼자서 노래를 부르기가 쑥스러워서였던지 곁에 서 있던 우리들에게도 노래를 하라고 권했다. 산역을 끝낸 묘지에서 갑자기 우렁찬 합창이 울려 퍼졌다. 우리의 합창은 "성문 앞 우물가에 서 있는 보리수……"로 시작되었다. 선생을 따라 노래를 하면서 난생 처음으로 불래불거(不來不去)와 부증불감(不增不感)이란 말을 마음속으로 음미해 볼 수! 있었다. 왜 인도철학과에서 발을 빼서 국문학과로 옮기지 못한 채 머뭇거리고 있는지 비로소 깨닫게 되었다.

산역을 끝내고 귀가하는 길에 우리들 몇몇은 선생과 굳게 약속한 일이 있었다. 그 약속의 내용은 선생이 정년이 되어 대학의 강단에서 뒤로 물러섰을 때, 종로 네거리 종각 앞에 철제 의자를 하나 차려 놓고 앉아서 당나라의 조과(鳥窠)선사처럼 하루 종일 해바라기를 하다가 해가 설핏하게 내려 앉을만한 즈음에 이르거든 차려 놓은 의자를 접돼, 지나가는 행인 중에서 꼭 한 사람만 골라 그이의 발을 씻겨주는 일을 하자는 것이었다. 선생과 하기로 정한 그 일을 생각하기만 하면, 가슴이 들뜨고 희망이 차올라 붕붕 하늘을 날아오르는 기분이었다. 그랬었는데, 꼭 그렇게만 살고 싶은 기분이 들었었는데, 청천벽력같은 비보가 갑자기 날아들었다.

육친을 잃었을 때도 담담했었는데, 서경수 교수와 헤어지고부터 세상을 살아가는데 아무런 의미를 못 느꼈다. 서 선생만 생각하면 눈물이 흐르고 밥이 먹히지 않았다. 넋이 빠진 사람처럼, 희망을 잃은 사람처럼 지내다가 가끔씩 진관사 계곡을 찾아가서 선생의 유해가 뿌려졌던 장소에 앉아 선생이 생전에 들려준 말을 돌이켜 음미해 보곤 했다.

솔직하게 말해서, 을지로에 있는 주점에서 선생님을 만나 몇 잔 안 되는 잔술에나마 기분이 거나해지면, 선생님과 필자 사이에는 벽이 없어졌다.

"전체의 특질로 부분을 규정할 수 없듯, 부분의 특질로도 전체를 규정할 수 없다네. 그런데 누가 있어서 감히 부분과 전체의 특질을 있는 그대로 다 볼 수 있을 것이며, 이 둘 사이를 오고 가는 동시에 막힘없이 원융회통할 수 있는 통로(히든커넥션)를 점검할 수 있단 말인가. 한문 원전도 완전히 소화를 못해 설사를 하고 있는 판국인데……"

"맞습니다. 부분과 전체를 소통하는 히든커넥션이 무엇인지 모르고 앉아 있을 것입니다."

그렇게 서로가 서로의 심중을 더듬으며 담론을 계속하노라면 밤이 훌쩍훌쩍 건너뛰어 달려갔다. 정말이지, 선생님과는 막힘없이 소통하면서 많은 시간을 보냈었다.

2007년, 이제 돌이켜 보니 선생님 가신지 어언 20년이 흘렀다. 그렇지 않아도, 여러 차례 서경수 교수의 전기를 써보려고 시도했었다. 그럴 때마다 가슴이 아프고 눈물이 앞을 가려 붓을 들 수 없었다. 진심으로 공경했던 서경수 선생이었는데도, 그 어른이 천화한 이후 그 어른의 이름마저 단 한 차례 부르지 않았다. 이름도 부를 수 없었다. 그 대신에 수도 없이 선생님이 탔던 승용차를 원망했고, 이 나라의 엉망인 교통질서를 원망했고, 트럭의 운전기사를 원망했다. 특히 선생님에게 그놈의 백색 승용차를 팔고자 소개를 매겼던 사람을 원망했다.

자동차는 왜 사라고 해가지고, 그리고 선생님도 그렇지, 차를 한번 손에 넣었으면 운전에 달인이 되어야지, 그따위로 미숙하게 운전을 하다가 일을 당하시다니……백년에 한 분 날까말까 한 어른이신데, 그러한 어른을 그렇게 모질게 해서 보내드리다니……

이렇게, 회한과 원망으로 보낸 세월이 20년이 넘는다. 그날에 있었던 비운의 교통사고로 큰 희망과 내 인생 밑그림이 송두리째 잘려 버렸기 때문이었을 것이다.

이 책, 그러니까 『서경수 평전』을 씀으로써 선생님으로부터 받은 사랑 중에 만분의 일이라도 되갚을 수 있는 길이 마련된다면, 하는 마음이 일어나던 차에 존경하는 지우인 사찰문화연구원 이용부 원장으로부터 『서경수 평전』을 써 보라는 정중한 청탁을 받게 되었다. 다른 이의 청이라면 얼마든지 거절했겠지만 이 지우의 말을 거절하기가 어려워서 그러겠다는 말을 남기고 말았다.

이 책은 서경수 선생의 가족, 뜻을 함께 했던 친구, 일을 도모했던 동료, 수많은 제자들과의 인터뷰를 통한 건실한 자료를 저본으로 해서 전기로 엮고자 한다.

(이 글은, 『서경수 평전』을 내면서 마지막 교정을 끝낸 다음 인쇄에 넘기기 직전 다시 천착해야 될 것입니다만, 우선 이와 같은 패턴으로 서두를 꾸미겠다는 뜻입니다.)

서경수 평전(評傳)

차례

서경수 교수를 애도함

이기영

"길에서 길로." 서경수 교수는 갔고, 서경수 교수는 길로서 우리들 사이에 남아 있다. 길을 찾아서 걸어 온 길을 되돌아보며 앞으로 갈 길을 점치면서 항상 길 위에 있던 서경수 교수, 이제 그의 목소리, 그의 눈초리, 그의 걸음걸이는 들을 수 없고 볼 수가 없게 되었다.

내가 그를 알게 된 것은 1960년 내가 불교와 더불어 다시 태어나 동국대학교와 인연을 맺고 불교학과 인도철학을 가르치게 되면서부터이다. 숙명이라고도 하리라. 내가 그를 만난 것을…… 그리고 그가 나와 더불어 그 나머지 인생을 함께 하면서 산 것이……

서경수, 그는 목사의 아들로 태어났다. 서울대학교에서 종교학을 공부하다가 인도철학 그리고 좁게는 불교에 눈을 뜨고 혼자서 어려운 탐구의 길을 걸어왔다. 스승도 없고 친구도 없는 적막 속에서 적막과 공(空)의 묘미(妙味)를 몸소 체험하며 살아왔다. 아마 그 기간이 내가 유럽에서 같은 길을 가고 있을 무렵이었을 것이다. 그는 국내에서 나는 국외에서 서로 만난 일도 없이 같은 생각을 하며 우리는 같은 책들을 읽고 있었던 것이다. 물론 국내의 여건은 더 어렵고 외로운 것이었을 것이다. 강인하면서도 자상하고, 이지적이면서도 퍽이나 다정다감했던 그를 친구로서 맞이한 것은 1960년 6년간의 유럽유학을 마치고 동국대학교에 들어 온 이후부터였다. 그에게는 수준 높은 현대적 교양이 갖춰져 있었다. 그것은 가정환경과 서울대학 시절 교우관계 속에서 도서와 토론과 우정과 사랑 속에서

610

무르익은 것이었다. 그 교양은 전공과는 무관한 것 같았지만 사실 그것이 그의 전공탐구의 태도를 돋보이게 한 것이었다. 이 책에 모아 놓은 글들이 보여주는 주제의 다양성, 사고의 깊이와 날카로움, 특유한 위트 등이 그의 인품을 잘 말해주는 것이다. 나에게 있어서 그는 어렵지만 또 가장 다정하고 가장 믿음직스러운 친구였다. 그에게 있어서 나 역시 그러한 친구였으리라. 나도 성격이 언제나 부드럽기만 하지 못한 사람이었지만 그의 예리한 비판정신은 가끔 듣는 사람들의 폐부를 찌르는 아픔을 자아내기도 한 것이 사실이다. 그러나 내가 보건데 그 고언(苦言)과 비판은 실로 잘 받아들이기만 하면 더할 나위 없이 좋은 양약이 되는 것인데, 그것을 받아들이는 아량 있는 사람이 적었다. 그러나 그는 허다한 실수를 하면서 살아온 나에게 고언 같은 것을 별로 주었다고 생각되지 않는다. 그는 항상 나에게 직구만을 던지지 말고 커브나 드롭 같은 공을 던지라고 말하면서 웃었다. 그 자신도 커브보다는 직구를 많이 던졌다. 자기 자신에게 타이르던 말인지도 모른다.

1960년부터 그가 작고하기 1년 전인 84년까지 만25년 동안 나는 그에게 있어서 없어서는 안 될 존재가 되었었다. 그가 인도 네루대학에 가 있던 5년간 나는 그가 가까이 없는 아쉬움을 달래며 살아야 했지만 그는 그가 항상 그리워하던 인도의 분위기 속에 젖어 나름대로 행복을 만끽했던 것 같다. 그를 알아주는 사람들이 있었다. 당시의 주인도 한국대사 이범석 씨의 외교활동에 서 교수는 없어서는 안 되는 존재가 돼 있었다. 그 시기는 우리나라의 대 인도관계 개선의 결정적 시기였다. 네루대학이 한국어과를 만들고 인도사람들로서 한국을 알고 한국을 좋아하는 사람이 배출되게 한 것도 바로 서 교수의 공로다. 그 소식은 국내의 박 대통령에게까지도 알려졌었다. 뉴델리 아시안게임 때 역시 서 교수가 타이틀 없는 한국의 문화대사 역할을 한 것은 유명한 사실이다.

그는 인도와 더불어 살고 싶었다. 또 그는 한국인으로 살고 싶었다. 그는 인도의 진리와 한국의 진리가 다른 것이라고 생각지 않았다. 그는 피안과 차안(此岸)이 다른 곳이라고도 생각지 않았다. 그래서 『열반의 길 세속의 길』이란 책도 썼던 것이다.

그는 길을 가다가 갑자기 모습을 감추고 만 것이다. 머리와 수염이 하얗게 쉰 것이 눈에 띈 것은 인도에서 돌아온 때였다. 환갑의 나이였으니 그럴 만도 했지만 갑자기 그도 시간을 의식하게 되었던 것이 아닐까? 그의 Mysticism이 현실에 부딪치며 나타난 형상이었을 것이다. 같이 살던 어머니 병환이 아주 심해지고 나이먹은 총각 아들은 직접 어머니 수발을 들어야만 했다. 그때의 고생을 나는 충분히 짐작할 수가 있다. 그때 서 교수를 도우려 나타난 보살이 있었다. 그가 바로 김미영 선생이다. 나는 두 사람을 불교연구원 법당에서 부부로 맺어주면서 진정한 보살부부가 되어주기를 바랐다. 얼마 안 있어 노모는 세상을 뜨셨고 결혼생활도 1년이 지났다. 딸 은주가 태어난 지 21일 만에 서 교수는 뜻하지 않은 교통사고로 불귀의 객이 되고 말았다. 바로 그날 점심약속을 해 놓고 학교로 출근하던 길이었다.

아, 서경수! 나에게 있어서 없어서 안 되는 친구 서경수가 나와 부인과 딸과 우

612

리가 함께 만든 구도회를 두고 먼저 갔다. 외로운 기러기, 언제나 저 먼 곳을 물끄러미 쳐다보던 기러기, 날아갈 때면 신나던 그 기러기가 이 세상이 역겨워 가셨나? 열반과 세속이 다른 길이 아니라고 믿고 있던 기러기의 깊은 체념이 여운처럼 남아있다.

　여기에 수록된 글들은 대부분 그가 인도로 가기 전에 쓴 글들이다. 이 글들은 바로 서 교수가 길을 가면서 남긴 발자국들이다. 그의 얼굴과 수염과 몸집은 시간과 더불어 우리의 기억 속에서 그 영상이 희미해질 것이다. 그러나 그의 글들은 언제나 새롭게 살아 우리의 살이 되고 피가 될 수 있다. 그를 사랑하던 모든 분들은 물론, 그를 미워하던 모든 분들도 이 책에서 그를 반겨주기 바란다. 미움이야말로 사람들을 죽음으로 몰아넣는 가장 큰 독소이기 때문이다. 미워하자 말라, 시기하지 말라, 무시하지 말라, 비웃지 말라, 죽음과 파괴와 멸망이다. 거기에서 생겨난다. 세속이 열반이 되기 위하여 우리는 서로 존중하고 서로 사랑하자. 서 교수가 손으로 쓴 글들이 여기 있다. 그러나 우리는 서 교수가 온몸과 마음으로 쓴 글들을 읽을 줄 알아야 한다고 생각한다. 친구여! 그대 영원히 나와 함께 있으리……

1988년 2월 24일
이기영
1988. 3. 27, 『길에서 길로』, 한국불교연구원

『불교적 인생』 서문

이기영

　여기 고 서경수 교수의 유고들을 모아 한 책을 꾸민다. 번득이는 그의 눈매에 서려 있던 지혜가 글로서 나타나 섬광을 발하고 있는 40여 편의 에세이들에서 독자들은 살아 숨 쉬는 그의 숨결에 접하게 될 것이다. 시사성(時事性)에 바탕을 둔 글들에는 언제나 시간적인 한계가 있게 마련이지만 여기에 실린 서 교수의 글들에는 그런 제약이 없다. 무엇을 보고 무엇을 말하는지 항상 그는 영원한 현재에 서서 보고 말했기 때문에 언제 어디서 들어도 살아 있는 유익한 글들로 남게 되었다.

　인간 서경수. 그의 색수상행식(色受想行識)은 갔다. 오온(五蘊)의 작용은 멈췄다. 이 글들이 그의 지혜와 자비를 보여준다.

　그는 선(禪)에 대해 이야기한다. 그는 생전에 염불이 송주(誦呪)보다는 선이 더 중요하다고 생각해 왔었다. 염불이나 송주가 한국에서는 특히 샤머니즘적 미신의 냄새를 풍기는 일이 많다고 보았기 때문이다. 아마도 그는 불교에 선이 있기 때문에 기독교를 버리고 불교에로 귀의하게 된 것이라고도 할 수 있을 것이다. 그가 목사님의 아들이요, 서울대 종교학과 출신이라는 것을 상기할 필요가 있다.

　내가 1960년 그를 처음 만났을 때, 그는 단지 책을 통해서만 알고 있던 인도에 가고 싶은 열망에 가득 차 있었다. 그리고 몇 해 후 그의 꿈은 실현되었다. 5

년이 넘는 긴 기간을, 인도 땅에서 석가세존을 비롯한 히말라야의 성자(聖者)들이 남기고 간 숨결 속에서 행복한 나날을 보냈다.

그는 인도의 성지(聖地)들을 샅샅이 찾아 나섰다. 어디에 가든지 그 멋있는 수염을 나부끼며 즐겁게 웃고 장난스럽기도 하고 또 때때로 엄숙하기도 했던 그의 표정은 인도사람들로부터 사랑을 받았다.

그는 간디의 숭배자였고, 아힘사의 실천자였다. 물론 그에게는 고집이 있었다. 어떤 면에서 말하면 간디도 대단한 고집쟁이이다. 자기의 올바른 견해와 주장을 굽히지 않고 지켜간다는 것을 고집이라고 한다면, 간디도 고집쟁이요 서 교수도 고집장이랄 수가 있다 불의를 못 보는 성격, 허위를 철저히 배격하는 정신, 그런 면모가 서 교수에게는 있었다. 그의 글들 속에서 우리는 그것을 읽을 수가 있다.

서 교수의 일생을 '길에서 길로' 다니다 가버린 경원한 순례자였음을 지적한 일이 있다. 이 책에 실린 '실크로드들 찾아서'라는 글에서 나는 다시 한 번 순례자 서경수의 면목을 본다.

어디를 가나 그는 부처님과 함께 있었고, 한국의 현실을 잊은 적이 없었다. 모든 것이 불안하고, 아직도 잘못된 사견(邪見)의 늪에서 헤어나지 못하고, 어떻게 보면 원시림을 헤매고 있는 것 같은 한국의 종교계가 그에게는 항상 안타

깝기만 했다.

그의 일생에는 어딘가 이런 현실로부터의 도피 비슷한 생각이 늘 깃들어 있는 것처럼 보이기도 했다. 그가 줄곧 독신을 지켜온 것도 이런 출세간의 의미가 없지 않았다. 그가 남긴 「지장보살」이라는 글이나 「살 때와 죽을 때」 같은 글을 대하니 죽음쯤은 벌써 그의 삶 속에 깊숙이 동화되어 하나가 돼 있었던 것이라고 할 수도 있을 것 같다.

그는 지금 '산에서 사는 새'가 됐다. 그토록 '산사(山寺)의 매력'을 읊조리던 그가 산사를 넘나드는 새가 되어 있다.

'삶, 그 영원한 수수께끼'를 어디까지 풀었나? 이 수수께끼는 풀어도 풀어도 풀리지 않는 데에 묘미가 있다. 현대의 순교자처럼, 기계화된 인간사회의 어처구니없는 폭력에 의해 빼앗긴 그의 행(行)·수(受)·상(想)·행(行)·식(識)이 안타까워라. 더 할 일이 많았던 그 오온(五蘊), 반야화(般若化)된 오온이 해야 할 많은 것들이 임자를 잃은 채 공백을 남아 있다. 그만큼 우리의 손실은 큰 것이다.

현대인들은 책 읽을 시간과 여력을 비축하지 않고 몽땅 바람직스럽지 않은 인간관계 형성에 그것을 소비하고 있다. 남는 것이 없다. 불모의 미래가 예측된다.

고인을 아는 모든 이들이 이 한 권의 책을 읽으며, 이 글들로 하여금 이 어두운 세상을 밝히는 등불이 되게 했으면 얼마나 좋을까….

1990년 1월 서라벌 객사(客舍)에서

이기영 씀

서경수 선생님…

박성배

서경수 선생님, 지금 선생님은 어디에 계십니까? 한번 뵙고 싶습니다. 저는 성묘를 좋아 하지 않습니다. 그래서 가까운 분의 무덤을 찾아가서도 절을 하지 않습니다. 왜냐하면 제가 뵙고 싶은 분은 거기에 계시지 않는다는 것을 너무 잘 알기 때문입니다. 물론 무덤 속에 돌아가신 분의 뼈도 남아있고 유품도 들어있을 수 있지만 저는 그것을 선생님이라고 생각하지 않습니다. 서경수 선생님은 원래 천당이니 지옥이니 하는 그런 말을 좋아하시지 않으셨습니다. 그러므로 저는 선생님이 지금 천당이나 지옥 같은 데에 계신다고 생각하지 않습니다. 선생님은 지금 어디 계실까? 한 가지 분명한 것은 제가 선생님을 그리워할 때 선생님은 분명히 저와 함께 계실 거라는 점입니다. 선생님을 생각할 때마다 옛날 주고받았던 말들이 생각나면서 선생님은 항상 저와 함께 계신 것 같습니다.

1958년 봄에 저는 동국대학교에서 불교학과 대학원 입학시험을 보고 있었습니다. 그런데 옆에 이상한 사람이 한 분 앉아 계신 것을 보았습니다. 머리는 홀랑 벗겨지고 수염이 많이 난 할아버지였습니다. 시험답안을 쓰다 말고 저는 그 할아버지를 한참동안 바라보고 있었습니다. 체구는 작은데 눈빛은 날카롭게 빛나고 있었습니다. 저처럼 대학원 입학시험을 보러 올리는 없고, 저 분은 왜 저기에 앉아 계실까 궁금해졌습니다. 드디어 쉬는 시간이 되었습니다. 그래서 저는 다가가서 정중하게 인사드리며 "선생님은 누구십니까?" 하고 여쭈어 보았습니다. "나도 당

618

신처럼 대학원 입학시험 보러 왔소." 내뱉는 듯한 짤막한 대꾸였습니다. 그러나 그 순간 저는 오랜 친구를 만난 것처럼 느껴졌습니다. 시험이 끝난 다음, 우리는 어느 대폿집으로 들어가 서로의 이야기보따리를 풀어 놓았습니다. 선생님은 이북출신으로 기독교 집안에서 자랐으며 서울대학교 종교학과를 졸업했고, 기독교 일색의 종교학과가 싫어서 동국대로 왔다고 말씀하셨습니다. 그 뒤로 우리 둘은 대학원 생활, 만 2년을 항상 붙어 다녔습니다. 저와 서경수 선생님과의 만남은 이렇게 시작되었습니다.

선생님과 만난 지 얼마 안 되어 함께 농촌운동을 한 적이 있었습니다. 대학원 재학 중 어느 겨울방학 때 우리는 저의 부모님이 사시는 전남 보성군 노동면 명봉리 봉동마을로 내려가 농촌운동을 했습니다. 마을의 청소년들을 중심으로 청년회를 조직하고 청년회의 노래를 지어 함께 불렀습니다. 온 마을의 젊은 남녀 40여 명이 우리 집 사랑방에 모여 밤이 깊은 줄도 모르고 함께 노래를 불렀습니다. 지금도 잊히지 않는 감격적인 순간이었습니다. 서 선생님은 오르간도 잘 치시고 노래도 잘 부르셨으며, 개그맨처럼 사람들을 웃기기도 잘 하셨습니다. 긴 겨울방학 3개월이 어떻게 지났는지도 모르게 지나가 버렸습니다.

우리는 대학원 학생이라는 사실도 까맣게 잊고, 대학이 무엇인 줄도 모르는 두메산골 가난한 농촌의 청소년들과 함께 노래와 이야기로 한겨울을 보냈습니다.

이러한 경험이 두고두고 잊히지 않습니다. 불교공부를 한답시고 여러 절들을 돌아다니면서 불경을 배우고 용맹정진을 하며 보낸 시간보다 농촌운동의 기억이 지금도 더 생생하게 기억에 남아있는 까닭은 무엇일까요?

선생님의 비판정신이 기억납니다. 서울대 종교학과의 학풍은 너무 서구 중심적이고 기독교 일색이라는 것, 물론 기회 있을 때마다 동국대 불교대학의 학풍도 거침없이 비판하셨습니다. 한 마디로 교수들에게 고민이 없다는 사실을 한심스러워 하셨습니다. 너무 구태의연한 우물 안의 개구리들이라는 것이었습니다. 저는 서 선생님의 비판을 아무런 거부감도 없이 다 받아 들였습니다. 그저 고개만 끄덕거리는 무조건 수용이 아니라 목마른 나무가 물을 만난 듯 환희심을 가지고 크게 환영하였습니다. 그 결과 서 선생님과 저는 학교에서 물 위의 기름처럼 완전히 따돌림을 당하는 신세였습니다. 그때 저는 앞으로 어떠한 일이 있더라도 잘못된 학풍을 되풀이하지 않겠다고 마음속으로 다지고 또 다졌습니다.

저는 서경수 선생님과의 만남을 통해서 서울대를 다니고 졸업한 듯한 느낌을 가졌습니다. 그 뒤로 졸업한 학교나 업적을 가지고 사람을 평가하는 버릇이 없어졌습니다. 모두 서 선생님의 비판정신 덕택이라고 생각합니다. 천하의 사람들이 모두 좋은 학교에 들어가려 애쓰고, 유명한 사람이 되려고 노심초사하고 있지만 그 결과가 모두 틀에 박힌 사람들에 지나지 않는다면 세상은 암흑을 벗어나기가 어려울 것입니다. 서 선생님의 비판정신 앞에 박살나지 않은 것은 하나도 없었다고 말해도 과언은 아닐 것입니다.

한국의 사회와 역사에 대한 비판도 대단했고, 미국 · 영국 · 프랑스 · 독일 같은 선진국가에 대한 비판도 대단 했습니다. 한번은 프랑스의 대학생들이 왜 반(反)드골정부 데모를 하지 않을 수 없었던가를 말씀하셨습니다. 드골 대통령이 아프리카에 있는 프랑스 식민지를 잃지 않으려고 잔꾀를 부리는 것을 보고 젊은 대학생들이 화가 났다는 것이었습니다. 학생들은 모자를 벗고 고개를 숙여 땅만 내려다보면서 침묵데모를 했습니다.

그때 학생들의 데모 정신은 '프랑스의 식민지 통치로 고통 받는 아프리카 사람들을 위해서 못돼먹은 조국 프랑스와 싸우겠다'는 것이었습니다. 이런 이야기를 하면서 서 선생님은 눈물을 흘리셨습니다. 저도 따라 울었습니다. 동국대학교 대학원 연구실에서 밤늦게까지 공부하다가 쉬는 시간에 서 선생님의 비판정신이 튀어나온 것입니다. 박사학위고 교수취직이고 다 잊어버리고 인류의 평화를 위해 불의와 싸워야겠다는 생각이 들었습니다.

저는 일제강점기에 초등학교를 다녔습니다. 1학년 때부터 학교에서는 한국어 사용을 금지했습니다. 그때부터 배운 일본말 덕택에 일본소설을 많이 읽었습니다. 특히 제가 즐겨 읽었던 책은 사무라이 소설이었습니다. 초등학교 3, 4학년 때 이미 저는 몇 백 권의 호걸소설을 읽었는지 모릅니다. 호걸소설의 핵심 주제는 중국의 『삼국지』나 『수호지』처럼 언제나 억강부약(抑强扶弱)이었습니다. 억눌린 약자를 위해서 못된 강자와 싸우는 이야기는 저로 하여금 이 세상에 무서운 것이 없는 기운을 갖게 해주었습니다. 서경수 선생님의 프랑스 학생들의 침묵데모 이야기를 듣고 그렇게 크게 감동을 받을 수 있었던 것도 제 마음 속에 자라고 있었던 그러한 억강부약 정신 때문이었다고 생각하면 이것도 일종의 아이러니라는 생각이 듭니다. 일본말을 배우고 일본소설을 읽은 덕택에 일본의 군국주의자들과 그들의 식민지 정책을 비판할 수 있게 되었기 때문입니다.

1969년 1월에 한국을 떠나 미국으로 왔습니다. 미국으로 건너와서 제일 먼저 한 일이 텍사스 주 달라스 시에 있는 남감리교대학 신학부에서 기독교를 공부하는 일이었습니다. 미국에 상륙하여 40년이라는 긴 세월을 지내는 동안 어리석은 짓도 많이 했지만 배운 것도 많았습니다. 그 가운데 가장 의미 있었던 일을 꼽으라면 저는 서슴지 않고 신학교에서 기독교 공부를 했다는 사실을 꼽고 싶습니다. 알고 보면 이것도 서경수 선생님 덕택이었습니다. 한국을 떠나기 전날 밤, 우리는 서울의 신설동 어느 술집에서 밤늦도록 술 마시며 이야기를 나누었습니다. 화제는 서양을 알고 오라는 것이었습니다. 다음날 제가 한국을 떠날 때도 서 선생님은 공항까지 나오셔 악수를 하며 어젯밤 내 부탁을 잊지 말아 달라고 당부하셨습니다. 저에게 서 선생님 같은 친구가 없었더라면 저는 신학교에 가지 않았을지도 모릅니다.

한국을 떠날 때까지 제 주변에는 원래 기독교인이었다가 도중에 불교 공부를 시작한 사람들이 많았기 때문에 기독교에 대해서는 비교적 부정적인 생각을 많이 하고 있었습니다. 그러다가 미국의 신학대학에서 약 3년간 기독교 공부를 본격적으로 해보니 놀라운 일들이 많이 일어났습니다. 우선 미국의 기독교인들은 비교적 겸손했습니다. 한국의 기독교인들과는 다르다는 생각이 들었습니다. 배타적이고 독선적인 모습이 거의 보이지 않았습니다. 그리고 제가 불교인이라고 말하면 그들은 저의 이야기를 몹시 듣고 싶어 했습니다.

또 하나의 기독교에서 말하는 신(神, God, 하나님)이 무엇을 의미하는지 조금 알게 되었다는 사실입니다. 솔직히 말해서 저는 오랫동안 기독교의 신을 오해하고 있었습니다. 한 마디로 이해할 수 없는 일종의 미신적인 산물로 속단하고 있었습니다. 그것은 커다란 잘못이었습니다. 신이란 말은 달 가리키는 손가락에 불과한 것을 모르고 그 손가락이 가리키는 달을 보려 하지 않았다는 저의 잘못을 기독교의 신학교에 들어가 본격적으로 신학을 공부하면서 비로소 깨닫게 되었던 것입니다. 불교의 '깨침'이란 말이나 '부처님'이란 말도 모두 달 가리키는 손가락에 불과한 것을, 달 가리키는 손가락만 보고 달을 보지 않기 때문에 가지가지 오해가 생기고 혼란이 생깁니다. 앞으로는 기독교인이나 불교인이나 모두 달 가리키는 손가락 보는 데에 그치지 말고 직접 달을 보도록 애써야겠습니다. 그러면 두 개의 다른 종교를 믿으면서도 둘은 웃으면서 함께 살 수 있을 것입니다. 저의 생각이 이런 방향으로 나가도록 이끌어 주신 분이 서경수 선생님이었다고 생각할 때 새삼스럽게 서 선생님께 감사하는 마음이 생깁니다.

1979년 11월, 10년 만에 정신문화연구원이 주최하는 제1회 국제한국학회의에 참석하기 위해 한국으로 돌아왔을 때, 거기서 저는 서경수 선생님을 다시 만났습니다. 그 때, 서 선생님도 저도 모두 다 많이 변했다는 것을 절실히 느꼈습니다. 선생님은 여전히 미국풍을 싫어하셨고 미국 박사학위를 따고 미국 대학에서 가르치는 저를 보는 서 선생님의 시선은 차가웠습니다. 그렇지만 서 선생님의 비판정신을 누구보다 잘 아는 저인지라 웃으면서 오해를 풀 수 있는 기회가 오기만을 기다렸습니다. 그러나 그 기회는 오지 않았고 저는 다시 미국으로 돌아왔습니다. 그러다가 서 선생님이 교통사고로 이 세상을 떠나셨다는 슬픈 소식을 들었습니다.

저는 이 자리를 빌려 서 선생님께 저의 옛날 약속을 재확인하고 싶습니다. "서 선생님, 믿어 주십시오. 저는 앞으로도 계속 서 선생님의 비판정신을 마음속에 깊이 간직하고 이 세상을 살아가겠습니다."

스토니부룩 뉴욕주립대학교 한국학연구소 사무실에서
박성배는 합장하고 큰절을 올리면서
이 글을 씁니다.

발문

『서경수 저작집』을 완간하며

신대현

(능인대학원대학교 교수)

세상 모든 일에는 처음과 끝이 있기 마련이다. 사람들은 끝에 흥미를 보이고 결과를 중요하게 생각하지만, 시작이 있고 나서야 끝도 있는 것이니 처음과 중간도 중요하기는 매한가지다. 또 '끝'은 남에게 보여주는 것이라 채색과 꾸밈이 더해지기도 하지만, '처음'에는 시작했을 때의 영롱하고 순수한 동기(動機)가 서려 있다. 모든 일이 다 끝을 말하기에 앞서 처음을 되돌아 볼 때 그 의미가 더욱 새로워지는 이치는 그래서인 것 같다.

『서경수 저작집』이 엮어지게 된 처음은 '서경수 사랑 모임(서사모)'으로부터 비롯된다. 1986년 10월 서경수 교수가 타계하고 난 뒤 한국불교연구원 구도회 회원과 그의 제자 그리고 그를 평소 잘 알고 좋아했던 사람들이 모여 정기모임을 갖고 추념해 왔다. 이들은 언제부터인가 서로를 '서사모'라고 부르고 있었다. 김재희·이동준·문홍식·박 춘·우상덕·박성이·홍명자·기세찬·한기선·이민용·이용부·김춘송·방묘숙 등이 그들이다.

서경수 교수에 대한 개인적 기억과 회고를 나누다가 얼마 안 있어 이들은 서로 공통되는 생각을 갖고 있음을 알게 되었다. 서경수 교수의 탁월한 학문과 예리한 사상은 오늘날에 더욱 가치를 발할 것이라는 것이다. 또 그들이 서경수 교수를 추모하는 것도 고인에 대한 그리움 때문만이 아니라, 히말라야처럼 높

626

고 빛났던 서경수의 지혜를 여러 사람과 함께 나누고 싶어 한 때문이라는 사실도 확인했다. 그러자 서사모 사이에서 언제부터인가 누가 먼저라 할 것 없이 자연스럽게 서경수 교수의 글을 모은 책을 내보자는 말들이 나왔다.

이런 생각이 구체화된 것은 2009년이었다. 이 해 4월 3일 서사모의 의견을 모아 '서경수 교수 저작집 간행회의'가 활불교문화단에서 열린 것이다. 이민용·이영자·이용부·김춘송·김인수·신대현 등이 이 날 자리를 함께 했고, 서경수 교수의 제자 이민용 교수를 간행위원장으로 추대하여 저작집 출간을 위한 첫걸음을 내디뎠다.

저작집의 체계, 간행 방법 등 구체적 방안은 간행위원회 창립 이후 2010년 8월까지 10여 차례 가진 회의를 통해 이뤄졌다. 서경수 교수가 썼던 모든 글을 포함해 생전에 나왔던 책 전체를 망라하는 전집 형태로 하고 싶었으나, 기존 출판 저서는 저작권 관계가 있고, 또 내용 면에서 다소 중복되는 글들도 있어 이들을 제외하고 전 3권의 저작집으로 만들기로 하였다. 또 저작집의 편집과 간행은 이전까지 서경수 교수의 원고들을 수집하고 정리해왔던 활불교문화단이 맡기로 했다. 이렇게 출판의 구체적 방향이 정해짐에 따라 간행위원회는 본격적인 작업에 들어갔다.

우선 이미 발표된 수 백편의 글을 한데 모아 목록화 하였다. 특히 서경수 교수를 지도교수로 모시며 한국대학생불교연합회 4대 회장을 지냈던 김춘송 선생은 20년 치 분량의 『불교신문』 기사를 하나하나 읽으며 서경수 교수의 칼럼과 기고문을 찾아주었고, 동국대 인도철학과 제자이자 『불교신문』 편집국장을 지낸 김인수 선생은 원고 분류 작업을 맡아 주었다. 이렇게 마련된 저작목록을 바탕으로 저작집에 수록할 원고를 선정했는데, 읽는 사람의 편의를 위해 한자어는 한글을 병기하도록 하였다.

2010년 12월 『서경수 저작집』 I·II 권이 드디어 출판되었다. 서경수 교수가 썼던 「불교를 젊게 하는 길」, 「기상의 질문과 천외의 답변」을 각각 책 제목으로 삼은 것은 이 말에 평소 그의 생각이 가장 잘 드러나 있다고 생각했기 때문이다. 박성배 교수가 서문을 써주었고, 이민용 교수는 제자이자 후배 입장에서 그를 추모하는 서문을 실었다. 서경수 교수 생전에 나온『길 위의 길』에 고 이기영 교수가 썼던 서문을 여기에 다시 넣은 것은 평소 두 분이 가장 가까운 학문적 동지였던 점으로 볼 때 의미가 있다고 보았다.

곧이어 마지막 Ⅲ권의 출판이 논의되었다. 편집 방향은 이민용·이용부·신대현·김현준이 주로 담당했는데, 논문을 비롯해 그 간 출판되지 않았던 불교연구원에서의 강의록, 신문사 등에서 가졌던 특별 대담 그리고 앞서 수록되지 않았던 신문, 잡지의 기고문 등을 수록하기로 했다. 다만 이 때는 활불교문화단의 사정이 여의치 못했고, '서사모'의 힘으로만 하기에도 벅찼기 때문에 출판비 해결이 걸림돌이 되었다.

이때 한국불교연구원 대구 구도회 창립 주역이었던 불교신행연구원 김현준 원장이 출판을 자임해주었다. 나아가 서경수 교수의 명저로 그 간 절판되지 오래 되어 보기 어려웠던『세속의 길, 열반의 길』까지 함께 재출판 함으로써 서경수 교수의 30주기를 맞아 그를 기리는 일에 더욱 의미를 더해 주었다.

이 Ⅲ권에는 서경수 교수의 가르침을 받았던 정병조 교수의 서문, 서경수 평전 성격을 띤 이민용 교수의「서경수 론」, 서경수 교수의 삶과 사상을 정리한 황용식 교수의 논문을 수록하여 명실 공히 서경수 저작집의 완결을 기하였다.

Ⅲ권을 편집하면서 저작집의 마지막 권이다보니 책 제목을 지을 때 고심을 많이 했다. 서경수 교수란 과연 지금의 우리에게 어떤 의미인가를 한 마디로 표현하고 싶어서였다. 오랜 숙의 끝에『열반에서 세속으로』로 정했다. 사람들은 다 세속에서 열반으로 가고 싶어 한다. 하지만 평소 불교적 인생이란 어떤 것인가를 행동과 글로 가장 잘 보여주었던 서경수 교수이시기에, 어쩌면 이 책 제목처럼 세속으로 기꺼이 다시 내려와 우리와 함께 뚜벅뚜벅 걸으며 고해를

헤쳐 나갈 지혜를 일러 주실 것만 같다는 생각을 해본다.

이 책으로 『서경수 저작집』은 끝을 맺게 되었다. 처음 시작하고부터 7년이 걸렸다. 그 과정에 어려움도 적지 않았지마는 존경하는 선생의 자취를 오래도록 남기게 되었으니 그 보람이 더욱 크다. 이 일을 처음 시작한 '서사모' 및 간행위원 등 그 동안 이 책들을 내는데 크고 작은 힘을 보태고 관심을 보여준 여러분들께 다시 한 번 감사의 말씀을 드린다.

이 발문은 여러 모로 보아 이용부 선생이 썼어야 가장 어울렸을 것이다. 평소 이기영 · 박성배 그리고 서경수 교수 세 분을 학문과 인생의 스승으로 존경하고 따랐던 선생은 인간으로서의 서경수를 가장 잘 알고 있는 사람 중 한 명이다. '서사모'로부터 시작된 저작집 출간의 첫걸음과 이들의 생각을 모우고 결실을 맺도록 하는 중간에 항상 선생이 서있었다. 하지만 선생에게 서경수는 언제나 현재진행형이었기에 자신의 이름으로 이 일을 끝맺는 걸 원치 않았던 것 같다. 그래서 선생은 서경수 저작집 완간의 방점 찍는 일을 내게 맡겼다. 나로서는 매우 송구스러운 일이나, 편집책임을 맡았던 입장에서 기꺼이 이 글을 쓰게 되었다.

나는 서경수 교수를 '인간적'으로 잘 알지 못한다. 기억하는 건 교정에서 멀찍이 보았던 모습 정도였다. 어쩌면 좁은 길을 서로 옷깃을 스치며 지나갔을지도 모르겠다. 검은 안경을 쓰고 허연 수염을 흩날리던 그의 이국적 풍모는 다른 모든 학생들처럼 내게도 선망의 대상이었지만 학창생활 내내 별다른 인연을 맺을 기회는 얻지 못했다.

내가 서경수 교수를 '이해'하는 것은 그의 육성이 아니라 글을 통해서다. 『서경수 저작집』의 편집책임을 맡아 그의 모든 글을 입력하고 교정하면서 적어도 세 번씩은 읽었다. 어쩌면 내가 서경수 교수의 글을 가장 많이 읽은 사람일지도 모르겠다.

곁에서 배우고 말씀을 들은 게 아니라 그가 남긴 글을 통해서 그를 알게 되었기에 제자나 후배 그리고 지인들에 비해 그 분에 대한 내 이해도의 결과 두께는 비교가 안 될 것이다. 강의실에서 듣는 정연한 이론, 산행이나 산사에서 함께 했던 동지적 포용, 흐릿한 선술집에서 쏟아내던 달변과 해학 등 서경수 교수가 뿜어내던 선명한 체취를 나는 경험하지 못했다. 그러하지만 서경수 교수는 이미 역사의 한 부분이 되었고, 역사는 피부로 실감하거나 체취로 기억하는 게 아니라 오로지 글과 자료를 통해서만 이해하는 거라고 생각한다. 그런 면에서 나는 처음부터 서경수를 역사로서 바라보았던 셈이다.

역사를 이해하듯이 그의 글을 수백 번 읽고 나서 종내 스스로 내린 결론은, 서경수 교수의 학문은 그를 알았던 사람들의 개인적 추억의 범위를 벗어나 오늘날 불교를 생각하는 우리 모두가 경청해야 할 이야기이고, 그의 존재는 우리 현대불교사의 중요한 한 자리를 차지해야 한다는 점이다. 이민용 선생은 Ⅲ권에 실은 평전에서 "학술활동이 당대 학계에 큰 영향을 끼친 것도 아닌 한 평범한 불교학자"라며 스승을 대신해서 겸양해 했다. 하지만 비록 그를 몰랐던 사람이라도 이 『서경수 저작집』을 읽고 나면 이 '한 평범한 불교학자'가 사실은 가장 비범한 인물이었음을 누구나 알아챌 것이다. 이 점이 바로 그를 아는 사람들이 그가 세상을 떠나고 30년 되도록 잊지 못하고, 추억을 역사로 승화시키고자 이 저작집을 펴낸 까닭이기도 하다.

위인은 역사에 「열전(列傳)」으로 기억되듯이 학자는 글로써 그의 학문을 말한다. 또 후학들이 오래도록 스승의 가르침을 곁에 놓고 공부할 수 있는 것은 오로지 그의 책을 통해서다. 저작집이 있음은 학자로서 더없이 행복한 일이고, 남은 우리들도 스승의 지혜와 학문을 잊지 않고 배울 수 있으니 고맙고 기쁘기 한량없다. 무엇보다 피안(彼岸)에 머무르고 있을 서경수 교수가 예의 그 형형한 눈빛을 번뜩이고 기다란 수염을 쓰다듬으며 이 책을 보고서는 파안대소 해주시기를 바랄 뿐이다.

서경수 박사 연보

서경수(徐景洙 : 1925~1986)

1925년　함경북도 경성 출신

1940년　중학교 재학 시 항일운동을 하다가 6개월 동안 감옥생활하였음

1946년　서울대학교 문리과대학 예과부 입학

1948년　문리과대학 종교학 전공, 서구종교와 동양종교 비교연구

1950년　통역장교 입대. 정부비판 발언을 하여 잡혀갔으나 미군부대 상사의 보
　　　　증으로 풀려남. 요양차 절에 들어가면서 불교를 접하고 불교로 귀의

1956년　서울대학교 종교학과 졸업

1958~1960년　동국대학교 불교전공. 용수(龍樹)의『중론(中論)』연구

1960년　10월~1962년 말　전북대학교 강사

1963년　동국대학교 인도철학과 신설과 함께 동국대학교로 돌아옴

1965년　삼보학회(三寶學會) 간사.『한국근대불교100년사자료집』을 편찬

1967년　『불교신문』주필

1974년　이기영(李箕永)과 함께 한국불교연구원을 창설. 구도회(求道會)를
　　　　지도. 동국대 비교사상연구소 소장

1976년　인도 네루대학에서 인도불교학 연구

1977년　네루대학 한국어과 초대 교환교수, 동국대학교 교수

1985년　동국대학교 인도학술조사단에 참여, 고대인도문화 조사연구

1986년　10월 14일 윤화(輪禍)로 타계

서경수 박사 논저목록

1. 저서

『세속의 길 열반의 길』, 원음각, 1966.
『인도불교사』, 신구문화사, 1967.
『고려조선의 고승11인 : 일연, 무학, 휴정 외』, 삼성문화재단, 1972.
『인도 그 사회와 문화』, 현대불교신서23, 동국대역경원, 1979.
『길에서 길로 : 서경수 교수 수상집』, 고려원, 1984/ 한국불교연구원, 1988(재판본).
『불교적 인생』, 동국대역경원, 1984.
『선사상』, 한국불교연구원출판부, 1984.
『(속)인도 그 사회와 문화』, 현대불교신서55, 동국대역경원, 1985.
『불교철학의 한국적 전개』, 불광출판부, 1990.

2. 공저

『종교와 윤리』, 한국불교연구원, 1978, 나학진, 이한구 공저.
『초기한국불교교단사의 연구 : 불교전래와 불단형성을 중심으로』, 신구문화사,
　　　　　　　　1983, 불교학회 공저.
『늘 깨어있는 사람』, 홍사단출판부, 1984, 법정 공저.
「불교문화와 한국인의 윤리관」, 『종교와 윤리』, 정신문화문고2, 고려원, 1984.
「일제의 불교정책」, 『근대한국불교사론』, 민족사, 1992.
「여말선초 불교의 밀교적 경향」, 『한국밀교사상』 한국불교사상총서10, 동국대학
교불교문화연구원, 1997.

3. 역서

『히말라야의 지혜 : 법구경』, 홍법원, 1966.
『크나큰 미소 : 가섭』, 신구문화사, 1967.
『선가귀감』, 다락원, 1985.
『밀린다팡하』, 동국대역경원, 2005(재판본).
『진리파지』, 휘문출판사, 1979.

4. 주요논문

「Bhava(존재)와 Abhava(비존재)의 문제 – Nāgārjuna의 Madhyamika Kārika에서 – 」, 동국대박사학위논문, 1963.
「한국불교백년사」, 『성곡논총』, 1973. 8.
「불교전래 초기의 교단형성사 – 삼국시대 초기 불교교단 형성에 관한 연구 – 」, 『동국대학교논문집』 12, 1973. 9.
「고려의 거사불교」, 『한국불교사상사 – 숭산 박길진 박사 화갑기념논총』, 1975.
「한국 불교철학의 원류와 전개 – 공관을 중심으로-」, 『한국사상논문집선』 237, 법륜사, 1985. 10.
「법화경과 Bhagavadgītā」, 『불교연구』 2, 한국불교연구원, 1986. 8.
「사림파문학 : 김종직과 그의 문종 1」, 『한국한문학논문선집 17』, 한국불교연구원, 1988.

5. 학술지 및 에세이

「불교를 젊게 하는 길」, 『새벽』, 1960. 3.
「환상을 남긴 사람 : 마하트마 깐디」, 『새벽』 7·8, 1960. 8.
「무(無)의 의미」, 『새벽』, 1960. 11.
「눈먼 샤마니스트의 의상 : 한국적 종교 및 사고방식」, 『새벽』, 1960. 12.
「원효대사론」, 『세대』 1〜6, 1963. 11.
「선(Zen), 부정의 부정 – 비이트선과 본래의 선은 다르다-」, 『사상계』, 1964. 7.
「아집없는 비폭력 – '아힝사아'와 '아가페'의 의미 – 」, 『사상계』, 1964. 10.
「국회의원이 못된 교수님들」, 『사상계』, 1965. 3.
「산에서 사는 새야 : 지리산 기행 – 산과 바다에의 찬가」, 『세대』, 1965. 7.
「열반의 도, 『아함』과 『반야』 – '무주상'의 인생초극의 철학 – 」, 『사상계』, 1965. 12.

「현대불교와 저항정신」, 『세대』, 1966. 1.
「한국적 종교 풍토」, 『종교계』, 1966. 7.
「현대불교의 정치참여」, 『세대』, 1966. 8.
「나(自我)를 부정하는 길」, 『종교계』, 1966. 8.
「순교없는 한국불교 박해사」, 『법륜』 1, 1968. 1.
「평신도 운동사」, 『법륜』 4, 1968. 5.
「오늘을 사는 승가」, 『법륜』 5, 1968. 6.
「보시-구휼의 '모랄'」, 『법륜』 8, 1968. 9.
「성도의 의미」, 『법륜』, 1969. 1.
「직업」, 『법륜』 11, 1969. 3.
「경허연구 I」, 『석림』 3, 1969. 11.
「내가 독송하는 경전-법구경-」, 1969. 12.
「세계와 종교 : 60년대 세계 속의 종교를 중심으로」, 『기독교사상』, 1969. 12.
「영원으로 비상하는 불교의 흐름」, 『녹원』 15, 이화여대문리대학생회, 1970. 2.
「정화의 소용돌이 25년」, 『법륜』 25, 1970. 8.
「한국불교백년사 ①~⑨」, 『법륜』 26~34, 1970. 9~1971. 5(『성곡논총』의 「한국불교백년사」와 동일).
「경허연구 II」, 『석림』 4, 동국대학교석림회, 1970. 11.
「세계불교지도자대회 참관기」, 『법륜』 29, 1970. 12.
「불교와 정치, 원시교단에서의 관계」, 『법륜』 32, 1971. 3.
「미륵예수와 수퍼스타 예수-'한국인의 예수체험'」, 『독서신문』, 1971. 3.
「'보살정신'의 구현」, 『법시』 73, 1971. 5.
「나말여초의 신앙형태」, 『한국종교학』 1, 1972. 4.
「여말선초 불교의 밀교적 경향」, 『법륜』, 1972. 12.
「모순의 합리성」, 『법륜』 51, 1972. 12.
「한국인의 종교 의식」, 『녹원』 18, 1973. 2.
「소신(燒身)의 미학 : 김동리 '등신불'의 불교적 해석」, 『문학사상』, 1973. 6.
「신의 왕국과 신의 죽음-올타이저와의 대화, 불교와 기독교의 만남 ①」, 『서울평론』 39, 1974. 8.
「부처님은 청정한 광명으로 나병을 치료했다-불교경전에 나타난 나병」, 『복지』, 1975. 1.
「에세이문학으로서의 경전-불경 각 권에 나타난 생활인의 사상-」, 『문학사상』, 1975. 5.

「분배」,『법륜』75, 1975. 5.
「거사불교의 역사적 고찰」,『거사림』, 1975. 12.
「범성일여」,『한국불교연구원회보』17, 1976. 2.
「보살의 길」,『한국불교연구원회보』18, 1976. 3.
「인도의 지혜－구도회 회원에게 보내는 귀국인사－」,『한국불교연구원회보』45,
1978. 6.
「베풀어라」,『법륜』113, 1978. 7.
「미래상」,『법륜』114, 1978. 8.
「실크로드 원맥을 따라서」,『월간중앙』, 1978. 9.
「힌두교와 인도사회」,『석림』12, 1978. 10.
「탈속의 어릿광대」,『법륜』117, 1978. 11.
「シルクロ-ドの旅」,『アジア公論』75, 1978. 12.
「신앙의 일상화」,『법륜』118, 1978. 12.
「불전 한역의 이론과 역사」,『민족문화』, 1978. 12.
「고도산업사회에 있어서의 불교－특집 불광 창간 4주년 기념강연 요지」,『불광』,
1978. 12.
「마음의 때를 씻어내자」,『법륜』, 1979. 1.
「인도의 대학과 대학생들」,『복현』, 1979. 1.
「역사와 연기」,『법륜』120, 1979. 2.
「국사를 잃어버린 사람들」,『법륜』121, 1979. 3.
「만해사상과 오늘－'만해, 한용운선생 기념사업회' 창립총회 기념강연초－」,『법
륜』122, 1979. 4.
「인도의 불교문화」,『불광』58, 1979. 8.
「일제통치와 8·15해방」,『법륜』, 1979. 8.
「불교와 현대, 오늘을 슬기롭게 사는 길」,『불광』59, 1979. 9.
「오늘의 한국불교는 어떠한 상황에 놓여 있는가－창간10주년 기념 세미나」,『법
륜』130, 1979. 12.
「불교문화가 한국인의 윤리관에 미친 영향」,『한국사상과 논리』, 1980.
「한국종교의 특수성과 보편성」,『민족문화의 원류』, 한국정신문화연구원, 1980.
「성문의 길, 보살의 길」,『한국불교연구원회보』63·64, 1980. 1·2.
「과거지향적 불교에서 벗어날 수 있는 불교가…－특집 불교계에 바란다－」,『법
륜』, 1980. 5.
「만해 이전에 한용운사(韓龍雲師)를 보다」,『법륜』137, 1980. 7.

서경수 박사 논저 목록 635

「한용운 연구의 현재와 수준 – 서평 만해사상연구회편『한용운사상연구』–」, 『신동아』, 1980. 9.

「붓다가야 대탑 – 천축기」, 『불일회보』 4, 1981. 2.

「일제의 불교정책 – 사찰령을 중심으로 –」, 『불교학보』, 1982. 9.

「신화의 인간관 – 인도신화를 중심으로 –」, 『단원』 14, 단국대교지편집실, 1984. 10.

「인도와 불교」, 『대원회보』 24, 1984. 10.

「선과 논리, 새로운 정신문화의 창조와 불교 – 동국대 불교문화연구원 편」, 『법륜』197, 1985. 7.

「분열과 화합」, 『법륜』 200, 1985. 10.

「한용운의 정교분리론에 대하여」, 『불교학보』 22, 1985. 10.

「만해의 불교유신론」, 『자유』 153, 자유사, 1986. 5.

「불교의 사회적 기능」, 『법륜』 211, 1986. 9.

「역사속의 시간」, 『법사회보』 15, 1992. 11.

「법화경과 바가바드기타」, 『금강』, 1996. 12.

※ 1986년 타계 후 후학들에 의해 출판, 수록된 논문 포함

저작집 1권 『불교를 젊게하는 길』 목차

638

저작집 2권 『기상의 질문과 천외의 답변』 목차